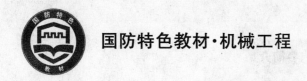

国防特色教材·机械工程

设备故障诊断技术

夏　虹　刘永阔　谢春丽　编著

哈尔滨工业大学出版社

北京航空航天大学出版社　北京理工大学出版社
哈尔滨工程大学出版社　西北工业大学出版社

内容简介

本书共分9章，介绍了故障诊断技术涉及的概念、内容、诊断的任务、故障诊断技术中涉及的动态随机数据的处理及分析方法。本书主要是从设备故障诊断的基本原理加以阐述，书中着重介绍基于统计理论的故障诊断方法，基于模糊理论的故障诊断方法，基于故障树分析的故障诊断方法，基于专家系统原理的故障诊断方法，基于神经网络的故障诊断方法，基于数据融合的故障诊断方法，以及基于相关技术集成的故障诊断方法。

本书既可作为高等学校机械、能源、运输、航空航天等领域相关专业研究生教材，也可供从事设备故障诊断工作的专业人员、工程技术人员阅读、参考。

图书在版编目(CIP)数据

设备故障诊断技术/夏虹等编著.—哈尔滨:哈尔滨工业大学出版社,2009.11
ISBN 978-7-5603-2960-4

Ⅰ.设… Ⅱ.夏… Ⅲ.设备-故障诊断 Ⅳ.TB4

中国版本图书馆 CIP 数据核字(2009)第 194709 号

设备故障诊断技术

夏虹 刘永阔 谢春丽 编著

责任编辑 王桂芝 孙连嵩

*

哈尔滨工业大学出版社出版发行

哈尔滨市南岗区复华四道街10号(150006) 发行部电话:0451-86418760 传真:0451-86414749

http://hitpress.hit.edu.cn

哈尔滨市节能印刷厂印装 各地书店经销

*

开本:787×960 1/16 印张:18.25 字数:400千字

2010年3月第1版 2010年3月第1次印刷 印数:3 000册

ISBN 978-7-5603-2960-4 定价:35.00元

前　言

设备故障诊断技术作为多学科交叉融合形成的技术,它的发展是伴随其他技术的进步而不断发展完善的。随着工业领域生产过程规模的不断扩大,机组、设备的装机容量越来越大,对自动化水平的要求也越来越高,机组设备运行的安全可靠性要求越来越高,这对设备的状态监测、故障诊断技术的实施提出了更高的要求。随着计算机技术的普遍应用,人工智能、信号处理及特征提取技术的发展,设备故障诊断的智能化水平越来越高,功能也越来越丰富,已成为支持系统运行的一个重要组成部分。

本书参考了大量近年来相关的文献资料及论著,并在有关章节中加进了作者近年来研究所取得的部分成果。作为教材,本书主要介绍设备故障诊断技术涉及的基本原理、方法,并从信号分析原理、处理方法及智能诊断原理、方法和技术等角度进行系统的介绍,使学习者建立起设备故障诊断技术的整体概念,为其今后从事相关工作奠定基础。

本书为研究生教材,共分9章:第1章介绍了故障诊断技术涉及的概念、内容、诊断的任务,诊断的一般过程,诊断系统的评价指标,诊断方法的研究现状及诊断技术的发展趋势;第2章介绍了故障诊断技术中涉及的动态随机数据的处理方法,包括数据的获取、检验、分析流程及统计参量的数值分析方法、时频分析离散傅里叶变换及小波分析原理等;第3章介绍了基于统计理论的时序分析诊断方法、贝叶斯决策分类诊断方法、主分量分析诊断方法、灰色关联度分析诊断方法及支持向量机诊断方法等;第4章介绍了基于模糊理论的直接诊断方法和间接诊断方法,模糊综合诊断方法及模糊聚类诊断方法等;第5章介绍了故障树分析的基本原理、分析方法及诊断实例;第6章介绍了基于专家系统原理的故障诊断方法,故障诊断的专家知识构成、知识的表示、获取方法及应用实例等;第7章介绍了基于神经网络故障诊断的网络结构,如用于模式识别的故障诊断神经网络及用于知识处理的故障诊断神经网络等网络结构,诊断的方法及应用;第8章介绍了数据融合诊断方法,包括数据融合的原理、故障诊断的数据融合模型、基于统计的融合诊断方法、基于 D-S 理论的融合诊断方法、基于参数估计的融合诊断方法、基于人工智能的融合诊断方法、基于模糊逻辑的融合诊断方法等;第 9 章介绍了基于相关技术集成的故障诊断方法,包括神经网络与模糊逻辑集成诊断方法、神经网络与专家系统集成的诊断方法、神经网络与小波分析结合的集成诊断方法等。全书由哈尔滨工程大学夏虹教授统稿,第 1、2、3、5 章由夏虹编写,第 4、6、7 章由刘永阔编写,第 8 章由谢春丽编写,第 9 章由谢春丽、刘永阔共同编写。在本书的编写过程中,博士研究生慕昱,硕士研究生黄华、罗端、张亚男等做了大量的文字校对和制图等工作。

鉴于作者水平有限,书中难免有欠缺、疏漏之处,恳请广大读者不吝赐教,在此,谨表谢意!

作 者
2009 年 10 月

目　　录

第1章　设备故障诊断概述 ·· 1

1.1　设备故障诊断的基本概念和特点 ·· 1
1.1.1　设备故障的基本概念 ·· 1
1.1.2　设备故障诊断的内容及特点 ··· 2
1.2　故障诊断的基本问题 ·· 4
1.2.1　故障分类 ·· 4
1.2.2　故障诊断的任务 ·· 4
1.2.3　评价故障诊断系统的性能指标 ·· 5
1.3　设备故障诊断的知识构成和求解过程 ·· 6
1.3.1　设备故障诊断的知识构成 ··· 6
1.3.2　设备故障诊断的求解过程 ··· 7
1.4　设备故障诊断的基本方法及研究现状 ·· 7
1.4.1　基于解析模型的故障诊断方法 ·· 8
1.4.2　基于知识的故障诊断方法 ··· 9
1.4.3　基于信号处理的故障诊断方法 ·· 11
1.4.4　其他故障诊断方法 ·· 11
1.4.5　设备故障诊断技术研究的热点 ·· 12
1.5　设备故障诊断技术的发展趋势 ·· 13
复习思考题 ·· 14

第2章　故障诊断中的数据处理 ·· 15

2.1　数据处理的有关知识 ·· 15
2.1.1　动态测试数据的分类 ·· 15
2.1.2　随机过程的基本概念 ·· 20
2.1.3　测试数据处理方法 ·· 37
2.1.4　数据检验 ·· 38
2.1.5　数据分析流程 ··· 39
2.2　随机数据统计参量的数值分析 ·· 40

  2.2.1 估计理论的基本概念 ··· 40
  2.2.2 均值和方差的计算 ·· 41
 2.3 离散傅里叶变换(DFT) ·· 42
  2.3.1 采样与混叠 ··· 42
  2.3.2 截断与泄漏 ··· 45
  2.3.3 频率采样(延拓) ··· 45
 2.4 小波分析的基本原理 ·· 47
  2.4.1 小波变换 ·· 47
  2.4.2 小波变换的直观理解及其工程解释 ································ 50
  2.4.3 小波包分析 ··· 52
  2.4.4 适合故障信号分析的小波函数选择 ································ 55
 复习思考题 ··· 57

第3章 基于统计理论的诊断方法 ·· 58

 3.1 Bayes 决策诊断方法 ·· 58
  3.1.1 概　述 ··· 58
  3.1.2 基于最大后验概率的 Bayes 诊断 ·································· 59
  3.1.3 基于最小风险的 Bayes 诊断 ··· 61
 3.2 时序模型诊断法 ·· 63
  3.2.1 ARMA,AR 和 MA 模型 ··· 64
  3.2.2 故障诊断时序方法的步骤 ··· 65
  3.2.3 故障诊断时序方法的内容 ··· 66
  3.2.4 ARMA 模型的建模 ·· 67
  3.2.5 根据模型参数进行故障诊断 ··· 69
  3.2.6 距离判别函数故障诊断法 ··· 70
 3.3 序贯模式分类故障诊断法 ·· 75
  3.3.1 概　述 ··· 75
  3.3.2 序贯分类原理及步骤 ·· 75
  3.3.3 Bayes 序贯判别步骤 ·· 76
 3.4 主分量分析法 ·· 77
  3.4.1 引　言 ··· 77
  3.4.2 主分量分析 ··· 77
 3.5 线性判别函数法 ·· 79
  3.5.1 引　言 ··· 79

3.5.2　Fisher 判别式分析(FDA) ·· 80
  3.6　灰色系统的关联分析诊断方法 ··· 81
    3.6.1　概　述 ··· 81
    3.6.2　关联度分析法在故障诊断模式识别中的应用 ····················· 82
    3.6.3　灰色预测在设备状态趋势预报中的应用 ·························· 86
  3.7　基于支持向量机的故障诊断方法 ·· 89
    3.7.1　支持向量机的基本原理 ··· 89
    3.7.2　多类支持向量机 ·· 92
    3.7.3　支持向量机的故障诊断方法 ·· 93
    3.7.4　实　例 ··· 94
  复习思考题 ··· 97

第4章　基于模糊理论的诊断方法 ··· 98
  4.1　模糊集合理论基础 ··· 98
    4.1.1　模糊集与隶属函数 ·· 98
    4.1.2　隶属函数的确定 ·· 99
    4.1.3　常用的隶属函数图表 ··· 102
    4.1.4　模糊集的表示方法及其运算 ·· 105
  4.2　基于模糊模式的故障诊断方法 ··· 107
    4.2.1　模糊模式识别的直接方法 ··· 107
    4.2.2　模糊模式识别的间接方法 ··· 109
  4.3　故障诊断的模糊综合评判原则 ··· 111
    4.3.1　综合评判的数学原理 ··· 111
    4.3.2　模糊综合评判的五种具体模型 ····································· 113
    4.3.3　综合评判模型的故障诊断应用实例 ······························ 115
    4.3.4　几种综合评判模型的适用范围 ····································· 117
    4.3.5　故障诊断的多级模糊综合评判方法 ······························ 118
  4.4　故障诊断的模糊聚类分析方法 ··· 121
  复习思考题 ·· 125

第5章　故障树分析诊断方法 ··· 126
  5.1　故障树分析概述 ·· 126
    5.1.1　故障树分析及其特点 ··· 126
    5.1.2　故障树分析使用的符号 ··· 127

5.2 故障树分析的一般步骤及表述 ………………………………………… 128
　5.2.1 故障树分析的步骤 …………………………………………… 128
　5.2.2 故障树建造的一般方法 ……………………………………… 129
　5.2.3 故障树的结构函数 …………………………………………… 132
5.3 故障树的分析 …………………………………………………………… 134
　5.3.1 故障树的定性分析 …………………………………………… 135
　5.3.2 故障树的定量分析 …………………………………………… 136
5.4 诊断实例 ………………………………………………………………… 139
复习思考题 …………………………………………………………………… 141

第6章 专家系统故障诊断方法 ……………………………………………… 142

6.1 专家系统概述 …………………………………………………………… 142
　6.1.1 专家系统的基本概念 ………………………………………… 142
　6.1.2 专家系统的结构 ……………………………………………… 143
　6.1.3 专家系统的特点 ……………………………………………… 145
6.2 专家系统的知识表示 …………………………………………………… 146
　6.2.1 知识的层次结构 ……………………………………………… 147
　6.2.2 公共知识和私有知识 ………………………………………… 148
　6.2.3 陈述性知识与过程性知识 …………………………………… 148
　6.2.4 对知识表示的要求 …………………………………………… 149
6.3 知识的产生式表示 ……………………………………………………… 150
　6.3.1 产生式规则的形式 …………………………………………… 150
　6.3.2 产生式系统 …………………………………………………… 151
　6.3.3 产生式表示的优缺点 ………………………………………… 152
6.4 知识的框架表示 ………………………………………………………… 153
　6.4.1 框架表示的形式 ……………………………………………… 153
　6.4.2 框架表示下的推理 …………………………………………… 155
6.5 故障诊断专家系统的推理方式与控制策略 …………………………… 157
　6.5.1 基于规则的诊断推理 ………………………………………… 157
　6.5.2 基于模型的诊断推理 ………………………………………… 159
　6.5.3 基于案例的诊断推理 ………………………………………… 160
　6.5.4 不精确推理 …………………………………………………… 164
6.6 故障诊断专家系统知识的获取 ………………………………………… 168
　6.6.1 间接获取方式 ………………………………………………… 168

6.6.2 直接获取方式 …………………………………………………………… 169
6.7 故障诊断专家系统的开发工具 ……………………………………………… 170
   6.7.1 骨架型开发工具 …………………………………………………………… 170
   6.7.2 语言型开发工具 …………………………………………………………… 171
   6.7.3 构造辅助工具 ……………………………………………………………… 171
   6.7.4 支撑环境 …………………………………………………………………… 171
6.8 故障诊断专家系统应用实例 ………………………………………………… 172
   6.8.1 核电站常见的故障模式 …………………………………………………… 173
   6.8.2 核电站故障诊断专家系统 ………………………………………………… 175
复习思考题 ………………………………………………………………………… 179

第7章 神经网络故障诊断方法 ……………………………………………… 180

7.1 概 述 ………………………………………………………………………… 180
   7.1.1 神经网络故障诊断的优越性及其存在的问题 …………………………… 180
   7.1.2 神经网络故障诊断研究现状及其发展 …………………………………… 181
7.2 神经网络基础 ………………………………………………………………… 182
   7.2.1 神经元模型 ………………………………………………………………… 182
   7.2.2 神经网络的拓扑结构 ……………………………………………………… 184
   7.2.3 神经网络的学习规则 ……………………………………………………… 185
7.3 典型结构的神经网络及故障诊断方法 ……………………………………… 188
   7.3.1 反向传播(BP)网络 ………………………………………………………… 189
   7.3.2 径向基函数(RBF)网络 …………………………………………………… 191
   7.3.3 Hopfield 网络 ……………………………………………………………… 192
   7.3.4 自组织特征映射网络 ……………………………………………………… 194
   7.3.5 递归神经网络 ……………………………………………………………… 195
   7.3.6 模式识别故障诊断方法 …………………………………………………… 196
   7.3.7 知识处理故障诊断方法 …………………………………………………… 197
7.4 神经网络故障诊断的方式和结构 …………………………………………… 199
   7.4.1 神经网络用于故障诊断的方式 …………………………………………… 199
   7.4.2 神经网络用于故障诊断的结构 …………………………………………… 199
   7.4.3 神经网络用于机械设备故障诊断的一般方法 …………………………… 201
7.5 神经网络故障诊断实例 ……………………………………………………… 202
复习思考题 ………………………………………………………………………… 203

第8章 数据融合故障诊断方法 ……………………………………………… 205

8.1 数据融合的原理 ………………………………………………………… 205
8.1.1 数据融合的定义 …………………………………………………… 206
8.1.2 数据融合的过程 …………………………………………………… 206
8.1.3 数据融合的时间性与空间性 ……………………………………… 206

8.2 数据融合的结构 ………………………………………………………… 208
8.2.1 数据融合的结构形式 ……………………………………………… 208
8.2.2 数据融合的功能模型 ……………………………………………… 209
8.2.3 数据融合的级别 …………………………………………………… 210

8.3 数据融合在故障诊断中的优势 ………………………………………… 212
8.3.1 数据融合在故障诊断中应用的实际背景 ………………………… 212
8.3.2 数据融合在故障诊断中应用的理论基础 ………………………… 214

8.4 数据融合故障诊断模型 ………………………………………………… 215
8.4.1 数据融合诊断级别 ………………………………………………… 216
8.4.2 数据融合故障诊断过程 …………………………………………… 217
8.4.3 数据融合故障诊断系统 …………………………………………… 218

8.5 数据融合故障诊断方法 ………………………………………………… 219
8.5.1 基于统计的融合诊断方法 ………………………………………… 219
8.5.2 D-S 证据理论的融合诊断方法 …………………………………… 221
8.5.3 基于认识模型的融合诊断方法 …………………………………… 224
8.5.4 基于参数估计的融合诊断方法 …………………………………… 224
8.5.5 基于滤波技术的融合诊断方法 …………………………………… 225
8.5.6 基于人工智能的融合诊断方法 …………………………………… 225
8.5.7 基于模糊逻辑的融合诊断方法 …………………………………… 227
8.5.8 神经网络与 D-S 证据理论相结合的融合诊断方法 ……………… 227

8.6 数据融合故障诊断实例 ………………………………………………… 228
8.6.1 数据融合诊断系统结构 …………………………………………… 228
8.6.2 基于数据融合的汽轮机转子故障诊断系统 ……………………… 230

复习思考题 …………………………………………………………………… 233

第9章 集成技术的故障诊断方法 ……………………………………………… 234

9.1 集成的概念 ……………………………………………………………… 234
9.1.1 诊断信息集成 ……………………………………………………… 234

9.1.2 诊断知识集成 ……………………………………………………… 235
9.1.3 诊断方法集成 ……………………………………………………… 236
9.2 集成化故障诊断体系结构 …………………………………………… 236
9.2.1 集成化故障诊断模型 …………………………………………… 236
9.2.2 集成化故障诊断系统结构 ……………………………………… 237
9.2.3 集成化故障诊断系统功能及其实现 …………………………… 239
9.3 集成化推理和诊断策略 ………………………………………………… 239
9.3.1 集成化推理机制 ………………………………………………… 240
9.3.2 集成化诊断策略 ………………………………………………… 240
9.4 神经网络与模糊逻辑集成故障诊断 …………………………………… 241
9.4.1 模糊逻辑系统与神经网络 ……………………………………… 241
9.4.2 神经网络－模糊推理协作系统 ………………………………… 243
9.4.3 神经网络与模糊逻辑系统结合的基本方式 …………………… 244
9.4.4 模糊神经网络模型 ……………………………………………… 245
9.4.5 模糊神经网络(FNN)学习方法 ………………………………… 247
9.5 基于神经网络的故障诊断专家系统 …………………………………… 249
9.5.1 专家系统与神经网络的特点 …………………………………… 249
9.5.2 专家系统与神经网络结合的途径和方法 ……………………… 250
9.5.3 基于神经网络的故障诊断专家系统 …………………………… 253
9.6 基于小波神经网络的故障诊断 ………………………………………… 255
9.6.1 小波分析和神经网络的结合途径 ……………………………… 255
9.6.2 小波分析和神经网络的松散型结合 …………………………… 256
9.6.3 从函数逼近到小波神经网络 …………………………………… 262
9.6.4 小波神经网络的训练 …………………………………………… 264
9.6.5 小波神经网络函数逼近特性分析 ……………………………… 266
9.6.6 多维小波神经网络 ……………………………………………… 267
复习思考题 ……………………………………………………………… 268
参考文献 …………………………………………………………………… 269

第1章 设备故障诊断概述

随着现代科学技术水平的日益提高,尤其是计算机科学和控制科学的飞速发展,一方面一些装备系统(以下简称为系统)的规模和复杂程度迅速增加;另一方面系统中出现的某些微小故障若不能及时检测并排除,就有可能造成整个系统的失效、瘫痪,甚至导致巨大的灾难性后果,这与系统庞大的规模和高度的复杂性形成了尖锐的矛盾。因此,如何提高系统的安全性和可靠性,防止或杜绝影响系统正常运行的故障的发生和发展就成为一个重要的有待解决的问题,也使得故障诊断技术成为一个十分活跃的研究领域。

设备状态监测和故障诊断技术最早起源于美国,1967年,在美国国家宇航局(NASA)的倡导下,由美国海军研究室(ONR)主持成立了美国"机械故障预防小组"(Mechanical Fault Prevention Group, MFPG)。在英国,60年代末至70年代初,以科拉科特(R. A. Collacott)为首的"英国机器保健中心"(U.K. Mechanical Health Monitoring Center)率先开展设备故障诊断技术研究工作,在宣传、培训、咨询、制订计划、故障分析以及诊断技术开发等多方面取得了很好的成效。欧洲其他国家的设备诊断技术研究也有不同程度的进展,在某些方面占据领先地位,如瑞典的SPM轴承监测技术,挪威的船舶诊断技术,丹麦的振动、噪声分析和声发射技术等。在日本,设备诊断技术在民用工业(如钢铁、化工和铁路等)部门发展迅速,并占有一定的优势。新日铁于1971年率先开展了设备故障诊断技术的开发研究工作,1976年基本上进入实用阶段,开发完成了商品化的专用诊断仪器。我国自20世纪80年代中期开始设备故障诊断技术的研究,从整体上看,尚属于跟随性发展研究阶段,但在一些领域也取得了丰硕的成果,并已形成高校、研究所及工厂的梯队式研究、开发和应用模式。

1.1 设备故障诊断的基本概念和特点

1.1.1 设备故障的基本概念

1. 故障的定义

一般来说,设备出现故障的原因大致有以下几种情况:设备结构的破损(如设备零件的磨损、腐蚀)、材料的变质(如材料的老化等)、运行失效(如设备的松动引起的气、液介质堵塞、渗漏等)、运行环境变化(如工作温度、压力及各种射线等)。故障可以理解为设备或系统中至少一个重要变量或特性偏离了正常范围。广义地讲,故障可以理解为设备出现的任何异常现象,表现出所不期望的特性。

2. 设备故障的基本特性

根据上述故障的定义,一旦故障出现,系统中至少有一个参量或特性偏离正常范围。因此故障诊断的目的是弄清产生故障的原因,以便消除故障,使系统恢复正常的工作。

由于产生故障的原因不同,各种故障的特性也不同,归纳起来,大致有以下几点:

(1)故障的层次性。设备有不同的层次,层次不同功能也不同,因而产生故障也有不同的层次。对复杂的设备,其结构可划分为系统、子系统、部件、零件等,因此故障也可能发生在系统、子系统、部件、零件等不同层次上,反映出故障的层次性。

(2)故障的传播性。故障沿一定方向传播,例如,由于某一层次中零件的失效产生故障,这一故障可以沿着零件—部件—子系统—系统纵向传播,逐级地呈现异常,也可能在各子系统之间甚至各系统零件与零件之间横向传播,反映出故障的传播性。

(3)故障的辐射性。故障的传播还可以在间接相连的同类零部件间传播,例如,转子轴系的某一轴承产生故障,有时会引起其他轴承的振动增大,而该轴承本身的振动变化反而不明显,反映出故障的辐射性。

(4)故障的延时性。故障的发生、发展和传播是一个过程,需要一定的时间,据此可以判断故障的性质和发生的位置,反映出故障的延时性。

(5)故障的相关性。一种故障可能对应着若干个异常现象(征兆),而某一种征兆也可能对应着若干故障,故障与征兆并非一一对应,它们之间存在着复杂的关系,反映出故障的相关性。

(6)故障的随机性。故障的发生一般为随机的,反映出故障的随机性。

1.1.2 设备故障诊断的内容及特点

1. 设备故障诊断技术的内容

设备故障诊断技术是模式识别理论在机械工程领域中的拓展,其实质是解决工程系统、运行设备的状态识别(即状态分类)问题。故障诊断技术主要包含三方面的内容:故障检测、故障隔离和故障辨识。所谓故障检测是判断系统中是否发生了故障及检测出故障发生的时刻;故障隔离就是在检测出故障后确定故障的位置和类型;故障辨识是指在分离出故障后确定故障的大小和时变特性。近几十年来,人们对故障诊断技术进行了深入广泛的研究,提出了众多可行的方法。

如果把设备的运行状态分为正常和异常两类,而异常的信号样本究竟又属于哪种故障,这是一个模式识别的问题。因此,故障诊断是利用被诊断设备运行中的各种状态信息和已有的各种知识进行信息的综合处理,最终得出关于设备运行状态和故障状况的综合评价过程。从本质上讲,故障诊断是一个模式分类与识别的问题。设备诊断技术的内容可用图1.1来表示。

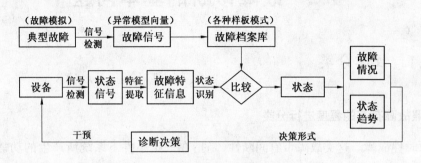

图1.1 设备诊断技术的内容

2. 设备故障诊断的层次表示

从系统论的观点来看,设备是由有限个"元素"通过各种"联系"构成的多层次系统。因此,设备故障诊断的特点是基于系统的层次性的诊断过程,如图1.2所示。这一层次诊断网络分别由故障类层次子网络、结构类层次子网络、功能类层次子网络和传感器点阵层次子网络组成,对大型复杂设备,也可有设备级、子系统级、部件级、元件级等层次。这一层次网络图显示了设备各层次的结构、功能、故障和状态信息间的错综复杂的关系。

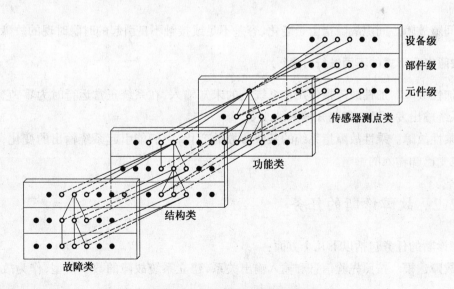

图1.2 多维层次诊断网络模型

1.2 故障诊断的基本问题

1.2.1 故障分类

1.按照故障存在的程度进行分类

(1)暂时性故障。这类故障带有间断性,是指在一定条件下系统所产生的功能上的故障,通过调整系统参数或运行参数、不需更换零部件即可恢复系统的正常功能。

(2)永久性故障。这类故障是由某些零部件损坏而引起的,必须经过更换或修复后才能消除故障。这类故障还可分为完全丧失其应有功能的完全性故障及导致某些局部功能丧失的局部性故障。

2.按照时间特性的不同进行分类

(1)突变故障。突变故障指参数值突然出现很大偏差,事先不可监测和预测的故障。

(2)缓变故障。缓变故障又称为软故障,指参数随时间的推移和环境的变化而缓慢变化的故障。

(3)间隙故障。间隙故障指由于老化、容差不足或接触不良引起的时隐时现的故障。

3.按照发生形式的不同进行分类

(1)加性故障。加性故障指作用在系统上的未知输入,在系统正常运行时为零,它的出现会导致系统输出发生独立于已知输入的改变。

(2)乘性故障。乘性故障指系统的某些参数的变化,它们能引起系统输出的变化,这些变化同时也受已知输入的影响。

1.2.2 故障诊断的任务

故障诊断的任务包括以下几个方面:

(1)故障建模。按照先验信息和输入输出关系,建立系统故障的数学模型,作为故障诊断的依据。

(2)故障检测。从可测量或不可测量变量的估计中,判断被诊断系统是否发生了故障。

(3)故障分离。在检测出故障后,给出故障源的位置,区别出故障原因是元件、部件、设备还是它们之间的联系。

(4) 故障辨识。在分离出故障后,确定故障的大小、发生时刻及其时变特性。

(5) 故障评价与决策。判断故障的严重程度及其对诊断对象的影响和发展趋势,针对不同的工况采取不同的措施。

1.2.3 评价故障诊断系统的性能指标

1. 检测性能指标

检测性能指标包括早期检测的灵敏度、故障检测的及时性、故障的误报率和漏报率。

2. 诊断性能指标

(1) 故障的分离能力。是指诊断系统对不同故障的区分能力。这种能力的强弱取决于对象的物理特性、故障大小、噪声、干扰、建模误差以及所设计的诊断算法。故障的分离能力越强,表明诊断系统对于不同故障的区分能力越强,那么对故障的定位也就越准确。

(2) 故障辨识的准确性。是指诊断系统对故障的大小及其时变特性的估计的准确程度。故障辨识的准确性越高,表明诊断系统对故障的估计就越准确,也就越有利于故障的评价与决策。

3. 综合性能指标

(1) 鲁棒性。鲁棒性是指故障诊断系统在存在噪声、干扰、建模误差的情况下正确完成故障诊断任务,同时保持满意的误报率和漏报率的能力。一个故障诊断系统的鲁棒性越强,表明它受噪声、干扰、建模误差的影响越小,其可靠性也就越高。

(2) 自适应能力。自适应能力是指故障诊断系统对于变化的被诊断对象具有自适应能力,并且能够充分利用由于变化产生的新的信息来改善自身。引起这些变化的原因可以是被诊断对象的外部输入的变化、结构的变化,或由诸如生产数量、原材料质量等问题引起的工作条件的变化。

上述性能指标分别从检测性能、诊断性能以及综合性能三个不同的方面给出了评判一个故障诊断系统性能的标准。在实际的工程设计中,首先要正确分析工况条件以及最终的性能要求,明晰哪些性能是主要的,哪些性能是次要的,然后对众多的故障诊断方法进行分析,经过适当的权衡和取舍,最终选定最佳的解决方案。

1.3 设备故障诊断的知识构成和求解过程

1.3.1 设备故障诊断的知识构成

在设备故障的智能诊断方法中,知识的构成及故障诊断的求解过程起着非常重要的作用。知识是人类在长期的生产和实践活动中所积累的认识和经验的总结,是以各种方式把多个信息关联在一起的信息结构。所谓设备故障诊断的知识,也就是人们对该类设备及其长期运行中行为的认识,以及在故障诊断实践活动中所积累的认识和经验,是与当前设备故障所呈现的信息关联在一起的理性的信息结构。按照专家系统中一般知识的分类方法,结合设备故障诊断领域知识的特点,可以将诊断知识划分为故障征兆、背景知识、经验知识、决策知识和控制知识等几类知识。

1. 故障征兆

这里所说的故障征兆是指对设备发生异常所获得的特征信号加以处理后提取的故障信息,是一种事实性的知识。

2. 背景知识

背景知识是有关诊断对象的设备信息资料,包括设备的结构、行为、功能;运行过程;运行中所发生的故障情景的描述,如故障类型、故障现象和处理措施等;出现故障的理论分析、故障机理研究、模型实验的数据,故障可能引起的后果等知识。

3. 经验知识

经验知识是指该设备领域专家在长期设备故障诊断实践中积累起来的经验知识,包括该类设备曾经出现过的故障、征兆、成因、出现的频次、所采取的对策等。

4. 决策知识

决策知识是指设备发生故障时是否应该或采取怎样的处理措施,针对所发生的故障可采用的检测和维修方案,以及故障再现和排除对策等。

5. 控制知识

控制知识是统管故障全局的顶级知识,利用这类知识一方面可以协调各类知识的运用,另一方面可以提高诊断效率。

1.3.2 设备故障诊断的求解过程

故障诊断是根据故障征兆信息确定系统故障原因的过程。设备的故障诊断一般是一个有穷递归的过程,如图1.3所示。诊断专家在整个故障诊断过程中适时、有机地交替使用上述各类知识,判断哪些过程状态或特征量超出了规定的范围,以此确定故障发生的部位、类型,并对故障造成的影响进行评估。

诊断专家在进行设备故障诊断问题求解时,可以采用两种方式进行。一种是使用设备工作异常时的征兆信息来诊断的方法,另一种是利用设备的结构和功能方面的信息进行诊断的方法。一般常将两种方法结合起来进行诊断。

随着诊断工作的进行,诊断专家会适时地把上述不同类型的知识按合理的结构化体系有机地编码到能支持系统协调一致的知识库中去,并在相应的推理机制的控制下完成故障诊断任务。

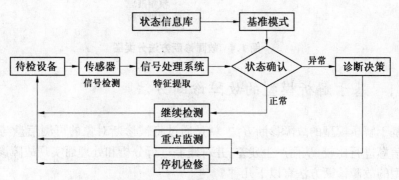

图1.3 故障诊断过程流程图

1.4 设备故障诊断的基本方法及研究现状

设备故障诊断技术研究和发展的直接动因是为了提高诊断的精度和速度,降低误报率和漏报率,确定故障发生的准确时间和部位,并估计出故障的大小和趋势。由于设备故障的复杂性和设备故障与征兆之间关系的复杂性,设备故障诊断是一种探索性过程。就设备故障诊断技术这一学科来说,研究的重点不仅在于研究故障本身,而更在于研究故障产生的机理及故障诊断的方法。故障诊断过程由于其复杂性,不可能只采用单一的方法,而要采用多种方法。可以说,凡是对故障诊断能起作用的方法就要利用。因此,必须从各种学科中广泛探求有利于故障诊断的原理、方法和手段,这就使得故障诊断技术呈现多学科交叉这一特点。

从早期对设备故障的各种直接检测手段,到依靠经验积累的诊断过程,直至发展到当前基于知识的智能化故障诊断技术,其间广泛吸取了相关学科的各种有效方法和手段。现有的故障诊断方法概括起来可分为以下三大类,如图1.4所示。

(1)基于信号处理的方法。
(2)基于解析模型的方法。
(3)基于知识的诊断方法。

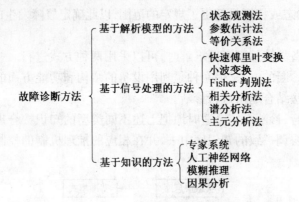

图1.4 故障诊断方法分类图

1.4.1 基于解析模型的故障诊断方法

所谓基于解析模型的故障诊断方法,就是通过将被诊断对象的可测信息与由模型表达的系统先验信息进行比较,从而产生残差,并对残差进行分析和处理而实现故障诊断的技术。基于解析模型的故障诊断方法有以下几种。

1. 参数估计诊断法

当故障以参数形式来描述时,可利用参数估计方法来描述故障信息,再根据参数(系统参数和故障参数)变化的统计特性来判断故障是否发生。

2. 状态估计诊断法

当被控过程的状态直接反映系统运行状态时,可通过估计系统的状态,再结合适当模型来进行故障诊断。首先重构被控过程的状态,并构造出残差序列,残差序列中包含各种故障信息。此时只有采用统计检验法,才能把故障从中检测出来,并作进一步分离、估计及决策,通常可用Luenberger观测器和Kalman滤波器进行状态估计。

3. 基于等价空间法

通过系统输入、输出(或部分输出)的实际值检验诊断对象数学关系的等价性(即一致性),从而达到检测和分离故障的目的。这些数学关系能够给出表示传感器输出之间静态代数关系的直接冗余或者被诊断对象的输入输出之间动态关系的瞬时冗余。

1.4.2 基于知识的故障诊断方法

1. 基于专家系统的故障诊断方法

专家系统是人工智能领域中最活跃的一个分支,现已广泛应用于故障诊断系统。专家系统方法不依赖于系统的数学模型,而是根据人们长期的实践经验和大量的故障信息知识,设计出一套智能计算机程序,以此来解决复杂系统的故障诊断问题。在系统的运行过程中,若某一时刻系统发生故障,该领域专家往往可以凭视觉、听觉、嗅觉或测量设备得到一些客观事实,并根据对系统结构和系统故障历史的深刻了解很快就做出判断,确定故障的原因和部位。对于复杂系统的故障诊断,这种基于专家系统的故障诊断方法尤其有效。随着计算机科学和人工智能的发展形成的专家系统方法,克服了基于模型的故障诊断方法对模型的过分依赖性,而成为故障监测和隔离的有效方法,并在许多领域内得到应用。

1965年,第一个专家系统 DENDRAL 诞生了,之后专家系统不断发展,如美国通用电气公司研究的用于内燃电力机车故障排除的专家系统 DELTA;美国西屋电器公司与卡耐基-梅隆大学合作研制的用于汽轮发电机组监控和诊断的专家系统 PDS;美国 NASA 研制的用于动力系统诊断的专家系统等。

专家系统故障诊断,其根本目的在于利用专家的领域知识和经验为故障诊断服务。目前在机械系统、电子系统及化工设备故障诊断等方面,已有成功的应用。但专家系统的应用依赖于专家的领域知识获取。知识获取被公认为专家系统研究开发中的"瓶颈"问题;另外,在自适应能力、学习能力及实时性方面也都存在不同程度的局限。

2. 基于人工神经网络的故障诊断方法

人工神经网络(Artificial Neural Network,ANN)是由大量神经元广泛互联而成的复杂网络系统,是对人类大脑神经细胞结构和功能的模仿,具有与人脑类似的记忆、学习、联想等能力。在 ANN 中,信息处理是通过神经元之间的相互作用来实现的,知识与信息的存储表现为分布式网络元件之间的互联,网络的学习和识别取决于各神经元连接权值的动态演化过程。由于神经网络的自身优点,使得其在故障诊断领域得到了广泛的应用,是目前研究比较热门的诊断方法。比较典型的人工神经网络模型有:前馈神经网络模型(主要有自适应线性元模型和感知器)、反馈神经网络模型(主要有 Hopfield 网络模型、海明神经网络模型和双向联想存储器等)、自组织神经网络模型(主要有适应谐振理论、自组织映射模型、对流神经网络模型和认知机等)和随机神经网络模型(主要有模拟退火算法、波耳兹曼机和谐和理论等)。

1989 年美国普渡大学的 Venkatasubramanian 和 King Chan 将神经网络用于流化态催化裂化单元的故障诊断,并取得了理想的结果,这是人们第一次将神经网络技术应用于故障诊断。后来,日本庆应义塾大学的 Kajiro 和 Watanbe、美国得克萨斯大学的 Hoskin 和 Himmelblau、宾夕法尼亚大学的 Ungar 等人都在这一领域取得了各自的研究成果。我国东北大学虞和济教授、西安交通大学屈梁生教授、东南大学钟秉林教授等人也对神经网络在机械故障诊断中的应用进行了相关研究。哈尔滨工程大学在核动力装置故障诊断中,利用神经网络具有较强的分类识别的特点,在数据融合技术的特征级处理中使用 BP 神经网络进行故障诊断,取得了较好的效果。

3. 基于模糊理论的故障诊断方法

模糊技术以模糊逻辑为基础,通过模仿人类思维的模糊综合判断推理来处理常规方法难以解决的模糊信息处理问题,是对与人类的思维和感知有关的一些现象建模的另一个有力工具。模糊理论的引入主要是为了克服诊断过程本身的不确定性、不精确性以及噪声所带来的诊断困难,因而在处理复杂系统的时滞、时变及非线性方面,显示出其优越性。在模糊故障诊断方法中,构造隶属函数是实现模糊诊断的前提,但由于隶属函数是人为构造的,所以含有一定的主观因素;另外,模糊诊断方法不具备自学习能力,存在模糊诊断知识获取困难的瓶颈,尤其是故障与征兆的模糊关系比较难确定,容易产生漏报和误诊,并且系统中模糊规则、决策算法的最优化选择比较困难。因此,一般把模糊方法与其他方法结合,如神经网络、小波分析、专家系统等,理论和实际应用已经证明了这些方法的有效性。

4. 基于故障树的故障诊断方法

故障树诊断方法(FTA)是一种将系统故障形成的原因,由总体到部件按树枝状逐级细化的分析方法。基于故障的层次特性,其故障成因和后果的关系往往具有很多层次,并形成一连串的因果链,加之一因多果或一果多因的情况就构成了故障树。故障树分析包括定性分析和定量分析,定性分析中使用最小割集算法和最小路集算法找出导致顶事件发生的所有可能的故障模式,即弄清系统或设备出现某种最不希望的故障事件有多少种可能性;定量分析的主要目的是求顶事件发生的特征量(如可靠度、重要度、故障率、累计故障概率、首次故障时间等)和底事件的重要度。

1.4.3 基于信号处理的故障诊断方法

多传感器数据融合技术是一门源于军事应用的技术。随着微电子技术的发展,信号检测和处理、计算机、控制等信息技术得到飞速发展,使得系统复杂程度不断提高,故障诊断领域的应用面临着复杂环境下多源信息的处理和融合的问题,因此,数据融合技术以其独有的优势被应用于复杂系统的故障诊断。数据融合技术充分利用复杂系统的全面信息,从而能够更加准确地反映系统的状态,判断系统是否发生故障及故障的类型。为了适应不同系统故障诊断的要求,各种融合诊断方法及其改进算法不断涌现,使数据融合诊断方法得到了快速的发展和应用。

1.4.4 其他故障诊断方法

1. 基于灰色系统理论的故障诊断方法

灰色系统理论是我国著名学者邓聚龙教授于1982年创立的一门新兴学科,它以"部分信息已知,部分信息未知"的"小样本"、"贫信息"不确定系统为研究对象,主要通过对"部分"已知信息的生成、开发,提取有价值的信息,实现对系统行为的正确描述和有效监控。灰色系统理论应用于设备运行状态的预测与故障诊断是1988年段志善在他的学位论文《设备故障诊断方法的研究与应用中》提出的,经过学者们不断的研究和发展,灰色系统理论得到不断完善,被广泛应用到各种行业的设备故障诊断中,形成了一种有特色的设备灰色状态预测与故障诊断新方法。利用灰色理论进行状态预测与诊断,使用的模型主要有 $GM(1,1)$ 模型、残差 $GM(1,1)$ 模型、三角变换 $GM(1,1)$ 模型、$GM(2,1)$ 模型及灰色马尔柯夫 $GM(1,1)$ 模型,其中灰色马尔柯夫 $GM(1,1)$ 模型对于波动较大的参数预测效果较好。

2. 基于遗传算法的故障诊断方法

遗传算法思想来源于生物进化过程,它是基于进化过程中的信息遗传机制和优胜劣汰的自然选择原则的搜索算法,是把求解问题的自变量看作原因,进行编码构成染色体(个体),在个体的集合(群体)内根据个体适应的大小进行最优评价,在搜索过程中不断通过选择(繁殖)、交叉、变异3个遗传算子进行新个体的产生与繁殖,最后得出最优个体。遗传算法用于故障诊断的研究中,很多是将遗传算法与其他的算法相结合,如遗传算法和神经网络的结合、遗传算法和模糊逻辑的结合等。

3. 基于支持向量机的故障诊断方法

支持向量机是一种建立在统计学习理论和结构风险最小化原理基础上的新型机器学习算法,它根据有限的样本信息,在模型的复杂性(即对特定训练样本的精度)与学习能力(即无错误地识别任意样本的能力)之间寻求最佳折衷,以期获得最好的推广能力。概括地说,支持向量机就是通过某种事先选择的非线性映射,将输入空间映射到一个高维特征空间,然后在特征空间中构造最优分类超平面的实现过程。支持向量机针对小样本情况所表现出来的优良性能引起了众多故障诊断领域研究人员的注意,支持向量机应用于故障诊断最大的优势在于它适合于小样本决策,其学习方法的本质在于能够在有限特征信息情况下,最大限度地发掘数据中隐含的分类知识,近年来在故障诊断领域得到了广泛的应用。

4. 集成故障诊断方法

集成故障诊断方法是结合各种方法的优点而形成集成技术,进而提高诊断能力的一种方法。研究人员根据理论及实际应用的研究,将各种方法进行集成,尽量发挥算法的优势,利用算法的集成来弥补算法自身存在的缺陷或不足。目前,应用较多的集成算法有神经网络和专家系统的集成、模糊理论和神经网络及专家系统的集成、滤波技术及小波技术与神经网络的集成等。

1.4.5 设备故障诊断技术研究的热点

当前,设备故障诊断技术主要进行故障机理、故障特征的提取和处理、机器学习、状态预测几个方面的研究。

1. 故障机理的研究

故障机理的研究主要是根据机械设备的力学特性,建立相应的动力学模型,从故障对系统动力学参数的影响来分析故障的特征表现。

2. 故障特征的提取和处理的研究

根据获得的设备信息,通过适当的变换、处理,提取出故障特征。用获得的故障特征判断机器当前状态,诊断隐含的故障。这是故障诊断中的一个主要研究领域。故障特征提取分为人工提取和自动提取。到目前为止,大多数研究还是基于某种分析方法的人工提取。如不论是传统的时域分析、频谱分析、倒频谱分析、相关分析、轴心轨迹、奈奎斯特图、波德图、瀑布图,还是近年来发展起来的全息谱分析、主分量分析、小波变换、遗传算法,都离不开人的干预和人工判别。

3. 机器学习的研究

机器学习的研究是指综合应用所谓软计算(Soft-computing)方法于故障诊断中,其中包括支持向量机(SVM)、人工神经网络、决策树等多种方法。建立智能监测和诊断系统是故障诊断的一个必然发展趋势。目前,其研究和应用主要集中在两个方面:专家系统和人工神经网络。由于专家系统和人工神经网络在知识获取方面有着不可避免的缺陷,使得智能诊断的应用受到一定限制。因此,数据挖掘技术的出现,为智能诊断带来了新的发展动力。

4. 状态预测的研究

状态预测的研究是根据设备当前状态和以往状态的历史记录来预测其未来的状态变化趋势。状态预测在故障诊断中有着非常重要的意义。根据预测时间的长短可以分为短期预测和中、长期预测。目前,短期预测技术相对成熟,而中、长期预测难度较大,预测方法仍有待深入研究。

近年来,由于计算机技术、现代测试技术和信号处理技术的迅速发展,设备故障诊断技术取得了很大的进展。然而,在工程实际中存在着大量的多故障、多过程、突发性故障及需要对庞大机器或工程系统进行的监测和诊断,上述技术手段和方法往往存在较大的局限性,主要表现在:

(1)不能有效地利用专家的知识和经验。
(2)缺乏推理能力,只能向前推理,不能像专家一样既能向前推理,又能向后推理。
(3)不具备学习机制。
(4)对测试结果缺乏解释,测试诊断程序的修改和维护性差。

因此,复杂系统的智能诊断涉及广泛的学科领域,许多问题尚有待于进一步研究和探索,对其进行完整和系统的研究还是一项艰巨而又困难的工作。

1.5 设备故障诊断技术的发展趋势

设备故障诊断技术与当代前沿科学的融合是设备故障诊断技术的发展方向。当今故障诊断技术的发展趋势是传感器的精密化、多维化,诊断理论、诊断模型的多元化,诊断技术的智能化,具体来说表现在如下方面:

(1)与当代最新传感器技术以及多元传感器信息的融合。现代化的大生产要求对设备进行全方位、多角度的监测与维护,以便对设备的运行状态有整体、全面的了解。因此,在进行设备故障诊断时,可采用多个传感器同时对设备的各个位置进行监测,然后按照一定的方法对这些信息进行处理。

(2)与最新信号处理方法相融合。随着小波分析等新的信号处理方法在设备故障诊断领域中的应用,传统的基于快速傅里叶变换的机械设备信号分析技术有了新的突破性进展。

(3) 与非线性原理和方法的融合。机械设备在发生故障时,其行为往往表现为非线性。如旋转机械的转子在不平衡外力的作用下表现出的非线性特征。随着混沌与分形几何方法的日趋完善,这一类诊断问题必将得到进一步解决。

(4) 与现代智能方法的融合。现代智能方法包括专家系统、模糊逻辑、神经网络、支持向量机、决策树等。现代智能方法在设备故障诊断技术中已得到广泛的应用。随着智能技术的不断发展,设备状态的智能监测和设备故障的智能诊断,将是故障诊断技术的最终目标。

复习思考题

1-1 设备故障诊断的基础是什么?如何理解设备故障诊断技术的交叉性?
1-2 如何理解故障的层次性?
1-3 画图说明对设备进行诊断时,如何协调使用相关知识?

第 2 章 故障诊断中的数据处理

故障诊断中的数据处理是指对诊断对象进行检测所获取的数据进行处理与分析,它是设备故障诊断的前提和基础。这些数据可能是设备的某些物理量,如位移、速度、加速度、应力、应变等机械量,或如温度、压力、流量、液位等热工量。它们的共同特点是随时间而变化,并代表了系统的状态和特征。这里的"时间"是泛指概念,有时可以是空间、时间或时、空坐标。

2.1 数据处理的有关知识

2.1.1 动态测试数据的分类

表示物理现象或过程的任何观测数据,都可以分为确定性数据和非确定性数据两大类。能够用明确的数学关系式描述的数据,称为确定性数据。例如在图 2.1 所示的单自由度无阻尼振动系统中,m 为刚体质量,k 为弹簧常数。

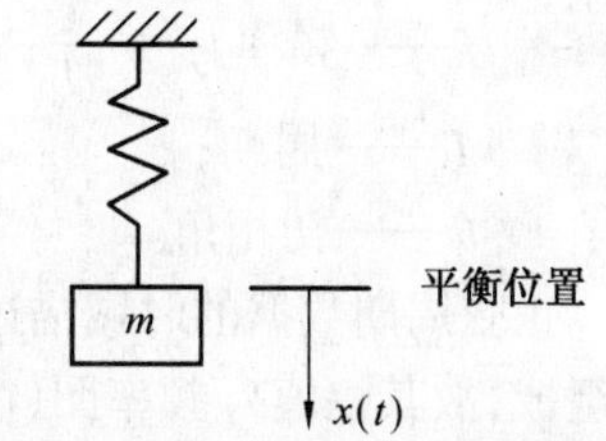

假定用手拉刚体,使它偏离原来平衡位置的距离为 A,松手时刻为 $t = 0$,则之后刚体的位移可用数学关系式描述为

$$x(t) = A\cos\sqrt{\frac{k}{m}}t \quad (t \geqslant 0) \tag{2.1}$$

图 2.1 单自由度无阻尼振动系统

式(2.1)确定了刚体在之后任意瞬时的精确位置,因此表示刚体位移的数据是确定性数据。

但是在工程实践中还有许多动态测试数据是不能用明确的数学关系式来表达的,这种数据称为非确定性数据或随机数据。例如随机振动、环境噪声等。这些数据虽然可以检测出来,也可以得到随时间变化的记录数据,但是不能预测未来任何瞬时的精确值,而只能用概率统计的特征量来描述。

动态测试数据的特征可以用数据的幅值随时间变化的表达式、图形或数据表来表示,即数据的时域描述。时域描述比较简单直观(例如示波器上的波形图),但它不能反映数据的频率结构。为此,常对数据进行频谱分析,研究其频率成分及各频率成分的强度,这就是数据的频域描述。所谓"域"的不同,是指描述数据的坐标图横坐标的物理量不同,如时域的横坐标为时间 t,频域的横坐标为频率 f 或角频率 ω,随着研究的目的不同,可采用不同的域描述。

1. 确定性数据

确定性数据可以根据它的时间历程记录是否有规律地重复出现,或根据它是否能展开为傅里叶级数,而划分为周期数据和非周期数据两类。周期数据又可分为正弦周期数据和复杂周期数据。非周期数据又可分为准周期数据和瞬态数据,如图 2.2 所示。

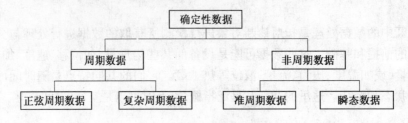

图 2.2 确定性数据分类

(1) 周期数据

周期数据是指经过一定时间间隔重复出现的数据。最常见的是正弦周期数据,其幅度随时间作正弦周期波动,其函数形式为

$$x(t) = A\sin(2\pi ft + \theta) \tag{2.2}$$

式中　　A——振幅;

　　　　f——频率,$f = \dfrac{1}{T}$;

　　　　T——周期;

　　　　θ——初相角。

正弦周期数据的时域描述图形如图 2.3(a) 所示。由于正弦周期数据是由单一频率成分 f 所组成,故其幅值-频率图(简称频谱)是单一离散谱线,如图 2.3(b) 所示,它是从频域上对正弦周期数据的描述。

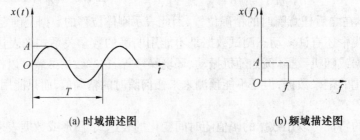

(a) 时域描述图　　　　　　　　(b) 频域描述图

图 2.3 正弦数据在时域、频域中的表示

复杂周期数据是由不同频率的正弦周期数据叠加而成的,其频率比为有理数,其图形是由基波的整数倍波形叠加而成的。若基波频率为 f_1,各组成项的频率为 nf_1,$n = 1,2,\cdots$,则复杂周期数据可以展开为傅里叶级数,即

$$x(t) = A_0 + \sum_{n=1}^{\infty}(a_n\cos 2\pi nf_1 t + b_n\sin 2\pi nf_1 t) \tag{2.3}$$

式中

$$f_1 = \frac{1}{T}$$

$$A_0 = \frac{1}{T}\int_0^T x(t)\mathrm{d}t$$

$$a_n = \frac{2}{T}\int_0^T x(t)\cos 2\pi nf_1 t\mathrm{d}t$$

$$b_n = \frac{2}{T}\int_0^T x(t)\sin 2\pi nf_1 t\mathrm{d}t$$

$$(n = 1,2,\cdots)$$

式(2.3)还可以写成如下形式,即

$$x(t) = A_0 + \sum_{n=1}^{\infty}A_n\cos(2\pi nf_1 t - \theta_n) \tag{2.4}$$

式中

$$A_n = \sqrt{a_n^2 + b_n^2}$$

$$\theta_n = \arctan\left(\frac{b_n}{a_n}\right)$$

可见,复杂周期数据是由一个静态分量 A_0 和无限多个谐振分量(振幅为 A_n,相位为 θ_n)组成,谐振分量的频率都是 f_1 的整倍数。图 2.4 是从时域和频域上对复杂周期数据的图形描述。

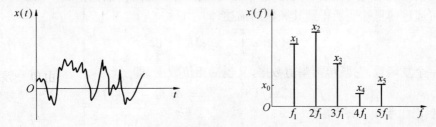

图 2.4 复杂周期数据在时域和频域上的表示

由图 2.4 可见,即使 $x(t)$ 可能包含无限多个频率分量,但频谱仍然是离散的。周期性方波、三角波及锯齿波都是复杂周期性波形的例子。

(2) 非周期数据

凡能用明确的数学关系式描述的,但又不是周期性的数据,均称为非周期数据。它包括准周期数据和瞬态数据。

准周期数据是由彼此的频率比不全为有理数的两个以上正弦数据叠加而成的数据。例如

$$x_1(t) = A_1\sin(t + \theta_1) + A_2\sin(3t + \theta_2) + A_3\sin(7t + \theta_3)$$

$$x_2(t) = A_1\sin(t + \theta_1) + A_2\sin(3t + \theta_2) + A_3\sin(\sqrt{50}t + \theta_3)$$

其中 $x_1(t)$ 的各谐振分量的频率比为 1/3、1/7、3/7,是有理数,故 $x_1(t)$ 为周期数据。而 $x_2(t)$ 的

谐振分量的频率比中，$\frac{1}{\sqrt{50}}$ 和 $\frac{3}{\sqrt{50}}$ 是无理数，故 $x_2(t)$ 为非周期数据，但它仍保持离散频谱的特点，故称准周期数据。准周期数据的表达式为

$$x(t) = \sum_{n=1}^{\infty} A_n \sin(2\pi n f_n t + \theta_n) \tag{2.5}$$

式中任一频率成分 f_n 与另一频率成分 f_m 之比 $\frac{f_n}{f_m}$ 不全为有理数。

在工程实践中，当两个或几个不相关的周期性物理现象混合作用时，常会产生准周期数据。例如几个电动机不同步振动造成的机床或仪表的振动，其动态测试结果即为准周期数据，准周期数据的频域描述如图 2.5 所示。

准周期数据以外的非周期数据均为瞬态数据。产生瞬态数据的物理现象很多，如图 2.6 所示。图 2.6(a) 为热源消除后物体温度变化及其频谱，图 2.6(b) 为激振力解除后的阻尼振荡系统的

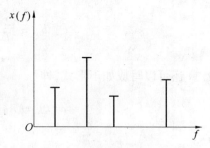

图 2.5 准周期数据的频域描述

自由振动及其频谱，图 2.6(c) 为在 $t = C$ 时刻断裂的电缆的应力及其频谱，它们都属于瞬态数据类型。

与周期数据及准周期数据不同，瞬态数据的特点是不能用离散频谱表示。大多数情况下，瞬态数据可通过傅里叶变换得到其频域的描述，即

$$x(f) = \int_{-\infty}^{+\infty} x(t) e^{-j2\pi f t} dt \tag{2.6}$$

这是一个复函数，它既包括幅值数据，又包括相位数据，即

$$X(f) = |X(f)| e^{-j\varphi(f)} = A(f) - jB(f) \tag{2.7}$$

式中的 $|X(f)|$ 是模，表示幅值

$$|X(f)| = \sqrt{A^2(f) + B^2(f)}$$

$\varphi(f)$ 是幅角，表示相位

$$\varphi(f) = \arctan\left[\frac{B(f)}{A(f)}\right]$$

$$A(f) = |X(f)| \cos \varphi(f)$$
$$B(f) = |X(f)| \sin \varphi(f)$$

瞬态数据频域描述 $X(f)$ 的反变换为

$$x(t) = \int_{-\infty}^{+\infty} X(f) e^{j2\pi f t} df \tag{2.8}$$

式(2.6)和式(2.8)是一个瞬态数据的时域和频域描述的互相变换。由式(2.6)可见，瞬态数据的频谱是连续型的，且频率范围无限，这与周期数据及准周期数据有明显区别。

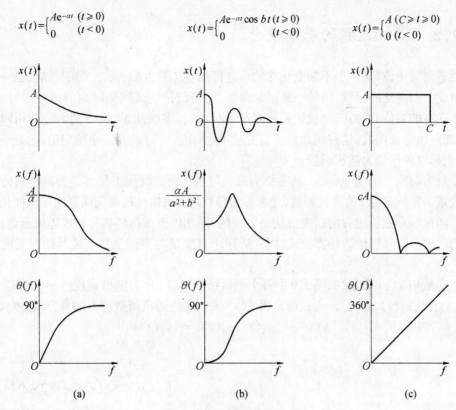

图 2.6 几种瞬态数据的表示

2. 非确定性数据

与确定性数据不同,非确定性数据,即随机性数据,是不能用明确的数学表达式来描述的。若在一个动态试验中,不能在合理的试验误差范围内预计未来时刻的测试结果数据,则可认为此动态试验数据是随机性数据。随机性数据只能用概率统计的特征量来描述。

根据随机数据的统计特征量是否随时间变化,可把随机数据分为平稳过程和非平稳过程两大类。平稳随机过程又可进一步分为各态历经过程和非各态历经过程。这些分类如图 2.7 所示。

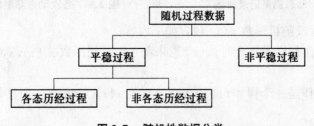

图 2.7 随机性数据分类

2.1.2 随机过程的基本概念

在动态测量中,对某一个不断变化着的量进行测量(图 2.8),每一个测量结果是一个确定的随时间或空间变化的函数,例如一条记录曲线,对于测量的时间间隔内的每一瞬时,该函数都有一个确定的数值。但由于随机误差的存在,使得重复多次测量,会得到不完全相同的函数结果,例如一组记录曲线。这种函数对于自变量(时间或空间)的每一个给定值,它是一个随机变量,我们称这种函数为随机函数。

自变量为时间 t 的随机函数,通常称为随机过程(例如磨加工尺寸是磨削时间的随机函数)。自变量为空间坐标 l 的随机函数,通常称为随机场(例如丝杠螺旋线误差是丝杠长度的随机函数)。随机场和随机过程的研究方法是一样的,因此以下统称随机过程或随机函数。所有对自变量为时间 t 的随机函数计算公式,同样适用于自变量为空间坐标 l 或其他参量的随机函数。

随机函数用 $x(t)$ 表示。如图 2.9 中每个测量结果 $x_i(t)$ 称为随机函数的一个现实,或一个样本,如 $x_1(t), x_2(t), x_3(t), \cdots, x_N(t)$。而 $x(t)$ 表示这些随机函数样本的集合(总体),即

$$x(t) = \{x_1(t), x_2(t), \cdots, x_N(t)\}$$

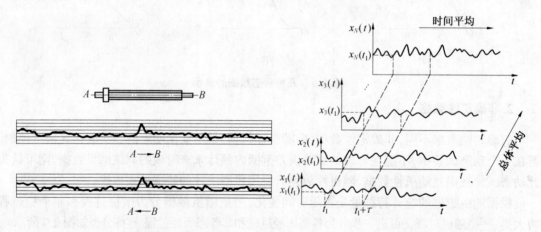

图 2.8 动态测量记录曲线　　　　图 2.9 各次动态测量数据记录曲线

因此,随机过程或随机函数 $x(t)$ 包含如下内容:

(1) 把 $x(t)$ 看作是样本集合时,$x(t)$ 意味着一组时间函数 $x_1(t), x_2(t), x_3(t), \cdots, x_N(t)$ 的集合。

(2) 把 $x(t)$ 看作是一个样本(或一个现实时),$x(t)$ 意味着一个具体的时间函数,例如 $x(t) = x_2(t)$。

(3) 若 $t = t_1$,则 $x(t)$ 意味着一组随机变量 $x_1(t_1), x_2(t_1), x_3(t_1), \cdots, x_N(t_1)$ 的集合。

这就是随机函数或随机过程 $x(t)$ 的全部含义。

实际上,含义(1)、(2)、(3)的本质是一样的,只是对随机过程的描述方式不同。含义(1)是从总体集合意义上讲的。含义(2)是从一个时间历程(一个现实)上描述。一个现实是表示一次实验给定的结果,这时,随机函数表现为一个非随机的确定性函数。例如,地震波测量是一个随机过程,这是从总体上说的,但对某一次地震的水平加速度记录,不论其波形、频率成分、持续时间等如何复杂,由于它是时间 t 的确定函数,已由这次记录所给定,因而这次记录是非随机性的。含义(3)则是从一个固定的 t_1 值上描述,由图 2.9 截取各个现实,得一组值,这是一组随机变量,同样反映随机过程 $x(t)$ 的特征。

由此可见,随机函数兼有随机变量与函数的特点。在一般实际测量中,多采用含义(2)描述随机过程,而在理论分析中,多采用含义(3)进行研究。

1. 随机过程的特征量

随机变量通常用它的概率分布函数、算术平均值和标准差作为特征量来表示。同样,随机过程也有它的特征量,这些特征量不像随机变量的特征量那样表现为一个确定的数,而是表现为一个函数。随机变量的特征函数常用 4 种统计函数来表示,即概率密度函数;均值、方差和方均值;自相关函数;谱密度函数。

(1) 概率密度函数

概率密度函数是描述随机数据落在给定区间内的概率。对于图 2.10 所示的随机过程,在任意时刻,$x(t)$ 落在以 ξ 为中心、给定区间为 Δx 的振幅窗内的概率为

$$P[x < x(t) \leqslant x + \Delta x] = \lim_{T \to \infty} \frac{T[x < x(t) \leqslant x + \Delta x]}{T} \tag{2.9}$$

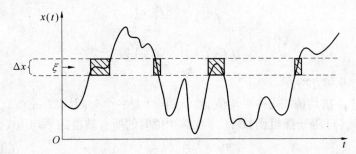

图 2.10　动态测量数据的时间分布

其中,$T[x < x(t) \leqslant x + \Delta x]$ 是 $x(t)$ 落在以 ξ 为中心的区间 Δx 振幅窗内的时间,它等于 $\Delta t_1 + \Delta t_2 + \Delta t_3 + \cdots + \Delta t_k = \sum_{i=1}^{k} \Delta t_i$。用式(2.9)的概率除以 Δx,并取 $\Delta x \to 0$ 的极限,就得到概率密度函数,即

$$f(x) = \lim_{\Delta x \to 0} \frac{P[x < x(t) \leqslant x + \Delta x]}{\Delta x} = \lim_{\Delta x \to 0} \frac{1}{\Delta x}\left[\lim_{T \to \infty} \frac{\sum_{i=1}^{k} \Delta t_i}{T}\right] \quad (2.10)$$

由式(2.10)可见,概率密度函数是概率相对于振幅的变化率。对概率密度函数进行积分,即根据图 2.11 计算 $f(x)$ 在两个振幅 x_1, x_2 之间所围的面积,可得

$$P[x_1 < x(t) \leqslant x_2] = \int_{x_1}^{x_2} f(x) dx = F(x_2) - F(x_1) \quad (2.11)$$

令 $x_1 \to -\infty$,得

$$P[-\infty < x(t) \leqslant x_2] = \int_{-\infty}^{x_2} f(x) dx = F(x_2) \quad (2.12)$$

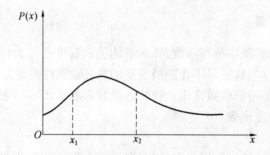

图 2.11 概率密度分布曲线

也就是说,在振幅 x_2 之下的概率密度函数所围的面积 $F(x_2)$ 称之为概率分布函数。概率分布函数 $F(x)$ 与概率密度函数 $f(x)$ 互为微积分关系,即

$$f(x) = \frac{dF(x)}{dx}$$

$$F(x) = \int_{-\infty}^{x} f(x) dx$$

(2) 均值、方差和方均值

随机函数 $x(t)$ 的均值(或称平均值、数学期望)是一个时间函数 $m_x(t)$。对于自变量 t 的每一个给定值,$m_x(t)$ 等于随机函数 $x(t)$ 在该 t 值时的所有数值的平均值(数学期望),即

$$m_x(t) = E[x(t)] \quad (2.13)$$

式(2.13)给出的随机函数均值,实质上是 $x(t)$ 的一阶原点矩。

如图 2.12 所示,在 $t = t_1$ 时刻,随机函数 $x(t)$ 的均值 $m_x(t_1) = E[x(t_1)]$,而 $E[x(t)]$ 的计算方法与随机误差的算术平均值计算方法相同。

由此可见,随机过程的均值是一个非随机的平均函数,它确定了随机函数 $x(t)$ 的中心趋势,随机过程的各个现实(样本)都围绕它变动,而变动的分散程度则可用方差或标准差来评定。

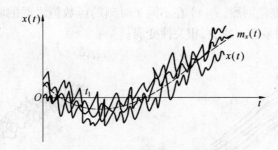

图 2.12　随机数据的时间分布曲线

随机函数的方差也是一个时间函数 $D[x(t)]$，对于自变量 t 的每一个给定值，$D[x(t)]$ 等于随机函数 $x(t)$ 在该 t 值时的取值对均值偏差平方的平均值（数学期望），即

$$D[x(t)] = E[(x(t) - m_x(t))^2] \tag{2.14}$$

而随机函数的标准差则为

$$\sigma_x(t) = \sqrt{D[x(t)]} = \sqrt{E[(x(t) - m_x(t))^2]} \tag{2.15}$$

由此可见，随机函数的方差和标准差也是一个非随机的时间函数（见图 2.12），它确定了随机函数所有现实相对于均值的分散程度。在 $t = t_1$ 时刻，随机函数的方差和标准差计算类似于随机误差的方差和标准差计算方法。

式(2.14)给出的随机函数方差，实质上是 $x(t)$ 的二阶中心矩，而二阶原点矩为 $\varphi_x^2(t)$，即

$$\varphi_x^2(t) = E[x^2(t)] \tag{2.16}$$

式(2.16)的 $\varphi_x^2(t)$ 称为随机过程的方均值，也是描述随机函数的一个特征量，它反映了随机函数的强度，在研究随机函数谱密度时，将要应用这个特征量。

由式(2.15)可得

$$\sigma_x^2(t) = E[x^2(t) - 2m_x(t)x(t) + m_x^2(t)] =$$
$$E[x^2(t)] - 2m_x(t)E[x(t)] + m_x^2(t) =$$
$$\varphi_x^2(t) - m_x^2(t)$$

所以

$$\varphi_x^2(t) = m_x^2(t) + \sigma_x^2(t) \tag{2.17}$$

由此可见，方均值既反映随机过程的中心趋势，也反映随机过程的分散度。

(3) 自相关函数

均值和方差是表征随机过程在各个孤立时刻的统计特性的重要特征量，但不能反映随机过程不同时刻之间的关系。

为了说明这点，图 2.13 直观地给出两个随机过程样本集合。这两个随机函数 $x_1(t)$ 和 $x_2(t)$ 的均值（数学期望）和方差几乎一样，但 $x_1(t)$（图 2.13(a)）的特点是变化缓慢，规律性

较明显,即 $x(t)$ 在不同 t 时刻的函数值之间有较明显的联系,相关性较强。而 $x_2(t)$ (图 2.13(b))的特点是变化剧烈,$x_2(t)$ 在不同 t 时刻的函数值之间的联系不明显,而且随着两时刻间隔增大,它的联系迅速减少,相关性变弱。

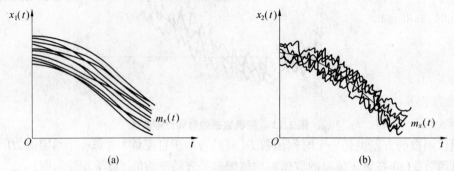

图 2.13　两个不同随机过程的分布曲线

因此,除均值和方差外,我们还要用另一个特征量来反映随机过程内不同时刻之间的相关程度,该特征量称为相关函数或自相关函数。

显然,自相关函数是与随机函数在 t 和 $t' = t + \tau$ 时刻的值有关,如图 2.14 所示,即自相关函数是一个二元的非随机函数,这个函数在数学上可用相关矩来定义。也就是把随机函数的自相关函数定义为 $[x(t) - m_x(t)]$ 与 $[x(t+\tau) - m_x(t+\tau)]$ 的乘积的平均值(数学期望),即

$$R_x(t, t+\tau) = E[(x(t) - m_x(t))(x(t+\tau) - m_x(t+\tau))] \tag{2.18}$$

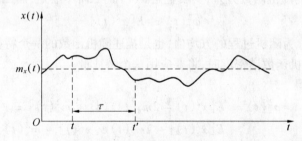

图 2.14　自相关函数曲线

若在随机函数 $x(t)$ 上面加一个"0"表示相应的随机函数对其均值的偏差 $x(t) - m_x(t)$,即用 $x^0(t)$ 表示中心化随机函数,则式(2.18)可表示为

$$R_x(t, t+\tau) = E[x^0(t) x^0(t+\tau)] \tag{2.19}$$

在实际应用中,自相关函数还有一种更常用的表示式,称为标准自相关函数(或自相关系数),其定义是

$$\rho_x(t, t+\tau) = \frac{R_x(t, t+\tau)}{\sigma_x(t)\sigma_x(t+\tau)} \tag{2.20}$$

自相关函数具有以下性质:

① 当 $\tau = 0$ 时,自相关函数等于随机函数的方差。因为 $\tau = 0$ 时,式(2.18) 为

$$R_x(t,t) = E[(x(t) - m_x(t))(x(t) - m_x(t))] =$$
$$E[(x(t) - m_x(t))^2] = D[x(t)] \tag{2.21}$$

此时,标准自相关函数等于 1,即

$$\rho_x(t,t) = \frac{R_x(t,t)}{\sigma_x(t)\sigma_x(t)} = \frac{D[x(t)]}{D[x(t)]} = 1 \tag{2.22}$$

由于方差可以由自相关函数表示,故随机函数的基本特征量仅为均值与自相关函数。

② 自相关函数是对称的。自相关函数的定义是两个随机变量 $[x(t) - m_x(t)]$ 和 $[x(t + \tau) - m_x(t + \tau)]$ 的相关矩,而相关矩不决定于 t 和 $t + \tau$ 的顺序,即

$$R_x(t, t + \tau) = E[(x(t) - m_x(t))(x(t + \tau) - m_x(t + \tau))] =$$
$$E[(x(t + \tau) - m_x(t + \tau))(x(t) - m_x(t))] = R_x(t + \tau, t) \tag{2.23}$$

因此,自相关函数对 t 和 $t + \tau$ 来说是对称的,即交换 t 和 $t + \tau$,数值不变。

③ 在随机函数上加上一个非随机函数时,它的均值(数学期望)也要加上同样的非随机函数,但它的自相关函数不变。所谓非随机函数可以是一个固定的数,也可以是 t 的函数。

设在随机函数 $x(t)$ 上加上一个非随机函数 $g(t)$,得到新的随机函数 $y(t)$,即

$$y(t) = x(t) + g(t) \tag{2.24}$$

根据数学期望的加法定理,可得

$$m_y(t) = m_x(t) + g(t) \tag{2.25}$$

因此,$y(t)$ 的均值是 $x(t)$ 的均值加上该非随机函数。而自相关函数

$$R_y(t,t') = E[y^0(t)y^0(t')] = E[(y(t) - m_y(t))(y(t') - m_y(t'))] =$$
$$E[(x(t) + g(t) - m_x(t) - g(t))(x(t') + g(t') - m_x(t') - g(t'))] =$$
$$E[(x(t) - m_x(t))(x(t') - m_x(t'))] = R_x(t,t') \tag{2.26}$$

故加上非随机函数后,自相关函数不变。

④ 在随机函数上乘以非随机因子 $f(t)$ 时,它的均值也应乘上同一因子,而它的自相关函数应乘上 $f(t)f(t')$。

设在随机函数 $x(t)$ 上乘以非随机因子 $f(t)$,得到新的随机函数列 $y(t)$,即

$$y(t) = f(t)x(t) \tag{2.27}$$

则均值 $m_y(t)$ 为

$$m_y(t) = E[y(t)] = E[f(t)x(t)] = f(t)E[x(t)] = f(t)m_x(t) \tag{2.28}$$

但自相关函数 $R_y(t,t')$ 为

$$R_y(t,t') = E[y^0(t)y^0(t')] = E[(y(t) - m_y(t))(y(t') - m_y(t'))] = f(t)f(t')R_x(t,t') \tag{2.29}$$

特别是当 $f(t) = C$(常数)时,它的自相关函数应乘上 C^2。

(4) 谱密度函数

在实用中,我们不仅关心作为随机过程的数据的均值和相关函数,而且往往更关心随机数据的频率分布情况,也就是要研究随机过程是由哪些频率成分所组成,不同频率的分量各占多大比重等。这种分析方法就是所谓频谱分析法,它在测量误差理论中占有重要地位。

由 2.1.1 节已知,对于确定性数据或函数,可用一定的幅值 – 频率图(图 2.3 ~ 2.5)来表示其频谱。

对于随机函数,由于它的振幅和相位是随机的,不能做出确定的频谱图。但随机过程的方均值 φ_x^2(见式 2.16)可用来表示随机函数的强度。这样,随机过程的频谱不用频率 f 上的振幅来描述,而是用频率 f 到 $f + \Delta f$ 频率范围内的方均值 $\varphi_x^2(f, \Delta f)$ 来描述。当 Δf 具有一定宽度时,在 Δf 范围内的方均值可能是变动的,因此我们取 Δf 范围内的平均方均值,也就是单位频率范围的平均方均值,如图 2.15 中有阴影线的矩形所示,可用公式

$$G_x(f, \Delta f) = \frac{\varphi_x^2(f, \Delta f)}{\Delta f} \tag{2.30}$$

来描述频谱 f 到 $f + \Delta f$ 范围内的随机过程强度。

当随机过程趋于 $+\infty$,而频率元素 Δf 趋于零时,图 2.15 的阶梯曲线趋于图 2.16 的光滑曲线 $G_x(f)$,则有

$$G_x(f) = \lim_{\Delta f \to 0} \frac{\varphi_x^2(f, \Delta f)}{\Delta f} \tag{2.31}$$

变换式 (2.31) 为定积分形式,则有

$$\varphi_x^2 = \int_0^\infty G_x(f) \mathrm{d}f \tag{2.32}$$

$G_x(f)$ 描述了随机过程的强度沿 f 轴的分布密度,称为随机过程的频谱密度或谱密度。如果把 $x(t)$ 看作是电流,则 φ_x^2 将表示该电流在负载上产生的功率。

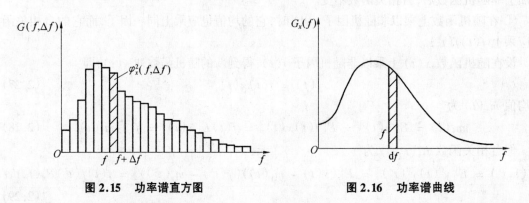

图 2.15　功率谱直方图　　　　图 2.16　功率谱曲线

由此可见谱密度的物理意义是表示 $x(t)$ 产生的功率 φ_x^2 在频率轴上的分布,而 $G_x(f)$ 曲

线与横坐标所围面积表示了随机过程的总功率。因此,$G_x(f)$ 亦称为功率谱密度或功率谱。

这样,我们便引进了一个描述平稳随机过程的新的特征量——谱密度函数。它是从频率的领域描述随机过程,而自相关函数是从时间的领域描述随机过程。

因式(2.31)是定义在 0 到 $+\infty$ 的频率范围上,因此 $G_x(f)$ 称为"单边"谱密度,但谱密度函数也可以定义在 $-\infty$ 到 $+\infty$ 的频率范围上,称为"双边"谱密度,记作 $S_x(f)$。因随机过程的总功率不变,故有

$$S_x(f) = \frac{1}{2} G_x(f) \quad (f \geq 0) \tag{2.33}$$

图 2.17 显示了 $G_x(f)$ 与 $S_x(f)$ 的关系,两条曲线与横坐标所围的面积应相等。

通常,式 (2.32) 中的自变量 f 可用角频率 ω 代替,由 $\omega = 2\pi f$ 得

$$\varphi_x^2 = \int_0^\infty G_x(f)\mathrm{d}f = \int_0^\infty G_x\left(\frac{\omega}{2\pi}\right)\mathrm{d}\left(\frac{\omega}{2\pi}\right) = \frac{1}{2\pi}\int_0^\infty G_x\left(\frac{\omega}{2\pi}\right)\mathrm{d}\omega$$

即谱密度函数用 f 或 ω 表示,仅有坐标比例上的差别。

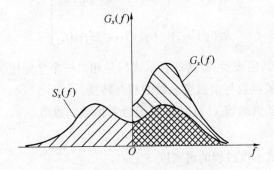

图 2.17 单边谱与双边谱关系

谱密度具有以下重要性质:

① 谱密度是非负的实偶函数。由式(2.31)、式(2.33)可见,不论 f 是正或是负,所得 $\varphi_x^2(f,\Delta f)$ 都是正实数,即非负的实偶函数,故其极限亦是非负的实偶函数。

② 谱密度函数与自相关函数互为傅里叶变换。

谱密度函数与自相关函数是从频率和时间两个不同的领域描述同一随机过程的,通过傅里叶积分可以互相变换,即

$$\left.\begin{aligned}S_x(\omega) &= \frac{1}{2\pi}\int_{-\infty}^{+\infty} R_x(\tau)\mathrm{e}^{-\mathrm{j}\omega\tau}\mathrm{d}\tau \\ R_x(\tau) &= \int_{-\infty}^{+\infty} S_x(\omega)\mathrm{e}^{\mathrm{j}\omega\tau}\mathrm{d}\omega\end{aligned}\right\} \tag{2.34}$$

这两个式子统称维纳-辛钦公式。它是从用复数表示的自相关函数展开为傅里叶级数后推导出来的,该式能从自相关函数进行傅里叶变换得出谱密度函数,或从谱密度函数进行傅里

叶变换得出相关信号。由于自相关函数是偶函数,因此式(2.34)实际上只有实数值部分,故可化简为只有实值部分的公式,即

$$\left.\begin{aligned} S_x(\omega) &= \frac{1}{2\pi}\int_{-\infty}^{+\infty} R_x(\tau)\cos\omega\tau\mathrm{d}\tau = \frac{1}{\pi}\int_0^{\infty} R_x(\tau)\cos\omega\tau\mathrm{d}\tau \\ R_x(\tau) &= \int_{-\infty}^{+\infty} S_x(\omega)\cos\omega\tau\mathrm{d}\omega = 2\int_0^{+\infty} S_x(\omega)\cos\omega\tau\mathrm{d}\omega \end{aligned}\right\} \quad (2.35)$$

或

$$\left.\begin{aligned} G_x(\omega) &= \frac{2}{\pi}\int_0^{\infty} R_x(\tau)\cos\omega\tau\mathrm{d}\tau \\ R_x(\tau) &= \int_0^{\infty} G_x(\omega)\cos\omega\tau\mathrm{d}\omega \end{aligned}\right\} \quad (2.36)$$

或

$$\left.\begin{aligned} G_x(f) &= 4\int_0^{\infty} R_x(\tau)\cos 2\pi f\tau\mathrm{d}\tau \\ R_x(\tau) &= \int_0^{\infty} G_x(f)\cos 2\pi f\tau\mathrm{d}f \end{aligned}\right\} \quad (2.37)$$

以及维纳-辛钦公式的其他表示式。这些表示式只是相差一个坐标比例尺,实质是一样的。

以下举例说明自相关函数与谱密度函数的相互转换。

【例2.1】 已知某随机函数 $x(t)$ 的相关函数为指数函数型

$$R_x(\tau) = Ce^{-a|\tau|} \quad (2.38)$$

式中 $a > 0$,C 为常数,试求该过程的谱密度 $S_x(\omega)$。

解 引用式(2.35)有

$$S_x(\omega) = \frac{1}{\pi}\int_0^{\infty} Ce^{-a\tau}\cos\omega\tau\mathrm{d}\tau = \frac{C}{\pi}\frac{a}{a^2+\omega^2}$$

上述相关函数及其谱密度的函数图形见表2.1序号1。

当 a 不同时,函数曲线也不同。当 a 减小时,相关函数随着 τ 增加而减少得缓慢,表示随机过程变化较平滑,这时低频成分占优势,频谱上小频率部分占优势。

当 $a = 0$ 时,自相关函数 $R_x(\tau) = C$,如表2.1序号4所示。它意味着随机过程前后完全相关,与自变量 t 无关。随机过程不包含任何频率成分的波动,故频谱在 $\omega = 0$。但如前所述,频谱曲线与横坐标所夹面积为总功率 C,因此 $\omega = 0$ 的谱线高度应为无限大。这样的特殊频谱可借用数学上的 δ 函数表示,δ 函数定义为除坐标原点外,处处等于零,在坐标原点处等于无穷大,而它在包含坐标原点的任意小的区间内的积分等于1,即

$$\delta(x) = \begin{cases} 0 & (x \neq 0) \\ \infty & (x = 0) \end{cases} \quad (2.39)$$

$$\int_{-\varepsilon}^{\varepsilon} \delta(x)\mathrm{d}x = 1 \quad （对于任意 \varepsilon > 0） \tag{2.40}$$

对于本例而言，自变量 x 就是 ω，因此自相关函数为常数的随机过程谱密度是 $C_\delta(\omega)$，如表 2.1 序号 4 所示。

当 a 增加时，相关函数随 τ 增大而减小得很快，这意味着随机过程前后相关较弱，过程变动剧烈，过程所含高频成分与低频成分均起作用。

当 $a \to \infty$ 时，相关函数 $\to 0$，变成在 $\tau = 0$ 处的 δ 函数形式。此时各种频率成分在随机过程中均起作用，且各个作用几乎一样，于是该过程的频谱表示为一常数，由式(2.34)得此常数的各种频率的噪声合成的随机噪声过程亦被称为"白噪声"，表 2.1 序号 5 便是白噪声的相关函数与谱密度。它在工程实际中是很有用的。

【例 2.2】 已知某随机过程 $x(t)$ 的相关函数为指数余弦函数型：$R_x(\tau) = \mathrm{e}^{-a|\tau|}\cos\omega_0\tau$，试求该过程的谱密度 $S_x(\omega)$。

解 引用式 (2.34) 有

$$S_x(\omega) = \frac{1}{2\pi}\int_{-\infty}^{+\infty} R_x(\tau)\mathrm{e}^{-\mathrm{j}\omega\tau}\mathrm{d}\tau = \frac{1}{2\pi}\int_{-\infty}^{+\infty} \mathrm{e}^{-a|\tau|}\cos\omega_0\tau\,\mathrm{e}^{-\mathrm{j}\omega\tau}\mathrm{d}\tau$$

将 $\cos\omega_0\tau$ 变换为复数形式，即

$$\cos\omega_0\tau = \frac{1}{2}(\mathrm{e}^{\mathrm{j}\omega_0\tau} + \mathrm{e}^{-\mathrm{j}\omega_0\tau})$$

代入得

$$S_x(\omega) = \frac{1}{4\pi}\int_{-\infty}^{\infty} \mathrm{e}^{-a|\tau|}(\mathrm{e}^{\mathrm{j}\omega_0\tau} + \mathrm{e}^{-\mathrm{j}\omega_0\tau})\mathrm{e}^{-\mathrm{j}\omega\tau}\mathrm{d}\tau =$$

$$\frac{1}{4\pi}\left\{\int_{-\infty}^{0} \mathrm{e}^{a\tau}(\mathrm{e}^{\mathrm{j}\omega_0\tau} + \mathrm{e}^{-\mathrm{j}\omega_0\tau})\mathrm{e}^{-\mathrm{j}\omega\tau}\mathrm{d}\tau + \int_{0}^{\infty} \mathrm{e}^{-a\tau}(\mathrm{e}^{\mathrm{j}\omega_0\tau} + \mathrm{e}^{-\mathrm{j}\omega_0\tau})\mathrm{e}^{-\mathrm{j}\omega\tau}\mathrm{d}\tau\right\} =$$

$$\frac{1}{4\pi}\left\{\int_{0}^{\infty} \mathrm{e}^{-a\tau}(\mathrm{e}^{-\mathrm{j}\omega_0\tau} + \mathrm{e}^{\mathrm{j}\omega_0\tau})\mathrm{e}^{\mathrm{j}\omega\tau}\mathrm{d}\tau + \int_{0}^{\infty} \mathrm{e}^{-a\tau}(\mathrm{e}^{\mathrm{j}\omega_0\tau} + \mathrm{e}^{-\mathrm{j}\omega_0\tau})\mathrm{e}^{-\mathrm{j}\omega\tau}\mathrm{d}\tau\right\} =$$

$$\frac{1}{4\pi}\left\{\int_{0}^{\infty} \mathrm{e}^{-(a-\mathrm{j}\omega+\mathrm{j}\omega_0)\tau}\mathrm{d}\tau + \int_{0}^{\infty} \mathrm{e}^{-(a-\mathrm{j}\omega-\mathrm{j}\omega_0)\tau}\mathrm{d}\tau + \int_{0}^{\infty} \mathrm{e}^{-(a+\mathrm{j}\omega-\mathrm{j}\omega_0)\tau}\mathrm{d}\tau + \int_{0}^{\infty} \mathrm{e}^{-(a+\mathrm{j}\omega+\mathrm{j}\omega_0)\tau}\mathrm{d}\tau\right\} =$$

$$\frac{1}{4\pi}\left[\frac{1}{a-\mathrm{j}\omega+\mathrm{j}\omega_0} + \frac{1}{a-\mathrm{j}\omega-\mathrm{j}\omega_0} + \frac{1}{a+\mathrm{j}\omega-\mathrm{j}\omega_0} + \frac{1}{a+\mathrm{j}\omega+\mathrm{j}\omega_0}\right] =$$

$$\frac{a}{2\pi}\left[\frac{1}{a^2+(\omega-\omega_0)^2} + \frac{1}{a^2+(\omega+\omega_0)^2}\right]$$

本例的自相关函数及谱密度函数曲线见表 2.1 序号 3。相关函数有周期性变化，且幅度随指数下降很快，其频谱中以 ω_0 占优势。

表 2.1 自相关函数与谱密度函数

序号	自相关函数图	谱密度函数图
1	$R_x(\tau)$, $Ce^{-a|\tau|}$	$S_x(\omega)$, $\dfrac{C}{\pi}\dfrac{a}{a^2+\omega^2}$
2	$R_x(\tau)$, 三角形 $-T$ 到 T	$S_x(\omega)$, $\dfrac{2\sin^2(\omega T/2)}{\pi T\omega^2}$
3	$R_x(\tau)$, $e^{-a|\tau|}\cos\omega_0\tau$	$S_x(\omega)$, $\dfrac{a}{2\pi}[1/(a^2+(\omega-\omega_0)^2)+1/(a^2+(\omega+\omega_0)^2)]$
4	$R_x(\tau)$, C	$S_x(\omega)$, $C\delta(\omega)$
5	$R_x(\tau)$, $C\delta(\tau)$	$S_x(\omega)$, $C/2\pi$
6	$R_x(\tau)$, $\cos\omega_0\tau$	$S_x(\omega)$, $\dfrac{1}{2}[\delta(\omega-\omega_0)+\delta(\omega+\omega_0)]$, $-\omega_0$, ω_0
7	$R_x(\tau)$, $\dfrac{2K_0}{\tau}\sin\omega_0\tau$	$S_x(\omega)$, K_0, $-\omega_0$, ω_0

【例 2.3】 已知某放大器的频谱为

$$S_x(\omega) = \begin{cases} K_0 & (-\omega_0 \leqslant \omega \leqslant \omega_0) \\ 0 & (其他) \end{cases}$$

试求放大器的相关函数、方差和标准相关函数。

解 引用式 (2.35) 有

$$R_x(\tau) = \int_{-\infty}^{\infty} K_0 \cos \omega\tau \, d\omega = \frac{K_0}{\tau}[\sin \omega_0\tau - \sin(-\omega_0\tau)] = \frac{2K_0}{\tau}\sin \omega_0\tau$$

$$D_x = R_x(0) = 2K_0\omega_0$$

$$\rho_x(\tau) = \frac{R_x(\tau)}{D_x} = \frac{1}{\omega_0\tau}\sin \omega_0\tau$$

由本例可见,从谱密度函数可以反过来求相关函数。它们的函数曲线见表 2.1 中序号 7。其频谱也是白噪声类型,但只有低频段存在,故称低通白噪声。

直线型或余弦型相关函数及其谱密度函数分别见表 2.1 序号 2 和序号 6。

随机数据的谱密度函数主要是用来建立数据的频率结构,分析其频率组成和每种频率成分的大小,为动态测试误差分析从频率上提供依据。在几何量和机械量测试中,频谱分析方法已得到重视和应用,例如圆度测量的谱分析,振动测量的谱分析,动态测试仪器的误差分析与修正等。

2. 随机过程特征量的实际估计

如前所述,随机过程分为平稳随机过程和非平稳随机过程两大类。平稳随机过程又可分为各态历经过程及非各态历经过程。由于它们各具特点,因此其特征量的计算方法亦有不同。但正如误差理论所述,对一物理量作系列测量后,不可能求得被测量的真值。同样,由于随机误差的存在及测量次数有限,因而对一随机过程作一系列动态测试后,也不可能求得随机过程特征量的真值,而只能通过有限个样本做出估计。在工程实际中的随机过程大多是平稳随机过程,对于具有 N 个样本的平稳随机过程通常采用总体平均法(几何平均法)求其特征量的估计,而对各态历经随机过程,则可采用时间平均法求其特征量的估计值。下面分别介绍这些实际估计方法及其精度。

(1) 平稳随机过程及其特征量

① 平稳随机过程。研究图 2.18 和图 2.19 两个不同的随机过程,可以看出它们的区别。图 2.18 的随机过程 $x(t)$,其特征量(如均值、方差)显然是不随 t_1 的变化而有明显的变化,而且所选择的 t_1 的起点可以是任意的。例如机床在正常加工条件下工作时,机床振动是个随机过程,但其平均的振幅、频率范围等是基本上不变的,在工作过程任一段时间测量机床的振动,所得特征量是基本上不变的,因此这个过程是随机的,也是平稳的。

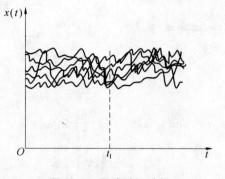
图 2.18　平稳随机过程

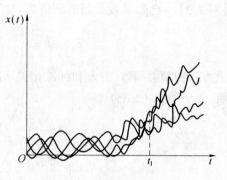
图 2.19　非平稳随机过程

但图 2.19 显示另一种特点,即随机过程的均值及自相关函数显然随着 t_1 的推移而有明显的变化。就像机床在起动阶段、变速阶段或停车阶段中,机床的振动的平均振幅、频率范围等都随时间不断变化,因而该振动是随机的,也是不平稳的。

由此,我们定义:若随机过程 $x(t)$ 的所有特征量与 t 无关,即其特征量不随 t 的推移而变化,则称 $x(t)$ 为平稳随机过程。否则,称为非平稳随机过程。

由定义可见,随机过程是"平稳"的第一个条件是其均值为常数,即

$$m_x(t) = m_x = 常数 \tag{2.41}$$

当然,这个条件不是本质的,因为如式(2.19)那样,我们可以把均值不为常数的随机过程变换成中心化随机函数,使其均变为 0。因而可将均值不为常数的随机过程变换为满足条件式(2.41)。

随机过程是"平稳"的第二个条件是其方差为常数,即

$$D_x(t) = D_x = 常数 \tag{2.42}$$

如图 2.20 所示的随机过程,虽然其均值为常数,但过程的分散程度随着时间的推移有明显的增加,因此也不是平稳的。

满足"平稳"的第三个条件是随机函数的自相关函数 $R_x(t, t+\tau)$ 应不随 t 的位置推移而变化,即与 t 无关,可表示为

$$R_x(t, t+\tau) = R_x(\tau) \tag{2.43}$$

如图 2.21 所示,不论 τ 取在 t 轴上什么位置,$R_x(t, t+\tau)$ 都应等于 $R_x(t_1, t_1+\tau)$,该随机过程才是平稳的。换句话说,平稳随机过程的自相关函数只依赖于自变量 t 与 $t+\tau$ 之差 τ,即自相关函数只是一个自变量 τ 的函数。

由式(2.21)可知,方差可由自相关函数表示,因此条件式(2.42)只是条件式(2.43)的特殊情况。

当不考虑随机函数的概率密度等其他特征量,而只考虑满足均值为常数和自相关函数仅与 τ 有关这两个条件时,这样的随机函数称为宽平稳随机函数或广义平稳随机函数。

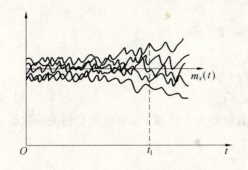

图 2.20 非平稳随机过程　　　图 2.21 平稳随机过程自相关函数

在工程实际中,很多随机过程都满足平稳的条件,或者可以近似看作是平稳的。如照明电网的电压波动、电阻热电噪声、机床的振动、切削加工平面的表面粗糙度等都是平稳的。因此,我们要对平稳随机过程作进一步的研究。

② 平稳随机过程的特征量。

a. 平稳随机过程的均值和方差　　按照平稳过程的定义可知,$t = t_1, t_2, \cdots$ 的均值不变,即由式 (2.13) 得

$$m_x(t) = E[x(t_1)] = E[x(t_2)] = \cdots = 常数 \tag{2.44}$$

同时,平稳过程的方差由式 (2.14)、(2.21) 可知

$$D_x[x(t)] = R_x(t,t) = R_x(0) = 常数 \tag{2.45}$$

因此平稳随机过程的均值和方差都是常数,且方差等于 τ 为 0 的自相关函数值。

b. 平稳随机过程的自相关函数　　因为平稳过程的均值为常数,因此它的自相关函数就可直接用中心化的自相关函数式(2.19) 表示,即

$$R_x(\tau) = E[x^0(t)x^0(t+\tau)] \tag{2.46}$$

还可表示为标准化自相关函数:

$$\rho_x(\tau) = \frac{R_x(\tau)}{D_x} \tag{2.47}$$

平稳随机过程的自相关函数主要性质如下:

(Ⅰ) 当 $\tau = 0$ 时,自相关函数取得最大值,且等于其方差。

为证明此性质,可取非负的函数 $\{x(0) \pm x(\tau)\}^2$,此函数的数学期望也是非负的,即

$$E[(x(0) \pm x(\tau))^2] \geq 0 \tag{2.48}$$

展开得

$$E[x^2(0)] \pm 2E[x(0)x(\tau)] + E[x^2(\tau)] \geq 0 \tag{2.49}$$

由于 $x(t)$ 是平稳的,按式(2.45) 和式(2.46) 可知

$$E[x^2(0)] = E[x^2(\tau)] = R_x(0)$$

及根据自相关函数定义

$$E[x(0)x(\tau)] = R_x(\tau)$$

则式(2.49)为

$$R_x(0) \pm R_x(\tau) \geq 0$$

即

$$R_x(0) \geq R_x(\tau) \tag{2.50}$$

由此证明,当 $\tau = 0$ 时,平稳过程的自相关函数值必大于任意 $\tau \neq 0$ 时的自相关函数值。至于 $R_x(0)$ 等于方差值,已由式(2.45)给出。

(Ⅱ) 平稳过程的自相关函数是偶函数,即

$$R_x(-\tau) = R_x(\tau) \tag{2.51}$$

因为根据式(2.46)可知

$$R_x(-\tau) = E[x^0(t)x^0(t-\tau)]$$

今取 $t = t' + \tau$ 代入上式,则

$$R_x(-\tau) = E[x^0(t'+\tau)x^0(t')] = R_x(\tau)$$

故平稳过程自相关函数是偶函数,在实用中这个性质是重要的。据此,我们只需计算或测量 $\tau \geq 0$ 的自相关函数值,不必重复研究 $\tau < 0$ 的自相关函数值。

(Ⅲ) 均值为零的平稳随机过程,若 $\tau \to \infty$ 时 $x(t)$ 与 $x(t+\tau)$ 不相关,则其相关函数趋于 0,即

$$\lim_{\tau \to \infty} R_x(\tau) = 0 \tag{2.52}$$

这是因为

$$\lim_{\tau \to \infty} R_x(\tau) = \lim_{\tau \to \infty} E[x(t)x(t+\tau)] = 0$$

(Ⅳ) 平稳随机过程 $x(t)$ 若含有周期性成分,则它的自相关函数中亦含有周期成分,且其周期与过程的周期相同。

因为平稳过程 $x(t)$ 含有周期为 T 的成分时,必有 $x(t) = x(t+T)$,则

$$R_x(\tau + T) = E[x(t)x(t+\tau+T)] = E[x(t)x(t+\tau)] = R_x(\tau) \tag{2.53}$$

在实际应用中,性质(Ⅲ)、(Ⅳ)是重要的。当 $\tau \to \infty$ 时,不含周期信号成分的平稳过程 $x(t)$ 与 $x(t+\tau)$ 的依赖性甚微(即不相关),其自相关函数趋于零。而含有周期信号成分的平稳过程,$x(t)$ 与 $x(t+\tau)$ 仍有周期性依赖关系,其自相关函数仍保持一定值。因此,可从自相关函数是否趋于零来鉴别出均值为零的平稳过程是否混有周期信号。

(2) 平稳随机过程特征量的实验估计

上面给出了描述平稳随机过程的特征量的各个定义,若知道随机函数的类型,便可知其特征量。但在工程实际中,更多的情况是预先不知道随机数据的函数形式,而只能通过实验测得如图 2.9 所示的随机函数样本集合,这时可由实验结果来求特征量。

首先对 N 个连续的记录采样(采集断续的数字样本),取等间距的 $t = t_1, t_2, \cdots, t_n$,截取

图 2.9 的连续记录,得函数值如表 2.2 所示。

采样数目的确定:若图 2.9 的记录长度为 T,首先将 T 分成等间距的 n 等份,即 $t_n - t_{n-1} = \dfrac{T}{n}$,为了可靠地计算均值和自相关函数,$n$ 要取得足够大,以满足采样定理。

表 2.2 离散化的采样数据

$x(t)$	t					
	t_1	t_2	$\cdots$	t_m	$\cdots$	t_n
$x_1(t)$	$x_1(t_1)$	$x_1(t_2)$		$x_1(t_m)$		$x_1(t_n)$
$x_2(t)$	$x_2(t_1)$	$x_2(t_2)$		$x_2(t_m)$		$x_2(t_n)$
$\vdots$	$\vdots$	$\vdots$		$\vdots$		$\vdots$
$x_N(t)$	$x_N(t_1)$	$x_N(t_2)$		$x_N(t_m)$		$x_N(t_n)$

采样数目确定后,计算平稳随机过程的特征量就不必用积分形式运算,而可以用代数和估计,即

$$m_x(t_k) = \frac{1}{N}\sum_{i=1}^{N} x_i(t_k) \tag{2.54}$$

$$D_x(t_k) = \frac{1}{N-1}\sum_{i=1}^{N}[x_i(t_i) - m_x(t_k)]^2 \tag{2.55}$$

$$R_x(t_k, t_l) = \frac{1}{N-1}\sum_{i=1}^{N}[x_i(t_k) - m_x(t_k)][x_i(t_l) - m_k(t_l)] \tag{2.56}$$

$$\rho_x(t_k, t_l) = \frac{R_x(t_k, t_l)}{\sigma_{t_k}\sigma_{t_l}} = \frac{\sum_{i=1}^{N}[x_i(t_k) - m_x(t_k)][x_i(t_l) - m_x(t_l)]}{\sqrt{\sum_{i=1}^{N}[x_i(t_k) - m_x(t_k)]^2 \sum_{i=1}^{N}[x_i(t_l) - m_x(t_l)]^2}} \tag{2.57}$$

式中 $i = 1, 2, \cdots, N$;$k = 1, 2, \cdots, n$;$t_l = t_k + \tau$。

这样,就可以从实验结果有限个现实的总体中,按照不同时刻 t_k 求出随机数据各特征量的估计值。这就是总体平均法,或称几何平均法。

(3) 各态历经随机过程及其特征量

从上面计算可知,对平稳过程,为求特征量需做大量实验,获得很多个随机过程的现实,然后在各 t 时刻上求特征量估计值。但是能不能从一个现实来求特征量呢?实际上,许多平稳随机过程都可以这样做,通常把这一类的平稳随机过程称为各态历经随机过程。现在来研究图 2.22 和图 2.23 两个平稳随机过程的区别。

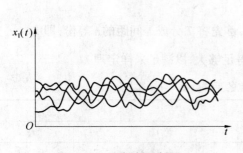
图 2.22 平稳随机过程(1)
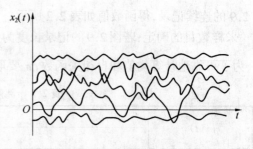
图 2.23 平稳随机过程(2)

随机过程 $x_1(t)$ 有下面的特点:每一现实围绕同一数学期望(均值)上下波动,且这些波动的平均振幅是大致相等的。如果适当延长一个现实的记录时间,显然,可以取这个现实代表整个样本集合的特征。这时,这个现实沿 t 轴的均值近似代表整个随机过程样本集合的均值,这个平均值的方差近似代表整个过程的方差。

而对平稳随机过程 $x_2(t)$ 来说,显然,每个现实本身各具不同的均值和方差,因此不能用任一个现实代表整个样本集合,为此把图 2.22 的平稳随机过程称为各态历经随机过程。也就是在一次实验中,对足够长的时间内的不同 t 值观察的随机过程,等价于在许多次实验中,对同一 t 值观察的随机过程,即随机过程的各态历经性可以理解为随机过程的各样本函数都同样经历随机过程的各种可能状态。因此,从随机过程的任一个样本函数都可以得到随机过程的全部统计信息,任何一个样本函数的特性都可以充分地代表整个随机过程的特性。具有这种性质的平稳随机过程即为各态历经随机过程。各态历经性又称历遍性或埃尔古德性,即 Ergodic 的译音。用数学语言讲,各态历经性就是,当观测区间无限增加时,平稳随机过程观测的平均值以任意给定的准确度逼近其数学期望的概率趋于 1。

如何判别一个平稳随机过程是否各态历经,一方面可以根据物理知识和实际经验判断,另一方面可以从过程的相关函数观察。图 2.23 的随机过程,它可以表示为

$$x(t) = Z(t) + Y \tag{2.58}$$

此处, $Z(t)$ 是具有各态历经性质的平稳过程,其特征量为 m_z 和 $R_z(\tau)$, Y 是表示各个现实均值的随机变量,具有特征量 m_y, D_y 假设 $Z(t)$ 与 Y 互不相关。则由概率论加法定理知, $x(t)$ 的均值(数学期望)等于 $Z(t)$ 与 Y 的均值(数学期望)之和,即

$$m_x = m_Z + m_Y \tag{2.59}$$

$$R_x(\tau) = R_Z(\tau) + D_Y \tag{2.60}$$

如果具有图 2.24 的形状,则当 τ 增加时, $Z(t)$ 与 $Z(t+\tau)$ 值之间的相关程度迅速减少,即 $\tau \to \infty$ 时, $R_z(\tau) \to 0$。但对 $x(t)$ 来说,各点 τ 上 $R_x(\tau)$ 都比 $R_z(\tau)$ 多一个 D_Y,因而 $\tau \to \infty$ 时, $R_x(\tau)$ 不趋于零,而是趋于一个常数 D_Y。

由此可知,具有各态历经性的平稳随机过程的充分条件是其相关函数当 τ 增加时趋于零,

即

$$R_z(\tau) \to 0 \quad (\tau \to \infty) \tag{2.61}$$

而非各态历经的平稳随机过程的相关函数当 τ 增加时趋于某一常数。由此可判定被研究的平稳过程是否各态历经的。

另外,还要指明,各态历经随机过程一定是平稳的,但平稳随机过程则不一定是各态历经的(例如图 2.23)。

各态历经随机过程的特征量可按下述方法计算:

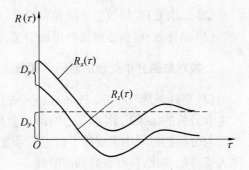

图 2.24 平稳随机过程的自相关函数

如图 2.9,任取一个现实 $x(t)$,在 $[0,T]$ 区间内计算其特征值,即

$$m_x = \lim_{T \to \infty} \frac{1}{T} \int_0^T x(t) \mathrm{d}t \tag{2.62}$$

$$D_x = \lim_{T \to \infty} \frac{1}{T} \int_0^T [x(t) - m_x]^2 \mathrm{d}t \tag{2.63}$$

这样,对随机过程 $x(t)$ 的一个样本,在它的整个时间轴上求平均的估计方法称为时间平均法(图 2.9)。因而,对各态历经随机过程就可以用时间平均代替总体平均来估计其特征量。

实际中常用代数和式代替积分式,即

$$m_x = \frac{1}{n} \sum_{i=1}^n x(t_i) \tag{2.64}$$

$$D_x = \frac{1}{n} \sum_{i=1}^n (x - m_x)^2 \tag{2.65}$$

$$\rho(\tau) = \frac{1}{n-m} \frac{1}{D_x} \sum_{i=1}^{n-m} (x_i - m_x)(x_{i+m} - m_x) \tag{2.66}$$

2.1.3 测试数据处理方法

在进行观测数据的测量和分析时,其信号中都含有两部分:一部分是与所研究的事物存在着直接和间接关系的有用部分,即信息;另一部分是与所研究的事物无关的干扰,即噪声,如观测误差和环境噪声等。测试数据是定量描述客观事物的物理量,对其进行处理的目的就是去伪存真、去粗取精,以便最大限度地抑制或消除噪声,突出或提取有用信息,提高信噪比。按照不同的角度,测试数据处理方法主要分为如下几类。

1. 按对获取数据的处理阶段不同分类

(1) 预处理。包括数据准备、编辑和检验,以及剔除坏值、零均值化、消除趋势项等。

(2) 二次处理。如数据压缩和变换等,例如用快速傅里叶变换(FFT)分析信号的频率结构。

(3) 最终处理。获得最终有用的信息,并进行显示、记录和打印。

2. 按对数据分析处理的时间不同分类

(1) 在线处理(On-line Processing)。进行在线实时状态监测与故障诊断时,常常要求信号的产生和分析的结果几乎同时完成,既不舍弃观测信号,又不使数据"积压"。为此,就必须使信号处理与分析的时间小于或等于相应信号变化所需的采集时间,以便使信号分析的速度能赶上输入信号的变化,具有良好的同时性。

(2) 离线处理(Off-line Processing)。一般是分析那些处理时间不受限制的信号,一般用大容量的存储设备首先把现场信号记录下来,然后再重放信号,对记录下来的数据进行事后分析处理。

3. 按所处理数据的不同形式分类

(1) 模拟分析。就是对时间和幅值都连续的时间历程信号,采用各种模拟式仪器进行的分析,其主要仪器是模拟式滤波器和各种记录仪等。

(2) 数字分析。就是对时间历程信号经过时间上离散化和幅值上量化后的数字信号进行的分析,如频谱分析、数字滤波等。数字信号处理具有精度高、性能指标优、速度快、灵活性好、可靠性高,以及便于集成化、自动化等特点,目前在故障诊断系统中多采用数字式信号处理。数字信号处理的基本组成如图 2.25 所示。

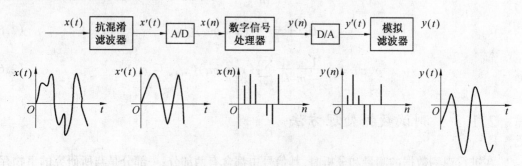

图 2.25　数字信号处理的基本组成

2.1.4　数据检验

随机数据的分析主要是针对数据的平稳性、周期性和正态性这三个基本特性的检验。

1. 平稳性检验

研究随机数据是否平稳,最简单的方法就是直接研究产生数据的现象及物理特性。如果此现象的基本物理因素是不随时间变化的,则不用进一步研究,一般就可以接受数据是平稳的结论。在实际中往往不能根据简单的物理考虑对所收集的数据做出平稳性的假设,此时数据的平稳性必须通过样本时间的历程记录的研究来确定。为此要作如下假设:首先,必须假设所给定的样本记录能正确反映随机过程的非平稳特征。第二,必须假设所给定的样本记录相对于数据中的最低频分量来说要很长,而且不包含非平稳均值。此外,还要假设数据的非平稳性可以利用数据均方值中的时间趋势项来表示。

在上述假设下,对单个记录 $x(t)$ 随机数据进行平稳性检验。

(1) 把样本记录分为 N 个等时间区间,可以认为每一个区间上的数据是独立的。

(2) 对每一个区间计算均方值,把这些子样值列成如下的时间序列 $\overline{x_1^2}, \overline{x_2^2}, \overline{x_3^2}, \cdots, \overline{x_N^2}$。

(3) 检验这一均方值序列,看是否有预计的采样变化以外引起的变化和趋势。

可以有很多方法完成子样值非平稳趋势的最后检验,例如,一种非参数检验 —— 轮次检验法,参见文献[62]。它可以直接应用如下:

假设子样均方值序列 $(\overline{x_1^2}, \overline{x_2^2}, \overline{x_3^2}, \cdots, \overline{x_N^2})$ 中的每一个值,均是方差为 ψ_x^2 的随机变量的独立子样值。如果此假设为真,则子样值序列的变化将是随机的,而且没有趋势项。因此,序列中相对于某个值的轮次数将是随机变量独立随机观察值序列的期望值,可在相应的表中查得。如果轮次数明显地与查到的期望数不同,则拒绝平稳性假设,否则就接受假设。

2. 周期性检验

从理论上讲,随机量之外的周期和准周期分量,在数据的功率谱中会出现一个 δ 函数。实际中,它们的功率谱中出现的是一个尖峰,它可能会与窄带随机影响混在一起。因此希望能鉴别出周期分量,以便不至于把它们错误地解释为具有有限功率谱密度的窄带随机分量。如果数据中的周期分量很强,则它们的存在往往是明显的。但是,如果随机数据中的周期分量不是太强,则可能是不明显的。

3. 正态性检验

检验平稳随机数据是否正态,最明确的方法就是测量数据的概率密度函数,然后与理论正态分布比较。如果样本记录很长,能在与正态偏差相比小很多的误差下测量概率密度函数,这种方法可以明确地判断数据是否为正态分布。如果概率密度估计的抽样分布已知,则即使随机误差很大,也可采用各种正态统计检验方法。

2.1.5 数据分析流程

图 2.26 所示为分析单个样本记录的方框图,它指出了信号分析的一般内容和大体步骤。图中所列各项在某些应用中可以省略,也可依据需要另外增加一些项目。中间用虚线框起来的

内容是属于数据检验的任务,可参见文献[62]。

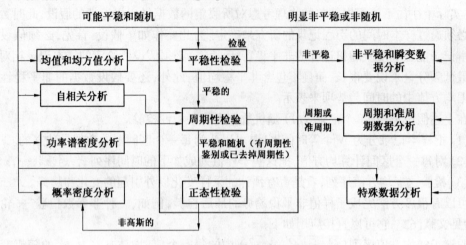

图 2.26　单个样本记录分析框图

图 2.27 所示为分析一组样本记录的方框图。

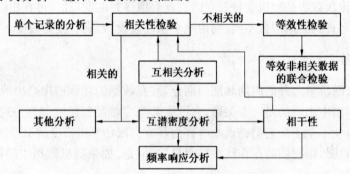

图 2.27　两个以上样本记录分析框图

2.2　随机数据统计参量的数值分析

2.2.1　估计理论的基本概念

在工程实践中,往往是通过有限长的单个样本记录的估计值来推断总体所固有的性质,这种推断方法称为统计推断,而对总体参数 θ 的估计称为参数估计。

对于一采样容量为 N 的原始数据序列 $\{x_n\}$ ($n = 1, 2, \cdots, N$),设待估参数 θ 的估计量为 $\hat{\theta}$,显然,$\hat{\theta}$ 是随机信号在 $1 \leqslant n \leqslant N$ 区段内随机变量的函数,它本身也是随机变量,存在着均值 $E[\hat{\theta}]$ 和方差 $\sigma_{\hat{\theta}}^2 = E(\hat{\theta} - E[\hat{\theta}])^2$,此均值和方差可用来判断所取估计值 $\hat{\theta}$ 相对于真值 θ 的有

效程度和估计质量。可从以下三个方面去评定估计的质量:无偏性、有效性和一致性。

1. 无偏性

估计量 $\hat{\theta}$ 的均值与真值 θ 之差

$$b_{\hat{\theta}} = E[\hat{\theta}] - \theta \tag{2.67}$$

称为 $\hat{\theta}$ 的偏差。

如果 $b_{\hat{\theta}} \neq 0$,则称 $\hat{\theta}$ 为 θ 的有偏估计量;如果 $b_{\hat{\theta}} = 0$,则称 $\hat{\theta}$ 为 θ 的无偏估计量;如果 $\lim_{n \to \infty} b_{\hat{\theta}} = 0$,则称 $\hat{\theta}$ 为 θ 的渐近无偏估计量。

当然,希望估计量 $\hat{\theta}$ 应是无偏的。在误差分析中,$b_{\hat{\theta}}$ 称为系统误差,它的特点是带有规律性,其值或者固定(称为固定误差,或简称恒差或常差),或者按一定规律变化(称为变值误差)。系统误差决定了观测量的准确度,原则上可以修正或消除。

2. 有效性

设 $\hat{\theta}_1$ 和 $\hat{\theta}_2$ 是参数 θ 使用相同容量 N 的两个无偏估计量,如果

$$\sigma^2_{\hat{\theta}_1} \leq \sigma^2_{\hat{\theta}_2} \tag{2.68}$$

则称无偏估计量 $\hat{\theta}_1$ 比 $\hat{\theta}_2$ 更有效。在各种可能的无偏估计量中,方差最小的那个无偏估计量就称为最优无偏估计量。

方差刻画了随机变量偏离均值的分散程度,它决定了估计量的精密度。方差越小,估计越有效,估值的精密度也就越高。

3. 一致性

引入估计量的均方误差 e^2_{MSE},其定义为估计量与真值之差的平方的均值,即

$$e^2_{\text{MSE}} = E[\hat{\theta} - \theta]^2 = E[\hat{\theta} - E(\hat{\theta}) + E(\hat{\theta}) - \theta]^2 = \sigma^2_{\hat{\theta}} + b^2_{\hat{\theta}} \tag{2.69}$$

如果随着样本点数 n 越来越大,均方误差越来越小,若存在条件 $\lim_{n \to \infty} E[\hat{\theta} - \theta]^2 = 0$,则称这个估计量 $\hat{\theta}$ 为参数 θ 的一致估计量。在误差分析中,一致估计量是度量精确度的综合指标。

在实际情况下,往往不能使上述三个评定量一致。此时,只能对偏量、最小方差估计量和一致估计量进行折衷处理,尽量满足估计的无偏性、有效性和一致性。

2.2.2 均值和方差的计算

1. 均值计算

(1) 直接算法

$$E_x = \frac{1}{N} \sum_{n=1}^{N} x_n \tag{2.70}$$

(2) 递推算法

若用 $E_{x\{n\}}$ 表示 N 项序列 $\{x_n\}$ 前 n 项的均值,可得

$$E_{x(n)} = \frac{n-1}{n}\left(\frac{1}{n-1}\sum_{i=1}^{n-1} x_i\right) + \frac{1}{n}x_n = \frac{n-1}{n}E_{x(n-1)} + \frac{1}{n}x_n \quad (n = 1,2,\cdots,N) \quad (2.71)$$

若取均值的初值为零,即 $E_{x\{0\}} = 0$,然后按式(2.71)逐点递推计算,可得数据序列 $\{x_n\}$ 的均值 $E_{x\{n\}} = E_{x\{N\}}$。

直接算法运算量小,递推算法可进行实时处理,并可获得一系列的中间均值。

2. 方差计算

(1) 直接算法

$$\sigma_x^2 = \frac{1}{N}\sum_{n=1}^{N}(x_n - E_x)^2 = \frac{1}{N}\sum_{n=1}^{N}x_n^2 - E_x^2 \quad (2.72)$$

(2) 递推算法

若用 $\sigma_{x\{n\}}^2$ 表示 N 项序列 $\{x_n\}$ 前 n 项的方差,可推得

$$\sigma_{x(n)}^2 = \frac{n-1}{n}[\sigma_{x(n-1)}^2] + \frac{1}{n}[x_n - E_{x(n-1)}]^2 \quad (2.73)$$

计算时先令均值和方差的初值 $E_{x(0)} = 0, \sigma_{x(0)}^2 = 0$,然后按式(2.73)逐点递推计算,当 $n = N$ 时就得到 $\{x_n\}$ 的方差 $\sigma_x^2 = \sigma_{x(N)}^2$。

2.3 离散傅里叶变换(DFT)

离散有限数列 $\{x_n\}$ 傅里叶变换对故障诊断中的信号处理十分重要。本节对离散傅里叶变换中涉及的有关问题进行介绍。

2.3.1 采样与混叠

对一个连续信号 $x(t)$ 进行数字处理时,要在计算机上进行计算,而计算机的输入只允许是数字信号,所以对连续信号 $x(t)$ 要进行采样。

设连续信号 $x(t)$ 的频谱为 $X(f)$,则

$$X(f) = \int_{-\infty}^{+\infty} x(t)\mathrm{e}^{-\mathrm{j}2\pi ft}\mathrm{d}t \quad (2.74)$$

由数字信号处理可知,当 $x(t)$ 为无限时域上的非周期连续信号时,$X(f)$ 是无限频域上的非周期连续信号,如图 2.28(a) 所示。

设有一单位脉冲采样函数 $\Delta_0(t)$,采样间隔为 Δt,则

$$\Delta_0(t) = \sum_{-\infty}^{\infty} \delta(t - n\Delta t) \tag{2.75}$$

$\Delta_0(t)$ 的傅里叶变换为

$$\Delta_0(f) = \frac{1}{\Delta t} \sum_{-\infty}^{\infty} \delta\left(f - \frac{k}{\Delta t}\right) \tag{2.76}$$

如图 2.28(b) 所示。

对 $x(t)$ 的离散采样就意味着 $x(t)$ 乘 $\Delta_0(t)$。根据傅里叶变换的性质可知,时域上两信号相乘相当于频域上对应信号的卷积,即

$$X_\Delta(f) = X(f) * \Delta_0(f) = \Delta t \sum_{n=-\infty}^{\infty} x(n\Delta t) e^{-j2\pi f n\Delta t} \tag{2.77}$$

式(2.77) 表示的函数是频率 f 的周期函数,其"周期"为 $\frac{1}{\Delta t}$。这就意味着,时域信号的离散采样必然造成频域信号延拓成周期函数,使频谱图形发生了混叠效应,如图 2.28(c) 所示。

可以证明,若一个函数在一个域(时域或频域)内是周期性的,则在另一个域(频域或时域)内必为离散变量的函数;反之,若一个函数在一个域内是离散的,则在另一域中必定是周期性的,而且周期等于原域中二相邻离散量之间隔的倒数。

混叠效应发生的原因在于时间函数没有足够高的采样速率,即采样间隔 Δt 太大,使频谱在频率区间 $\left[-\frac{1}{2\Delta t}, \frac{1}{2\Delta t}\right]$ 内的值由连续信号 $x(t)$ 在频率区间 $[-\infty, +\infty]$ 上的频谱值 $X(f)$ 折叠而成,即离散信号在频率区间 $\left[-\frac{1}{2\Delta t}, \frac{1}{2\Delta t}\right]$ 内的频谱既包含同一频率区间内连续信号的频谱,又有其他频段($\left[\frac{1}{2\Delta t}, \frac{3}{2\Delta t}\right]$,$\left[-\frac{1}{2\Delta t}, -\frac{3}{2\Delta t}\right]$,…)的频谱混叠进来。随着 f 增大,混叠进来的频段增多,那么怎样才能不产生这种现象呢?由图 2.28(c) 可以看出,当 $f \geq \frac{1}{2\Delta t}$ 时,$x(t)$ 的傅里叶变换 $X(f) = 0$,则就不会出现混叠效应,我们称频率

$$f_N = \frac{1}{2\Delta t} \tag{2.78}$$

为折叠频率或奈奎斯特(Nyquist) 频率。

因此,为避免混叠,就要将连续信号 $x(t)$ 的频谱 $X(f)$ 进行截断,其截断频率为 f_c,即当 $|f| \geq f_c$ 时,$X(f) = 0$。截断频率 f_c 即欲分析信号的最高频率 f_{max},为此,当以时间间隔

$$\Delta t \leq \frac{1}{2f_c} \tag{2.79}$$

进行采样时就没有混叠,这就是所谓的采样定理。只要满足采样定理,采样后的离散信号 $x(n\Delta t)$ 就可以完全复制出原来的连续信号 $x(t)$。

在实际采样时,应做到如下两点:

(1) 采样前,对连续信号用一抗混淆低通滤波器滤波,使不感兴趣或不需要的高于 $f_{max} = $

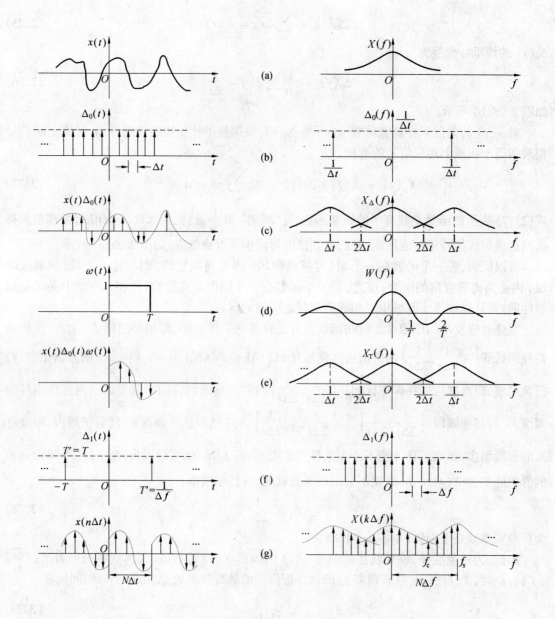

图 2.28 DFT 图解说明

f_c 的高频成分去掉,然后再采样及作数据处理。抗混淆低通滤波器具有良好的截断特性。

(2) 采样频率 f_s 应足够高,即满足

$$f_s = \frac{1}{\Delta t} \geqslant 2f_c \tag{2.80}$$

一般的频谱分析仪取 $f_s = 2.56f_c$,以使采样点数 $N = 1\,024$ 时,在频谱图的频率范围 $[0, f_{max}]$ 内有 400 条谱线。

2.3.2 截断与泄漏

在动态测试数据的谱分析中,$x(n\Delta t)$ 可能是非时限的,而处理这个序列时需要将它截短,即把该序列限定为有限的点 N,这就意味着用一个高度为 1、宽度为 $T = N\Delta t$ 的矩形时间窗函数 $\omega(t)$ 乘以原序列。

在频域中,某一频段上功率比较集中,这一段频谱称为主瓣,在其两侧的频段上功率相对较小,会出现一些频谱的副瓣或旁瓣。由于动态测试数据不可能无限多,且谱分析方法也不会是很完善的,致使主瓣扩展到邻近频段上,这一现象称为频谱泄漏或简称泄漏,很显然泄漏会使谱估计产生误差。

在进行数字计算时,只能对有限长的离散样本数列 $\{x_n\}$ ($n = 1, 2, \cdots, N$) 进行有限离散傅里叶变换,即必须把时域信号进行截断。矩形时间窗函数为

$$\omega(t) = \begin{cases} 1 & (t \leq T) \\ 0 & (其他) \end{cases} \tag{2.81}$$

$\omega(t)$ 经傅里叶变换后的频谱为

$$W(f) = T \cdot \frac{\sin \pi f T}{\pi f T} \tag{2.82}$$

如图 2.28(d) 所示。

由于 $\omega(t)$ 是有限宽度的窗函数,故 $W(f)$ 与 $X_\Delta(f)$ 卷积 $X_\Gamma(f) = W(f) * X_\Delta(f)$ 后会出现小的纹波,这就是所谓的吉布斯现象。产生吉布斯现象的原因是由于在时域信号截断的地方出现了间断点,矩形窗的旁瓣在与原函数的频谱进行卷积时引入了新的频率分量,从而引起频域信号的皱纹,如图 2.28(e) 所示,使一部分能量泄漏到相邻的频率区域,造成频谱谱峰模糊,甚至移位,并使原来真正的频带稍有变宽。在极端情况下,来自强频率分量的旁瓣可能淹没邻近单元的弱频率分量的主瓣,这种效应在信号分析中称为强信号旁瓣抑制了弱信号主瓣效应,所有这些影响当然是不希望发生的现象。

2.3.3 频率采样(延拓)

利用计算机计算时,还必须用频率采样函数 $\Delta_1(f)$ 把频域函数离散化,频率采样的间隔为 Δf,$\Delta_1(f)$ 的逆离散傅里叶变换为 $\Delta_1(t)$,如图 2.28(f) 所示。当时域信号 $x(t)$ 的采样点数 N 与其傅里叶变换 $X(f)$ 的采样点数 N 相等时,则必存在下列关系,即

$$\Delta f = \frac{1}{T'} = \frac{1}{T} = \frac{1}{N\Delta t}$$

$$\Delta t = \frac{1}{f_s} = \frac{1}{2f_c} = \frac{1}{N\Delta f} \tag{2.83}$$

对频域信号的离散采样必然造成时域信号延拓成周期函数,如图 2.28(g) 所示,这样对于离散傅里叶变换来说,相当于将原时域信号和频域信号都变成周期序列了,其周期分别为 $N\Delta t$ 和 $N\Delta f$,采样点数都是 N(有时也称 N 为周期)。如果从上述周期序列中各取出其基本周期来,就得到两个有限长度的序列 $x(n\Delta t)$ 和 $X(k\Delta f)$,它们形成对偶的离散傅里叶变换关系。由式(2.77) 和式(2.83) 不难推得离散傅里叶正变换的公式为

$$X(k\Delta f) = \Delta t \sum_{n=0}^{N-1} x(n\Delta t) e^{-j\frac{2\pi}{N}nk} \quad (k = 0,1,2,\cdots,N-1) \tag{2.84}$$

离散傅里叶逆变换公式为

$$x(n\Delta t) = \Delta f \sum_{k=0}^{N-1} X(k\Delta f) e^{j\frac{2\pi}{N}nk} \quad (n = 0,1,2,\cdots,N-1) \tag{2.85}$$

在进行离散傅里叶变换计算时,常省略 Δt 和 Δf,而把式(2.84) 和式(2.85) 改写成如下形式,即

$$\left. \begin{array}{l} X_k = \sum_{n=0}^{N-1} x_n W_N^{nk} \quad (k = 0,1,2,\cdots,N-1) \\ x_n = \dfrac{1}{N} \sum_{k=0}^{N-1} X_n W_N^{-nk} \quad (n = 0,1,2,\cdots,N-1) \end{array} \right\} \tag{2.86}$$

式中 $W_N = e^{-j\frac{2\pi}{N}}$。这就是快速傅里叶变换(FFT) 的计算公式。

离散傅里叶变换的快速算法(FFT) 有多种,在数字信号处理的著作中都有详细的论述,现已推出了 FFT 算法的各种典型程序和集成芯片,用时只需选用就可以了。

应指出,在不同的书中,DFT 公式(2.86) 前面的系数是不同的。为避免发生混乱,建议在建立变换公式时,最好按式(2.84) 和式(2.85) 进行推导。

由以上分析可知,抑制因截断而引起的泄漏效应主要有下面两种方法。

(1) 选择合适的采样长度 $T = N\Delta t$

对于周期性随机过程或确定性的周期函数,应使 T 精确地等于信号基本周期 T_0 的整数倍 mT,这时不会产生新的频率分量,只使幅值的大小有所改变。

(2) 选用合适的窗函数

窗口宽度和窗口形状决定了窗函数的特征,对窗函数总的要求是:

① 尽可能减小窗函数 $\omega(t)$ 的频谱主瓣的宽度。

② 尽可能增大窗函数主瓣高度与旁瓣高度之比,压低旁瓣,特别是负旁瓣的大小,并使旁瓣衰减得越快越好。

①、② 两条要求有矛盾,在实际选定分析参数时,要适当兼顾,权衡处理。

加窗对信号的影响是:加不同的窗函数会使时域采样记录两端潜在的不连续性变得平滑,

对信号进行了加权滤波,可抑制高频"毛刺"的出现。但由于旁瓣的存在,也会引起频谱图出现虚假的峰谷现象或原信号最大峰值频率点的移动,造成谱形的变化。除矩形窗函数以外,其他窗函数都对信号的幅值进行了加权修正,使信号中所含能量产生了变化,以至使分析结果数值偏低,因此,对加窗后的信号待分析完成以后,应对最终的结果予以修正。常用窗函数的修正因子见表 2.3。

表 2.3 常用窗函数的修正因子

窗 函 数	修 正 因 子
矩形窗	1.0
海宁窗	2.67
汉明窗	2.52
钟形窗	4.0
余弦矩形窗	1.143

2.4 小波分析的基本原理

小波分析是 20 世纪 80 年代后期发展起来的新数学分支,它是泛函分析、Fourier 分析、样条分析、调和分析、数值分析的完美结晶,是傅里叶变换的发展与扩充,在一定程度上克服了傅里叶变换的弱点与局限性。利用小波分析可以进行信号的随机去噪,即小波变换可以作为一种信号预处理方法用于故障特征信号的提取和信号去噪。适当地选取小波尺度,在这些尺度的小波基上对信号进行重构,去掉高频、工频噪声频段内的小波尺度,可以保证重构的信号只包含系统运行信息及故障信息。在应用领域,特别是在信号处理、图像处理、语音分析以及众多非线性科学领域,小波分析被认为是继 Fourier 分析之后又一有效的时频分析方法。由于基于小波分析的故障诊断方法无需知道对象的数学模型,对输入信号的要求较低,计算量较小,可以进行在线实时故障检测,同时灵敏度高,抗干扰能力强,能够克服前面几种诊断方法的缺点,因此是一种很有发展潜力的故障诊断方法。

2.4.1 小波变换

设 $x(t)$ 是平方可积函数(记作 $x(t) \in L^2(R)$),$\psi(t)$ 为基本小波或母小波的函数,则称

$$WT_x(a,\tau) = \frac{1}{\sqrt{a}} \int x(t) \psi^* \left(\frac{t-\tau}{a} \right) dt \tag{2.87}$$

为 $x(t)$ 对于小波 $\psi(t)$ 的小波变换。

为了表示方便,表示成内积的形式为

$$\langle x(t), y(t) \rangle = \int x(t) y^*(t) \mathrm{d}t \tag{2.88}$$

定义基本小波函数的位移和尺度伸缩为

$$\psi_{a\tau}(t) = \frac{1}{\sqrt{a}} \psi\left(\frac{t-\tau}{a}\right) \tag{2.89}$$

则函数 $x(t)$ 对于小波 $\psi(t)$ 的小波变换可简化表示为

$$WT_x(a,\tau) = \langle x(t), \psi_{a\tau}(t) \rangle \tag{2.90}$$

函数式(2.87)和函数式(2.90)完全等价。

函数式(2.90)中, $a > 0$ 是尺度因子, τ 反映位移, 其值可正可负。由于 t 是连续函数, a 和 τ 也是连续变量, 因此称为连续的小波变换, 一般记为 CWT。

设 $x(t)$ 的傅里叶变换为 $X(\omega)$, $\psi(t)$ 的傅里叶变换为 $\psi(\omega)$, 则小波变换在频域中表示为

$$WT_x(a,\tau) = \frac{\sqrt{a}}{2\pi} \int X(\omega) \psi^*(a\omega) \mathrm{e}^{\mathrm{j}\omega\tau} \mathrm{d}\omega \tag{2.91}$$

需要说明的是, 式(2.87)、(2.88)、(2.89)是完全等价的, 它们是小波变换的不同表示方式。为了更好地理解小波的意义, 对连续小波变换作以下说明：

(1) 对信号进行连续小波变换, 可以看作在时域中的卷积, 所以它有时域分析特性, 同时, 尺度因子 a 的作用是将基本小波 $\psi(t)$ 作伸缩, a 越大, $\psi\left(\frac{t}{a}\right)$ 越宽, 表示用低频对信号进行分析。因此, 信号的连续小波变换过程相当于在时域和频域同时对信号进行分析。

(2) 小波函数 $\psi(t)$ 与其傅里叶变换 $\psi(\omega)$ 都是窗函数, 设其中心和半径分别为 t^*、Δ_ψ 和 ω^*、Δ_ψ, 则函数 $\psi_{a\tau}(t)$ 仍然是窗函数, 其时频窗大小为

$$[b + at^* - a\Delta_\psi, b + at^* + a\Delta_\psi] \times \left[\frac{\omega^*}{a} - \frac{1}{a}\Delta_\psi, \frac{\omega^*}{a} + \frac{1}{a}\Delta_\psi\right] \tag{2.92}$$

由式(2.92)可以看出, 在时域和频域, 小波变换都相当于用窗函数对信号进行处理。而且, 对于高的频率 $\frac{\omega^*}{a}$ (a 较小时), 时频窗 $a\Delta_\psi$ 变窄, 对于低的频率 $\frac{\omega^*}{a}$ (a 较大时), 时频窗 $a\Delta_\psi$ 变宽, 而且保持时频窗面积不变 ($S = 2a\Delta_\psi \times \frac{2}{a}\Delta_\psi = 4\Delta_\psi\Delta_\psi$, 不随 a 改变)。而且, 在频域中分析时, 其品质因数不变(品质因数 $Q = $ [中心频率]/[带宽] $= \frac{\omega^*}{a} / \frac{2}{a}\Delta_\psi = \omega^* / 2\Delta_\psi$, 不随 a 改变)。小波变换这个灵活可调的时频窗适应了信号频率的变化, 这正是数学分析中一直期望的性质：即当 a 值小时, 时域轴上观察范围小, 而在频域上相当于用较高频率作分辨率较高的分析, 即用高频小波做细致观察；当 a 值大时, 时域轴上观察范围大, 而在频域上相当于用低频小波做概貌观察。分析频率有高低之分, 但在各分析频段内分析的品质因数 Q 却保持一致。这一特点很符合实际工作的需要, 因为如果在时域上观察得愈细致, 就愈要压缩观察范围, 并提高分辨频率。它也和人类对感觉信息(如视觉、听觉)的加工特点相一致。

(3) 当满足条件

$$c_\psi = \int_0^\infty \frac{|\psi(\omega)|^2}{\omega} \mathrm{d}\omega < \infty \tag{2.93}$$

时,小波变换也存在反变换

$$x(t) = \frac{1}{c_\psi} \int_0^\infty \frac{\mathrm{d}a}{a^2} \int_{-\infty}^{+\infty} WT_x(a,\tau) \psi_{a\tau}(t) \mathrm{d}\tau \tag{2.94}$$

其中,式(2.93)被称为容许条件,只有当小波函数满足容许条件时,小波反变换才存在,这是和傅里叶变换不同的地方。而且,从式(2.93)可以推论得出:能用作小波的函数至少必须满足 $\psi(\omega=0) = 0$。也就是说 $\psi(\omega)$ 必须具有带通性质,且 $\psi(t)$ 必须是正负交替的振荡波形,其平均值为0。这也是将该函数称为小波的原因($\psi(\omega) = \int \psi(t)\mathrm{e}^{-\mathrm{j}\omega t}\mathrm{d}t$,所以 $\psi(\omega=0) = \int \psi(t)\mathrm{d}t = 0$)。

满足容许条件的 $\psi(t)$ 就可用作基本小波,但实际上往往要求更高些,希望 $\psi(\omega)$ 在频域上表现出较好的局域性能。所以,一般要求

$$\int t^p \psi(t) \mathrm{d}t = 0 \quad (p=1-n) \tag{2.95}$$

如满足以上条件,则称小波函数有 n 阶消失矩。而且 n 越大越好,即所谓的正规性条件。

(4) 小波变换具有能量比例性

$$\int_0^\infty \frac{\mathrm{d}a}{a^2} \int_{-\infty}^\infty |WT_x(a,\tau)|^2 \mathrm{d}\tau = c_\psi \int_{-\infty}^\infty |x(t)|^2 \mathrm{d}t \tag{2.96}$$

这说明小波变换后的系数和原函数能量有一定的比例关系。这个性质解释了用小波变换提取信号频带特征后,其能量和原始信号有一定的关系,从而可以通过变换后的信号能量来反映原始信号能量。

(5) 小波变换具有冗余性。在 $a-\tau$ 平面上,各点的小波变换值是相关的,即

$$WT_x(a_0,\tau_0) = \int_0^\infty \frac{\mathrm{d}a}{a^2} \int_{-\infty}^\infty WT_x(a,\tau) K_\psi(a_0,\tau_0,a,\tau) \mathrm{d}\tau \tag{2.97}$$

其中

$$K_\psi(a_0,\tau_0,a,\tau) = \frac{1}{c_\psi} \langle \psi_{a\tau}(t), \psi_{a_0\tau_0}(t) \rangle \tag{2.98}$$

被称为重建核。

(6) 以下是几种常见的小波。

Morlet 小波

$$\psi(t) = \mathrm{e}^{-\frac{t^2}{2} + \mathrm{j}\omega_0 t}$$

$$\psi(\omega) = \sqrt{2\pi} \mathrm{e}^{-\frac{(\omega-\omega_0)^2}{2}}$$

DOG 小波

$$\psi(t) = e^{-\frac{t^2}{2}} - \frac{1}{2}e^{\frac{t^2}{8}}$$

$$\psi(\omega) = \sqrt{2\pi}\,[e^{\frac{\omega^2}{2}} - e^{-2\omega^2}]$$

Marr 小波

$$\psi(t) = (1 - t^2)e^{-\frac{t^2}{2}}$$

$$\psi(\omega) = \sqrt{2\pi}\,\omega^2 e^{-\frac{\omega^2}{2}}$$

以上所述反映了小波分析的优点：

(1) 具有多尺度，即分辨率特点，可以由粗到细地逐步观察信号。

(2) 小波变换可以看成用基本频率特性为 $\psi(\omega)$ 的带通滤波器在不同尺度下对信号进行滤波，且这组滤波器具有品质因数恒定的特点。

(3) 适当地选择基本小波，使 $\psi(t)$ 在时域上为有限支撑，$\psi(\omega)$ 在频域上也比较集中，便可以使小波变换在时频两域都具有表征信号局部特征的能力（即时频分析能力），有利于监测信号的奇异点和瞬态特征。

2.4.2 小波变换的直观理解及其工程解释

1. 小波分析方法的直观解释

小波分析理论是建立在实变函数、复变函数、泛函分析、调和分析等近代数学理论基础上的，这些近代成熟的数学理论为小波分析提供了坚实的理论基础。但与此同时，这些数学方法的应用客观造成了小波理论比较深奥，影响对其工程意义的把握。

下面用非常直观的方法来说明小波分析的工程解释。如图 2.29，显示小波对信号的分析过程：小波分析的计算过程为一个求内积的过程，当尺度因子 a 和位移 τ 固定时，其结果 $WT_x(a,\tau)$ 表示信号在时刻 τ 时的一小段与尺度为 a 的小波函数的相似程度，这一小段信号和小波形状越相似，在这点的分析结果 $WT_x(a,\tau)$ 就越大。随着 τ 不断

图 2.29　小波分析信号的直观解释

增加，相当于对信号的各个部分都作了比较。如果信号在位移 τ 时刻有一个明显异于其他部分的信号成分，那么，经过比较，必然能反映到分析结果 $WT_x(a,\tau)$ 中，而且，如果该奇异成分持续时间正好等于此时小波长度，那么结果 $WT_x(a,\tau)$ 中必然有明显的反映。反过来也说明，此

时,可以监测信号中和小波函数尺度接近的那部分信号。

下面解释当尺度变化时的情况,如图 2.30 所示,尺度 a 变大时,对应小波函数持续时间变长,此时当 τ 不断改变时,相当于在分析信号中和新尺度接近的信号部分。明显地,尺度越大,说明对信号的概貌部分越敏感;尺度越小,对信号的细节部分越敏感。换句话说,当尺度大时,分析信号的低频部分;尺度小时,分析信号的高频部分。随着尺度的不断改变,就完成了对信号各个频率带的分析。

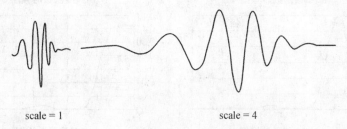

scale = 1　　　　　　　　　　　scale = 4

图 2.30　小波函数在不同尺度下的波形

通过以上解释,不难理解对信号中微弱信号和奇异信号的监测过程:不论是微弱信号和奇异信号,都有其发生的时刻和持续的时间长短,通过不断变化的尺度 a 和位移 τ,总能找到一个和其最接近的小波子函数,经过运算,此时分析结果和信号的其他部分有显著的不同。通过这个过程,就可能实现对微弱信号和奇异信号的监测。

2. 尺度函数和小波函数的物理意义

通过上面的分析,已经知道,空间 $L^2(R)$ 存在小波函数 $\psi(t)$ 和尺度函数 $\varphi(t)$,而且 ψ_{jk} 和 φ_{jk} 构成 $L^2(R)$ 的两组正交基。以 Daubechies($N=4$,简称 db4)小波为例,图 2.31 为其小波函数谱图和尺度函数谱图。

从图 2.31 谱图上可以看出,$\psi(t)$ 是带通滤波器,$\varphi(t)$ 为低通滤波器。若只考虑正频率,$\varphi(t)$ 提供了低频带 $[0,\pi]$ 的信息,$\psi(t)$ 则提供了高频带 $[\pi,2\pi]$ 的信息,二者完整地反映了信号的全部信息,无冗余,无疏漏。假设原始信号频带宽度为 $[0,\pi]$,经一次小波分解,可得到 $[0,\pi/2]$、$[\pi/2,\pi]$ 的频带信号,再进行小波分解,将对低频部分继续分解,得到 $[0,\pi/4]$、$[\pi/4,\pi/2]$、$[\pi/2,\pi]$ 的频带信号。依此类推,可得下述频带上的信息:$[0,2^{-j}\pi]$,$[2^{-j}\pi,2^{-j+1}\pi]$,…,$[\pi/2,\pi]$。利用这个性质,只要对信号的各逼近部分进行重构,就可实现信号滤波。

3. 关于多分辨率的直观表示和理解

通过前面的分析可以看到:一方面,小波函数的伸缩把频率轴分成了不同的频带,不同频带上的信息由小波函数的时间平移生成,所有频带的加法和完整无冗余地组成了整个频率轴,对应函数 $x(t) \in L^2(R)$;另一方面,$x(t)$ 又可由尺度函数平移和伸缩生成。这些关系就是多分

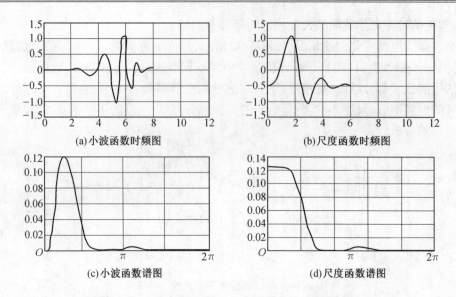

图 2.31　db4 小波函数和尺度函数时域图和谱图

辨率分析表达的内容,如图 2.32 所示。

从图 2.32 可以看出:

(1) 时频平面 $t-\omega$ 表示相空间,也表示 $L^2(R)$ 空间。

(2) $\psi(t)$ 的时移 $\psi(t-k)$ 形成了子空间 W_1,进而 ψ_{jk} 形成了子空间 W_j。同样的,$\varphi(t)$ 的时移 $\varphi(t-k)$ 形成了子空间 V_0,进而 φ_{jk} 形成了子空间 V_j。

(3) 空间 V_j 形成了层叠嵌套的关系,当 j 增加时,W_j 被一层层地剥离出来。

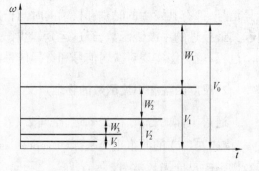

图 2.32　多分辨率分析表示示意图

(4) W_j 形成的频带不相交地布满了整个频率轴,因此小波分解可实现频域局部分析;每个频带 W_j 都由相应的小波基时移后生成,因此小波分解又可实现时域局部分析。

(5) 空间 W_j 和 V_j 正交互补,构成了空间 V_{j-1},$L^2(R)$ 可由全部的 W_j 组成。

2.4.3　小波包分析

小波变换的二进制尺度变化,使其在高频频段频率分辨率较差,在低频频段其时间分辨率较差。为了克服这个缺点,人们对小波分析加以改变和演化,使得小波包分析很好地解决了这个问题。

定义小波基组为

$$w_{2n}^{(j)}(t) = \sqrt{2}\sum_l h(l) w_n^{(j)}(2t - l) \tag{2.99}$$

$$w_{2n+1}^{(j)}(t) = \sqrt{2}\sum_l g(l) w_n^{(j)}(2t - l) \tag{2.100}$$

对于确定的 j,有

$$w_0^{(j)}(t) = \phi_{j0}(t) \qquad w_1^{(j)}(t) = \phi_{j0}(t) \tag{2.101}$$

其中,$h(k) = \langle \varphi_{10}(t), \varphi_{0k}(t) \rangle$,$g(k) = \langle \psi_{10}(t), \psi_{0k}(t) \rangle$。

易知,对任意确定的 j,由上述三式进行迭代,就可求得小波基组:$w_n^{(j)}(t)$,$n = 0,1,2,\cdots,2^j - 1$。在计算中,由于小波函数有时间位移,为了将得到的小波包基归为统一的形式,故定义

$$w_{j,n,k}(t) = 2^{-\frac{j}{2}} w_n(2^{-j}t - k) \tag{2.102}$$

式中 $j = 0,1,2,\cdots$;$n = 0,1,2,\cdots,(2j - 1)$;$k = -2, -1, 0, 1, 2, \cdots$;当 j 取不同值时,构成一组小波。j 表示尺度指标,即小波分解的级数;k 代表位移指标;n 代表频率指标。很明显,这比小波分析增加了频率指标 n,正是这个指标的增加,使得小波包分析克服了小波分析在时间分辨率高时,频率分辨率低的缺陷。正如小波分解可以形成空间 V,W 一样,由各小波包基函数也可以形成空间 V,W,当按小波分解级数 j 排列时,如图 2.33 所示("1 层"即 $j = l$),V,W 即表示由相应小波基构成的函数空间。比如,V_0 表示由 $W_{0,0,k}(k = -2, -1, 0, 1, 2, \cdots)$ 撑起的函数空间。

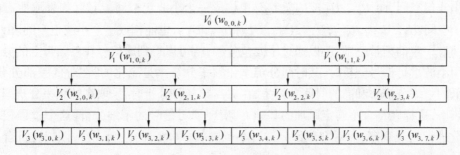

图 2.33 小波包的函数空间剖分

对一信号进行上述小波包变换,相当于用若干带通滤波器对信号作处理。正是由于小波包变换可以精确刻画信号各个频段的时间信息,才使小波包变换在信号分析方面具有独特的优势。假设一信号频带宽度为 $[0,\pi]$,一层小波包分解后,得到 $[0,\pi/2]$、$[\pi/2,\pi]$ 上频带的信号;二层小波包完全分解后,得到 $[0,\pi/4]$、$[\pi/4,\pi/2]$、$[\pi/2,3\pi/4]$、$[3\pi/4,\pi]$ 上的频带信号;j 层小波包完全分解后,将得到以下序列频带的信号:

$$[0, 2^{-j}\pi], [2^{-j}\pi, 2^{-j+1}\pi], [2^{-j+1}\pi, 3*2^{-j}\pi], \cdots, \left[\frac{2^j - 1}{2^j}\pi, \pi\right] \tag{2.103}$$

由以上可以发现,小波分解时,保持高频部分不变,只对低频部分深入分解;小波包分解时,对高频部分和低频部分同时进行深入分解。另外,小波分解时,频带分布不均匀,高频时频带宽,频率分辨率差;小波包分解时,频带分布均匀,不管高频还是低频,其宽度一样,保持频率分辨率一致。图 2.34 清楚地指明了小波分解和小波包分解的不同。

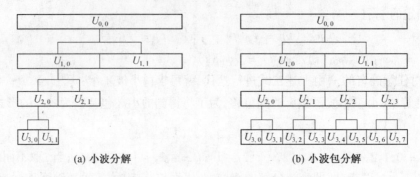

图 2.34 小波分解和小波包分解示意图

仔细观察可以发现,图 2.32 和图 2.33 有一些表示的不同,为了方便,将 $U_{j,n}$ 作为小波基 $W_{j,n,k}(t)$ 撑起的函数空间,来代替前述的 V_j 和 W_j。根据小波包定义,在图中取一组子空间集合,如果其值和恰能将 $U_{0,0}$(即前述的 V_0)空间覆盖,相互间又不重叠,则这组空间集合的对应小波包基便组成一个小波包,相应的空间称为小波包空间。例如图 2.34 中的 $U_{1,0}$,$U_{1,1}$ 可以构成一个小波包空间,而 $U_{2,0}$,$U_{2,1}$,$U_{2,2}$,$U_{2,3}$ 也构成一个小波包空间,当然,如果取所有的第三层分解子空间 $U_{3,0}$,$U_{3,1}$,$U_{3,2}$,$U_{3,3}$,$U_{3,4}$,$U_{3,5}$,$U_{3,6}$,$U_{3,7}$,也能构成一个小波包空间。由于各小波包空间有一定的频带范围,所以通过小波包分解,就可以得到原信号在各频带上的分布。

利用小波进行信号分析时,其时间分辨率和频率分辨率是变化的,在对低频部分分析时,它采用低的频率分辨率和高的时间分辨率,在对高频信号分析时,采取高的频率分辨率和低的时间分辨率,这样在符合不确定原理的基础上,实现了对信号的精细分析。这个过程相当于对概貌部分进行宏观观察,而对细节部分进行小范围(时间域)的微观观察,该特性符合人们日常对信号的观察常识。

在机械设备故障诊断中应用小波分析方法处理信号时,对于非周期信号则不论哪种延拓方案,都无法从采样截断得到的数据延拓与被截断的实际信号相同的信号,而且经过小波分解或重构得到的信号的边界附近的点都会受到影响,受影响的样本点数与滤波器的选择直接相关。对于基于 Daubechies 所给出的滤波器系数,小波变换结果受影响的点数与滤波器的长度成正比关系,而且分别对离散逼近信号的右边界和离散细节信号的左边界施加边界效应影响。

根据机械设备故障诊断本身的特点,一般来说可以人为控制采样点的数目,而不像其他一些领域那样必须有严格的边界,因而不必采取通常的延拓方法,而是采用截取的方法。因为小波变换的边缘附近的有限的点数受边界效应影响,这样在采样时可以向两个边缘部分多采取一些点,而在小波变换处理以后仅保留不受影响的样点作分析,避免边界效应的影响。

2.4.4 适合故障信号分析的小波函数选择

小波母函数有多种,只要是符合容许条件式(2.93)的函数,都可作为小波的母函数。这样就出现一个问题,如何从多种小波函数中,选取适合分析故障信号的小波函数。这个问题具有很强的现实意义。

1. 性能指标

故障信号要求小波函数能进行时频分析和多分辨率分解。这实际上是要求小波函数有良好的局部分析特性,因此,为了达到这一目的,合适的小波函数应该具有以下一些性能指标:

(1) 时频窗口要小,而且时频中心最好在 0 位,见式(2.92)。小波分析中的时频窗的宽度(时域)和高度(频域)是变化的,但其面积保持不变,而且只和函数种类有关,和尺度与位移无关。时频窗口小,表示有更小的分辨率,分析更为详细。所以,这一要求可以归为:时频窗口面积最小,而且具有接近 0 的时频中心。

(2) 要有高的消失矩,见式(2.94)。高的消失矩表示小波函数尽快地衰减到 0,很明显在时域会有好的分辨率。

(3) 紧致性与衰减性是小波的重要性质,紧致宽度越窄或衰减越快,小波的局部化特性越好;紧致小波不需做人为的截断,应用精度很高,但是一个函数不可能在时域和频域都是紧致的,最多有一个是紧致的,另一个是急衰的。在对信号做小波变换时,要求小波在时域和频域都具有紧致性或急衰性,而且需其紧致宽度窄或衰减速度快。

(4) 考虑到实际应用,还应该有很好的正交性、对称性和高阶的连续导数。

2. 小波函数的特点

值得强调的一点是,全部满足以上所述条件的小波函数是不存在的,在选取中,应该有所侧重。这说明在不同应用领域,最合适的小波函数是不可能相同的。如果小波函数在时频是有限支撑而且具有小的时频窗口面积,一般来说,就能够很好地满足对故障信号的分析。所以,在所有要求的条件中,应以这两个条件为主,选择合适的小波函数。

下面,就将常见小波函数的特点作一个归纳:

(1) Haar 小波。这个小波具有正交性和对称性。时域中有紧致性,频域中没有,所以,在频域中衰减太慢,局部性变差。只具有 0 阶消失矩,一阶导数不连续。

(2) Mexican hat 小波。这是著名的墨西哥帽子小波。它没有正交性,但有对称性。1 阶消失矩,任意阶导数连续。其时频窗参数见表 2.4。

(3) Littlewood-Paley 小波。这个小波具有正交性。在频域中有紧致性,时域中没有。只有 0 阶消失矩,但任意阶导数连续。

(4) Meyer 小波。它规范正交、对称。在频域紧致。有任意阶消失矩,任意阶导数连续。其时频窗参数见表 2.4。

(5) Daubechies 小波。它具有正交性。在时域和频域都是有限紧致。没有解析式。有限紧致正交小波在信号的小波分解和数据压缩中有着重要作用,在实施中不需要对小波进行人为的切断,具有计算快、精度高等特点。简称为 db$N$,其消失矩为 N。其时频窗参数见表 2.4。

(6) Coifman 小波。它具有正交性和对称性。在时域和频域都是有限紧致。有高阶消失矩(对于 Coifman 来说,其时域消失矩为 $2N$,频域消失矩为 $2N-1$)。

经过对以上几个小波函数的特点分析,Daubechies 小波和 Coifman 小波是最合适的,但考虑到运算的简单程度后,选择 db$N$ 系列函数。从理论分析可知,N 越大,其性能越好,但经过实例检验发现,当 $N=6$ 时,性能很好,如果此时再增大 N 时,性能提高不明显,为此选择 Daubechies6(简称 db6)为适合故障信号分析的小波母函数。其时频窗参数见表 2.4。

表 2.4 小波时频窗参数

小波名	时域窗		频域窗		时频窗口面积
	中心	半径	中心	半径	
Mexican hat	0.000 0	1.080 0	0.000 0	1.118 0	4.830 0
Meyer	0.500 0	0.677 0	2.370 0	1.813 0	4.914 0
Daubechie1	0.435 3	0.330 8	1.355 9	1.536 0	2.032 5
Daubechie2	0.479 3	0.348 6	1.375 5	1.582 2	2.206 1
Daubechie3	0.474 8	0.424 3	1.291 1	1.260 3	2.138 7
Daubechie4	0.468 2	0.500 0	1.250 2	1.102 1	2.204 0
Daubechie5	0.459 7	0.575 4	1.224 1	1.029 0	2.368 4
Daubechie6	0.458 5	0.651 1	1.221 8	1.000 0	2.604 6
Daubechie7	0.451 2	0.723 7	1.212 1	0.972 0	2.813 7
Daubechie8	0.444 6	0.796 0	1.207 1	0.966 5	3.077 4
Daubechie9	0.437 8	0.866 6	1.203 8	0.965 6	3.347 1
Daubechie10	0.443 6	0.931 5	1.200 1	0.955 4	3.245 1
Coifman1	0.435 3	0.330 8	1.356 0	1.536 0	2.032 4
Coifman2	0.375 6	0.398 1	1.245 8	1.091 4	1.737 9
Coifman3	0.313 5	0.443 0	1.215 5	0.997 2	1.767 0
Coifman4	0.376 1	0.474 0	1.208 0	0.984 1	1.865 7
Coifman5	0.188 3	0.505 0	1.200 5	0.971 0	2.101 0

陈志辉在其博士论文《一体化反应堆冷却剂系统故障诊断方法研究》中对一体化主泵的开裂纹、不对中、转子弯曲、转速不匹配等4种故障,利用离散正交小波包变换分析观测信号的频率结构随时间的变化情况,进行了五层小波包分解。对分解后各个频带内的信号分别进行重构,并将重构的信号进行傅里叶变换得到故障信号在各个频段重构信号的频谱特征,最后将频谱特征与知识库中的知识进行比较,就可以检测出系统的不同故障。

复习思考题

2-1 对动态数据进行分类的意义何在?

2-2 为什么要区分各态历经随机过程与平稳随机过程?

2-3 平稳随机过程的必要条件是什么?工程实际中如何判断动态过程是否为平稳随机过程?

2-4 根据图2.26所示的单个记录数据分析一般方法,解释为什么平稳性检验要在周期性检验和正态性检验之前进行?

2-5 根据图2.27所示的多个记录数据分析一般方法,解释为什么凝聚函数的估计应伴随频率响应函数的计算?

2-6 离散傅里叶变换时要注意哪些问题?

2-7 故障诊断时如何选取小波函数以满足信号的时频分辨要求?

第3章 基于统计理论的诊断方法

故障诊断的实质是模式识别,不同故障的识别是建立在大量样本的基础上的,而在故障诊断领域,要获得各种诊断对象大量的典型故障样本往往是很困难的。因此,统计理论为解决小样本的诊断问题提供了一个理论基础。本章介绍基于统计理论的贝叶斯(Bayes)决策故障诊断方法,时序模型诊断方法,灰色理论诊断方法及支持向量机诊断方法。

3.1 Bayes 决策诊断方法

3.1.1 概 述

故障诊断的最终目的是按获取的待识别对象的观测值,将其划归到某个参考类总体 $C_{Hi}(i=1,2,\cdots,L)$ 中去。但由于存在各种干扰和测量误差,因此描述各个故障模式的特征量都是随机变量,某个故障模式不只属于某一类总体,也可能在任何其他类总体中出现。换句话说,在同一类总体中的事物或现象只可能是相似的,不一定或不可能完全一样,所谓某个故障模式属于某一类故障总体是指该故障模式出现在这个故障类总体中的概率最大。因此,在故障模式分类时,统计决策理论就成为所采用的基本理论之一,它对故障模式分析和故障分类器的设计具有实际的指导意义。

统计模式识别理论中,Bayes 决策理论方法是其一个基本的方法。Bayes 决策判据既考虑了各类参考总体出现的概率大小,又考虑了因误判造成的损失大小,因此判别能力强。用 Bayes 方法进行分类时要求:

(1) 各类参考总体的概率分布是已知的,即每一个状态类的参考总体出现的先验概率 $P(H1),P(H2),\cdots,P(HL)$ 以及类别条件概率密度函数 $f(\{x\}/H1),f(\{x\}/H2),\cdots,f(\{x\}/HL)$ 是已知的。

(2) 要决策分类的参考总体的类别数是一定的。例如,对应设备状态类别是 L 类,如 $C_{H1},C_{H2},\cdots,C_{HL}$(如好、良好、满意、可以、不满意、不允许等等)。

对于两类故障诊断问题,就相当于在识别前已知正常状态 C_{H1} 的概率 $P(H1)$ 和异常状态 C_{H2} 的概率 $P(H2)$,它们是由先验知识确定的状态先验概率。如果不做进一步的仔细观测,仅依靠先验概率去作决策,就应给出这样的决策规则:若 $P(H1)>P(H2)$,则做出状态属于 C_{H1} 类的决策;反之,若 $P(H1)<P(H2)$,则做出状态属于 C_{H2} 类的决策。例如,某设备在运行中,无故障是经常的,有故障是少见的,有故障的概率远小于无故障的概率。因此,若无特别情况,

就应判断为无故障。显然,这样做对某一实际的待检状态达不到诊断的目的,因为在决策时只利用了先验概率提供的分类信息,信息太少了。因此,还需要对系统状态进行检测,分析所观测到的信息。如果在特征空间中已观测到某一向量$\{x\} = [x_1, x_2, \cdots, x_e]^T$,它对应于$e$维特征空间上某一点,由于每次观测所获得的待检子样是不同的,那么,我们应将$\{x\}$判属于哪一类总体才最合理呢?这就是 Bayes 决策理论要解决的问题。

3.1.2 基于最大后验概率的 Bayes 诊断

为了说明问题,以两种状态分类为例,即讨论对应于正常状态和异常状态的两类参考总体C_{H1}和C_{H2}。根据前面的假设,已知状态先验概率$P(H1)$和$P(H2)$,类别条件概率密度函数分别为$f(\{x\}/H1)$和$f(\{x\}/H2)$,图 3.1 表示一个特征的类别条件概率密度函数,其中$f(\{x\}/H1)$是正常状态下观测特征量x的类别条件概率密度,$f(\{x\}/H2)$是异常状态下观测特征量x的类别条件概率密度。

利用 Bayes 公式,可得

$$P(Hi/\{x\}) = \frac{f(\{x\}/Hi)P(Hi)}{\sum_{j=1}^{2} f(\{x\}/Hj)P(Hj)} \tag{3.1}$$

式(3.1)中的$P(Hi/\{x\})$称为观测特征向量$\{x\}$的后验概率,即模式向量$\{x\}$属于参考总体C_{Hi}的概率。因此,Bayes 公式是通过观测特征向量$\{x\}$,把状态的先验概率$P(Hi)$转化为后验概率$P(Hi/\{x\})$,如图 3.2 所示。

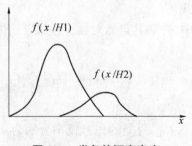

图 3.1 类条件概率密度

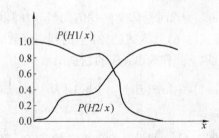

图 3.2 后验概率

因此,基于最大后验概率的 Bayes 决策判据为:如果$P(H1/\{x\}) > P(H2/\{x\})$,则把待检模式向量$\{x\}$归类于正常状态类$C_{H1}$;反之,如果$P(H1/\{x\}) < P(H2/\{x\})$,则把$\{x\}$归类于异常状态类$C_{H2}$,上面的判据可简写为:

(1) 如果

$$P(Hi/\{x\}) = \max_{j=1,2} P(Hj/\{x\}) \tag{3.2}$$

则 $\{x\} \in C_{Hi}$

(2) 将式(3.1)代入式(3.2)，并消去共同的分母，可得：
如果
$$f(\{x\}/Hi)P(Hi) = \max_{j=1,2}[f(\{x\}/Hj)P(Hj)] \quad (3.3)$$
则 $\{x\} \in C_{Hi}$

(3) 由式(3.3)可知
如果
$$l(\{x\}) = \frac{f(\{x\}/H1)}{f(\{x\}/H2)} \geqslant \frac{P(H2)}{1-P(H2)} \quad (3.4)$$
则 $\{x\} \in C_{H1}$；反之 $\{x\} \in C_{H2}$。

在统计学上，$f(\{x\}/Hi)$ 称为似然函数，$l(\{x\})$ 称为似然比，而 $\frac{P(H1)}{P(H2)}$ 称为似然比阈值。

(4) 对式(3.4)的 $l(\{x\})$ 取自然对数并冠以负号，如果
$$h(\{x\}) = -\ln[l(\{x\})] = \ln\frac{f(\{x\}/H1)}{f(\{x\}/H2)} \leqslant \ln\frac{P(H1)}{P(H2)} \quad (3.5)$$
则 $\{x\} \in C_{H1}$；反之 $\{x\} \in C_{H2}$。

在进行计算时，利用式(3.5)比式(3.4)似然比本身更为方便。

式(3.3)中 $g_i(\{x\}) = f(\{x\}/H_i)P(H_i)$，亦称为最小错误率 Bayes 分类器的判别函数（或决策函数）。当两个参考总体 C_{H1}，C_{H2} 满足正态分布时，似然函数可写为
$$f(\{x\}/Hi) = \frac{1}{(\sqrt{2\pi})^{d/2}|[D_i]|^{1/2}}\exp\left[-\frac{1}{2}(\{x\}-\{m_i\})^T[D_i]^{-1}(\{x\}-\{m_i\})\right] \quad (3.6)$$

式中 $\{m_i\}$ 为参考总体类的均值向量，$[D_i]$ 为协方差矩阵。

将式(3.6)代入式(3.3)中的判别函数 $g_i(\{x\})$ 中，并取其自然对数，且忽略与下标无关的项后可取下式作为 Bayes 的判别函数

$$g_i(\{x\}) = \ln P(Hi) - \frac{1}{2}\ln|[D_i]| - \frac{1}{2}(\{x\}-\{m_i\})^T[D_i]^{-1}(\{x\}-\{m_i\}) \quad (i=1,2) \quad (3.7)$$

【例 3.1】 假设某设备正常状态 C_{H1} 和异常状态 C_{H2} 两类的先验概率分别为 $P(H1) = 0.9$ 和 $P(H2) = 0.1$，现有一待检状态，其观测值为 x，从类条件概率密度函数曲线可查得 $f(\{x\}/H1) = 0.25$，$f(\{x\}/H2) = 0.45$，试对该状态 x 进行分类。

解 利用 Bayes 公式(3.1)可分别算得 C_{H1} 和 C_{H2} 两类总体的后验概率

$$P(H1/x) = \frac{0.25 \times 0.9}{0.25 \times 0.9 + 0.45 \times 0.1} = 0.833$$

$$P(H2/x) = 1 - P(H2/x) = 0.167$$

根据 Bayes 决策判据式(3.2)，有

$$P(H1/x) = 0.833 > P(H2/x) = 0.167$$

所以,应把 x 归类于正常状态。

从这个例子可见,决策结果取决于实际观测到的类条件概率密度 $f(\{x\}/Hi)$ 和先验概率 $P(Hi)$ 两者。在该例中,由于正常状态 C_{H1} 比异常状态 C_{H2} 的先验概率大好几倍,使先验概率在作出决策时起了主导作用。

上述对两类状态的决策规则可以推广到多类状态决策中,在多类状态决策中,要把特征空间分割成 $A_1, A_2, \cdots, A_L$ 个区域,其相应的最大后验概率 Bayes 决策规则为

如果
$$P(H_i/\{x\}) = \max_{j=1,2,L} P(Hj/\{x\}) \tag{3.8}$$
则
$$\{x\} \in C_{Hi}$$

其等价形式为

如果
$$f(\{x\}/Hi)P(Hi) = \max_{j=1,2,L} f(\{x\}/Hj)P(Hj) \tag{3.9}$$
则
$$\{x\} \in C_{Hi}$$

能够证明,用最大后验概率的 Bayes 决策规则进行分类识别,将使决策的误判率,即漏检概率和谎报概率之和达到最小。

3.1.3 基于最小风险的 Bayes 诊断

利用最大后验概率 Bayes 诊断时,只是使误判率最小,并没有考虑错误判断所造成的损失大小,认为错误判断所花费的代价或风险是相同的,而在实际问题中错误所造成的损失是不同的,例如,如果飞机处于正常状态,把它误判为异常状态,犯了谎报的错误,可能会造成停机检查和维修浪费;但如果把本来已为异常状态的故障飞机误判为正常状态,犯了漏检的错误,就可能会造成机毁人亡,产生极大的风险并酿成严重的损失。显然这两种不同的错误判断所造成损失的严重程度有着明显的差别,在这里,漏检的损失比谎报损失要严重得多。在一般规则中,正确判断所花费的代价是小于错误判断所花费的代价的。最小风险 Bayes 决策正是考虑各种错误造成损失不同而提出的一种决策规则。

在决策论中,称所采取的决定为决策,所有可能采取的各种决策集合组成的空间称为决策空间。而每个决策都将带来一定的损失,它通常是决策和状态类的函数,用决策损失表来表示以上关系的一般形式,见表 3.1。

以上概念从决策论的观点可表示为:

(1) 各观测向量 $\{x\}$ 组成样本空间(特征空间),$\{x\}$ 是 e 维随机向量 $\{x\} = [x_1, x_2, \cdots, x_e]^T$,其中 $x_i (i = 1, 2, \cdots, e)$ 是一维随机变量。

(2) 各状态类 $C_{H1}, C_{H2}, \cdots, C_{HL}$ 组成了状态空间。

表 3.1　一般决策损失表

损失＼状态 决策	自然状态					
	C_{H1}	C_{H2}	...	C_{Hj}	...	C_{HL}
α_1	$\lambda(\alpha_1, C_{H1})$	$\lambda(\alpha_1, C_{H2})$	...	$\lambda(\alpha_1, C_{Hj})$	...	$\lambda(\alpha_1, C_{Hl})$
α_2	$\lambda(\alpha_2, C_{H1})$	$\lambda(\alpha_2, C_{H2})$	...	$\lambda(\alpha_2, C_{Hj})$	...	$\lambda(\alpha_2, C_{Hl})$
⋮	⋮	⋮		⋮		⋮
α_a	$\lambda(\alpha_a, C_{H1})$	$\lambda(\alpha_a, C_{H2})$	...	$\lambda(\alpha_a, C_{Hj})$	...	$\lambda(\alpha_a, C_{Hl})$

(3) 各决策 $\alpha_1, \alpha_2, \cdots, \alpha_a$ 组成了决策空间。

(4) 损失函数为 $\lambda(\alpha_i, C_{Hj}), i = 1, 2, \cdots, a; j = 1, 2, \cdots, L$。$\lambda(\alpha_i, C_{Hj})$ 表示一个本应属于 C_{Hj} 的模式向量，由于采用决策 α_j 时所带来的损失，$\lambda(\alpha_i, C_{Hj})$ 可由决策表查得，并有 $\lambda(\alpha_i, C_{Hi}) = 0, \lambda(\alpha_i, C_{Hj}) \geqslant 0, i \neq j$。

当引入损失的概念后，就不能只根据后验概率的大小来作决策，还必须考虑所采取的决策是否使损失最小。对于给定的 $\{x\}$，如果采用决策 α_i，则对状态类 C_{Hi} 来说，将 $\{x\}$ 误判给 $C_{H1}, \cdots, C_{H(i-1)}, C_{H(i+1)}, \cdots, C_{HL}$ 所造成的平均损失应为在采用决策 α_i 情况下的条件期望损失 $H(\alpha_i/\{x\})$，即

$$H(\alpha_i/\{x\}) = E[\lambda(\alpha_i, C_{Hj})] = \sum_{j=1}^{L} \lambda(\alpha_i, C_{Hj}) P(Hj/\{x\}) \quad (i = 1, 2, \cdots, a) \quad (3.10)$$

在决策论中，又把采取决策 α_i 的条件期望损失 $H(\alpha_i/\{x\})$ 称为条件风险。由于 $\{x\}$ 是随机向量的观测值，对于 $\{x\}$ 的不同观测值，采取决策 α_i 时，其条件风险的大小是不同的。所以，究竟采取哪一种决策将随 $\{x\}$ 的取值而定，因此决策 α 可以看成随机向量 $\{x\}$ 的函数，记为 $\alpha(\{x\})$，它本身也是一个随机变量。可以定义识别分类器的总期望风险 R 为

$$R = \sum_{i=1}^{L} \int H(\alpha_i/\{x\} P(Hi/\{x\})) d\{x\} \quad (3.11)$$

式中 $d\{x\}$ 是 e 维特征空间的体积元，积分是在整个特征空间进行的。

在考虑误判带来的损失时，要求希望损失最小。如果在采取每一个决策或行为时，都使其条件风险最小，则对所有的 $\{x\}$ 作出决策时，其总期望风险也必然最小，这样的决策就是最小风险 Bayes 决策。

最小风险 Bayes 决策的诊断规则为

如果
$$H(\alpha_k/\{x\}) = \min_{i=1,2,\cdots,a} H(\alpha_i/\{x\}) \quad (3.12)$$

则
$$\alpha = \alpha_k$$

α_k 就是最小风险 Bayes 决策。

【例 3.2】　在例 3.1 条件的基础上，利用决策表按最小风险 Bayes 决策进行分类。已知 $P(H1) = 0.9, P(H2) = 0.1, f(\{x\}/H1) = 0.25, f(\{x\}/H2) = 0.45, \lambda(\alpha_1, C_{H1}) = 0, \lambda(\alpha_1,$

$C_{H2}) = 6, \lambda(\alpha_2, C_{H1}) = 1, \lambda(\alpha_2, C_{H2}) = 0$。

解 由例 3.1 的计算结果可知后验概率为

$$P(H1/x) = 0.833 \quad P(H2/x) = 0.167$$

再按式(3.10)计算出条件风险

$$H(\alpha_1/x) = \sum_{j=1}^{2} \lambda(\alpha_1, C_{Hj}) P(Hj/x) = \lambda(\alpha_1, C_{H2}) P(H2/x) = 1.002$$

$$H(\alpha_2/x) = \lambda(\alpha_2, C_{H1}) P(H1/x) = 0.833$$

因为 $H(\alpha_1/x) > H(\alpha_2/x)$，即诊断决策为 C_{H2} 的条件风险小于决策为 C_{H1} 的条件风险，故采用决策行为 α_2，即判断待检的设备状态为 C_{H2} 类异常状态。

由于在影响决策结果的因素中又多了一个"损失"，并且"损失"起了主导作用，因此，本例的结果恰与例 1 相反。

值得注意的是:最小风险决策不仅要知道符合实际情况的先验概率 $P(Hj)$ 及类条件概率密度函数 $f(\{x\}/Hj), j = 1, 2, \cdots, L$，而且还需知道合适的损失函数 $\lambda(\alpha_i, C_{Hj}), i = 1, 2, \cdots, a$, $j = 1, 2, \cdots, L$，实际中往往要根据所研究的具体问题来分析错误决策所造成损失的严重程度，并且要与有关的专家共同商讨来确定，才能列出合适的决策表，因此得到决策表是很不容易的。

可以证明，最小错误率 Bayes 决策就是在 0～1 损失函数条件下的最小风险 Bayes 决策。

除了利用上述两类决策判据进行诊断外，还可采用纽曼－皮尔逊(Neyman－Pearson)决策判据进行诊断。纽曼－皮尔逊决策是在限定一类错误率的条件下使另一类错误率为最小的两类判别决策。当进行诊断时希望漏检概率很小，即希望谎报概率尽可能地小，则可以用求条件极值的拉格朗日(Lagrange)乘子法来解决。纽曼－皮尔逊决策规则的阈值是拉格朗日乘子 λ，最小错误率 Bayes 决策规则的阈值是先验概率之比 $\dfrac{P(H2)}{P(H1)}$，二者都是以似然比为基础的。

3.2 时序模型诊断法

设备故障诊断中的时序方法属于统计模式识别的范畴。一般来说，对工程系统、运行设备进行工况监视和故障诊断，都要取得表达这一系统或设备工作状态的观测数据(例如，反映工况正常和工况异常的运行数据)，这些观测数据可按观测的时间顺序(或空间顺序、或其他物理量的顺序)依次排列，并各有其大小。由于这种顺序与大小蕴含了系统状态的重要信息，因此是进行系统分析和故障诊断的基础。

所谓时间序列分析方法(简称时序方法)，是对这种有序的观测数据(观测时间序列，或称观测时序)进行统计学意义上的处理与分析的一种数学方法。通常所指的时序方法，是对观测数据建立差分方程形式的数学模型，再依据模型进行分析研究的一种方法。但从系统的角度看来,这种观测数据正是某一系统对外界作用(输入)的响应(输出),而这种模型正是对相应系统的一种数学描述,它反映了系统的运行状态。因此,一方面可基于模型对系统进行动态分析,另一方面可基于模型对系统的未来状态和趋势进行预测与控制,特别是在工况条件下建立的数学模型。通过对工程系统、运行设备的分析可知:不论是连续型的输出信号 $x(t)$,还是离散型的观测时序 $\{x\}$,其中都蕴含了系统特性、输入特性、系统与外界的相互联系等方面的重要信息,而且,基于 $x(t)$ 和 $\{x\}$ 建立起来的连续模型和离散模型也必然反映了系统这三方面的特性。

由于根据输入输出信号进行系统辨识时,所得到的数学模型不是唯一的,因此,必须选定某种准则,以确定最合适的一个模型(称为适用模型)。经典控制理论中的频率特性法、现代控制理论中的系统辨识都是利用系统的输入、输出信号和某种准则建立系统的数学模型。

然而,实际中常常遇到这样的情况:

(1) 产生观测数据的系统并不具体,甚至其边界也不清楚,当然也无法获得系统的输入。例如,机械制造中砂轮表面起伏不平。在这种情况下,如果将这些有序的观测数据作为系统的输出,那么,相应的系统是什么?输入是什么?这些都是无法具体描述的。

(2) 产生观测数据的系统虽然具体,但却无法获知、或无法准确地获知系统的输入。例如,高速回转轴或高速陀螺的轴心漂移、金属磨削过程中的火花、温度和自激振动等。在这种情况下,产生观测数据的系统是具体的,但系统的输入却是无法具体描述的。

(3) 系统的输入是可观测的,但系统处于严重的、无法观测的噪声干扰之中。

在上述情况下,只能采用与系统分析相结合的时序方法,将动态数据加以"系统"处理而获得系统的数学模型。为便于在计算机上处理,实际中常采用离散模型描述系统。

3.2.1 ARMA,AR 和 MA 模型

ARMA,AR 和 MA 模型分别称为自回归滑动平均(Auto Regressive Moving Average, ARMA)模型、自回归(Auto Regressive, AR)模型和滑动平均(Moving Average, MA)模型。

设有一线性平稳系统,在时刻 t 采样所得系统的输入和输出值分别为 x_t 和 y_t,而联系 x_t 和 y_t 的向前差分方程有如下的形式,即

$$y_t - \phi_1 y_{t-1} - \phi_2 y_{t-2} - \cdots - \phi_l y_{t-l} = x_t - \theta_1 x_{t-1} - \theta_2 x_{t-2} - \cdots - \theta_m x_{t-m} \quad (3.13)$$

或简写为

$$y_t - \sum_{i=1}^{l} \phi_i y_{t-i} = x_t - \sum_{j=1}^{m} \theta_j x_{t-j} \quad (3.13a)$$

或

$$y_t = \sum_{i=1}^{l} \phi_i y_{t-i} + x_t - \sum_{j=1}^{m} \theta_j x_{t-j} \quad (3.13b)$$

式中 ϕ_i 和 θ_j 均为待识别的模型参数,分别称为自回归参数和滑动平均参数,其采样个数取决于差分方程的阶次 l 和 m,一般情况下, m 应小于 l。用方程(3.13)所表达的模型称为自回归滑动平均模型, l 为自回归阶数, m 为滑动平均阶数,简记为 ARMA(l,m) 模型。

对于随机 ARMA(l,m) 模型,其基本假设是:假设系统的输入 $x(t)$ 是均值为0、方差为 σ_x^2 的白噪声序列,即 $x(t) \sim \text{NID}(0, \sigma_x^2)$。

在 t 时刻, $y_{t-1}, y_{t-2}, \cdots, y_{t-l}$ 都是已确定的观测值,尽管 $\{x\}$ 是白噪声序列,是不可观测的,但在 t 时刻以前的所有 $x_{t-1}, x_{t-2}, \cdots, x_{t-m}$ 都是已经发生了的,因而也就成为确定性的了,所以式(3.13)可以分成两部分: y_t 的确定性部分由 y_t 在 t 时刻的条件数学期望 $E[y_t] = \sum_{i=1}^{l} \phi_i y_{t-i} - \sum_{j=1}^{m} \theta_j x_{t-j}$ 确定, $E[y_t]$ 中计入了观测数据 $y_{t-i}(i = 1,2,\cdots,l)$ 的影响和已经发生了的激励 $x_{t-j}(j = 1,2,\cdots,m)$ 的影响两部分; y_t 的随机部分完全由 x_t 的随机性导致。

作为 ARMA(l,m) 模型的特例,可引出两个简单的模型:AR(l) 模型和 MA(m) 模型。

(1) AR(l) 模型

在式(3.13)中,当 $\theta_j = 0 (j = 1,2,\cdots,m)$ 时,模型中没有滑动平均部分,则

$$y_t = \sum_{i=1}^{l} \phi_i y_{t-i} + x_t \quad x_t \sim \text{NID}(0, \sigma_x^2) \tag{3.14}$$

式(3.14)所表达的模型称为 l 阶自回归模型,简记为 AR(l) 模型。

(2) MA(m) 模型

在式(3.13)中,当 $\phi_i = 0 (i = 1,2,\cdots,l)$ 时,模型中没有自回归部分,则

$$y_t = x_t - \sum_{j=1}^{m} \theta_j x_{t-j} \quad x_t \sim \text{NID}(0, \sigma_x^2) \tag{3.15}$$

式(3.15)所表达的模型称为 m 阶滑动平均模型,简记为 MA(m) 模型。

3.2.2 故障诊断时序方法的步骤

ARMA 模型既然是系统的数学模型,那么就完全可以利用这一模型描述系统的当前状态,预测系统的未来趋势,可以利用这一模型对系统的状态进行诊断,对发生故障的"征兆"作出预报,并对系统提出必要的干预措施。因此,采用时序方法进行故障诊断的步骤如下:

(1) 采集系统工作过程中的各类特征信号,如振动、噪声、温度、电、光、磁等信号以及各类运行参数,这些信号可以是连续的,也可以是离散的,对连续信号则需经离散采样后成为特征时间序列。

(2) 建立 ARMA 模型,所有模型参数都可以作为特征量,必要时可进一步进行主特征量提取。

(3) 在时域和频域内直接根据模型参数和特性进行故障诊断,或构造判别因数进行诊断,以区分出正常状态与异常状态,以及异常状态下的故障类型。

(4) 进一步依据模型研究系统特性和工作状态,估计系统的发展趋势,提出合理的干预措施。

图3.3描述了上述步骤。与一般的故障诊断相比,诊断步骤是完全相同的,只是由于时序方法的应用,用于诊断的特征信号必须是离散的时间序列,而特征量(征兆)是时序模型的参数和特性,从而判别函数也由时序模型的参数和特性所构成。特别需要指出的是:应用时序方法进行故障诊断,在很多情况下,完全可以直接利用时序模型的个别参数或个别特性作为特征量(征兆)进行诊断(称为直接法),而不必构造判别函数进行主特征提取,这是应用时序方法进行故障诊断的一个很大的特点。

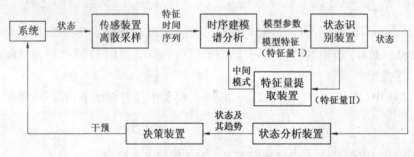

图3.3 故障诊断中的时序方法

3.2.3 故障诊断时序方法的内容

与上述诊断步骤相对应,故障诊断中的时序方法解决以下5个问题:

(1) 模式向量的形成。选择时序方法中的那些能够表征系统状态的参数组成向量,以反映系统的状态。例如,可采用 ARMA 模型的参数 $[\phi_1,\phi_2,\cdots,\phi_n;\theta_1,\theta_2,\cdots,\theta_p;\sigma_a^2]^T$ 作为模式向量;或者由于模型参数的重要性不同,也可选那些反映系统主要特征的参数,如 $[\phi_1,\phi_2,\cdots,\phi_n;\sigma_a^2]^T$、$[\sigma_a^2]$ 等作为模式向量;或者也可以利用模型的某个特性作为模式向量。

(2) 主特征量的提取。由于模式向量中各参数的重要性不同,它们也不一定相互独立,因此,需要通过恰当的变换选择较少参数来形成低维向量,即主特征量(征兆)。形成主特征量的参数,可以是模式向量中的某些参数,也可以是重新组合成的新参数。模式识别中常用的提取主特征量的方法有主分量分析法、费谢尔(Fisher)变换法等,在此都可以应用。

(3) 判别函数的构造。判别函数亦称为判决函数、特征判据、判别准则或距离函数等。这些判别函数可以根据模式识别中各种判别函数的定义用时序模型的参数构造而成,也可以直接利用时序模型的参数和特性构造,只要所构造的判别函数具有所需要的判别能力就可以应用。

(4) 门限值的确定。根据系统状态的变动情况,合理地确定将状态分类的门限值。

(5) 快速诊断法的应用。故障诊断往往都是现场在线进行的,需要及时地将系统的状态、特别是发生故障的征兆诊断出来,因此,从现场特征信号的测取到判别函数值的计算、直至完成诊断这一过程,必须重视计算速度,否则就起不到诊断的作用。这就要求提高计算速度,特别是在建立模型、计算判别函数值的过程中,必须采用一系列快速算法。因此,建立 ARMA 模型,特别是建立 AR 模型的快速算法以及 AR 谱的快速算法都得到了广泛的应用。ARMA 模型(特别是其中的 AR 模型)是最基本、应用最广的时序模型。在机械故障诊断中也主要采用 ARMA 模型。

时序模型的种类较多,按时间序列的统计特性来分,有平稳时序模型和非平稳时序模型;按时间序列的维数来分,有一维(标量)时序模型和多维(向量)时序模型;按模型所描述的系统来分,有线性时序模型和非线性时序模型;按系统的输出特性来分,有随机响应模型和自由响应模型。本书所介绍的 ARMA 模型,是基于平稳、正态、零均值的时序建立起来的数学模型,对数据而言,它是平稳的标量模型;对系统而言,它是线性系统的随机响应模型。

ARMA 模型,一方面是基于观测时间建立起来的,因而描述了数据的统计特性;另一方面,由于 $x(t)$ 可视为某一系统的输出,因而,它又描述了产生此数据的系统的动态特性。同时,不论是数据的统计特性还是系统的动态特性,均可在时域和频域中得到描述。所有这些,构成了 ARMA 模型的模型特性,其中最基本的模型特性有:在时域中,系统的单位脉冲响应函数 G_f(在时序方法中,称为格林函数)和数据的自协方差函数 C_h;在频域中,系统的频率特性函数 $H_x(\omega)$ 和数据的自谱函数 $S_x(\omega)$。G_f 和 $H_x(\omega)$ 描述系统的动态特性,C_h 和 $S_x(\omega)$ 描述数据的统计特性。

3.2.4 ARMA 模型的建模

所谓 ARMA 模型的建模,就是通过对观测得到的时间序列 $\{y_t\}$($t = 1,2,\cdots,N$) 拟合出适用的 ARMA(l,m) 模型。建模的内容包括数据采集、数据检验与预处理;模型形式的选取;模型参数 ϕ_i, θ_j($i = 1,2,\cdots,l; j = 1,2,\cdots,m$) 的估计;模型的适用性检验(实质上是确定模型的阶次 l 和 m) 和建模策略等,其中最关键的步骤是模型参数的估计和模型的适用性检验。因为 ARMA 模型参数的估计过程是非线性回归过程,而 AR 模型的参数估计是线性估计,计算简单,速度快,对于工程应用,特别是工况监视、故障诊断、在线控制等场合,AR 模型显示出很大的优越性。对 AR 模型的参数估计方法可分为两类:一类称为参数的直接估计法,另一类称为参数的递推估计法。本节针对时间序列分析在故障诊断中的应用,介绍有关的基本概念。

1. 数据的采集和检验

大多数物理系统的输出信号是连续信号,如机械设备与工程结构的振动信号、地震监视中的地波信号、人体的脑电波信号等等,而 ARMA 模型的建立需要离散的时间序列$\{y_t\}$,这就需要对连续信号进行离散采样。因此,如何确定合适的采样时间间隔 Δt 与样本长度 $L = N\Delta t$,以便正确地获得连续信号中所蕴含的信息,就成为数据采集时必须解决的两个问题。根据第2章的介绍可知,采样时间间隔 Δt 的确定,主要是要满足连续信号离散化的采样定理,即使

$$\Delta t \leq \frac{1}{2f_{max}} \quad \text{或} \quad f_s \geq 2f_{max} \tag{3.16}$$

式中 f_{max} 是欲分析信号中感兴趣的最高频率,f_s 为采样频率。

样本长度 L 的确定,主要关系到信号在频域中的能量泄漏效应与相邻两个谐波成分的分辨率问题。由于 ARMA 是动态模型,它所代表的数据长度远比样本长度 L 要长,理论上为无限长。因此,ARMA 模型不需要加窗,也就没有泄漏问题。但实际进行数据采集时,截断是不可避免的,截断必然引起能量泄漏,只是通过 ARMA 动态模型对有限长度时间序列进行了延拓。为了保证信号中感兴趣的相邻两谐波分量能被分辨出来,样本长度 $L = N\Delta t$ 的选取应满足

$$N > \frac{1}{\Delta t(f_2 - f_1)} \tag{3.17}$$

工程上通常也称 N 为样本长度,f_1 和 f_2 为信号中两个相邻频率分量的频率。

综上所述,ARMA 建模所用的样本长度可比按式(3.17)所确定的 N 小,甚至可小至(1/3 ~ 1/4),这也是 ARMA 模型的一个突出的优点。此外,样本长度的选择还与模型本身有关。ARMA 模型要求观测数据$\{y_t\}$是平稳、正态、零均值的时间序列,因此,由观测直接得到的时间序列$\{y_t\}$,一般还需进行平稳性检验、正态检验和零均值性检验以及数据的预处理,处理方法可参见有关文献。

2. 基于自相关系数的最小二乘估计法

对于 AR(l) 模型,若从数理统计的角度看,可将输入信号 x_t 看作模型的残差,并改记为 a_t,于是 AR(l) 模型可写为

$$y_t = \phi_1 y_{t-1} + \phi_2 y_{t-2} + \cdots + \phi_l y_{t-l} + a_t \quad a_t \sim \text{NID}(0, \sigma_a^2) \tag{3.18}$$

因此,一旦估计出 ϕ_i,即可按下式估计出方差 σ_a^2,即

$$\sigma_a^2 = \frac{1}{N - p} \sum_{t=l+1}^{N} (y_t - \sum_{i=1}^{l} \phi_i y_{t-i})^2 \tag{3.19}$$

所以,在 AR(l) 模型中,参数估计是指估计 $\phi_i(i = 1, 2, \cdots, l)$ 这 l 个参数。

在方程(3.18) 的两边同乘以 y_{t-k},再取数学期望并除以 R_0,有

$$r_k = \phi_1 r_{k-1} + \phi_2 r_{k-2} + \cdots + \phi_l r_{k-l} \tag{3.20}$$

令 $k = 1, 2, \cdots, n$,并根据自相关函数为偶函数的性质,可得线性方程组

第3章 基于统计理论的诊断方法

$$\begin{cases} r_1 = \phi_1 r_0 + \phi_2 r_1 + \phi_3 r_2 + \cdots + \phi_l r_{l-1} \\ r_2 = \phi_1 r_1 + \phi_2 r_0 + \phi_3 r_1 + \cdots + \phi_l r_{l-2} \\ \vdots \\ r_n = \phi_1 r_{n-1} + \phi_2 r_{n-2} + \phi_3 r_{n-3} + \cdots + \phi_l r_{l-n} \end{cases} \quad (3.21a)$$

写成矩阵形式为

$$[r] = [T_r][\phi] \quad (3.21b)$$

一般取 $n > l, \dfrac{N}{4} > n > \dfrac{N}{10}$,因而矩阵 $[T_r]$ 不是方阵。根据多元回归理论,参数列阵 $[\phi]$ 的最小二乘估计为

$$[\phi] = ([T_r]^T[T_r])^{-1}[T_r]^T[r] \quad (3.22a)$$

显然,上述各式对自协方差函数 r_K 也适用,只需将各式中的矩阵 $[T_r]$ 和 $[r]$ 中各符号 r 换以 R 即可。r 和 R_k 的计算分别按第3章所介绍的公式进行估算,其求和限从 $(k+1)$ 到 N,与 k 有关,所以矩阵 $[T_r]^T[T_r]$ 不易出现病态。而且,采用时间序列的自相关系数 r 构成矩阵,需多次使用观测数据计算,也就多次提取了数据中所蕴含的信息,提高了数据的利用率,从而也就提高了参数的估计精度。

在该方法中,如果取 $k = 1, 2, \cdots, l$,则式(3.21a)中所示方程的个数等于未知数 $\phi_1, \phi_2, \cdots, \phi_l$ 的个数,则式(3.21b) 变为

$$[r] = [T][\phi] \quad (3.22b)$$

此方程称为 Yule – Walker 方程,其中

$$[r] = \begin{bmatrix} r_1 \\ r_2 \\ \vdots \\ r_l \end{bmatrix} \quad [T] = \begin{bmatrix} r_0 & r_1 & r_2 & \cdots & r_{l-1} \\ r_1 & r_0 & r_1 & \cdots & r_{l-2} \\ \vdots & \vdots & \vdots & & \vdots \\ r_{l-1} & r_{l-2} & r_{l-3} & \cdots & r_0 \end{bmatrix}_{(l \times l)} \quad [\phi] = \begin{bmatrix} \phi_1 \\ \phi_2 \\ \vdots \\ \phi_l \end{bmatrix}_{(l \times l)} \quad (3.23)$$

此时,由于自相关系数矩阵 $[T]$ 中主对角线元素为1,$[t]$ 不仅是对称方阵,而且还是反对称方阵,从而 $[T]$ 是中心对称方阵。由于 $0 \leq r_k \leq 1$,所以矩阵 $[T]$ 是满秩正定方阵,称为 Toeplitz 矩阵。利用矩阵 $[T]$ 的特点,可容易地求出模型参数

$$[\phi] = [T]^{-1}[r] \quad (3.24)$$

需要注意,ARMA(l, m) 模型建模的一个重要问题是模型的定阶问题,即确定 l, m 应取多大,关于定阶的原则,可参阅相关文献。

3.2.5 根据模型参数进行故障诊断

观测信号 $\{y_t\}$ 中蕴含着大量与系统工作状态有关的信息,因此基于 $\{y_t\}$ 所建立的

ARMA(l,m) 模型的 $(l+m+1)$ 个参数 $\phi_1,\phi_2,\cdots,\phi_l;\theta_1,\theta_2,\cdots,\theta_m$ 和 σ_a^2 中也必然蕴含着这些信息,即将大量数据所蕴含的信息凝聚成少量的模型参数,并依据模型参数,尤其是直接根据 ϕ_1,ϕ_2 进行系统的故障诊断,这是基于时序模型故障诊断的优点。

华中科技大学杨叔子等人研究了基于时序分析方法在车床状态识别中的应用,例如直接根据 ϕ_1 识别机床切削颤振发生发展。在 VDF 车床尾架顶尖处,按相关的采样要求测取振动加速度信号,建立加速度时序的 AR 模型。在远离颤振时,每隔 3.6 s 采样一次,建模一次,临近颤振发生时,每隔 0.5 s 采样一次,建模一次。图 3.4 所示为颤振从无到有这一发展过程 AR 模型参数 ϕ_1 的变化规律。从图 3.4 可以看出:在远离颤振以前的 4 次采样间隔的时间 14.4 s,ϕ_1 变化平坦;在第 4 次采样后振

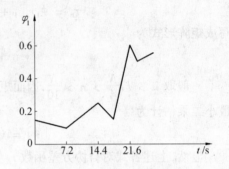

图 3.4 ϕ_1 直接法识别切削颤振

颤即将发生,ϕ_1 急剧增大,然后维持较大的值。根据这种急剧增大的趋势,实际中可建立报警信号,以便采取控制措施。他们所做的大量试验还表明,AR(2) 模型的第二个参数 ϕ_2 对系统阻尼比 ξ 的判别转变为按 ϕ_2 值判别,即当待检状态的 ϕ_{2T} 接近参考状态的某上临界值 ϕ_{2R} 时,颤振有可能即将发生。

3.2.6 距离判别函数故障诊断法

距离判别函数可归纳为几何距离判别函数和信息距离判别函数两大类。

1. 判别函数的几何意义

本节介绍利用时序模型参数进行模式识别距离判别函数故障诊断法,其原理和方法可推广到系统的其他故障诊断特征量。

如前所述,在故障诊断中,由于 AR 模型是线性估计过程,且计算速度较快,便于实时在线诊断,故一般多采用 AR 模型。AR 模型的参数有 $\phi_1,\phi_2,\cdots,\phi_l$ 和 σ_a^2,共 $l+1$ 个参数 $\phi_1,\phi_2,\cdots,\phi_l$,其中自回归参数反映了系统本身的固有特性,模型的残差 σ_a^2 反映了系统输出的统计特性,因此,可以用 $\phi_1,\phi_2,\cdots,\phi_l$ 和 σ_a^2 这 $l+1$ 个参数构造判别函数来识别系统的状态进行故障诊断。

用自回归参数构造的模式向量为 $\{\phi\}=[\phi_1,\phi_2,\cdots,\phi_l]^T$。系统的参考状态就对应于参考模式向量 $\{\phi_R\}=[\phi_{1R},\phi_{2R},\cdots,\phi_{lR}]^T$,系统的待检状态就对应于待检模式向量 $\{\phi_T\}=[\phi_{1T},\phi_{2T},\cdots,\phi_{lT}]^T$。由于建模所用的 $\{y_t\}$ 只是平稳随机过程的一个样本,显然,即使系统在同一状态下,其输出为同一随机过程,但每个样本也不可能相同,从而模式向量 $\{\phi\}$ 的一个参考状态就

对应于一个 l 元总体,称为参考总体,记为 C_R,这一总体的随机向量的统计特性应由 $\{\phi_R\}$ 的所有训练样本估计出,从实际意义看,系统在保持参考状态下需经过多次试验才能获得参考模式向量 $\{\phi_R\}$,每次试验得到一个训练时间序列 $\{y_t\}(t=1,2,\cdots,k)$,由此建立一个训练 AR(或 ARMA)模型,由 AR 模型参数(或 ARMA 模型的自回归参数部分)构成 $\{\phi_R\}$ 的训练样本集 $\{\phi\}_j(j=1,2,\cdots,k)$。那么训练样本集 $\{\phi\}_j$ 的均值向量就是参考总体的均值向量 $\{\mu_R\}$,它应等于参考模式向量 $\{\phi_R\}$,即 $\{\mu_R\}=\{\phi_R\}$;而 $\{\phi\}_j$ 的协方差矩阵就是参考总体的协方差矩阵 $[D_R]$。当参考总体 C_R 中的随机向量 $\{\phi\}_j$ 服从多元正态分布时,$[D_R]$ 就代表了 C_R 中随机向量的全部统计特性。

从几何意义看,所谓参考总体,就是按照决策规则把 d 维特征空间分成 L 个决策域(类空间)$C_{H1},C_{H2},\cdots,C_{HL}$,我们将划分决策域的界面称为决策面,在数学上用解析式可以表示成决策面方程,用于表达决策规则的某些函数则称为判别函数。判别函数与决策面方程是密切相关的,且它们都由相应的决策规则所确定。每一个参考模式向量 $\{\phi_R\}$ 对应于该类空间中的一个参考点,而待检模式向量 $\{\phi_T\}$ 对应于特征空间中的一个待检点。因此,"分类"就有两种情况,一种是按距离分类;一种是按区间分类。现以两个总体的判别问题为例来说明。图 3.5 所示为两个参考总体 C_{H1}、C_{H2} 和一个待检点 $\{\phi_T\}$,我们的最终目的是要判断 $\{\phi_T\}$ 是属于 C_{H1} 还是属于 C_{H2}。按距离分类法就是分别计算 $\{\phi_T\}$ 与 C_{H1} 和 C_{H2} 之间的距离,$\{\phi_T\}$ 应属于距离"短"的那一个总体;而按区间分类法(如 Bayes 决策分类等)就是按 C_{H1} 和 C_{H2} 的"势力范围"将平面分成两个互不相交的区域 A_1 和 A_2(A_1 和 A_2 称为实二维空间 $\mathbf{R}^2$ 的一个划分),$\{\phi_T\}$ 落在哪一个区域内就属于相应的哪个总体。显然,在这两种方法中都需要使用判别函数,在距离判别中引入了距离判别函数,用来度量 $\{\phi_T\}$ 与各参考总体之间的距离;在区间判别中引入了分区判别函数,用来划分区间,这就是判别函数的几何意义。当然,这两类判别函数之间仍存在着内在联系。从广义上看,距离判别函数也是一种分区判别函数。本节将讨论时序方法中的距离判别函数。

图 3.5 还表示了"错判"的可能性。这是因为由判别函数所得到的"划分"$A_1,A_2,\cdots,A_L$ 是互不相交的,而各参考总体 $C_{H1},C_{H2},\cdots,C_{HL}$ 之间可能出现重叠,如图中阴影部分,这样就会出现把本属于 C_{H1} 的 $\{\phi'_T\}$ 判属于 C_{H2};反之,也可能将本属于 C_{H2} 的 $\{\phi''_T\}$ 判属于 C_{H1}。显然,这种错判是使用了判别函数对 $\mathbf{R}^n$ 进行划分而造成的,也是度量 $\{\phi_T\}$ 与 C_{H1} 及 C_{H2} 之间的距离而造成的,这是不可避免的。正如第 3 章所述,我们当然希望这种错判的概率尽可能地小,并希望能在判别函数中计入错判所造成的损失,这样就提出了基于不同决策规则的可分性判别函数。

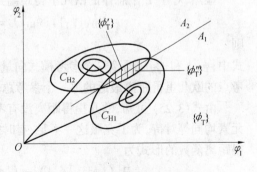

图 3.5 判别函数的几何解释

2. 几何距离判别函数

所谓几何距离,就是确定多维空间中点与点之间的距离,如果把自回归参数和残差方差看成一个多维坐标系,系统每个状态对应着一个参考模式,即对应多维空间中的一个点。对于系统的待检状态(待检模式)也有一个待检的多维空间点与之对应。显然待检状态所映射的待检点距哪个参考点距离近,待检状态就应归为相应的参考状态中去,这就达到了状态识别的目的(即状态分类与诊断)。用上述思路构成的判别函数归类为几何距离函数,几何距离判别函数可分为以下几种。

(1) 欧几里得(Euclid)距离判别

定义:设参考总体 C_R 的值向量为参考模式向量 $\{\phi_R\} = [\phi_{1R}, \phi_{2R}, \cdots, \phi_{lR}]^T$,待检模式向量 $\{\phi_T\} = [\phi_{1T}, \phi_{2T}, \cdots, \phi_{lT}]^T$,定义 $\{\phi_T\}$ 与 C_R 之间的欧几里得距离为 $\{\phi_T\}$ 与 $\{\phi_R\}$ 之间的欧几里得距离,即欧几里得距离的平方为

$$D_E^2(\{\phi_R\}, \{\phi_T\}) = (\{\phi_R\}, \{\phi_T\})^T(\{\phi_T\}, \{\phi_R\}) = \sum_{i=1}^{l}(\phi_{iT} - \phi_{iR})^2 \tag{3.25}$$

式中 $\{\phi_R\}$ 应由所有训练样本 $\{\phi\}_j$ 估计出,其估计公式为

$$\{\phi_R\} = \frac{1}{k}\sum_{j=1}^{k}\{\phi\}_j \tag{3.26}$$

或

$$\phi_{iR} = \frac{1}{k}\sum_{j=1}^{k}\phi_{ij} \quad (i = 1, 2, \cdots, l) \tag{3.27}$$

$\{\phi_j\} = [\phi_{1j}, \phi_{2j}, \cdots, \phi_{lj}]^T$ 表示 $\{\phi_R\}$ 的第 i 个训练样本,是 l 维列向量,ϕ_{ij} 表示第 j 个训练样本中的第 i 个 AR 参数。

显然,对于 L 个总体的欧几里得距离判据形式为

$$D_D^2(\{\phi_T\}, \{\phi_{Rj}\}) = \min_{i=1,2,\cdots,L}(D_E^2(\{\phi_T\}, \{\phi_{Ri}\})) \tag{3.28}$$

则
$$\{\phi_T\} \in C_{Hj}$$

式中 $\{\phi_{Rj}\}$ 和 C_{Hj} 表示第 j 个参考模式向量和第 j 个参考总体。上式表明,$\{\phi_T\}$ 应属于与某一参考点的欧几里得距离最近的那一个参考总体。

由式(3.25)可知,欧几里得距离没有考虑模式向量 $\{\phi\}$ 中各元素重要性的不同,认为所有元素均同等对待,为了克服这一不足,有时需将欧几里得距离进行加权处理,加权后的欧几里得距离函数的形式为

$$D_W^2(\{\phi_T\}, \{\phi_R\}) = (\{\phi_T\} - \{\phi_R\})^T[W](\{\phi_T\} - \{\phi_R\}) \tag{3.29}$$

式中 $[W]$ 为相应的权矩阵。

取不同的权矩阵 $[W]$,也就引出不同的距离判别函数。

(2) 残差偏移距离判别

残差偏移距离是一种加权的欧几里得距离,其权矩阵$[W]$为待检观测数据$[y_t]^T$的相关矩阵$[r_T]$,是由 AR 模型在多元回归模型的基础上导出的,其具体形式为

$$[W] = [r_T] = [y_T]^T [y_T] \tag{3.30}$$

式中

$$[y_T] = \begin{bmatrix} y_l & y_{l-1} & y_1 \\ y_{l+1} & y_l & y_2 \\ y_{N-1} & y_{N-2} & y_{N-l} \end{bmatrix}$$

(3) Mahalanobis(马氏) 距离判别

Mahalanobis 距离中的权函数为参考总体协方差矩阵的逆矩阵$[D_R]^{-1}$,即

$$[W] = [D_R]^{-1} \tag{3.31}$$

式中

$$[D_R] = \frac{1}{k} \sum_{j=1}^{k} (\{\phi\}_j - \{\phi_R\})(\{\phi\}_j - \{\phi_R\})^T$$

(4) Mann 距离判别

与 Mahalanobis 距离相反,Mann 距离是将待检总体作为基准,度量参考模式向量$\{p_R\}$与待检总体C_T之间的 Mahalanobis 距离。因此,Mann 距离的定义为以待检总体协方差矩阵的逆矩阵$[D_T]^{-1}$为权矩阵的欧几里得矩阵,即

$$[W] = [D_T]^{-1} \tag{3.32}$$

上述的 4 个距离函数,均具有明显的几何距离形式,其实质都是加权的欧几里得距离,只是权矩阵形式各不相同而已。这些距离都是在 $\mathbf{R}^n$ 中度量的,要求待检模型的阶数与所有参考模型的阶数均相等。

3. 信息距离判别函数

信息距离起源于信息论,它是表示待检状态与参考状态之间差异程度的统计量,是用来作为两个概率分布之间距离的度量,这种距离又称"伪距离"。两个概率分布之间的"伪距离"越小,它们之间的近似程度越高。

(1) Kullback 信息量距离

为比较两个概率密度函数f_R, f_T之间的差异,在信息论中引出了 Kullback 信息量,它是f_R与f_T间的互熵,其算式为

$$I(f_R, f_T) = \int f_R \ln \frac{f_R}{f_T} \mathrm{d}y$$

$$I(f_T, f_R) = \int f_T \ln \frac{f_T}{f_R} \mathrm{d}y \tag{3.33}$$

式(3.33)为两个概率密度函数之间距离的度量。当两类概率密度相同,即 $f_R(y) = f_T(y)$ 时,Kullback 信息量(即互熵)等于零;当两类概率密度完全不交叠时,互熵取最大值,在一般情况下,互熵为非负。因此,$I(f_R, f_T)$ 和 $I(f_T, f_R)$ 提供了两类之间的平均可分性信息。

在模式识别中,采用 Kullback 信息量度量两个总体之间的信息距离,可以证明,当两个总体服从正态分布时,Kullback 信息量为

$$I(f_R, f_T) = \frac{1}{2}\ln\frac{|[D_2]|}{|[D_1]|} + \frac{1}{2}\mathrm{tr}[[D_R]([D_T]^{-1} - [D_R]^{-1})] +$$

$$\frac{1}{2}[(\{m_R\} - \{m_T\})^T[D_2]^{-1}(\{m_R\} - \{m_T\})] \tag{3.34}$$

式中 $[D_R]$,$[D_T]$ 分别为两总体的协方差矩阵;$\{m_R\}$,$\{m_T\}$ 为两总体(即 l 维随机向量的集合)的均值向量;$\mathrm{tr}(*)$ 表示矩阵 $*$ 的迹,它等于矩阵 $*$ 的主对角线上所有元素之和。现根据上述结果可定义时序方法中的 Kullback 信息距离为

$$D_k(f_R, f_T) = I(f_R, f_T) \quad D_k(f_T, f_R) = I(f_T, f_R) \tag{3.35}$$

由于 $D_k(f_R, f_T)$ 与 $D_k(f_T, f_R)$ 不相等,这表明,将待检状态从参考状态中区分出来的信息量不等于将参考状态从待检状态中区分出来的信息量。显然,作为"距离函数"这是不理想的。

(2) J - 散度距离

J - 散度距离亦称为 Kullback 散度距离,它是在 Kullback 信息距离的基础上为解决 $D_k(f_R, f_T)$ 与 $D_k(f_T, f_R)$ 不相等的问题而提出来的。J - 散度定义为两类总体的总的平均信息,等于两类平均可分信息之和,即 J - 散度距离定义为

$$D_J(f_T, f_R) = D_J(f_R, f_T) = D_k(f_T, f_R) + D_k(f_R, f_T) \tag{3.36}$$

(3) Itakura 信息距离

时序模型的残差和残差方差含有丰富的信息,当时序 $\{y_t\}$ 通过 AR 模型后,就意味着 $\{y_t\}$ 通过一个 AR 滤波器而被凝聚成模型的残差 $\{a_t\}$ 作为输出。故可定义 Itakura 信息距离函数为

$$D_I(f_{RT}, f_T) = \frac{\sigma_{RT}^2}{\sigma_T^2} - 1 \tag{3.37}$$

式中 σ_T^2 和 σ_{RT}^2 分别是待检时序 $\{y_t\}_T$ 通过自身滤波器 AR_T 和参考滤波器 AR_R 后的残差;f_T 和 f_{RT} 分别是输出 $\{a_t\}_T$ 和 $\{a_t\}_{RT}$ 的概率密度函数。显然,当 $\sigma_T^2 = \sigma_{RT}^2$ 时,则 $D_I = 0$,即待检状态属于该参考状态。

(4) Kullback - Leibler 信息距离

Kullback - Leibler 信息距离函数(简称 K - L 信息量)是前述 Kullback 信息距离的特例。Kullback 信息距离是检验参考总体 C_R 与待检总体 C_T 之间的距离,若比较残差序列 $\{a_t\}_{RT}$ 与 $\{a_t\}_R$ 的概率密度函数 $f_{RT}(a_t)$ 和 $f_R(a_t)$ 之间的差异,考虑到 $\{a_t\}_{RT}$ 和 $\{a_t\}_R$ 的均值为 0,并令 $l = 1$,则可得 K - L 信息距离函数为

$$D_{\text{KL}}(f_{\text{RT}}, f_{\text{T}}) = \ln \frac{\sigma_{\text{R}}^2}{\sigma_{\text{T}}^2} + \frac{\sigma_{\text{RT}}^2}{\sigma_{\text{R}}^2} - 1 \tag{3.38}$$

(5) Bhattacharyya 信息距离

Bhattacharyya 信息距离的定义为

$$D_{\text{B}}(f_{\text{R}}, f_{\text{T}}) = -\ln \int \sqrt{f_{\text{R}}(y) f_{\text{T}}(y)} \, dy \tag{3.39}$$

式中 $f_{\text{R}}(y)$ 和 $f_{\text{T}}(y)$ 分别为参考时序 $\{y_t\}_{\text{R}}$ 和待检时序 $\{y_t\}_{\text{T}}$ 的概率密度函数。当 $\{y_t\}_{\text{R}}$ 和 $\{y_t\}_{\text{T}}$ 均为正态分布时,由式(3.39)可推得

$$\begin{aligned} D_{\text{B}}(f_{\text{R}}, f_{\text{T}}) = & \frac{1}{8} (\{m_{\text{R}}\} - \{m_{\text{T}}\})^{\text{T}} \left[\frac{[r_{\text{R}}] + [r_{\text{T}}]}{2}\right]^{-1} (\{m_{\text{R}}\} - \{m_{\text{T}}\}) + \\ & \frac{1}{2} \ln \frac{\left|\frac{1}{2}([r_{\text{R}}] + [r_{\text{T}}])\right|}{[|[r_{\text{R}}]| |[r_{\text{T}}]|]^{1/2}} \end{aligned} \tag{3.40}$$

式中 $\{y_t\}_{\text{R}} \sim \text{NID}(\{m_{\text{R}}\}, [r_{\text{R}}])$, $\{y_t\}_{\text{T}} \sim \text{NID}(\{m_{\text{T}}\}, [r_{\text{T}}])$。

当 $\{y_t\}_{\text{R}}$ 和 $\{y_t\}_{\text{T}}$ 的均值 $\{m_{\text{R}}\}$ 和 $\{m_{\text{T}}\}$ 为零时,或当 $[r_{\text{R}}] = [r_{\text{T}}]$ 时,式(3.40)得到简化。

Bhattacharyya 信息距离的特点是直接根据时间序列的统计特性进行判别,而不需对时序拟合 AR 模型或 ARMA 模型,这一距离函数的判别能力也很强。

3.3 序贯模式分类故障诊断法

3.3.1 概述

序贯分类是模式分类中的重要内容之一,它的特征参数随着时间推移获得的信息量越来越大,分类的精度也越来越高。在前面章节所介绍的模式分类方法中,都给定了每个模式向量的固定有限的特征数目,且这些特征是同时给出的,并没有考虑获得这些特征所付出的代价大小。序贯分类方法是先用一部分特征来分类,然后逐步加入新特征以减少分类所造成的错误和损失,在每步加入新特征时,要连同前面的结果一起进行判断,并衡量加入新特征花费的代价与降低分类损失的大小。当满足所要求的精度,且特征向量的维数最优时,就可结束这一序贯过程。

3.3.2 序贯分类原理及步骤

现以两类分类问题为例介绍序贯分类的原理。已知正常状态 C_{H1},异常状态 C_{H2},由先验知识确定它们的概率分别为 $P(H1)$ 和 $P(H2)$。在 $P(H1)$ 的条件下获得样本序列 $\{x\}$ 的类别条

件概率密度为 $f(\{x\}/H1)$，在 $P(H2)$ 的条件下获得样本序列 X 的概率为 $f(\{x\}/H2)$，根据 3.1.2 节介绍的最小错误率 Bayes 决策给出的似然比为 $l(\{x\}) = \dfrac{f(\{x\}/H1)}{f(\{x\}/H2)} \geq \dfrac{P(H2)}{1-P(H2)}$，则 $\{x\} \in C_{H1}$，反之 $\{x\} \in C_{H2}$，其中特征向量 $\{x\} = \{x_1, x_2, \cdots, x_e\}$，当测得第一个特征参数 x_1 时，可计算其似然比为

$$l_1(\{x_1\}) = \frac{f(\{x\}/H1)}{f(\{x\}/H2)} = \frac{f(\{x_1\}/H1)}{f(\{x_1\}/H2)} \tag{3.41}$$

此时计算求得

$$A = \frac{1-\varepsilon_1}{\varepsilon_2} \qquad B = \frac{\varepsilon_1}{1-\varepsilon_2} \tag{3.42}$$

其中 ε_1 为本应属于 C_{H1} 类而错判为 C_{H2} 类的误差概率，ε_2 为本应属于 C_{H2} 类而错判为 C_{H1} 类的误差概率。判断步骤如下：

(1) 若 $l_1(\{x_1\}) \geq A$，则 $\{x\} = \{x_1\} \in CH1$。
(2) 若 $l_1(\{x_1\}) \leq B$，则 $\{x\} = \{x_1\} \in CH2$。
(3) 若 $B < l_1(\{x_1\}) < A$，则测量下一个特征参数 x_2，并计算似然比为

$$l_2(\{x_1, x_2\}) = \frac{f(\{x_1, x_2\}/H1)}{f(\{x_1, x_2\}/H2)} \tag{3.43}$$

再进行判别，如此往复直至得到明确的分类。

为了获得最佳的分类，在误差与观测试验数目之间应采用一种折衷的处理方法，即还需要分别计算停止损失 H_s 和继续损失 H_c 的大小，并加以比较。

3.3.3 Bayes 序贯判别步骤

假设观测了 k 个特征后就作决策，令 $x_1 = \xi_1, x_2 = \xi_2, \cdots, x_k = \xi_k$，根据

$$H(\alpha_i/\{x\}) = E[\lambda(\alpha_i, C_{Hj})] = \sum_{j=1}^{L} \lambda(\alpha_i, C_{Hj}) P(Hj/\{x\}) \quad (i = 1,2,\cdots,a) \tag{3.44}$$

可知，第 k 步的停止损失是

$$H_s(\xi_1, \xi_2, \cdots, \xi_k) = \min_{i=1,2,\cdots,a} \sum_{j=1}^{L} \lambda(\alpha_i, C_{Hj}) P(H_j/\xi_1, \xi_2, \cdots, \xi_k) \tag{3.45}$$

假使仅观测第 $k+1$ 个特征，$x_{k+1} = \xi_{k+1}$，所付出的代价（即期望损失）是 H_{k+1}，而在条件 $x_1 = \xi_1, x_2 = \xi_2, \cdots, x_k = \xi_k$ 下，第 $k+1$ 步的最小损失的期望值是

$$\int H_{\min}(\xi_1, \cdots, \xi_k, \xi_{k+1}) f(x_{k+1}/\xi_1, \cdots, \xi_k) \mathrm{d}x_{k+1}$$

则在第 k 步的继续损失是

$$H_c(\xi_1, \cdots, \xi_k) = H_{k+1} + \int H_{\min}(\xi_1, \cdots, \xi_k, \xi_{k+1}) f(x_{k+1}/\xi_1, \cdots, \xi_k) \mathrm{d}x_{k+1} \tag{3.46}$$

这里第 k 步的最小代价 $H_{\min}$ 由下式定义,即
$$H_{\min}(\xi_1,\cdots,\xi_k) = \min\{H_s(\xi_1,\cdots,\xi_k), H_c(\xi_1,\cdots,\xi_k)\}$$

显然,为了计算 $H_{\min}(\xi_1,\xi_2,\cdots,\xi_k)$,必须计算第 $k+1$ 步的最小损失,依此类推,直到求出
$$H_{\min}(\xi_1,\cdots,\xi_k,\xi_{k+1}) = \min_{i=1,2,\cdots,a} \sum \lambda(\alpha_i, C_{Hj}) P(H_j/\xi_1,\cdots,\xi_k,x_{k+1},\cdots,x_d)$$
才能得到第 k 步的最小损失,即需要依次计算第 $d, d-1,\cdots,1$ 步的最小损失。

当停止损失 H_s 等于最小损失 $H_{\min}$,即 $H_s(\xi_1,\xi_2,\cdots,\xi_k) < H_c(\xi_1,\xi_2,\cdots,\xi_k)$ 时就停止试验,这时就可作出分类决策;否则,需继续试验。

由此可见,序贯分析是一个动态规划过程,对于给定的识别精度,按预定的方式排列特征顺序,确定优先处理的最佳学习样本,自动地给出能定性地选取模式类别的最小特征集合,或给出训练过程中最小的学习样本数目,从而提高序贯分析的效率。

3.4 主分量分析法

3.4.1 引　言

主分量分析(Principal Component Analysis,PCA),是通过某种方式把数据映射到能精确描述过程状态的一个低维空间里,使投影后的数据用于状态监测等方面。由于这种方式保留了过程变量间的关系结构,因此按获取数据的变化度来说是最佳的。

3.4.2 主分量分析

PCA 是一种线性降维技术,在采集数据可变性方面是最理想的。它确定了一组称为负荷向量的正交向量,这组向量根据负荷向量方向的方差大小来排序。给定一训练集,它有 n 个观测值和 m 个过程变量,写成矩阵 X 的形式,则负荷向量可以通过求解稳态点最优问题来计算,即

$$\max_{V \neq 0} \frac{V^T X^T X V}{V^T V} \tag{3.47}$$

其中 $V \in \mathbf{R}^m$, $X = \begin{bmatrix} x_{11} & x_{12} & \cdots & x_{1m} \\ x_{21} & x_{22} & \cdots & x_{2m} \\ \vdots & \vdots & & \vdots \\ x_{n1} & x_{n2} & \cdots & x_{nm} \end{bmatrix}$。

公式(3.47)中的稳态点可通过奇异值分解(Singular Value Decomposition,SVD)来计算,即

$$\frac{1}{\sqrt{n-1}} X = U \Sigma V^T \tag{3.48}$$

这里 $U \in \mathbf{R}^{n \times n}$,$V \in \mathbf{R}^{m \times m}$ 都是酉矩阵,矩阵 $\mathbf{\Sigma} \in \mathbf{R}^{n \times m}$ 包含沿主对角线递减的($\sigma_1 \geqslant \sigma_2 \geqslant \cdots \geqslant \sigma_{\min(m,n)} \geqslant 0$) 实的非负奇异值,其他非对角线元素都是零。负荷向量是矩阵 V 中的正交的列向量,并且沿着矩阵 V 列向量的第 i 列的投影方差等于 σ_i^2。求解式(3.48)等价于一个样本协方差矩阵 S 的特征值分解,即

$$S = \frac{1}{n-1} X^\mathrm{T} X = V \mathbf{\Lambda} V^\mathrm{T} \tag{3.49}$$

这里对角矩阵 $\mathbf{\Lambda} = \mathbf{\Sigma}^\mathrm{T} \mathbf{\Sigma} \in \mathbf{R}^{m \times m}$ 包含幅值递减的非负实特征值($\lambda_1 \geqslant \lambda_2 \geqslant \cdots \geqslant \lambda_m \geqslant 0$),并且第 i 个特征值等于第 i 个奇异值的平方,即 $\lambda_i = \sigma_i^2$。

为了最佳地获取数据的变化量,同时使随机噪声对PCA的影响最小,与 a 个最大奇异值相对应的负荷向量被保留。选择负荷矩阵的列向量 $P \in \mathbf{R}^{m \times a}$ 的列,使其与前 a 个奇异值相关联的负荷向量相对应,则 X 观测到低维空间的投影就包含在得分矩阵中,即

$$T = XP \tag{3.50}$$

并且 T 返回到 m 维观测空间的投射为

$$\hat{X} = TP^\mathrm{T} \tag{3.51}$$

X 与 $\hat{X}$ 的差就是残差矩阵 E,即

$$E = X - \hat{X} \tag{3.52}$$

这个残差矩阵获取了用与 $m - a$ 个最小奇异值相关联的负荷向量所张成的观测空间的变化量。由 X 和 E 张成的子空间分别被称为得分空间和残差空间。包含在矩阵 E 中的子空间信噪比很低,因此把这个空间从 X 中去除就可产生一个更精确的过程表示 $\hat{X}$。

定义 t_i 为训练集中 T 的第 i 列,则有如下的特性:

(1) $\mathrm{Var}(t_1) \geqslant \mathrm{Var}(t_2) \geqslant \cdots \geqslant \mathrm{Var}(t_a)$。

(2) 对 $\forall i, \bar{t}_i = 0$。

(3) 对 $\forall i \neq k, t_i^\mathrm{T} t_k = 0$。

因此,可按特征值 λ_i 计算比值 $\dfrac{\lambda_i}{\sum\limits_{i=1}^{n} \lambda_i}$,它反映了 X 中第 i 个分量 x_i 对整体方差的贡献率,贡献率越大,该分量就越重要。一般推荐从 $\lambda_1, \lambda_2, \cdots, \lambda_n$ 中选取 a 个 $\lambda_i (a < n)$ 使下式成立,即

$$\mu = \frac{\sum\limits_{i=1}^{a} \lambda_i}{\sum\limits_{i=1}^{n} \lambda_i} > 85\% \tag{3.53}$$

该式表明,$\{x\}$ 中前 a 个分量(按 λ_i 由大到小的顺序排列)的方差已占整体方差的85%,可以只选取这 a 个分量 $x_1, x_2, \cdots, x_a$ 组成向量 $\{x\}$,这 a 个分量称为主分量。所谓主分量分析法,就是要找出 a 个主分量组成的特征向量 $\hat{X} = [x_1, x_2, \cdots, x_a]^\mathrm{T}$,以取代原始模式向量 X。向量 $\hat{X}$

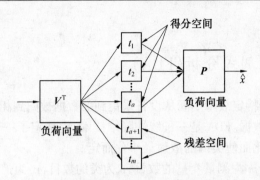

图 3.6 观测向量 X 到得分空间和残差空间的投影及过滤观测 $\hat{X}$ 的计算

所对应的空间是向量 X 所对应的空间的子空间,X 的各样本投影到此子空间后投影分量的方差为最大。

主分量分析法具有以下两个特点:

(1) 采用正交变换,其实质是解决线性代数中的"主轴"问题,即在模式向量空间中进行坐标变换,将原来相关的 $x_1,x_2,\cdots,x_n$ 变成相互独立的 $\hat{x}_1,\hat{x}_2,\cdots,\hat{x}_n$。

(2) 采用式(3.53)提取 $\hat{x}_1,\hat{x}_2,\cdots,\hat{x}_n$ 中的主要成分 $\hat{x}_1,\hat{x}_2,\cdots,\hat{x}_a$ 进行降维处理。例如,图 3.7 所示的二维情况,模式向量为 $\{y\}=[y_1,y_2]^T$,现得到 $\{y\}$ 的 k 个训练样本,即得到了图中区域内的 k 个点,正交变换的作用是进行坐标旋转,使 k 个样本点投影到新坐标 $\{x\}=[x_1,x_2]^T$ 中,x_1 方向上的方差最大。这样在 x_1 方向上就保存了原来样本最多的信息量,而与之垂直的 x_2 只具有次要作用,所以选择 $\{x\}=x_1$ 为主分量,即主特征向量。

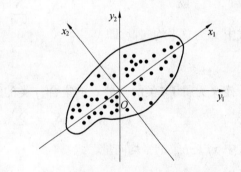

图 3.7 主分量分析法的几何意义

3.5 线性判别函数法

3.5.1 引 言

线性判别函数是统计模式识别的基本方法之一,其函数形式简单,容易实现,并且需要的计算量和存储量小,在状态监测和故障诊断中已得到了成功的应用。本节介绍线性判别函数的基本概念和设计线性分类器的基本方法,最后给出基于 Fisher 判别分析(准则函数)的故障诊断方法。

3.5.2 Fisher 判别式分析(FDA)

对于故障诊断来说,在特定故障期间从设备采集到的数据被归到相应的类中,每一个类都包含表示一个特殊故障的数据。FDA 是一种线性降维技术,它确定了一套线性转换向量,此向量按照使类间的散射最大化而使类内的散射最小化而定。

令 n 为观测值的数目,m 为测量变量的数目,p 为类的数目,n_j 为 j^{th} 类中观测值的数目,记 i^{th} 类观测值测量变量的向量为 x_i。如果所有类的训练数据已经压入矩阵 $X \in \mathbf{R}^{n \times m}$ 中,那么 X 的 i^{th} 行转置矩阵就是列向量 x_i。

为了理解 Fisher 判别式分析,首先需要定义很多矩阵,这些矩阵能够量化总方差,类内的方差和类间的方差。总方差矩阵为

$$S_t = \sum_{i=1}^{n} (x_i - \bar{x})(x_i - \bar{x})^T \tag{3.54}$$

式中 $\bar{x}$ 为总平均向量,即

$$\bar{x} = \frac{1}{n} \sum_{i=1}^{n} x_i \tag{3.55}$$

x_j 定义为属于 j 类的向量 x_i 的集合,j 类的类间方差矩阵为

$$S_j = \sum_{x_i \in x_j} (x_i - \bar{x}_j)(x_i - \bar{x}_j)^T \tag{3.56}$$

式中 $\bar{x}_j$ 是 j 类的平均向量,为

$$\bar{x}_j = \frac{1}{n_j} \sum_{x_i \in x_j} x_i \tag{3.57}$$

类内方差矩阵为

$$S_w = \sum_{j=1}^{p} S_j \tag{3.58}$$

类间方差矩阵为

$$S_b = \sum_{j=1}^{p} n_j (\bar{x}_j - \bar{x})(\bar{x}_j - \bar{x})^T \tag{3.59}$$

总散射矩阵等于类间方差矩阵与类内方差矩阵的和,即

$$S_t = S_b + S_w \tag{3.60}$$

第一个 FDA 向量的作用是使类间方差最大而使类内方差最小,即

$$\max_{v \neq 0} \frac{v^T S_b v}{v^T S_w v} \tag{3.61}$$

假定 S_w 在 $v \in \mathbf{R}^m$ 中可置换,第二个 FDA 向量的计算就是要在所有轴向与第一个 FDA 向

量正交,使类间方差最大而使类内方差最小,剩余的 FDA 向量也一样,依此类推。FDA 向量用以下特征向量 w_k 表示,即

$$S_b w_k = \lambda_k S_w w_k \tag{3.62}$$

式中特征值 λ_k 表示映射数据到 w_k 的类分离程度。因为 w_k 的方向与量级很重要,因而可以将 w_k 的欧几里得范数(每一个元素平方加和的平方根)选为 1,即 $\|w_k\| = 1$。

只要 S_w 可转置,FDA 向量就可根据泛特征值问题计算出来,即有:

(1)FDA 向量是与最大特征值对应的特征向量。

(2)FDA 向量是与第二大特征值对应的特征向量,依此类推。一个大的特征值 λ_k 表示当类中的数据被映射到对应的特征向量 w_k 中时,类的平均值相对于类的偏差有很大的分离,因而在 w_k 方向,类有很大的分离度。既然 S_b 的阶数小于 p,那么最多有 $p-1$ 个特征值不等于零,FDA 仅在这些方向上提供有用的特征向量排列。

按照线性转换更清楚地写下 FDA 的目标是很有用的。定义矩阵 $W_p \in \mathbf{R}^{m \times (p-1)}$ 有 $p-1$ 个 FDA 列向量,从 m 维空间到 $p-1$ 维空间的数据线性转换描述为

$$z_i = W_p^T x_i \tag{3.63}$$

式中 $z_i \in \mathbf{R}^{(p-1)}$。FDA 使 p 类计算矩阵 W_p 的数据 $x_1, \cdots, x_n$ 投影到 $(p-1)$ 维空间时可以达到最优分离。当 p 等于 2 时,相当于把数据映射到向量 w 方向的一条线上,这样投影后的数据就实现了最佳分离。

3.6 灰色系统的关联分析诊断方法

3.6.1 概 述

灰色理论提出的灰色关联分析方法可在不完全的、随机的因素序列中,对所要分析研究的各因素,通过一定的数据处理,找出它们的关联性,发现主要矛盾,找到主要特性和主要影响因素。即灰色关联分析是基于行为因子对主行为的贡献测度而进行的一种分析方法。它是指事物之间的不确定性关联,或系统因子与主行为因子之间的不确定性关联。

关联分析主要是对势态发展变化的分析,也是系统动态发展过程的量化分析。依据空间理论的数学基础,按照规范性、偶对称性、整体性和接近性这 4 条原则,确定参考数列和若干比较数列之间的关联系数和关联度。由于关联分析是按发展趋势作分析,因而对样本量的大小没有太高的要求,分析时也不需要典型的分布规律,而且分析结果一般与定性分析相吻合,因而具有广泛的实用性。

灰色关联分析的基本思想是根据序列曲线几何形状的相似程度来判断其联系是否紧密,曲线几何形状越接近,则发展变化态势越接近,相应序列之间的灰色关联度就越大,反之就越

小。如图3.8所示,序列1为参考数列,序列2、3为比较数列。横坐标为采样时间或是采样点序列值,纵坐标为数值,就是将序列各个值按下面论述的原始数列初始化所得到的无量纲数值。曲线2的发展趋势与曲线1相同,与曲线1几乎平行,所以序列2与序列1的灰色关联度很大;而曲线3与曲线1的发展趋势大不相同,故序列3与序列1的灰色关联度要小于序列2与序列1的灰色关联度。因此参数2是影响主行为1的主要因素,而参数3则只是次要因素。

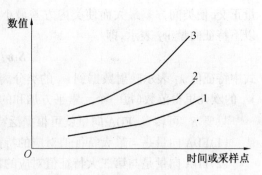

图3.8 灰色关联分析的基本思想

灰色关联度不仅考虑了比较数列在数值上对参考数列(主行为)的贡献程度,而且更为重要的是它动态地看问题,从各比较数列的发展趋势上作了比较,关联度越大,则说明该比较数列对参考数列的贡献越大。

灰色理论系统的关联分析,就是对系统行为特征量白化因子的量化作用分析,关联分析与回归分析及其他系统分析的不同之处在于:

(1) 是对因子间发展态势的分析。
(2) 是以定性分析为基础的定量分析。
(3) 是注重基本态势的分析,是全过程态势的分析,是宏观的、影响性的分析。
(4) 不需要大量的数据。
(5) 不需要数据有典型分布。

3.6.2 关联度分析法在故障诊断模式识别中的应用

1. 灰色关联分析的诊断模式

关联分析是灰色系统分析和处理随机量的一种方法,也是一种数据到数据的"映射"方法。为此,可利用这种映射来建立诊断对象故障的模式。

(1) 灰色关联分析的理论模式

设系统中要建立的故障标准模式向量(参考数列),即要诊断的故障种类数为 m,每种标准故障模式向量中所包含的元素个数,即系统故障诊断的特征参数为 n,于是建立相应的标准故障模式特征向量矩阵为

$$X_R = \begin{bmatrix} x_{r1} \\ x_{r2} \\ \vdots \\ x_{rm} \end{bmatrix} = \begin{bmatrix} x_{r1}(1) & x_{r1}(2) & \cdots & x_{r1}(n) \\ x_{r2}(1) & x_{r2}(2) & \cdots & x_{r2}(n) \\ \vdots & \vdots & & \vdots \\ x_{rm}(1) & x_{rm}(2) & \cdots & x_{rm}(n) \end{bmatrix} \tag{3.64}$$

设实测信号的待检模式特征向量为

$$X_T = \begin{bmatrix} x_t(1) & x_t(2) & x_t(3) & \cdots & x_t(n) \end{bmatrix} \tag{3.65}$$

将待检模式序列和标准故障模式序列进行关联度计算,可得到关联度序列

$$R = \{r_1 \quad r_2 \quad \cdots \quad r_m\} \tag{3.66}$$

用 R 值对系统进行故障诊断时,将关联度从大到小依次排列,从而提供了待检模式序列划归为标准模式序列可能性大小的次序。当待检模式序列和某一标准故障模式序列关联度最大时,则认为待检模式属于相应的标准模式,其故障也就确定了,从而达到对故障模式的真正分类识别。

(2) 故障诊断的灰色关联分析及方法

灰色关联分析在故障诊断中主要用于多参数诊断,称之为灰色关联多参数诊断法。其基本原理为:用表征设备状态的多个参数组成该设备的状态模式向量;建立标准状态模式向量;通过比较各待检状态模式向量与各标准状态模式向量之间的关联度判断所属的状态。

灰色关联多参数诊断法既可用于简易诊断,亦可用于精密诊断。用于简易诊断时,只需构造两种标准状态模式向量,即正常状态模式向量和故障状态模式向量;用于精密诊断时,需要构造正常状态模式向量和各种可能的故障状态模式向量。

2. 举例:核动力装置的灰色关联故障诊断法

(1) 核动力装置主要故障与特征量的关系

一个运行的核动力装置可以被看作是灰色系统,这个系统有的信息能知道、有的信息知之不准或不知道,进行故障诊断时,可以利用灰色理论的具体数学方法,利用已知的信息,通过信息处理来进行判断和决策。因此,在建立灰色关联分析的故障诊断模型之前,首先分析核动力装置主要故障与特征参数的关系。

① 主蒸汽管道破裂事故。主蒸汽管道破裂事故是指蒸汽回路的一根管路(主管道或管咀)出现破裂或蒸汽管路上的一个阀门(蒸汽调压阀、安全阀、排放阀或旁通阀)意外地打开而导致的事故。发生此事故后,首先由于主蒸汽管道破裂改变了蒸汽发生器从反应堆冷却系统中带走的热量,从而引起一回路冷却剂的温度和压力下降,引入一个正的反应性量,使堆功率上升;其次,若管道破口发生在堆舱或动力舱,堆舱温度和压力升高。

② 波动管断裂事故。波动管断裂事故是指稳压器波动管由于热分层现象导致波动管产生疲劳,进而出现波动管发生裂纹并破坏的事故。当波动管出现裂纹或断裂后,由于稳压器内冷

却剂的损失,稳压器压力以及稳压器水位降低,同时引起堆舱温度和堆舱压力升高。

③ 蒸汽发生器 U 型管破裂事故。蒸汽发生器 U 型管破裂事故是指蒸汽发生器 U 型管破裂超过了限值,使二回路携带了大量的放射性,若不及时处理将危及人和设备的安全。故障发生后,泄放水及辅机舱剂量高报警;蒸汽发生器二次侧压力升高;稳压器压力、水位下降;泄漏回路的主泵流量升高。

核动力装置主要故障现象、特征参数的变化以及范围见表 3.2。

表 3.2 故障现象与特征参数表

序号	故障名称	故障特征参量	故障现象	参量范围
1	主蒸汽管道破裂	主蒸汽流量 /(t·h^{-1})	增加	0 ~ 100
		稳压器压力 /MPa	下降	0 ~ 18
		稳压器水位 /m	下降	0 ~ 420
		回路平均温度 /℃	下降	180 ~ 320
		堆舱压力 /MPa	升高	0 ~ 2.5
		堆舱温度 /℃	升高	0 ~ 60
		主蒸汽压力 /MPa	下降	0 ~ 6
		堆舱辐射剂量 /(mGy·h^{-1})	增高	0.36 ~ 3.6
		核功率 /%	升高	0 ~ 100
2	波动管断裂	稳压器压力 /MPa	下降	0 ~ 18
		稳压器水位 /m	下降	0 ~ 420
		堆舱温度 /℃	升高	0 ~ 60
		堆舱压力 /MPa	升高	0 ~ 2.5
		蒸发器给水流量 /(t·h^{-1})	升高	0 ~ 40
3	蒸汽发生器 U 型管破裂	堆舱辐射剂量 /(mGy·h^{-1})	升高	0.36 ~ 3.6
		蒸发器水位 /m	升高	500 ~ 350
		主蒸汽压力 /MPa	升高	0 ~ 6
		稳压器水位 /m	下降	0 ~ 420
		稳压器压力 /MPa	下降	0 ~ 18

(2) 核动力装置故障诊断标准模式的建立

建立标准故障模式需要的数据是测试时用的故障数据序列和正常运行工况的数据列。一般数据来源有核动力装置的设计计算和以前装置的实验曲线或仿真曲线。在此,各种数据均来自仿真模拟器,使用了前面介绍的三种故障数据和正常运行数据,数据间隔时间为 1 s。根据前面的分析,设 x_1 为正常运行序列;x_2 为主蒸汽管道破裂序列;x_3 为波动管断裂序列;x_4 为蒸汽发生器 U 型管破裂序列。通过对故障情况和特征量的分析以及大量的数据测试,不断调整,最后选择辐射剂量 J_y、稳压器压力 P_w、堆功率 N_{max}、蒸发器给水流量 F_w、稳压器水位 L_w、蒸发器水位 L、主蒸汽压力 P_s 为特征参数,这样就得到了核动力装置标准故障模式,即诊断用的标准故障模式特征向量。

(3) 核动力装置故障关联分析的数据处理

灰色关联度分析是在研究社会、经济、生态等抽象系统中发展起来的一种因素分析方法，而故障诊断与因素分析并不完全相同。这就决定了在将灰色关联度分析方法引入故障诊断领域时，其物理模型、几何意义和计算方法都将有一些新的特点。

核动力装置所用关联度分析的各特征参数具有不同的量纲，因此在计算之前，要先对参数进行无量纲化。无量纲化的实质是一个模式到另一个模式的变换，其根本目的是为了在进行因素分析或模式识别时，可期望有一个更小的错误概率。显而易见，不同性质的原始数据，应选用不同的无量纲化方法。在故障诊断中，标准故障模式特征向量和待检模式特征向量的数列是由性质、量纲不同的特征参数组成的。核动力装置的标准故障模式见表3.3。

表3.3 核动力装置的标准故障模式

	J_γ	P_w	N_{max}	F_w	L_w	L	P_s
x_1	0.056	13.56	33.58	29.55	313.95	334.5	3.35
x_2	0.056	12.70	65	57.63	289.15	360	1.52
x_3	0.055	12.80	33.42	29.30	254.52	335.19	3.3
x_4	1.14	12.21	29.28	12.74	215.02	360	3.3

从表3.3中可以看出各参数的排列顺序不具有任何物理意义，因而可以随意安排，也就是说，各模式的曲线只表示某一状态下参数的位置特征，而不是表示一种发展过程。此外，各个模式特征参数的组成和排列顺序完全相同。因此，不需要也不可像时序模型那样通过初值化和均值化等方法在矩阵的各行间实现无量纲化。

可见，在故障诊断中，存在的量纲差别和可能出现的较大数值差别，不是在各行之间，而是在各列数据之间。其数值差别反映各模式的特征，是故障模式识别的基础。各列参数间的差别是由特征参数的不同造成的，在故障诊断的关联度计算中必须考虑这种差别的影响。如果第 h 列（即第 h 个特征参数）的数值太小，相应的 $|x_0(h) - x_i(h)|$ 数值则更小，在计算关联系数时，其数值将接近于1，且每一个值将非常接近。于是在判定待检模式属于哪一个标准模式时，第 h 个特征参数基本不起作用。反之，如果第 h 列的数值太大，将导致两级最大差的数值相对其他 $|x_0(h) - x_i(h)|$ 太大，各 $|x_0(h) - x_i(h)|$ 在公式中的作用变小，使各个关联系数的数值差别不大。这就意味着在关联度计算中，基本上只有第 h 个特征参数起作用，其他特征参数随其数值、量纲的大小只是略起作用(数值较大的参数作用略大，数值较小的参数作用略小)。此时虽可选用较小的分辨系数进行补救，但也不能从根本上解决各参数数值差别所造成的各参数所起作用的不同。因此，在按关联系数计算公式进行非时序模型的故障诊断关联度计算时，必须首先分别对各个特征参数实行纵向无量纲化，以消除各特征参数之间存在的量纲和数值上的差别。具体为

纵向初值化：$\hat{x}_i(k) = x_i(k)/x_1(k)$ $(i = 0,1,\cdots,m; k = 1,2,\cdots,n)$

纵向均值化：$\hat{x}_i(k) = mx_i(k)/\sum_{i=1}^{m} x_i(k)$　$(i = 0,1,\cdots,m; k = 1,2,\cdots,n)$

这种无量纲化方法既解决了量纲和数值差别所引起的问题，又不会改变模型曲线的空间相对关系，而这种空间的相对关系正是故障状态间关系的本质反映和故障诊断模式识别的基础。

(4) 核动力装置故障诊断灰色关联分析方法的步骤

设待诊断的核动力装置模式序列 $x_0 = \{x_t(1), x_t(2), x_t(3), x_t(4), x_t(5), x_t(6), x_t(7)\}$ 分别表示特征参数放射性剂量、稳压器压力、核反应堆功率、蒸发器给水流量、稳压器水位、蒸发器水位和主蒸汽压力在某一时刻的值，则计算机实现诊断的步骤为：

① 首先采用纵向均值化的方法对待诊断的模式序列和标准故障模式序列进行无量纲化。
② 用无量纲化后的各序列进行计算，得到两级最大差和两级最小差。
③ 选取适当的分辨系数。
④ 计算关联系数和关联度。
⑤ 进行关联度排序，确定待诊断模式属于哪一种标准模式，从而确定故障类型。

3.6.3　灰色预测在设备状态趋势预报中的应用

1. 灰色预测方法

灰色预测指以灰色系统理论为基础所进行的预测。由于灰色理论认为一切随机变量是在一定范围内变化的灰色量，对灰色量的处理不是找概率分布和统计规律，而是根据数据处理的方法来找出数据间的规律，因而只要求较短的观测资料就可处理，这就和时序分析、多元分析等概率统计模型要求较多的观测资料很不一样。灰色预测通过原始数据的处理和灰色模型的建立发现、掌握系统发展规律，对系统的未来做出科学的定量预测。

(1) 基于残差辨识的预测

若原始数列为 $x^{(0)} = (x^{(0)}(1), x^{(0)}(2), \cdots, x^{(0)}(n))$，则其一步预测模型为

$$\hat{x}^{(0)}(n+1) = \hat{\delta}_n x^{(0)}(n) + \hat{\delta}_{n-1} x^{(0)}(n-1) + \cdots + \hat{\delta}_2 x^{(0)}(2) + \Delta_2 \quad (3.67)$$

式中，$\hat{x}^{(0)}(n+1)$ 为 $n+1$ 步的预测值，$\hat{\delta}_i (i = n, n-1, \cdots, 2)$ 为系数(权)，Δ_i 为残差(i级残差)，并且

① $\hat{\delta}_n$ 是以 $x^{(0)}(n-1)$ 除 $x^{(0)}(n)$ 所得的整数商。
② $\hat{\delta}_i, i = n-1, n-2, \cdots, 2, i \neq n$ 是以 $x^{(0)}(i-1)$ 除 Δ_i 所得的整数商。
③ Δ_i 是以 $x^{(0)}(i-1)$ 除 Δ_{i+1} 所得的余数。

残差辨识预测模式是一种去首加权累加生成模型，该模型对于数列变化较平缓，且只作单步预测时，有一定精度，特别以计算简便而著称。但由于预测步数少，限制了其在实际中的使

用。

(2) 基于 GM 模型的预测

在实际使用中应用最多的灰色预测模型是基于 GM 模型的预测,根据其预测特征可分为 5 类。

① 数列预测。对系统行为特征值大小的发展变化进行预测,是按时间序列的行为特征值建立模型。

② 灾变预测。对系统行为特征量超出某个阈值(界限值)的异常值将在何时再出现的预测,建模所用数据已不是行为特征量本身,而是异常行为特征值发生的时间。

③ 季节灾变预测。若行为特征量异常值的出现,或者某种事件的发生是在一年中某个特定时区,即对在特定时区发生的事件,作未来时间分布计算的预测称季节灾变预测。特点是灾变一般仅仅发生在一年的某个特定时段。为了提高数据的分辨率,提高建模精度,需要将灾变的发生日期序列作适当的处理,以剔除其多余部分。

④ 拓扑预测。是对一段时间内行为特征数据波形的预测。将现有数据作成曲线,然后用确定的采样间隔所对应的数据建立 GM(1,1) 模型,并预测这些数据在未来时刻的变化趋势,将各个预测值联成曲线,以表示整个数据曲线未来的发展变化。从本质来看,拓扑预测是对一个变化不规则的行为数据列的整体发展态势进行预测。

⑤ 系统预测。将某一系统各种因素的动态关系找出,建立一串相互关联的 GM(1,N) 模型,并配合 GM(1,1) 模型,来了解整个系统的变化和变量之间发展变化的相互协调关系,一般属于系统的综合研究。

计算表明,二阶和二阶以上的模型由于适应性差,很少为实际所使用。一阶二元模型或一阶多元模型由于要求不同变量的取值大体要同步,且作预测时要知道输入变量的未来值,也不易在预测实践中取得好效果。所以实际预测所采用的模型大部分都为 GM(1,1) 模型。

2. 灰色状态预测及特点

设备状态的预测实际上是设备特征向量的预测,设反映设备运行状态的向量为 x_i,这些量大部分为物理量,测得的数据为

$$x_i = \{x_i(1), x_i(2), \cdots, x_i(k)\} \quad (i = 1, 2, \cdots, m) \tag{3.68}$$

通过预测 GM(1,1) 模型可进行多步预测,即求得 $x_i(k+1), x_i(k+2), \cdots, x_i(k+n)$,要指出的是 GM(1,1) 在短期预测时精度较高,而在多步预测时精度会降低。若根据现场的要求设定了设备运行状态的门限值,就可以对设备的运行状态进行实时监测,并能预测将来一段时间内设备运行状态的趋势,以便决定预防措施。所以建模时不仅要按照前面介绍的方法建模,还应该用相关的专业知识和实践经验加以分析和判断。

灰色预测的解从数学上看,相当于幂级数的叠加,它包含了一般线性回归和幂级数回归的内容,故灰色预测模型优于一般的线性回归、非线性回归和指数曲线拟合,也好于确定性时间

序列预测技术。

灰色预测模型不需要很多的原始数据,短数据 GM 模型有较高的预测精度,并具有计算简单、速度快的优点。

3. 核动力装置的灰色预测

(1) 对核动力装置运行参数进行灰色预测的可行性分析

对核动力装置的历史运行状态进行分析,预测装置的未来运行状态,由此来确定相应的预防性措施和对策,是开展设备状态监测和故障诊断工作的目标。如果只有故障诊断,而没有趋势分析,对核动力装置进行状态监测的意义就大打折扣。某种程度上讲,对核动力装置进行趋势分析,预测其未来运行状态,比故障诊断确定故障原因的意义更为重大。

核动力装置是一个十分复杂的系统,由于它是具有物理原型并且部分信息可以观测到部分信息不能明确的系统,因此是一个非本征灰色系统。此外,核动力装置可以视为广义上的能量系统,而能量的积存与释放一般具有指数规律,所以符合灰色模型的应用范围。

在核动力装置中,用于监测装置运行状态的物理量为压力、温度、流量以及辐射剂量等参数。一旦核动力装置出现异常,随着时间的增长和设备运行状态的逐步变差,这些参数将发生变化,有的呈增长的趋势,有的呈下降的趋势。不论哪一种情况,其一次累加生成序列为严格的单增序列。在这种情况下,可以用指数函数来拟合,而 GM(1,1) 模型本身是一种指数模型建模方法,所以采用 GM(1,1) 模型对核动力装置各参数进行灰色预测是可行的。

(2) 对核动力装置进行灰色预测的步骤

在对核动力装置进行灰色预测时,首先要构造运行参数的历史时间数据序列,数据列的长短会影响预测结果,数据列过长,虽能反映可能的趋势,但预测结果精度将降低,而且计算量大;而数据列过短,预测结果则不能很好地反映未来趋势。因此,选取的数据序列长度必须适中,使预测结果精度较高,而且能较好地反映未来趋势。对核动力装置而言,随着时间的推移和延续,未来的一些变化将不断对整个系统产生影响,因而对预测 GM(1,1) 模型有意义的数据一般都是最近的几个数据,更远的数据则只是表示一种大概的趋势,因此选用新陈代谢 GM(1,1) 模型为预测模型。即随着时间的推移,将新数据补充到数据序列最后,去掉数据序列的第一个数据,从而使数据序列长度保持不变,依此类推。从预测的角度看,随着时间的推移,旧数据的信息意义逐步降低,在不断去掉旧信息(老数据)、补充新信息(新数据)的同时,数据序列不断被修正,这样就可以对核动力装置进行动态预测,并能提高预测精度。

在对核动力装置进行趋势预测时步骤如下:

① 建立所要预测参数的原始数据列 $x^{(0)} = (x^{(0)}(1), x^{(0)}(2), \cdots, x^{(0)}(n))$;

② 对原始数据列进行累加处理 $x^{(1)}(k) = \sum_{i=1}^{k} x^{(0)}(i), k = 1, 2, \cdots, n$;

③ 用生成数列建立 GM(1,1) 模型,用最小二乘法求得发展系数 a 和灰色作用量 b;

④ 根据时间响应函数求解 $x^{(1)}(t) = \left(x^{(1)} - \dfrac{b}{a}\right)\mathrm{e}^{-at} + \dfrac{b}{a}$，建立相应的拟合序列；

⑤ 将拟合序列进行一次累减运算求得预测值；

⑥ 根据所求得的拟合值进行模型的精度检验，如不符合精度要求，可建立残差 GM(1,1) 模型，直到符合精度要求为止。

⑦ 将新采到的数据加入到原数据列中，同时去掉第一个数据，对此数据列重新开始建模，重复以上步骤求得相应的预测值。在实际计算时，一般采用5~8个数据进行预测，数据太多则会带来大的拟合误差，反而降低精度。

3.7 基于支持向量机的故障诊断方法

在机械故障诊断的实践中，要获取充足的故障数据样本往往是困难的。

统计学习理论(Statistical Learning Theory，SLT)是一种专门研究小样本情况下机器学习规律的理论。在 SLT 基础上发展起来的新的学习方法 —— 支持向量机(Support Vector Machine，SVM)，已表现出许多优于现有模式分类方法的性能。SVM 是为解决二类分类问题而提出的，不能直接运用于多类分类，而工程中遇到的模式分类大多为多类分类问题。目前，SVM 多分类方法已经成功地应用到许多实际问题中，如手写字体识别、语音识别、图像分类、基因序列分析等。将 SVM 算法应用于机械故障诊断领域的研究也已经引起了工程界的关注。

3.7.1 支持向量机的基本原理

支持向量机(SVM)理论是针对二类模式识别问题而提出的，其理论框架直到20世纪90年代中期才基本建立。

考虑图 3.9 所示的二维两类线性可分情况，图中实心点和空心点分别表示两类的训练样本，H 为把两类样本没有错误地分开的分类线，$H1$，$H2$ 分别为过各类样本中离分类线最近的点且平行于分类线的直线，$H1$ 和 $H2$ 之间的距离称为两类样本的分类空隙或分类间隔。所谓最优分类线就是要求分类线不但能将两类无错误地分开，而且要使两类的分类空隙最大。前者是保证经验风险最小(为0)，而通过后面的讨论可以看到，使分类空隙最大实际上就是使推广性的界中的置信范围最小，从而使真实风险最小。推广到高维空间，最优分类线就成为最优分类面。

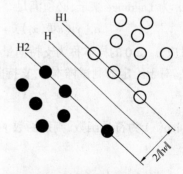

图 3.9 二维两类线性可分情况

1. C - 支持向量机模型

对于线性不可分的两类问题,近似线性可分两类问题可以通过线性软间隔分类机求解,某些线性不可分问题可通过非线性硬间隔分类机求解,而绝大部分线性不可分问题需要通过非线性软间隔分类机,即 C - 支持向量分类机来求解。

设有 l 个线性可分样本 x_i 及其类别 y_i,表示为 $\{(x_i,y_i)\}$, $i=1,2,\cdots,l, x_i \in \mathbf{R}^n$,其中 l 为训练样本个数, n 为训练样本的维数, $y_i \in \{-1,+1\}$ 为类别标号。对非线性可分样本,通过非线性映射 Φ 将样本从原空间映射为某高维空间中的线性问题,然后在高维空间中求最优分类面。根据泛函有关理论,一种核函数 $K(x_i,x_j)$ 只要满足 Mercer 条件,就对应某一变换空间的内积,即 $K(x_i,x_j) = \Phi(x_i)\Phi(x_j)$。该式表明高维空间的内积运算可以用原空间中的核函数来实现,而无需知道 $\Phi(x)$ 变换的具体形式。在原空间的分类面方程 $w\Phi(x_i)+b=0$ 应满足约束

$$y_i[w\Phi(x_i)+b]-1+\eta_i \geqslant 0 \quad (i=1,2,\cdots,l) \tag{3.69}$$

式中, w 为分类面的权系数向量; b 为分类域值; η_i 为松弛变量。

使分类间隔 $2|y_i[wT(x_i)+b]|/\|w\| = 1/\|w\|$ 最大化的分离面称为最优分类面。因此,构造最优分类面问题变成在式(3.69)条件约束下求 $\frac{1}{2}(ww)+C\sum_{i=1}^{l}\eta_i$ 最小值问题。即在确定最优分类面时折中考虑最小错分样本和最大分类间隔。其中常数 $C>0$ 是惩罚系数,控制对错分样本惩罚的程度。利用 Lagrange 函数再把上述问题转化为较为简单的对偶问题,即在约束条件 $\sum_{i=1}^{l}y_ia_i=0$ 和 $0 \leqslant a_i \leqslant C, i=1,2,\cdots,l$ 下,求解下列函数的最大值

$$L_D(a) = \sum_{i=1}^{l}a_i - \frac{1}{2}\sum_{i,j=1}^{l}a_ia_jy_iy_jK(x_i,x_j)$$

式中, a_i 为 Lagrange 乘子,必须满足

$$a_i[y_i(w\Phi(x_i))+b]-1+\eta_i = 0 \quad (i=1,2,\cdots,l) \tag{3.70}$$

对应 $a_i \neq 0$ 的样本称为支持向量(Support Vectors,SVs),正是支持向量样本决定最终的分类结果。对于给定的测试样本 x,支持向量机分类器的最优分类函数为

$$f(x) = \text{sign}\left[\sum_{\text{SVs}}a_iy_iK(x_i,x)+b\right] \tag{3.71}$$

式中, $\text{sign}(\cdot)$ 为符号函数,判别函数 $f(x)$ 的正负号可判定待分所属的类别,这就是支持向量机。

2. 最小二乘支持向量机(LSSVM)模型

最小二乘支持向量机是 Suykens 和 Vandewalb 在 1999 年提出的一种支持向量机变形算法,其训练通过下式完成:

$$\min \frac{1}{2}\|w\| + \frac{C}{2}\sum_{i=1}^{l}\eta_i^2 \tag{3.72}$$

$$s.t.\ y_i(w\cdot\Phi(x_i)+b) = 1-\eta_i \quad (i=1,2,\cdots,l) \tag{3.73}$$

其中 $y_i \in Y \subset \{1,-1\}$，$\Phi(x)$ 是将 x 从输入空间 $\mathbf{R}^n$ 映射到特征空间的函数；η_i 是 x_i 的松弛因子；C 为惩罚因子。

需要指出的是，与传统的支持向量机不同，LSSVM 中的松弛因子可以是负数，$\eta_i \geq 1$，则 x_i 被错分；$\eta_i < 1$，x_i 被正确分类。

通过拉格朗日对偶，引入拉格朗日乘子，将式(3.72)、(3.73)转化为无约束目标函数

$$L(w,b,a,\eta) = \frac{1}{2}\|w\| + \frac{C}{2}\sum_{i=1}^{l}\eta_i^2 - \sum a_i[y_i(w\cdot\Phi(x_i)+b)-1+\eta_i] \tag{3.74}$$

根据最优化理论，$\frac{\partial}{\partial w}L(w,b,\eta,a)=0$，$\frac{\partial}{\partial \eta}L(w,b,\eta,a)=0$，可得

$$\frac{\partial}{\partial b}L(w,b,\xi,\alpha)=0 \rightarrow \sum_{i=1}^{n}y_i\alpha_i = 0 \tag{3.75}$$

$$\frac{\partial}{\partial w}L(w,b,\xi,\alpha)=0 \rightarrow w = \sum_{i=1}^{n}y_i\alpha_i x_i \tag{3.76}$$

$$\frac{\partial}{\partial \xi}L(w,b,\xi,\alpha)=0 \rightarrow \alpha_i = C\xi_i \tag{3.77}$$

根据 KKT 条件：

$y_i(w\cdot\Phi(x_i)+b)-1+\xi_i = 0$，$i=1,2,\cdots,n$，将式(3.75)和式(3.76)带入 KKT 条件中与式(3.77)一起表示成矩阵的形式，即

$$\begin{bmatrix} 0 & Y^T \\ Y & ZZ^T + C^{-1}I \end{bmatrix} \times \begin{bmatrix} b \\ \boldsymbol{\alpha} \end{bmatrix} = \begin{bmatrix} 0 \\ u \end{bmatrix} \tag{3.78}$$

其中 I 为 $n\times n$ 单位矩阵，$Z = [\Phi(x_1)y_1,\cdots,\Phi(x_n)y_n]^T$，$Y=[y_1,\cdots,y_n]$，$\boldsymbol{\alpha}=[\alpha_1,\cdots,\alpha_n]$，$u=[1,\cdots,1]^T$，令 $\boldsymbol{\Omega} = ZZ^T$，则 $\Omega_{ij} = y_iy_j(\Phi(x_i)\cdot\Phi(x_j)) = y_iy_jK(x_i,x_j)$，$i=1,2,\cdots,n$，于是式(3.78)可以表示为

$$\begin{bmatrix} 0 & y_1 & \cdots & y_n \\ y_1 & y_1y_1K(x_1,x_1)+\frac{1}{C} & \cdots & y_1y_nK(x_1,x_n) \\ \vdots & \vdots & & \vdots \\ y_n & y_ny_1K(x_n,x_1) & \cdots & y_ny_nK(x_n,x_n)+\frac{1}{C} \end{bmatrix} \times \begin{bmatrix} b \\ \alpha_1 \\ \vdots \\ \alpha_n \end{bmatrix} = \begin{bmatrix} 0 \\ 1 \\ \vdots \\ 1 \end{bmatrix} \tag{3.79}$$

因此，LSSVM 同样不需要知道非线性变换的具体形式，而且只需要解一线性方程组，算法结构更加简单。合理选取 C，一方面可以使式(3.78)中的矩阵 $\boldsymbol{\Omega} = ZZ^T$ 变成正定，解决数值计算的稳定性问题；另一方面，可以控制分类器的容量和推广性。

根据 KKT 条件，原始支持向量机算法的 α 向量中只有小部分不为零，而最小二乘支持向量机中 α 的每个分量与样本的误差成正比，所以没有支持向量的概念，无法保证 α 的稀疏性。

SVM 不同的内积核函数形成不同的算法，常用的核函数有线性核函数、多项式核函数、径向基核函数、Sigmoid 多层感知器核函数。

SVM 方法是从线性可分情况下的最优分类面提出的。统计学习理论指出，最优分类面具有最好的推广性能。所谓最优分类面，就是这样的分类超平面，它不但能够将所有训练样本正确分类，而且使训练样本中离分类面最近的点到分类面的距离，即间隔最大。实际中，对于线性可分情况，最优分类面应满足分类面间隔最大。对于线性不可分情况，可采用松弛变量的方法或合适的核函数，将低维空间的线性不可分问题变成高维空间的线性可分问题。

3.7.2 多类支持向量机

支持向量机原本是针对二分类问题设计的学习机器。但在实际问题当中，我们遇到的大多数是多类分类问题。如何将二类分类扩展到多类分类当中，是支持向量机所要解决的问题。由于支持向量机采用直接决策函数，很难将其推广到多类分类问题。一般说来，支持向量机处理多类问题有 4 种基本方法：一对多方法、成对分类方法、纠错输出编码方法、决策树分类方法。

1. 一对多方法

给定 n 类分类问题，一对多支持向量机构造 n 个决策函数，每个决策函数将其中的 1 类从其他类群中分离出来处理。

这种方法的优点在于：对于 n 类分类问题，只需要训练 n 个两类分类支持向量机，所得到的决策函数较少，分类速度快。缺点在于，每个分类器的训练均采用全部样本作为训练样本，这就需要求解 n 个 m 变量二次规划问题，因为每个支持向量机的训练速度都随着训练样本的增加而减慢，由于采用一对一分类的策略，因此训练样本中不同类属包含的样本数量严重不对称，增加了训练的难度。

2. 成对分类方法

成对分类方法也是基于两类问题的分类方法。它能够减少一对多分类方法中的不可分区域。具体做法是从 n 类样本中每次选取两个不同类别的样本构成一个 SVM 分类器，这样共要有 $n(n-1)/2$ 个 SVM 子分类器。与一对多 SVM 相比，成对分类器中的不可分区域要少了很多，而且每个子分类器的训练样本也从 n 类减少到两类。不过成对分类器中的缺点是其构造的子分类器的数量要随着类别的增加而迅速增加。以 10 类问题为例，需要构造的子分类器就有 45 个，而一对多算法只需要构造 10 个。

3. 纠错输出编码方法

纠错码可以通过分类器输出编码以改善泛化能力,这种编码称为纠错输出码。对于支持向量机,它不仅能提高泛化能力,还可以解决不可分区域问题。

4. 决策树分类方法

$K(K>2)$ 类分类问题和两类分类问题之间存在一定的对应的关系。如果一个多类分类问题 K 类可分,则这 K 类中的任何两类一定可分;另一方面,在一个 K 类问题中,如果已知其任意两类可分,则可以通过一定的组合方法最终实现 K 类可分。由于经典的 SVM 基于两类分类问题,可以把它和二叉树思想结合起来构造多类别分类器,这种多类别分类器称为 SVM 决策树方法。决策树方法需要构造若干个 SVM 分类器,个数的确定需要根据二叉树的性质:对任何一棵二叉树,如果其叶子节点个数为 N_0,度为 2 的节点个数为 N_2,则有 $N_0 = N_2 + 1$,最终构造的决策树中没有度为 1 的节点,是一棵正则二叉树。设对 K 类样本集构造一棵二叉决策树,则树的每个叶节点对应一种类别,每个度为 2 的非叶节点对应一个 SVM 子分类器,所以决策树共有 $2K - 1$ 个节点,叶节点个数为 K,子分类器的个数为 $K - 1$。

SVM 决策树方法有以下特点:

(1) 决策树具有层次结构,每个层次子 SVM 的级别和重要性不同,其训练样本集的组成也是不同的。

(2) 测试是按照层次完成的,对某个输入样本,可能使用的子 SVM 数目介于 1 和决策树的深度之间,测试速度快。

(3) 决策树的各节点和树叶的划分没有固定的理论指导,需要有一些先验知识。

3.7.3 支持向量机的故障诊断方法

支持向量机的故障诊断方法优于传统的基于数据学习的故障诊断方法(如神经网络方法),原因在于以下几个方面。

(1) 传统故障诊断方法对学习样本要求的数目多且质量高。即样本数据的分布要能包括所有故障模式,且训练样本要包含尽可能多的故障模式,类似的故障模式样本不能有矛盾或冲突,而实际系统的样本很难达到这种要求。SVM 方法则是利用小样本数据集就可进行故障诊断。

(2) 传统故障诊断方法基于经验风险最小化理论,系统的结构不易确定,应用到故障诊断中可导致结构设计不合理。而 SVM 方法采用结构风险最小原理,易于实现模型结构和参数都接近最优的故障诊断模型。

故障诊断的 SVM 模型具体应用步骤为:

(1) 选择适当样本。
(2) 依据实际问题对 SVM 选择合适的核函数。常用的核函数有:线性核、径向核、多项式核、感知器核等。
(3) 求解最优化方程,获得支持向量及相应的 Lagrange 算子。
(4) 写出最优分类面方程。
(5) 利用获得的诊断模型,根据故障输入未知样本,即可对故障类型分类判断。

下面以压水堆核电站一回路系统蒸汽发生器传热管破裂和主管道破裂事故为例,介绍基于支持向量机原理的故障诊断方法。

3.7.4 实 例

选取压水堆核动力装置一回路典型故障:蒸汽发生器传热管破裂事故(SGTR)和主冷却剂管道破裂事故(LOCA)作为研究的主要对象。假设核动力装置二回路有两个环路,A 环路和 B 环路,稳压器波动管连接在 B 环路热管段,假设破口均为小破口,设定正常运行状态(类1)、故障为 A 环路 SGTR 事故(类2)、B 环路 SGTR 事故(类3)、A 环路冷段 LOCA 事故(类4)、A 环路热段 LOCA 事故(类5)。研究时间设定在故障触发到停堆之前的时间段内,分别模拟表3.4中的17个故障参量。

表 3.4 故障参数

序号	参数名称	序号	参数名称
1	裂变功率	10	A 环路热段温度
2	B 环路热段温度	11	A 环路冷段温度
3	B 环路冷段温度	12	A 环路冷却剂流量
4	B 环路冷却剂流量	13	稳压器压力
5	稳压器水位	14	A 环路 SG 水位
6	B 环路 SG 水位	15	A 环路蒸汽流量
7	B 环路蒸汽流量	16	A 环路给水流量
8	B 环路给水流量	17	A 环路蒸汽压力
9	B 环路蒸汽压力		

以 SGTR 事故为例进行分析。在 SGTR 事故中,将破口位置设在 A 环路的蒸汽发生器的 U 型管管板处,稳压器的波动管连接在 A 环路的热管段。

采用 MATLAB 7.0 建立 C - SVM 故障诊断的数学模型,利用 C + + 建立 LSSVM 的数学模型,采用一对一的分类策略进行分类,4 种故障加正常状态,共 5 类需要建立 10 个支持向量机。首先将数据进行主元分析,主元分析除了可以降维外,还可以进行特征提取。为了验证支持向量机的泛化能力,4类故障均采用破口大小为4 cm的数据作为训练数据,破口大小为6 cm的数据作为诊断数据。训练数据从30到28不等,测试数据从11到15不等。支持向量机在分类问题上只考虑了二值分类的简单情况,在解决故障诊断等多值分类问题时,需要建立多个支持向量机,因此需要建立的支持向量机数目会根据状态的增加而增加。根据图3.10中的诊断模型,表3.5给出了支持向量机编号以及对应诊断的对象。

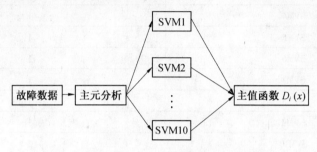

图 3.10 诊断模型

表 3.5 支持向量机编号和对应诊断对象

支持向量机编号	诊断对象
SVM1	正常和 A 环路 SGTR
SVM2	正常和 B 环路 SGTR
SVM3	正常和 A 环路冷段 LOCA
SVM4	正常和 A 环路热段 LOCA
SVM5	A 环路 SGTR 和 B 环路 SGTR
SVM6	A 环路 SGTR 和 A 环路冷段 LOCA
SVM7	A 环路 SGTR 和 A 环路热段 LOCA
SVM8	B 环路 SGTR 和 A 环路冷段 LOCA
SVM9	B 环路 SGTR 和 A 环路热段 LOCA
SVM10	A 环路冷段 LOCA 和 A 环路热段 LOCA

在此,采用交叉验证的方法选择核函数及其参数。以诊断 A 环路 SGTR,破口大小 $D = 6$ cm,303 s 的故障为例,表 3.6 给出 10 个支持向量机诊断结果。

表 3.6 A 环路 SGTR 的 303 s 诊断结果

支持向量机编号	诊断结果
SVM1	－1
SVM2	－1
SVM3	－1
SVM4	－1
SVM5	1
SVM6	1
SVM7	1
SVM8	－1
SVM9	1
SVM10	－1

然后通过投票表决的方法,计算各分类器之间的主值函数 $\arg\max D_i(x)$,然后比较 $D_i(x)$ 的大小来确定最后的类别。表 3.7 给出了 A 环路 SGTR,破口大小 $D = 6$ cm,303 s 的多故障分类器的主值函数结果。

表 3.7 303 s 主值函数结果

类 1	类 2	类 3	类 4	类 5
0	4	2	2	2

因此 10 个分类器最后诊断该故障为 A 环路 SGTR。

该仿真结果表明从 300 s 插入故障后,303 s 到反应堆停堆信号触发前的时间内诊断是准确的。然而 300 s、301 s 和 302 s 诊断均出现错误。由于故障插入时,各故障参数不能立刻响应,以稳压器压力为例,从图 3.11 中可以看到 300 s 和 301 s 仍然表现正常运行状态值,因此该诊断模型诊断为正常状态也是准确的。

302 s 诊断错误原因可能由于故障刚刚表现,没有完全体现出故障特性,302 s 的数据处于故障发生的起始位置,故障还未影响到蒸汽回路中的参数,因此,诊断失败。

虽然最小二乘支持向量机与传统的 SVM 在算法上有所不同,然而,当选择合适的核函数后,他们的分类性能相差不多。支持向量机的决策函数代表了测试样本与正类和负类之间的相似度,因此,是直接给出决策结果,不能以概率的形式给

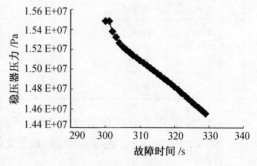

图 3.11 稳压器压力

出。

本实例针对核动力装置典型故障 SGTR 和 LOCA,利用支持向量机理论建立了两种支持向量机多故障诊断数学模型,它们之间虽然算法不同,但通过选取适当的核函数模型及其参数,最终得出了一致的结果,说明支持向量机理论应用于故障诊断是可行的,而且是有效的。

支持向量机是依靠特征参量描述的相似度来进行故障分类的方法,特征参量对故障描述得越准确,其分类性能就越好,泛化能力也就越强,然而这两种支持向量机不能诊断出它们没有学习过的故障。

复习思考题

3-1 举例说明贝叶斯决策规则的故障分类原则是什么?需要哪些先决条件?

3-2 写出两类和多类情况下,最小错误率贝叶斯决策判别函数。

3-3 时序模型诊断法有什么特点?诊断过程由哪些步骤组成?

3-4 欧几里得距离判别函数在计算时应注意什么问题?举例说明欧几里得距离判别函数的意义。

3-5 主分量分析方法的目标是什么?它的特点是什么?

3-6 灰色系统理论中的关联度分析方法有哪些特点?说明关联度矩阵的含义。

3-7 基于支持向量机的故障诊断方法的优点是什么?

第4章 基于模糊理论的诊断方法

模糊(Fuzzy)理论最初是由 Zadeh 在 1965 年提出的,其目的是为描述与处理广泛存在的不精确、模糊的事件和概念提供相应的理论工具。该理论经过不断发展,目前已经形成有关纯粹数学和应用数学的众多分支,包括拓扑学、固论、系统决策、自动控制、模式识别等等,并且应用成果不断出现。尤其值得关注的是,基于模糊理论的模糊逻辑系统、模糊神经网络等,已经成为目前理论与应用研究的热点领域。模糊理论、模糊逻辑系统以及模糊神经网络为解决复杂系统的故障诊断问题提供了重要的理论方法和实现工具。

4.1 模糊集合理论基础

4.1.1 模糊集与隶属函数

在康托创立的经典集合论中,一事物要么属于某集合,要么不属于某集合,二者必居其一,没有模棱两可的情况。这就表明,经典集合所表达概念的内涵和外延必须是明确的。在人们的思维中,有许多没有明确外延的概念,即模糊概念。表现在语言上有许多模糊概念的词,如以人的年龄为论域时,"青年"、"中年"、"老年"都没有明确的外延。或者以人的身高为论域时,"高个子"、"中等身材"、"矮个子"也没有明确的外延。再以某炉温为论域时,那么"高温"、"中温"、"低温"等也没有明确的外延。所以诸如此类的概念都是模糊概念。

模糊概念不能用经典集合加以描述,这是因为不能绝对地区别"属于"或"不属于",就是说,论域上的元素符合概念的程度不是绝对的 0 或 1,而是介于 0 和 1 之间的一个实数。

设 U 是论域,U 上的一个模糊集合 $\tilde{A}$ 可以表示为 U 上的一个实值函数,即

$$\mu_{\tilde{A}}: U \to [0,1]$$

对于 $u \in U$,$\mu_{\tilde{A}}$ 称为 u 对于 $\tilde{A}$ 的隶属度,而 $\mu_{\tilde{A}}$ 称为 $\tilde{A}$ 的隶属函数。

或者,设论域 U 为有限集,即 $U = \{u_1, u_2, \cdots, u_n\}$,$U$ 上的模糊集 $\tilde{A}$ 可以表示为

$$\tilde{A} = (\mu_{\tilde{A}}(u_1), \mu_{\tilde{A}}(u_2), \cdots, \mu_{\tilde{A}}(u_n))$$

其中,$u_i \in U$,$\mu_{\tilde{A}}(u_i) \in [0,1]$ 为 u_i 对 U 的隶属度。

上述定义表明,论域 U 上的模糊集 $\tilde{A}$ 由隶属函数 $\mu_{\tilde{A}}(u)$ 来表征,$\mu_{\tilde{A}}(u)$ 取值范围为闭区间 $[0,1]$,$\mu_{\tilde{A}}(u)$ 的大小反映了 u 对模糊集的隶属程度。$\mu_{\tilde{A}}(u)$ 的值接近于 1,表示 u 从属于 $\tilde{A}$ 的程度很高;$\mu_{\tilde{A}}(u)$ 的值接近于 0,表示 u 从属于 $\tilde{A}$ 的程度很低。因此,模糊集合完全由隶属函数所描述。

4.1.2 隶属函数的确定

正确地确定隶属函数,是运用模糊集合理论解决实际问题的基础。隶属函数是对模糊概念的定量描述。我们遇到的模糊概念不胜枚举,然而,准确地反映模糊概念的模糊集合的隶属函数,却无法找到统一的模式。

隶属函数的确定过程,本质上说应该是客观的,但每个人对于同一个模糊概念的认识理解又有差异,因此,隶属函数的确定又带有主观性。一般是根据经验或统计进行确定,也可由专家给出。对于同一个模糊概念,不同的人会建立不完全相同的隶属函数,尽管形式不完全相同,只要能反映同一模糊概念,在解决和处理实际模糊信息的问题中仍然殊途同归。因此,合理地确定隶属函数是应用模糊集合理论处理故障诊断领域中不确定信息的基础。

1. 隶属函数的几何特性

常见的隶属函数在形态、主值区间和对称性等几何特性方面存在差异,在工程实践中必须把确定隶属函数与其应用的实际背景联系起来考虑。

(1) 几何形状。传统形式的隶属函数在几何形状上大致可以分为戒上型、戒下型和对称型3种形式。

(2) 主值区间。一个正规模糊集 $\underset{\sim}{A}$ 至少含有一点 u_0,使得 $\mu_A(u_0) = 1$。主值区间就是指隶属度等于1的论域区间。在常见的隶属函数中,三角型、正态型隶属函数的主值区间是一个点,而梯型、岭型等隶属函数的主值区间是论域上的一个值区间。根据问题的实际情况,如果认为论域中的某一个元素比其他元素更有资格隶属于所讨论的模糊集合,且该特征显著,就使用三角型或正态型隶属函数表达,并且突出该元素为主值点。如果不能肯定某一点突出,只能确定某一范围内的论域元素比其他元素更优越地隶属于所讨论的模糊集合,就选择梯型或岭型隶属函数。

(3) 对称性。对称性反映了模糊集合主值区间两侧的不确定性强弱,对于两侧的论域,哪一侧不确定性强,那么这一侧的过渡带就相应较宽;反之,不确定性弱,则过渡带窄。如果主值区间两侧的不确定性相同或者在实际应用中对其不作区分,那么就选择对称型隶属函数,否则选择非对称型隶属函数。

(4) 过渡带形式。过渡带的形式主要有线性过渡带和非线性过渡带两种,具体又可以分为下凹过渡、上凸过渡和线性过渡3种。一般来讲,如果论域元素对模糊集合的隶属度随着论域元素的变化成均匀线性规律,则选择线性过渡带,如三角型和梯型;如果在隶属度为1的临界论域元素附近,越靠近该元素则隶属度随着论域元素的变化越剧烈,那么就选择下凹过渡带,如尖T函数型;反之,如果变化平稳,就选择上凸过渡带,如正态型、岭型、Z型、S型函数等。

2. 隶属函数构造的基本准则

模糊理论研究的对象具有模糊性和经验性，所以试图找到一种统一的隶属函数构造方法是不现实的。隶属函数反映的是事物的渐变性，构造隶属函数必须依据以下基本准则。

(1) 设 $\underset{\sim}{A}$ 是论域 U 的模糊子集，其隶属函数为 $\mu_A(x)$，如果对任意实数 $x\in(a,b)$ 都有 $\mu_A(x)\geq\min(\mu_A(a),\mu_A(b))$，则称为凸模糊集。隶属函数的模糊集合必须是凸模糊集，即隶属函数应具有单峰特性。

(2) 隶属函数要符合人们的语义顺序，避免不适当的重叠。

(3) 对同一输入，没有两个隶属函数会同时有最大隶属度。

(4) 变量所取的隶属函数一般是对称和平衡的。

(5) 论域中的每一个点应该至少属于一个隶属度函数的区域。

(6) 当两个隶属函数重叠时，重叠部分对两个隶属函数的最大隶属度不应该有交叉。

下面将详细给出建立隶属函数的几种方法。

(1) 专家经验法

该方法是根据专家的实际经验，给出模糊信息的处理公式或给出相应权系数值来确定隶属函数的一种方法。

(2) 函数逼近法

该方法使用常用的模糊分布函数去逼近给定模糊集合的隶属函数。实际应用中，一般是先粗略地构造隶属函数，然后通过学习和实践来逐步修改和完善，而实际效果是检验和调整隶属函数的依据。

(3) 模糊统计法

在利用模糊统计方法构造隶属函数曲线时，每一次模糊统计的试验结果均是论域的一个子集，如果论域是实数轴，则统计结果是一个实数区间，当模糊统计试验的数目较大时，对模糊统计数据区间要进行分组。进行分组时，首先要将统计数据区间按区间端点值的大小顺序排列，然后将数据区间划分为 k 个互不相交的分组区间 (x_i,x_{i+1})，组距一般要求相等，各组间隔的中点值 $\xi_i=\dfrac{x_i+x_{i+1}}{2}$ 称为组中值，用它来代替组内各数据的平均值。

对统计数据区间进行分组后，即可列出统计表。统计表的项目包括：组号、组段、组中值、覆盖频数和覆盖频率等。覆盖频数 n_i 是指统计数据覆盖第 i 分组区间 (x_i,x_{i+1}) 的个数。

覆盖频率 μ_i 是指第 i 分组区间的覆盖频数 n_i 与统计数据区间的总个数 n 之比，即以下各区间的数据：

$$\mu_i=\frac{n_i}{n}\quad(i=1,2,\cdots,k) \tag{4.1}$$

覆盖频率 μ_i 也称为隶属频率。

以横坐标为论域 U 轴，以纵坐标表示隶属频率 μ 的值，确定一坐标系。在 U 轴上定出分组的上界和下界,依次标出组中值,再以各个组中值为中心向两边等距离取值,确定分组点的位置,再在各组中值处立一高为覆盖频率 μ_i 的虚线,最后用光滑的曲线依次将各虚线的顶点联结起来,这条光滑的曲线就是我们要制作的隶属函数曲线(参看图 4.1)。

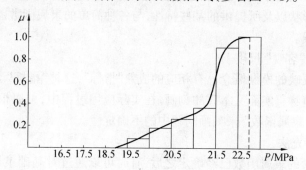

图 4.1 "停机值"在主蒸汽压力论域上的隶属函数曲线

下面应用模糊统计试验确定电厂汽轮机设备热力参数主蒸汽压力 μ 对"停机值"这一模糊集 $\underset{\sim}{A}$ 的隶属函数曲线。

例如,某机组参照规程选定正常值为 16.57 MPa,报警值为 17.35 MPa,最高值为 23.00 MPa。以参数主蒸汽压力 μ 的变化范围作为论域 $U = [0, +\infty]$。参数主蒸汽压力的停机值肯定在从参数主蒸汽压力的正常值 16.57 MPa 到参数的最高值 23.00 MPa 这一区间,即 $[16.57, 23.00]$ 内,如果用统计的方法请热能工程技术人员报出他们认为参数主蒸汽压力 μ 的"停机值",那么在其论域 $U = [0, +\infty]$ 上,每一位技术人员所给出的参数主蒸汽压力的"停机值"落入区间是不一样的,这是因为参数的"停机值"并非为一确定的实数,它具有强烈的模糊性。因此,"停机值"可用模糊集 $\underset{\sim}{A}$ 来表示。

表 4.1 是 102 名热能工程技术人员给出的参数主蒸汽压力 μ,在其论域 $U = [0, +\infty]$ 上所落入的区间的统计数据。

根据表 4.1 绘制出"停机值"在参数主蒸汽压力论域上的隶属函数曲线,如图 4.1 所示。

表 4.1 参数主蒸汽压力对"停机值"的分组计算覆盖频率

组号	组段	组中值	覆盖频数	覆盖频率
1	22.00 ~ 23.00	22.50	102	1.000
2	21.50 ~ 22.00	21.75	82	0.839
3	21.00 ~ 21.50	21.25	39	0.382
4	20.50 ~ 21.00	20.75	20	0.196
5	20.00 ~ 20.50	20.25	9	0.080
6	19.50 ~ 20.00	19.75	3	0.029
7	19.00 ~ 19.50	19.25	1	0.010
8	18.50 ~ 19.00	18.75	0	0

(4) 待定系数法

对于许多模糊诊断的实际问题,在应用模糊理论处理模糊信息的过程中,有时可以根据所研究问题的理论推导或实际工作经验,大致确定隶属函数的形状,也可根据直接的观测数据的散点图的模糊分布形状以及所提供的某些特性,与各种简单的隶属函数图形比较,来选配适当的拟合隶属函数曲线。

(5) 借用已有的"客观"尺度

有些模糊集所反映的模糊概念已有相应的成熟"指标",这种"指标"经过长期实践检验已成为公认的对客观事物真实而又本质的刻画。在实际应用过程中,可以根据问题的性质,直接采用这些"指标"或"隶属函数"来刻画问题中的不确定性。

(6) 基本概念扩充法

当一些基本概念的隶属函数已经确定之后,有时可以通过对基础隶属函数进行某些运算而得到一些"相关"概念的隶属函数。这些运算包括"交"、"并"、"补"和"幂"运算等。

4.1.3 常用的隶属函数图表

在模糊诊断的实际应用中,可根据隶属函数图形的形状,选取适当的隶属函数表达式。为了帮助读者合理地选取隶属函数的表达式,表 4.2 列出了一些常用的隶属函数表达式及与其对应的图形。

表 4.2 常用的隶属函数图表

类型	隶属函数名称	隶属函数图形	隶属函数表达式
偏小型(戒上型)	降半 Γ 形分布		$\mu(x) = \begin{cases} 1 & (x \leq a) \\ e^{-k(x-a)} & (x > a, k > 0) \end{cases}$
	降半正态形分布		$\mu(x) = \begin{cases} 1 & (x \leq a) \\ e^{-k(x-a)^2} & (x > a, k > 0) \end{cases}$
	降半哥西形分布		$\mu(x) = \begin{cases} 1 & (x \leq a) \\ \dfrac{1}{1 + k(x-a)^\beta} & (x > a, k > 0, \beta > 0) \end{cases}$

续表 4.2

类型	隶属函数名称	隶属函数图形	隶属函数表达式
偏小型（戒上型）	降半凹（凸）分布		$\mu(x) = \begin{cases} 1 - ax^k & (0 \leq x \leq \dfrac{1}{\sqrt[k]{a}}) \\ 0 & (\dfrac{1}{\sqrt[k]{a}} < x) \end{cases}$
	降半梯形分布		$\mu(x) = \begin{cases} 1 & (0 \leq x \leq a_1) \\ \dfrac{a_2 - x}{a_2 - a_1} & (a_1 < x \leq a_2) \\ 0 & (a_2 < x) \end{cases}$
	降半岭形分布		$\mu(x) = \begin{cases} 1 & (0 \leq x \leq a_1) \\ \dfrac{1}{2} - \dfrac{1}{2}\sin\dfrac{\pi}{a_2 - a_1}\left(x - \dfrac{a_2 + a_1}{2}\right) & (a_1 < x \leq a_2) \\ 0 & (a_2 < x) \end{cases}$
偏大型（戒下型）	升半Γ形分布		$\mu(x) = \begin{cases} 1 & (x \leq a) \\ 1 - e^{-k(x-a)} & (x > a, k > 0) \end{cases}$
	升半正态形分布		$\mu(x) = \begin{cases} 0 & (x \leq a) \\ 1 - e^{-k(x-a)^2} & (x > a, k > 0) \end{cases}$
	升半哥西形分布		$\mu(x) = \begin{cases} 0 & (x \leq a) \\ \dfrac{1}{1 + \alpha(x - a)^{-\beta}} & (x > a, \alpha > 0, \beta > 0) \end{cases}$

续表 4.2

类型	隶属函数名称	隶属函数图形	隶属函数表达式
偏大型（戒下型）	升半凹（凸）分布		$\mu(x) = \begin{cases} 0 & (0 \leqslant x \leqslant a) \\ a(x-a)^k & (a < x < a + a\frac{1}{\sqrt[k]{a}}) \\ 1 & (a + a\frac{1}{\sqrt[k]{a}} \leqslant x) \end{cases}$
	升半梯形分布		$\mu(x) = \begin{cases} 0 & (0 \leqslant x \leqslant a_1) \\ \dfrac{x - a_1}{a_2 - a_1} & (a_1 < x \leqslant a_2) \\ 1 & (a_2 < x) \end{cases}$
	升半岭形分布		$\mu(x) = \begin{cases} 0 & (0 \leqslant x \leqslant a_1) \\ \dfrac{1}{2} + \dfrac{1}{2}\sin\dfrac{\pi}{a_2 - a_1}\left(x - \dfrac{a_2 + a_1}{2}\right) & (a_1 < x \leqslant a_2) \\ 1 & (a_2 < x) \end{cases}$
中间型（对称型）	矩形分布		$\mu(x) = \begin{cases} 0 & (0 \leqslant x \leqslant a - b) \\ 1 & (a - b < x \leqslant a + b) \\ 0 & (a + b < x) \end{cases}$
	尖 Γ 形分布		$\mu(x) = \begin{cases} e^{k(x-a)} & (x \leqslant a) \\ e^{-k(x-a)} & (x > a, k > 0) \end{cases}$

续表 4.2

类型	隶属函数名称	隶属函数图形	隶属函数表达式
中间型（对称型）	正态形分布		$\mu(x) = e^{-k(x-a)^2}$　$(k > 0)$
	哥西形分布		$\mu(x) = \dfrac{1}{1 + k(x-a)^\beta}$　$(k > 0, \beta 为正偶数)$
	梯形分布		$\mu(x) = \begin{cases} 0 & (0 \leqslant x \leqslant a - a_2) \\ \dfrac{a_2 + x - a}{a_2 - a_1} & (a - a_2 < x \leqslant a - a_1) \\ 1 & (a - a_1 < x \leqslant a + a_1) \\ \dfrac{a_2 - x + a}{a_2 - a_1} & (a + a_1 < x \leqslant a + a_2) \\ 0 & (a + a_2 < x) \end{cases}$
	岭形分布		$\mu(x) = \begin{cases} 0 & (x \leqslant -a_2) \\ \dfrac{1}{2} + \dfrac{1}{2}\sin\dfrac{\pi}{a_2 - a_1}\left(x + \dfrac{a_2 + a_1}{2}\right) & (-a_2 < x \leqslant -a_1) \\ 1 & (-a_1 < x \leqslant a_1) \\ \dfrac{1}{2} - \dfrac{1}{2}\sin\dfrac{\pi}{a_2 - a_1}\left(x - \dfrac{a_2 + a_1}{2}\right) & (a_1 < x \leqslant a_2) \\ 0 & (a_2 < x) \end{cases}$

4.1.4　模糊集的表示方法及其运算

1. 模糊集的表示方法

模糊集的表示方式有以下几种。

(1) 当 U 为有限集 $\{u_1, u_2, \cdots, u_n\}$ 时,通常有如下3种方式。

① Zadeh 表示法。

$$\underset{\sim}{A} = \mu_A(u_1)/u_1 + \mu_A(u_2)/u_2 + \cdots + \mu_A(u_n)/u_n$$

其中,$u_A(u_i)/u_i$ 并不表示"分数",而是表示论域中的元素 u_i 与其隶属度 $u_A(u_i)$ 之间的对应关系;"$+$"也不表示"求和",而是表示模糊集合在论域 U 上的整体。上式也可写为

$$\underset{\sim}{A} = \sum_{i=1}^{n} u_A(u_i)/u_i$$

或

$$\underset{\sim}{A} = \bigcup_{i=1}^{n} \mu_A(u_i)/u_i$$

② 序偶表示法。将论域中的元素 u_i 与其隶属度 $\mu_A(u_i)$ 构成序偶来表示 $\underset{\sim}{A}$,则

$$\underset{\sim}{A} = \{(u_1, u_A(u_1)), (u_2, u_A(u_2)), \cdots, (u_n, u_A(u_n))\}$$

③ 直接表示法。

$$\underset{\sim}{A} = (\mu_A(u_1), \mu_A(u_2), \cdots, \mu_A(u_n))$$

(2) U 是有限连续域时,Zadeh 给出如下表示方法

$$\underset{\sim}{A} = \int_U \mu_A(u)/u$$

同样,$\mu_A(u)/u$ 并不表示"分数",而是表示论域中的元素 u 与其隶属度 $\mu_A(u)$ 之间的对应关系;"$\int$"既不表示"积分",也不是"求和"记号,而是表示论域 U 上的元素 u 与隶属度 $\mu_A(u)$ 对应关系的一个总括。

2. 模糊集合的运算

与普通集合类似,模糊集合也有包含、交、并和补等运算。

(1) 包含运算。设 $\underset{\sim}{A}, \underset{\sim}{B}$ 为论域 U 上的两个模糊集合,若对任意 $u \in U$,都有 $\mu_B(u) \leq \mu_A(u)$ 成立,则称 $\underset{\sim}{A}$ 包含 $\underset{\sim}{B}$,记为 $\underset{\sim}{B} \subseteq \underset{\sim}{A}$。

(2) 并、交、补运算。设 $\underset{\sim}{A}, \underset{\sim}{B}$ 为论域 U 上的两个模糊集合,分别称 $\underset{\sim}{A} \cup \underset{\sim}{B}, \underset{\sim}{A} \cap \underset{\sim}{B}$ 为 $\underset{\sim}{A}$ 与 $\underset{\sim}{B}$ 的并集、交集,称 $\overline{\underset{\sim}{A}}$ 为 $\underset{\sim}{A}$ 的补集或余集,它们的隶属函数分别为

$$\underset{\sim}{A} \cup \underset{\sim}{B}: \quad \mu_{A \cup B}(u) = \max_{u \in U} \{\mu_A(u), \mu_B(u)\}$$

$$\underset{\sim}{A} \cap \underset{\sim}{B}: \quad \mu_{A \cap B}(u) = \min_{u \in U} \{\mu_A(u), \mu_B(u)\}$$

$$\overline{\underset{\sim}{A}}: \quad \mu_{\overline{A}}(u) = 1 - \mu_A(u)$$

为简便起见,模糊集合论中通常用"$\vee$"表示 max,用"$\wedge$"表示 min,分别称为取极大、取极小。因此,上面关于并集及交集的隶属函数可以简写为

$$\underset{\sim}{A} \cup \underset{\sim}{B}: \mu_{A \cup B}(u) = \mu_A(u) \vee \mu_B(u)$$

$$\underset{\sim}{A} \cap \underset{\sim}{B}: \mu_{\underset{\sim}{A} \cap \underset{\sim}{B}}(u) = \mu_{\underset{\sim}{A}}(u) \wedge \mu_{\underset{\sim}{B}}(u)$$

4.2 基于模糊模式的故障诊断方法

在故障诊断范畴里,所谓"模式"是指反映一类事物特征并能够与别类事物相区分的样板。模式识别就是对故障进行区分和归类以达到辨识目的的一种科学方法。故障诊断的模式识别由两个过程组成:一是学习过程,即把所研究对象的状态分为若干模式类;二是识别过程,即用模式的样板对待检状态进行分类决策。

在故障诊断的实际问题中,当诊断对象的故障(故障原因、故障征兆等)是明确、清晰和肯定的,即模式是明确、清晰和肯定的,可以应用故障模式识别的诊断方法。当诊断对象的模式具有模糊性时,则可以用模糊模式识别方法来处理。模糊模式识别方法大致可分为两种:一种是模糊模式识别的直接法;另一种是模糊模式识别的间接法。正确地提取状态特征并根据特征量构造判别函数是模式识别的关键。

4.2.1 模糊模式识别的直接方法

用于故障诊断的模糊模式识别直接法,就是直接根据隶属函数或隶属度进行故障识别。

设 U 是给定的待识别诊断对象全体的集合,U 中的每个诊断对象 u 有 p 个特性指标 $u_1, u_2, u_3, \cdots, u_p$,每个特性指标用来描述诊断对象 u 的某个特征,于是由 p 个特性指标确定的每个诊断对象 u 可记成

$$u = (u_1, u_2, u_3, \cdots, u_p) \tag{4.2}$$

此式称为诊断对象的特性向量。

设识别对象集合 U 可分为 n 个类别,且每一类别均是 U 上的一个模糊集,记作 $\underset{\sim}{A}_1, \underset{\sim}{A}_2, \underset{\sim}{A}_3, \cdots, \underset{\sim}{A}_n$,则称 $\underset{\sim}{A}_i$ 为模糊模式。

模糊识别的宗旨是把对象 $u = (u_1, u_2, u_3, \cdots, u_p)$ 划归一个与其相似的类别 A_i 中。

当一个识别算法作用于诊断对象 u 时,就产生一组隶属度。$\mu_{\underset{\sim}{A}_1}(u), \mu_{\underset{\sim}{A}_2}(u), \cdots, \mu_{\underset{\sim}{A}_n}(u)$ 分别表示诊断对象 u 隶属于类别 $\underset{\sim}{A}_1, \underset{\sim}{A}_2, \underset{\sim}{A}_3, \cdots, \underset{\sim}{A}_n$ 的程度。

建立了模糊模式的隶属函数组之后,就可以按照某种隶属原则对诊断对象 u 进行判断,指出它应归属哪一类别。可以采用的隶属原则有以下几种。

(1) 最大隶属度原则

设 $\underset{\sim}{A}$ 是给定论域 U 上的一个模糊子集,$u_1, u_2, \cdots, u_n$ 是域 U 中的 n 个待选择诊断对象,若

$$\mu_A(u_i) = \max(\mu_A(u_1), \mu_A(u_2), \cdots, \mu_A(u_n)) \tag{4.3}$$

则认为 u_i 优先隶属于模糊子集 $\underset{\sim}{A}$,即选其中隶属度最大者 u_i 优先隶属于 $\underset{\sim}{A}$。

【例 4.1】 如表 4.3 所示,给出了柴油机故障的模糊矩阵,五种故障,对应六类故障征兆,现在假定某类故障出现的故障征兆有:x_3(转矩急降),x_4(油压过低),x_5(机油耗量大),试判断是哪类故障?

表 4.3 柴油机故障的模糊矩阵

原因 j 征兆 i	气门弹簧 断裂 y_1	喷油头 积炭堵孔 y_2	油管破裂 y_3	喷油过迟 y_4	喷油泵驱动 键剪断 y_5
排气过热 x_1	0.6	0.4	0	0.98	0
振动 x_2	0.8	0.98	0.3	0	0
转矩急降 x_3	0.95	0	0.8	0.3	0.98
油压过低 x_4	0	0	0.98	0	0
机油耗量大 x_5	0	0	0.9	0	0
转速上不去 x_6	0.3	0.6	0.9	0.98	0.95

解 根据故障征兆,列出征兆向量为

$$X = (x_1 = 0, x_2 = 0, x_3 = 1, x_4 = 1, x_5 = 1, x_6 = 0)$$

矩阵 R 为故障征兆与故障原因的模糊矩阵,列出的模糊关系方程为

$$Y = X \circ R = (0\ 0\ 1\ 1\ 1\ 0) \circ \begin{bmatrix} 0.6 & 0.4 & 0 & 0.98 & 0 \\ 0.8 & 0.98 & 0.3 & 0 & 0 \\ 0.95 & 0 & 0.8 & 0.3 & 0.98 \\ 0 & 0 & 0.98 & 0 & 0 \\ 0 & 0 & 0.9 & 0 & 0 \\ 0.3 & 0.6 & 0.9 & 0.98 & 0.95 \end{bmatrix} =$$

$$(0.95\ 0\ 2.68\ 0.3\ 0.98)$$

即故障原因向量中各元素的隶属度为

$$\mu_{y_1} = 0.95 \quad \mu_{y_2} = 0 \quad \mu_{y_3} = 2.68 \quad \mu_{y_4} = 0.3 \quad \mu_{y_5} = 0.98$$

其中 μ_{y_3} 最大,即在柴油机五种故障原因中,原因 y_3 所对应的各有关征兆的隶属度的值最大,故认定该故障原因为 y_3,即油管破裂。

(2) 最大隶属原则

设 $\underset{\sim}{A}_1, \underset{\sim}{A}_2, \cdots, \underset{\sim}{A}_n$ 是给定论域 U 上的 n 个模糊子集(模糊模式),$u_0 \in U$ 是一被识别诊断对象,如果

$$\mu_{\underset{\sim}{A}_i}(u_0) = \max(\mu_{\underset{\sim}{A}_1}(u_0), \mu_{\underset{\sim}{A}_2}(u_0), \cdots, \mu_{\underset{\sim}{A}_n}(u_0)) \tag{4.4}$$

则认为 u_0 优先隶属于 $\underset{\sim}{A}_i$。

(3) 阈值原则

设给定论域 U 上 n 个模糊子集(模糊模式) $\underset{\sim}{A}_1, \underset{\sim}{A}_2, \cdots, \underset{\sim}{A}_n$,规定一个阈值(水平) $\lambda \in [0,1]$, $u_0 \in U$ 是一被识别诊断对象。

如果 $\max(\mu_{\underset{\sim}{A}_1}(u_0), \mu_{\underset{\sim}{A}_2}(u_0), \cdots, \mu_{\underset{\sim}{A}_n}(u_0)) < \lambda$,则作"拒绝识别"的判决,应查找原因另作分析。

如果 $\max(\mu_{\underset{\sim}{A}_1}(u_0), \mu_{\underset{\sim}{A}_2}(u_0), \cdots, \mu_{\underset{\sim}{A}_n}(u_0)) \geqslant \lambda$,并且共有 k 个 $\mu_{\underset{\sim}{A}_{i1}}(u_0), \mu_{\underset{\sim}{A}_{i2}}(u_0), \cdots, \mu_{\underset{\sim}{A}_{ik}}(u_0)$ 大于或等于 λ,则认为识别可行,并将 u_0 划归于 $\underset{\sim}{A}_{i1} \cap \underset{\sim}{A}_{i2} \cap \cdots \cap \underset{\sim}{A}_{ik}$。

在实际诊断中,还可将最大隶属原则和阈值原则结合起来应用。对各模糊子集和诊断对象的隶属函数还可以加权处理。还有一些其他的变化形式,如浮动阈值、分级阈值等等,这里不详细讨论。

4.2.2 模糊模式识别的间接方法

如果待识别对象 U 是确定的单个元素,即所要识别的诊断对象 U 是清楚的,则可用直接法进行诊断。有时待识别对象并不是确定的单个元素,而是论域 U 上的模糊子集,且已知模式也是论域 U 上的模糊子集,这时就需要采用模糊模式识别的间接方法按择近原则来处理。

设 U 是全体待识别诊断对象的集合,而每一个诊断对象 $\underset{\sim}{B}$ 均是 U 上的模糊子集,并且 U 中每一个元素有 p 个特性指标 $(u_1, u_2, \cdots, u_p)$,给定论域 U 上的 n 个已知模式(模糊子集) $\underset{\sim}{A}_1, \underset{\sim}{A}_2, \cdots, \underset{\sim}{A}_n$,在判断待识别诊断对象 $\underset{\sim}{B}$ 应归属于哪一个模糊模式 $\underset{\sim}{A}_i(i=1,2,\cdots,n)$ 时,我们需要确定 $\underset{\sim}{B}$ 与 $\underset{\sim}{A}_i$ 的贴近度 $\sigma(\underset{\sim}{B}, \underset{\sim}{A}_i)$,然后按下面介绍的择近原则对诊断对象 $\underset{\sim}{B}$ 进行判决,即指出它应归属于哪一模式。

择近原则:设 $\underset{\sim}{A}_1, \underset{\sim}{A}_2, \cdots, \underset{\sim}{A}_n$ 为论域 U 上的 n 个模糊模式(模糊子集),$\underset{\sim}{B}$ 也是 U 上的一个模糊子集,若 $\sigma(\underset{\sim}{B}, \underset{\sim}{A}_i) = \max(\sigma(\underset{\sim}{B}, \underset{\sim}{A}_1), \cdots, \sigma(\underset{\sim}{B}, \underset{\sim}{A}_n))$,则认为 $\underset{\sim}{B}$ 应归属于模式 $\underset{\sim}{A}_k$,这里 σ 是一种贴近度。

在群体识别中,只要给定了模式本身的模糊子集与待识别的模糊子集,就能分别算出它们的贴近度,然后按照择近原则就可以进行故障识别。设 $\underset{\sim}{A}, \underset{\sim}{B}$ 是 $U = \{u_1, u_2, \cdots, u_n\}$ 上的模糊集,则几种在实际应用中的贴近度见表 4.4 所示。

在表 4.4 中,表达式 $d_H(\underset{\sim}{A}, \underset{\sim}{B}), d_E(\underset{\sim}{A}, \underset{\sim}{B}), d_M(\underset{\sim}{A}, \underset{\sim}{B}), d(\underset{\sim}{A}, \underset{\sim}{B})$ 是模糊集间的距离,用"距离"来度量模糊性。有关距离的定义有多种,且不同的定义各有优缺点,在实际应用中,应根据具体情况具体选择。设 $\underset{\sim}{A}, \underset{\sim}{B}$ 是 $U = \{u_1, u_2, \cdots, u_n\}$ 上的模糊集,则几种常用的距离见表 4.5。

表 4.4　几种常用的距离贴近度数学表达式

距离贴近度类型	数学表达式
海明(Hamming)贴近度	$\sigma_H(\underset{\sim}{A},\underset{\sim}{B}) = 1 - d_H(\underset{\sim}{A},\underset{\sim}{B}) = 1 - \dfrac{1}{n}\sum_{i=1}^{n}\lvert \mu_{\underset{\sim}{A}}(u_i) - \mu_{\underset{\sim}{B}}(u_i) \rvert$
欧几里得(Euclid)贴近度	$\sigma_E(\underset{\sim}{A},\underset{\sim}{B}) = 1 - d_E(\underset{\sim}{A},\underset{\sim}{B}) = 1 - \dfrac{1}{\sqrt{n}}\sqrt{\sum_{i=1}^{n}(\mu_{\underset{\sim}{A}}(u_i) - \mu_{\underset{\sim}{B}}(u_i))^2}$
闵可夫斯基(Minkowski)贴近度	$\sigma_M(\underset{\sim}{A},\underset{\sim}{B}) = 1 - [d_M(\underset{\sim}{A},\underset{\sim}{B})]^p = 1 - \dfrac{1}{n}\sum_{i=1}^{n}\lvert \mu_{\underset{\sim}{A}}(u_i) - \mu_{\underset{\sim}{B}}(u_i) \rvert^p$
另一形式贴近度	$\sigma(\underset{\sim}{A},\underset{\sim}{B}) = 1 - d(\underset{\sim}{A},\underset{\sim}{B}) = 1 - \dfrac{\sum_{i=1}^{n}\lvert \mu_{\underset{\sim}{A}}(u_i) - \mu_{\underset{\sim}{B}}(u_i) \rvert}{\sum_{i=1}^{n}(\mu_{\underset{\sim}{A}}(u_i) - \mu_{\underset{\sim}{B}}(u_i))}$

表 4.5　几种常用的距离

距离类型	表达式
相对海明(Hamming)距离	$d_H(\underset{\sim}{A},\underset{\sim}{B}) = \dfrac{1}{n}\sum_{i=1}^{n}\lvert \mu_{\underset{\sim}{A}}(u_i) - \mu_{\underset{\sim}{B}}(u_i) \rvert$
相对欧几里得(Euclid)距离	$d_E(\underset{\sim}{A},\underset{\sim}{B}) = \dfrac{1}{\sqrt{n}}\sqrt{\sum_{i=1}^{n}(\mu_{\underset{\sim}{A}}(u_i) - \mu_{\underset{\sim}{B}}(u_i))^2}$
闵可夫斯基(Minkowski)距离	$d_M(\underset{\sim}{A},\underset{\sim}{B}) = \left[\dfrac{1}{n}\sum_{i=1}^{n}\lvert \mu_{\underset{\sim}{A}}(u_i) - \mu_{\underset{\sim}{B}}(u_i) \rvert^p\right]^{1/p}$，$p$ 为正实数
另一形式距离	$d(\underset{\sim}{A},\underset{\sim}{B}) = \dfrac{\sum_{i=1}^{n}\lvert \mu_{\underset{\sim}{A}}(u_i) - \mu_{\underset{\sim}{B}}(u_i) \rvert}{\sum_{i=1}^{n}(\mu_{\underset{\sim}{A}}(u_i) + \mu_{\underset{\sim}{B}}(u_i))}$

【例 4.2】 设 $U = \{u_1, u_2, u_3\}$，$\underset{\sim}{A} = \dfrac{0.2}{u_1} + \dfrac{0.6}{u_2} + \dfrac{0.1}{u_3}$，$\underset{\sim}{B} = \dfrac{0.6}{u_1} + \dfrac{0.3}{u_2} + \dfrac{0.8}{u_3}$，则有

$$d_H(\underset{\sim}{A},\underset{\sim}{B}) = \frac{1}{3}\sum_{i=1}^{3}\lvert \mu_{\underset{\sim}{A}}(u_i) - \mu_{\underset{\sim}{B}}(u_i) \rvert = \frac{1}{3}(0.4 + 0.3 + 0.7) \approx 0.47$$

$$d_E(\underset{\sim}{A},\underset{\sim}{B}) = \frac{1}{\sqrt{3}}\sqrt{\sum_{i=1}^{3}(\mu_{\underset{\sim}{A}}(u_i) - \mu_{\underset{\sim}{B}}(u_i))^2} = \frac{1}{\sqrt{3}}(0.16 + 0.09 + 0.49)^{1/2} \approx 0.50$$

取 $p = \dfrac{1}{3}$，则有

$$d_M(\underset{\sim}{A},\underset{\sim}{B}) = \left(\frac{1}{3}\sum_{i=1}^{3}\lvert \mu_{\underset{\sim}{A}}(u_i) - \mu_{\underset{\sim}{B}}(u_i) \rvert^{1/3}\right)^3 \approx 0.45$$

$$d(\underset{\sim}{A},\underset{\sim}{B}) = \frac{\sum_{i=1}^{3}|\mu_{\underset{\sim}{A}}(u_i) - \mu_{\underset{\sim}{B}}(u_i)|}{\sum_{i=1}^{3}[\mu_{\underset{\sim}{A}}(u_i) + \mu_{\underset{\sim}{B}}(u_i)]} \approx 0.54$$

4.3 故障诊断的模糊综合评判原则

4.3.1 综合评判的数学原理

综合评判是多目标决策问题的一个数学模型。故障诊断的模糊综合评判就是应用模糊变换原理和最大隶属度原则,根据各故障原因与故障征兆之间不同程度的因果关系,在综合考虑所有征兆的基础上,来判断发生故障的可能原因。

1. 征兆集

在设备故障诊断中,对设备的每一种故障,根据设备的各种资料和维修经验可统计出该种故障发生时所可能表现出的各种征兆。设共有 n 种不同的征兆,则各种不同的征兆构成的集合可表示为

$$V = \{v_1, v_2, \cdots, v_n\}$$

2. 故障集

在设备故障诊断中,根据设备的各种资料和实际的经验可统计出各种故障。设共有 m 个故障,则故障构成的集合可表示为

$$U = \{u_1, u_2, \cdots, u_m\}$$

3. 单故障评判

首先对故障集 U 中的故障 $u_i(i=1,2,\cdots,m)$ 作单故障评判,确定该故障对征兆 $v_j(j=1, 2,\cdots,n)$ 的隶属度(可能性程度) r_{ij},这样就得出第 i 个故障 u_i 的单故障集。

$$r_i = (r_{i1}, r_{i2}, \cdots, r_{in})$$

它是征兆集 V 上的模糊子集。这样 m 个故障的评价集就构造出一个总的评价模糊矩阵 $\underset{\sim}{R}$。

$$\underset{\sim}{R} = \begin{bmatrix} r_{11} & r_{12} & \cdots & r_{1n} \\ r_{21} & r_{22} & \cdots & r_{2n} \\ \vdots & \vdots & & \vdots \\ r_{m1} & r_{m2} & \cdots & r_{mn} \end{bmatrix} \quad (4.5)$$

$\underset{\sim}{R}$ 即是故障论域 U 到征兆论域 V 的一个模糊关系，$\mu_R(u_i, v_j) = r_{ij}$ 表示故障 u_i 对征兆 v_j 的隶属度。

4. 重要程度系数

单故障评判是比较容易办到的，多故障的综合评判就比较困难了。因为，一方面，对于被评判的诊断对象，从不同的故障着眼可以得到截然不同的结论；另一方面，在诸故障 $u_i(i = 1, 2, \cdots, m)$ 之间，有些故障在总评价中的影响程度可能大些，而另一些故障在总评价中的影响程度可能要小些，但究竟大多少或者小多少，则是一个模糊择优问题。因此，评价的着眼点可看成故障论域 U 上的模糊子集 $\underset{\sim}{A}$，记作

$$\underset{\sim}{A} = \frac{a_1}{u_1} + \frac{a_2}{u_2} + \cdots + \frac{a_m}{u_m} \tag{4.6}$$

或者

$$\underset{\sim}{A} = (a_1, a_2, \cdots, a_m) \tag{4.7}$$

其中 $a_i(i = 1, 2, \cdots, m)$ 为 u_i 对 $\underset{\sim}{A}$ 的隶属度 $(0 \leq a_i \leq 1)$。它是单故障 u_i 在总评价中的影响程度大小的度量，在一定程度上 u_i 也代表单故障评定等级的能力。注意：a_i 可能是一种调整系数或者限制系数，也可能是普通权系数，$\underset{\sim}{A}$ 称为 U 的因素重要程度模糊子集，a_i 称为因素 u_i 的重要程度系数。

5. 模糊综合评判

当模糊向量 $\underset{\sim}{A}$ 和模糊关系矩阵 $\underset{\sim}{R}$ 为已知时，可以用模糊变换来进行模糊综合评判。即

$$\underset{\sim}{B} = \underset{\sim}{A} \circ \underset{\sim}{R} = (a_1, a_2, \cdots, a_m) \circ \begin{bmatrix} r_{11} & r_{12} & \cdots & r_{1n} \\ r_{21} & r_{22} & \cdots & r_{2n} \\ \vdots & \vdots & & \vdots \\ r_{m1} & r_{m2} & \cdots & r_{mn} \end{bmatrix} = (b_1, b_2, \cdots, b_n) \tag{4.8}$$

$\underset{\sim}{B}$ 中的各元素 b_j 是在广义模糊合成运算下得出的运算结果，其计算公式为

$$b_j = (a_1 \overset{\cdot}{*} r_{1j}) \overset{+}{*} (a_2 \overset{\cdot}{*} r_{2j}) \overset{+}{*} \cdots \overset{+}{*} (a_m \overset{\cdot}{*} r_{mj}) \quad (j = 1, 2, \cdots, n) \tag{4.9}$$

简记为模型 $M(\overset{\cdot}{*}, \overset{+}{*})$。其中 $\overset{\cdot}{*}$ 为广义模糊"与"，$\overset{+}{*}$ 为广义模糊"或"运算。

$\underset{\sim}{B}$ 称为征兆集 V 上的模糊子集，$b_j(j = 1, 2, \cdots, n)$ 为征兆 v_j 对综合评判所得模糊子集 $\underset{\sim}{B}$ 的隶属度。如果要选择一个决策，则可按照最大隶属度原则选择最大的 b_j 所对应的征兆 v_j 作为综合评判的结果。

在广义模糊合成运算下综合评判模型 $M(\overset{\cdot}{*}, \overset{+}{*})$，式(4.9)的意义在于 $r_{ij}(i = 1, 2, \cdots, m; j = 1, 2, \cdots, n)$ 为单独考虑故障 u_i 的影响时诊断对象征兆 v_j 的隶属度；而通过广义模糊"与"运

算$(a \overset{\cdot}{*} r_{ij})$所得结果(记为$r_{ij}^*$),就是在全面综合考虑各种故障的影响时诊断对象对征兆v_j的隶属度,也就是在考虑故障u_i在总评判中的影响程度a_i时对隶属度r_{ij}所进行的调整或限制。最后通过广义模糊"或"运算对各个调整(或限制)后的隶属度r_{ij}^*进行综合处理,即可得出合理的综合评价结果。

式(4.8)所示的模糊变换$\underset{\sim}{R}$(单故障评判矩阵),可以看作是从故障论域U到征兆论域V的一个模糊变换器,也就是说每输入一个模糊向量$\underset{\sim}{A}$,就可输出一个相应的综合评判结果$\underset{\sim}{B}$,模糊综合评判过程可用图4.2所示框图标识。

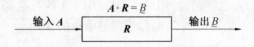

图 4.2　综合评判的过程框图

4.3.2　模糊综合评判的五种具体模型

就理论上而言,上述的广义模糊合成运算有无穷多种,但在故障诊断的实际应用中,经常采用的具体模型有以下五种。

1. 模型 1　$M(\wedge, \vee)$

即用$\wedge$代替$\overset{\cdot}{*}$,$\vee$代替$\overset{+}{*}$,有

$$b_j = \bigvee_{i=1}^{m}(a_i \wedge r_{ij}) \quad (j = 1, 2, \cdots, n) \tag{4.10}$$

式中$\wedge$,$\vee$分别为取小(min)和取大(max)运算,即

$$b_j = \max[\min(a_1, r_{1j}), (a_2, r_{2j}), \cdots, (a_m, r_{mj})]$$

在此模型中,单故障u_i的评价对征兆v_j的隶属度r_{ij}被调整为

$$r_{ij}^* = a_i \overset{\cdot}{*} r_{ij} = a_i \wedge r_{ij} = \min(a_i, r_{ij}) \quad (j = 1, 2, \cdots, n)$$

这清楚地表明,a_i是在考虑多故障时调整后的隶属度r_{ij}的上限,换句话说,我们在考虑多故障时,诊断对象对各征兆$v_j(j = 1, 2, \cdots, n)$的隶属度都不能大于a_i,因此,a_i是在考虑多故障时r_{ij}的调整系数。

用$\vee$代替$\overset{+}{*}$的意义是:在决定b_j时,对每个征兆v_j而言,只考虑调整后的隶属度r_{ij}^*最大的起主要作用的那个故障,而忽略了其他故障的影响。

由上可见,模型$M(\wedge, \vee)$是一种"主故障决定型"的综合评判。

2. 模型2 $M(\cdot, \vee)$

即用 $\cdot$ 代替 $\dot{*}$，$\vee$ 代替 $\ddot{*}$，于是

$$b_j = \bigvee_{i=1}^{m} a_i \cdot r_{ij} \quad (j = 1, 2, \cdots, n) \tag{4.11}$$

其中"$\cdot$"为普通实数乘法，"$\vee$"为取大(max)运算，即

$$b_j = \max(a_1 r_{1j}, a_2 r_{2j}, \cdots, a_m r_{mj})$$

此模型与模型 $M(\wedge, \vee)$ 的意义很相近，其区别仅在于 $M(\cdot, \vee)$ 以 $r_{ij}^* = a_i \cdot r_{ij}$ 代替了 $M(\wedge, \vee)$ 的 $r_{ij}^* = a_i \wedge r_{ij}$，也就是说，用对 r_{ij} 乘一小于1的系数来代替给 r_{ij}^* 规定的一个上限。这里 a_i 与在模型 $M(\wedge, \vee)$ 中一样，也起着调整系数的作用。

此模型中，因为也是用 $\vee$ 代替 $\ddot{*}$，所以模型 $M(\cdot, \vee)$ 也是一种"主故障决定型"的综合评判。

3. 模型3 $M(\wedge, \oplus)$

即用 $\wedge$ 代替 $\dot{*}$，$\oplus$ 代替 $\ddot{*}$，于是

$$b_j = \oplus \sum_{i=1}^{m} a_i \wedge r_{ij} \quad (j = 1, 2, \cdots, n) \tag{4.12}$$

式中 $\wedge$ 为取小(min)运算，$\alpha \oplus \beta = \min(1, \alpha + \beta)$，$\oplus \sum_{i=1}^{m}$ 为对 m 个数在 $\oplus$ 运算下求和，即

$$b_j = \min\left[1, \sum_{i=1}^{m} \min(a_i, r_{ij})\right]$$

由上式可以看出，与模型 $M(\wedge, \vee)$ 中一样，在模型 $M(\wedge, \oplus)$ 中也是对 r_{ij}^* 的规定上限 a_i 给以 r_{ij} 的调整，即有 $r_{ij}^* = a_i \wedge r_{ij}$，其区别在于，该模型是对各 r_{ij}^* 做有上界相加以求 b_j。因此，a_i 也是在考虑多故障时 r_{ij} 的调整系数。形式上这个模型是一种对每一种征兆 v_j 都同时对应各种故障的综合评判。

4. 模型4 $M(\cdot, \oplus)$

即用 $\cdot$ 代替 $\dot{*}$，$\oplus$(有界算子) 代替 $\ddot{*}$，有

$$b_j = \oplus \sum_{i=1}^{m} a_i \cdot r_{ij} \quad (j = 1, 2, \cdots, n) \tag{4.13}$$

其中"$\cdot$"为普通实数乘法，$\alpha \oplus \beta = \min(1, \alpha + \beta)$，$\oplus \sum_{i=1}^{m}$ 为对 m 个数在 $\oplus$ 运算下求和，即

$$b_j = \min\left[1, \sum_{i=1}^{m} a_i \cdot r_{ij}\right]$$

此模型是在模型 $M(\cdot,\vee)$ 的基础上改进而成的。模型 $M(\cdot,\oplus)$ 在决定 b_j 时,是用对调整后的 $r_{ij}^* = a_i \cdot r_{ij}$ 取上界和来代替模型 $M(\cdot,\vee)$ 中对 $r_{ij}^* = a_i \cdot r_{ij}$ 取最大。

该模型有下列重要特点：

① 在确定诊断对象征兆 v_j 的隶属度 b_j 时,综合考虑了所有故障 $u_i(i=1,2,\cdots,m)$ 的影响,而不是像模型 $M(\cdot,\vee)$ 那样只考虑对 b_j 影响程度最大的那个故障。

② 由于同时考虑到所有故障的影响,所以各 a_i 的大小具有刻画各故障 u_i 的重要性程度的权系数的意义,因此,a_i 应满足 $\sum\limits_{i=1}^{m} a_i = 1$。

所以模型 $M(\cdot,\oplus)$ 是一种"加权平均型"的综合评判。在此模型中,模糊向量 $\underset{\sim}{A} = (a_1, a_2, \cdots, a_m)$ 具有权向量的意义。

应该指出,由于 $\sum\limits_{i=1}^{m} a_i r_{ij} \leq 1$,运算 $\oplus$ 实际上已经蜕化为普通实数加法"+"。因此模型 $M(\cdot,\oplus)$ 可改变成为模型 $M(\cdot,+)$。

5. 模型 4′ $M(\cdot,+)$

即用 $\cdot$ 代替 $\overset{\cdot}{*}$,用 + 代替 $\overset{+}{*}$,有

$$b_j = \sum_{i=1}^{m} a_i \cdot r_{ij} \quad (j=1,2,\cdots,n) \tag{4.14}$$

其中 $\cdot$ 和 + 为普通实数乘法和加法,权系数 a_i 的和满足条件 $\sum\limits_{i=1}^{m} a_i = 1$。

在此模型中,式(4.8)的右端蜕化为普通矩阵乘法。

6. 模型 5 $M(乘幂,\wedge)$

即用普通乘幂代替 $\overset{\cdot}{*}$,$\wedge$ 代替 $\overset{+}{*}$,有

$$b_j = \bigwedge_{i=1}^{m} r_{ij}^{a_i} \quad (j=1,2,\cdots,n) \tag{4.15}$$

其中 a_i 为乘幂,$\wedge$ 为取小(min)运算,即 $b_j = \min[r_{1j}^{a_1}, r_{2j}^{a_2}, \cdots, r_{mj}^{a_m}]$。

在此模型中,考虑多故障时,对故障论域 U 到征兆论域 V 的模糊关系矩阵 $\underset{\sim}{R}$ 中元素 r_{ij}^* 的调整为 $r_{ij}^* = r_{ij}^{a_i}$,该模型最大的特点是在各调整值 r_{ij}^* 中取其最小者为 b_j,这说明在这一模型中 r_{ij}^* 和 b_j 不再是各自相应的隶属度,而是某种评判指标。这里规定评判指标的最小者为最佳者。

以上 5 种模型,均称为综合评判初始模型。

4.3.3 综合评判模型的故障诊断应用实例

为了解上述五种模型的应用效果,本节以"工程机械液压系统故障分析与诊断"为例介绍。

1. 确定征兆集 V

任何液压机械设备,其液压系统的故障征兆大致可归结为:压力不足 v_1、流量不足 v_2、温度高 v_3、操纵无反应 v_4、系统发生振动 v_5、噪声增大 v_6 和漏油加剧 v_7 等,因此,液压系统的故障征兆集为 $V = \{v_1, v_2, v_3, v_4, v_5, v_6, v_7\}$。

2. 建立故障集 U

找出各种可能的故障为:液压泵故障 u_1、油马达故障 u_2、液压缸故障 u_3、压力阀故障 u_4、流量阀故障 u_5、方向阀故障 u_6、管系故障 u_7、液压油故障 u_8、滤油器故障 u_9 和其他故障 u_{10}。因此,故障集为 $U = \{u_1, u_2, u_3, u_4, u_5, u_6, u_7, u_8, u_9, u_{10}\}$。

故障论域 U 到征兆论域 V 的评判模糊矩阵为

$$\underset{\sim}{R} = \begin{bmatrix} 20.139 & 0.192 & 0.010 & 0.104 & 0.139 & 0.143 & 0.083 \\ 0.069 & 0.038 & 0.010 & 0.069 & 0.069 & 0.107 & 0.167 \\ 0.069 & 0.038 & 0.010 & 0.034 & 0.034 & 0.071 & 0.208 \\ 0.345 & 0.077 & 0.260 & 0.276 & 0.069 & 0.036 & 0.083 \\ 0.034 & 0.231 & 0.160 & 0.241 & 0.104 & 0.036 & 0.083 \\ 0.034 & 0.115 & 0.240 & 0.269 & 0.034 & 0.071 & 0.125 \\ 0.069 & 0.077 & 0.080 & 0.010 & 0.139 & 0.143 & 0.250 \\ 0.207 & 0.054 & 0.320 & 0.034 & 0.276 & 0.214 & 0.010 \\ 0.034 & 0.038 & 0.010 & 0.010 & 0.139 & 0.107 & 0.010 \\ 0.010 & 0.038 & 0.040 & 0.172 & 0.010 & 0.010 & 0.010 \end{bmatrix}$$

故障重要程度模糊子集为

$$\underset{\sim}{A} = (0.118, 0.070, 0.064, 0.155, 0.128, 0.096, 0.107, 0.176, 0.037, 0.032)$$

用五种模型来计算故障诊断的评判结果见表 4.6。

表 4.6 五种综合评判模型的故障诊断评判结果

模型		$\underset{\sim}{A} \circ \underset{\sim}{R} = \underset{\sim}{B} = (b_1, b_2, b_3, b_4, b_5, b_6, b_7)$						
		b_1	b_2	b_3	b_4	b_5	b_6	b_7
模型 1	$M(\wedge, \vee)$	0.716	0.128	0.176	0.155	0.176	0.176	0.107
模型 2	$M(\cdot, \vee)$	0.053	0.030	0.056	0.043	0.049	0.038	0.027
模型 3	$M(\wedge, \oplus)$	0.763	0.694	0.707	0.672	0.658	0.725	0.616
模型 4	$M(\cdot, \oplus)$	0.132	0.101	0.137	0.132	0.120	0.103	0.099
模型 5	$M(乘幂, \wedge)$	0.649	0.598	0.581	0.551	0.661	0.597	0.445

4.3.4 几种综合评判模型的适用范围

1. 模型 1

$M(\wedge, \vee)$ 为主故障决定型的综合评判,其评判结果只取决于在总评价中起主要作用的那个故障,其余故障均不影响评判结果。此模型比较适用于单项评判最优就能算作综合评判最优的情况。采用此模型值得注意的是,模糊向量 $\underset{\sim}{A}$ 的各元素 a_i 为在考虑多故障时 r_{ij} 的调整系数,而不能认为是普通的权系数。否则,把 $\underset{\sim}{A}$ 看成是权向量,则 $\sum_{i=1}^{m} a_i = 1$。于是当故障较多(m 较大)时,各个 a_i 的值必然很小,这将注定使所得综合评判结果值 b_j 也都很小。这时,较小的权值 a_i 通过取小运算而"淹没"了所有的单故障评价,因而常常使这一模型得不出有意义的结果。即使在故障较少时,把 $\underset{\sim}{A}$ 作为权向量处理,也常常使得主要故障起的单故障控制作用更加突出,这就在某种程度上失去了综合评判的意义。

2. 模型 2,3

$M(\cdot, \vee)$ 和 $M(\wedge, \oplus)$ 为主故障突出型综合评判,它们与模型 $M(\wedge, \vee)$ 比较接近,但这两模型中的运算要比模型 $M(\wedge, \vee)$ 中的运算精细。一般说来,它们的评判结果比模型 $M(\wedge, \vee)$ 要"细腻",因为不仅突出了主要故障,也兼顾了其他故障。这两种模型适用于模型 $M(\wedge, \vee)$ 失效(不可区分),需要"加细"的情况。值得注意的是,模型 $M(\cdot, \vee)$ 中,a_i 也是在考虑多故障时 r_{ij} 的修正系数,它虽与故障 u_i 的重要性程度有关,但也没有权系数的意义。各个 $a_i(i = 1,2,\cdots,m)$ 的和也不一定等于1,因为在决定 b_j 时,并未考虑所有故障的影响。

在模型 $M(\wedge, \oplus)$ 中,需要注意的是,直接对隶属度作"有上界"相加,在很多情况下得不出有意义的综合评判结果。这是由于当各个 a_i 取值较大时,重要的一些 b_j 值均将等于上界1;而当各个 a_i 取值较小时,重要的 b_j 值将直接等于各个 a_i 之和。这样单独考虑故障 u_i 的影响时,诊断对象对征兆 v_i 的隶属度 r_{ij} 的单故障评价的有关信息就全部失掉了,于是失去了综合评判的意义。

3. 模型 4,4'

$M(\cdot, \oplus)$ 和 $M(\cdot, +)$ 为加权平均型的综合评判,依权重的大小对所有故障原因均衡兼顾,比较适用于要求综合最大的情形。

在故障诊断的实际应用中,到底选用那个模型为好,要根据具体问题的需要和可能而定,如能掌握下列要点,将对解决实际故障诊断问题有很大的益处,即

对于同一被诊断对象,在同样的 $\underset{\sim}{A}$ 和 $\underset{\sim}{R}$ 下,即式(4.8)按"$\overset{*}{\cdot}$","$\overset{+}{*}$"运算所得综合评判结

果为 $\underset{\sim}{B}(\overset{.}{*},\overset{+}{*})$，则有

命题 4.1

$$\underset{\sim}{B}(\wedge,\oplus) \geqslant \underset{\sim}{B}(\cdot,\oplus) \geqslant \underset{\sim}{B}(\cdot,\vee)$$
$$\underset{\sim}{B}(\wedge,\oplus) \geqslant \underset{\sim}{B}(\wedge,\vee) \geqslant \underset{\sim}{B}(\cdot,\vee)$$

这里的"$\geqslant$"成立，当且仅当对所有分量有"$\geqslant$"。

在应用中，综合评判结果 $\underset{\sim}{B}$ 的绝对大小没有多大意义，有意义的是不同诊断对象间的比较，即相对大小。我们对给出的一组诊断对象，为了分出它们之间的优劣，可先用模型 $M(\wedge,\vee)$ 和模型 $M(\cdot,\oplus)$ 来计算，再根据命题 4.1，在模型 $M(\cdot,\vee)$ 和模型 $M(\wedge,\oplus)$ 中选择其一，当 $\underset{\sim}{B}(\wedge,\vee)$ 和 $\underset{\sim}{B}(\cdot,\oplus)$ 的值偏小时，宜选模型 $M(\wedge,\oplus)$；当 $\underset{\sim}{B}(\wedge,\vee)$ 和 $\underset{\sim}{B}(\cdot,\oplus)$ 的值偏大时，宜选模型 $M(\cdot,\vee)$。

4.3.5 故障诊断的多级模糊综合评判方法

1. 二级指标评判法

设故障集为 $U = (u_1, u_2, \cdots, u_m)$，征兆集为 $V = \{v_1, v_2, \cdots, v_n\}$。在对诊断对象进行综合评判时，如果各故障 u_i 在评判中的地位无显著差异，则 u_i 对故障重要程度模糊子集 $\underset{\sim}{A}$ 的隶属度 a_i 可取相同的值。对前一小节所述的综合评判模型可以简化，即

(1) 模型 $M(\wedge,\vee): b_j = \bigvee_{i=1}^{m}(a_i \wedge r_{ij})$，即综合评判结果

$$\underset{\sim}{B} = (b_1, b_2, \cdots, b_n) = (\bigvee_{i=1}^{m}(a_i \wedge r_{i1}), \bigvee_{i=1}^{m}(a_i \wedge r_{i2}), \cdots, \bigvee_{i=1}^{m}(a_i \wedge r_{in}))$$

可取 $a_1 = a_2 = \cdots = a_m = 1$。

(2) 模型 $M(乘幂,\wedge): b_j = \bigwedge_{i=1}^{m} r_{ij}^{a_i}$，即综合评判结果

$$\underset{\sim}{B} = (b_1, b_2, \cdots, b_n) = (\bigwedge_{i=1}^{m} r_{i1}^{a_i}, \bigwedge_{i=1}^{m} r_{i2}^{a_i}, \cdots, \bigwedge_{i=1}^{m} r_{in}^{a_i})$$

可取 $a_1 = a_2 = \cdots = a_m = 1$。

(3) 模型 $M(\cdot,+): b_j = \sum_{i=1}^{m} a_i r_{ij}$，即综合评判结果

$$\underset{\sim}{B} = (b_1, b_2, \cdots, b_n) = (\sum_{i=1}^{m} a_i r_{i1}, \sum_{i=1}^{m} a_i r_{i2}, \cdots, \sum_{i=1}^{m} a_i r_{in})$$

可取 $a_1 = a_2 = \cdots = a_m = \dfrac{1}{m}$。

则得到三种简化综合评判模型，即

$$\underset{\sim}{B}_1 = (\bigvee_{i=1}^{m} r_{i1}, \bigvee_{i=1}^{m} r_{i2}, \cdots, \bigvee_{i=1}^{m} r_{in}) \tag{4.16}$$

$$\underset{\sim}{B}_2 = (\bigwedge_{i=1}^{m} r_{i1}, \bigwedge_{i=1}^{m} r_{i2}, \cdots, \bigwedge_{i=1}^{m} r_{in}) \tag{4.17}$$

$$\underset{\sim}{B}_3 = (\frac{1}{m}\sum_{i=1}^{m} r_{i1}, \frac{1}{m}\sum_{i=1}^{m} r_{i2}, \cdots, \frac{1}{m}\sum_{i=1}^{m} r_{in}) \tag{4.18}$$

采用上述三种简化模型,在作评判时,相当于对各故障的特性指标分别取最大值、最小值和平均值作为评判指标,这是人们通常使用的评判方法。

在实际应用中,如果仅仅取最大值、最小值或平均值之一作为评判指标,可能有片面性。因此,可综合使用 $\underset{\sim}{B}_1, \underset{\sim}{B}_2, \underset{\sim}{B}_3$ 这三个指标,进行所谓二级指标评判。

设评判指标为 $U_1 = \{\underset{\sim}{B}_1, \underset{\sim}{B}_2, \underset{\sim}{B}_3\}$。$U_1$ 的各指标 $B_i(i=1,2,3)$ 的权重分配为 $\underset{\sim}{A}_1 = (a_1, a_2, a_3)$,式中 $a_i \geq 0$,且 $\sum_{i=1}^{m} a_i = 1$,评判指标集 U_1 的总的评判矩阵为

$$\underset{\sim}{R}_1 = \begin{bmatrix} \underset{\sim}{B}_1 \\ \underset{\sim}{B}_2 \\ \underset{\sim}{B}_3 \end{bmatrix} = \begin{bmatrix} \bigvee_{i=1}^{m} r_{i1} & \bigvee_{i=1}^{m} r_{i2} & \cdots & \bigvee_{i=1}^{m} r_{in} \\ \bigwedge_{i=1}^{m} r_{i1} & \bigwedge_{i=1}^{m} r_{i2} & \cdots & \bigwedge_{i=1}^{m} r_{in} \\ \frac{1}{m}\sum_{i=1}^{m} r_{i1} & \frac{1}{m}\sum_{i=1}^{m} r_{i2} & \cdots & \frac{1}{m}\sum_{i=1}^{m} r_{in} \end{bmatrix}$$

则得出总的(二级)综合指标评判结果

$$\underset{\sim}{A}_1 \circ \underset{\sim}{R}_1 = \underset{\sim}{B} = (b_1, b_2, \cdots, b_n) \tag{4.19}$$

式中左端是普通矩阵乘法,称 $b_j(j=1,2,\cdots,n)$ 为二级评判指标,其中最大的 b_j 值所对应的征兆 v_j 就是所要求的最佳成员。

在上述二级综合指标评判中,指标 $\underset{\sim}{B}_1$ 是从最突出的长处(优点)考虑问题的,指标 $\underset{\sim}{B}_2$ 是从最突出的短处(缺点)考虑问题的,指标 $\underset{\sim}{B}_3$ 是从平均的角度考虑问题的,最后又从综合的角度考虑上述三方面的情况,使得评判结果更加合理。这种方法实际上是提高了极值在评判中的作用和地位,还有另一种评判法是要降低极值在评判中的地位。例如,体操评判中常用一种"去极评判法",是把各评判员对选手的打分去掉最大值和最小值后,再进行平均,这也是一种二级指标评判。

实例 选用第4.3.3节中模糊评判矩阵 $\underset{\sim}{R}$ 分别按式(4.16)、(4.17)和式(4.18)计算,可得 $\underset{\sim}{R}_1$ 为

$$\underset{\sim}{R}_1 = \begin{bmatrix} \underset{\sim}{B}_1 \\ \underset{\sim}{B}_2 \\ \underset{\sim}{B}_3 \end{bmatrix} = \begin{bmatrix} 0.345 & 0.231 & 0.320 & 0.276 & 0.276 & 0.214 & 0.250 \\ 0.010 & 0.038 & 0.010 & 0.010 & 0.010 & 0.010 & 0.010 \\ 0.101 & 0.100 & 0.104 & 0.102 & 0.101 & 0.101 & 0.103 \end{bmatrix}$$

取 $a_1 = a_2 = a_3 = a_4 = a_5 = a_6 = a_7 = a_8 = a_9 = a_{10} = 0.100$,即

$$\underset{\sim}{A}_1 = (0.100, 0.100, 0.100, 0.100, 0.100, 0.100, 0.100, 0.100, 0.100, 0.100)$$

则按式(4.19)计算可得到二级指标评判结果为

$$\underset{\sim}{A} \circ \underset{\sim}{R} = \underset{\sim}{B} = (b_1, b_2, b_3, b_4, b_5, b_6, b_7) = (0.152, 0.123, 0.145, 0.129, 0.129, 0.108, 0.121)$$

2. 多层次模糊综合评判法

在复杂设备中,由于要考虑的故障原因很多,并且各故障原因之间往往还有层次之分。在这种复杂的情况下,如果仍用 4.3.4 节所述的综合评判的初始模型,则难以比较设备中诊断对象之间的优劣次序,得不出有意义的评判结果。

我们在故障诊断的实际应用中,如果遇到这种情形时,可把故障集合 U 按某些属性分成几类,先对每一类(故障的子类)作综合评判,然后再对评判结果进行"子类"之间的高层次的综合评判,具体介绍如下:

设故障集合为 $U = \{u_1, u_2, \cdots, u_m\}$,征兆集合为 $V = \{v_1, v_2, \cdots, v_n\}$ 则多层次模糊综合评判的一般步骤如下:

(1) 划分故障集 U

对故障集 U 作划分,即 $U = \{U_1, U_2, \cdots, U_N\}$,式中 $U_i = \{U_{i_1}, U_{i_2}, \cdots, U_{i_{1k_i}}\}$, $i = 1, 2, \cdots, N$,即 U_i 中含有 k_i 个故障,$\sum_{i=1}^{N} k_i = n$,并且满足条件 $\bigcup_{i=1}^{N} U_i = U$, $U_i \cap U_j = \Phi, i \neq j$。

(2) 初级评判

对每个 $U_i = \{u_{i_1}, u_{i_2}, \cdots, u_{i_{k_i}}\}$ 的 k_i 个故障,按初始模型作综合评判。设 U_i 的故障重要程度模糊子集为 $\underset{\sim}{A_i}$,U_i 的 k_i 个故障原因的总的评价矩阵为 $\underset{\sim}{R_i}$,于是得到

$$\underset{\sim}{A_i} \circ \underset{\sim}{R_i} = \underset{\sim}{B_i} = (b_{i1}, b_{i2}, \cdots, b_{in}) \quad i = 1, 2, \cdots, N$$

式中 $\underset{\sim}{B_i}$ 为 U_i 的单故障评判。

(3) 二级评判

设 $U = \{U_1, U_2, \cdots, U_N\}$ 的故障重要程度模糊子集为 $\underset{\sim}{A}$,且 $\underset{\sim}{A} = \{\underset{\sim}{A_1}, \underset{\sim}{A_2}, \cdots, \underset{\sim}{A_N}\}$,则 U 的总的评价矩阵 $\underset{\sim}{R}$ 为

$$\underset{\sim}{R} = \begin{bmatrix} \underset{\sim}{B_1} \\ \underset{\sim}{B_2} \\ \vdots \\ \underset{\sim}{B_N} \end{bmatrix} = \begin{bmatrix} \underset{\sim}{A_1} \circ \underset{\sim}{R_1} \\ \underset{\sim}{A_2} \circ \underset{\sim}{R_2} \\ \vdots \\ \underset{\sim}{A_N} \circ \underset{\sim}{R_N} \end{bmatrix}$$

则得出总的(二级)综合评判结果,即

$$\underset{\sim}{B} = \underset{\sim}{A} \circ \underset{\sim}{R} \tag{4.20}$$

这也是故障 $U = \{u_1, u_2, \cdots, u_m\}$ 的综合评判结果。

这种评判过程可用如图 4.3 所示的框图表示。

上述的综合评判模型称为二级模型。如果着眼故障原因集 U 的元素非常多时,可对它作多级划分,并进行更高层次的综合评判。

二级综合评判模型,反映了诊断对象故障之间的层次性,它可以避免当故障过多时,故障

重要程度模糊子集难以分配的弊病。

(4) 征兆参数评判法

前面我们已知道,由综合评判初始模型、二级指标评判法和多层次综合评判法所得到的评判结果均是一个征兆模糊子集 $\underset{\sim}{B} = (b_1, b_2, \cdots, b_n)$,对 $\underset{\sim}{B}$ 是按照"最大隶属度原则"选择其最大的 b_j 所对应的征兆 v_j 作为评判结果的。此时,我们只利用了 $b_j (j = 1, 2, \cdots, n)$ 中的最大者,没有充分利用征兆模糊子集 $\underset{\sim}{B}$ 所带来的信息。

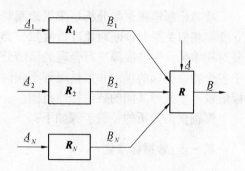

图 4.3 二级综合评判的过程图

为了充分利用征兆模糊子集 $\underset{\sim}{B}$ 所带来的信息,可把各征兆的评判参数和评判结果 $\underset{\sim}{B}$ 进行综合考虑,使评判结果更加符合实际。

设故障集 $U = \{u_1, u_2, \cdots, u_m\}$,征兆集 $V = \{v_1, v_2, \cdots, v_n\}$。由综合评判初始模型,二级指标评判法或多层次综合评判法所得出的评判结果是征兆模糊子集

$$\underset{\sim}{B} = \underset{\sim}{A} \circ \underset{\sim}{R} = (b_1, b_2, \cdots, b_m)$$

设相对于各征兆 v_j 规定的参数列向量为 $C = (c_1, c_2, \cdots, c_n)^T$,则得出征兆参数评判结果为

$$\underset{\sim}{B} \circ C = (b_1, b_2, \cdots, b_n) \circ \begin{bmatrix} c_1 \\ c_2 \\ \vdots \\ c_n \end{bmatrix} = \sum_{j=1}^{n} b_j \circ c_j = p \tag{4.21}$$

式中 p 为一个实数。

当 $0 \leq b_j \leq 1, \sum_{j=1}^{m} b_j = 1$ 时,可视 p 为以征兆模糊子集 $\underset{\sim}{B}$ 为权向量关于征兆参数 $c_1, c_2, \cdots, c_n$ 的加权平均值。p 反映了由征兆模糊子集 $\underset{\sim}{B}$ 和征兆参数向量 C 所带来的综合信息。在许多故障诊断的实际应用中,它是十分有用的综合参数。

4.4 故障诊断的模糊聚类分析方法

在设备故障诊断的实际问题中,利用模糊诊断方法处理的问题有两类:一类是所采集的样本,其征兆与故障的关系皆为已知,因而可以按模糊集间的距离和利用模糊关系矩阵,应用模糊模式识别方法和模糊综合评判方法来进行设备的故障诊断。另一类是样本的征兆和故障间的关系尚不了解,这时就必须应用模糊聚类方法来进行设备的故障诊断。例如,喷气发动机自动停车故障诊断问题,在大量的统计资料中,停车故障与观测量,如飞机飞行高度、速度、发动机温度、转速等之间存在着复杂的关系,我们对各类停车故障和各征兆间的规律尚一无所知,这时必须应用模糊聚类方法来寻找它们之间的关系。

故障诊断模糊聚类分析是依据诊断对象间故障和征兆的特征、亲疏程度和相似性，通过建立模糊相似关系对诊断对象进行故障分类和诊断的数学方法。在故障诊断的模糊聚类分析中，要对样本所发生的故障进行合理的诊断分类，首先应考虑样本的各种特性指标(参测数据)。由于各个特性指标的量纲和数量级都不相同，必须对各指标值施行数据规格化，从而使得每一指标值统一于某种共同的数值特性范围。

模糊聚类分析的一般步骤如下：

第一步：数据标准化

(1) 数据矩阵

设论域 $U = \{x_1, x_2, \cdots, x_n\}$ 为被分类的对象，每个对象又由 m 个指标表示其性状，即

$$x_i = (x_{i1}, x_{i2}, \cdots, x_{im}) \quad (i = 1, 2, \cdots, n)$$

于是，得到原始数据矩阵为

$$\begin{bmatrix} x_{11} & x_{12} & \cdots & x_{1m} \\ x_{21} & x_{22} & \cdots & x_{2m} \\ \vdots & \vdots & & \vdots \\ x_{n1} & x_{n2} & \cdots & x_{nm} \end{bmatrix}$$

(2) 数据标准化

在实际问题中，不同的数据一般有不同的量纲。为了使不同量纲的量也能进行比较，通常需要对数据作适当的变换。但是，即使这样，得到的数据也不一定在区间[0,1]上。因此，这里所说的数据标准化，就是要根据模糊矩阵的要求，将数据压缩到区间[0,1]上。

通常需要做如下几种变换。

① 平移 – 标准差变换

$$x'_{ik} = \frac{x_{ik} - \bar{x}_k}{s_k} \quad (i = 1, 2, \cdots, n; k = 1, 2, \cdots, m)$$

其中

$$\bar{x}_k = \frac{1}{n}\sum_{i=1}^{n} x_{ik} \quad s_k = \sqrt{\frac{1}{n}\sum_{i=1}^{n}(x_{ik} - \bar{x}_k)^2}$$

经过变换后，每个变量的均值为 0，标准差为 1，且消除了量纲的影响。但是，这样得到的数据还不一定在区间[0,1]上。

② 平移 – 极差变换

$$x''_{ik} = \frac{x'_{ik} - \min_{1 \leq i \leq n}\{x'_{ik}\}}{\max_{1 \leq i \leq n}\{x'_{ik}\} - \min_{1 \leq i \leq n}\{x'_{ik}\}} \quad (k = 1, 2, \cdots, m)$$

显然有 $0 \leq x''_{ik} \leq 1$，而且也消除了量纲的影响。

③ 对数变换
$$x'_{ik} = \lg x_{ik} \quad (i = 1,2,\cdots,n; k = 1,2,\cdots,m)$$
取对数以缩小变量间的数量级。

第二步：标定(建立模糊相似矩阵)

设论域 $U = \{x_1, x_2, \cdots, x_n\}$，$x_i = \{x_{i1}, x_{i2}, \cdots, x_{im}\}$，依照传统聚类方法确定相似系数，建立模糊相似矩阵，x_i 与 x_j 的相似程度 $r_{ij} = R(x_i, x_j)$。确定 $r_{ij} = R(x_i, x_j)$ 的方法主要借用传统聚类分析的相似系数法、距离法以及其他方法。具体用什么方法，可根据问题的性质，可以从表 4.7 所列的方法中选择其中的一种来标定样本 x_i 与样本 x_j 之间的相似程度 r_{ij}。

表 4.7 样本 x_i 与样本 x_j 之间的相似程度 r_{ij} 标定的常用方法

标定方法名称		数学表达式
相似系数法	数量积法	$r_{ij} = \begin{cases} 1, & i = j \\ \frac{1}{M}\sum_{k=1}^{m} x_{ik}x_{jk}, & i \neq j \end{cases}$，其中 $M \geq \max_{i \neq j}(|\sum_{k=1}^{m} x_{ik}x_{jk}|)$
	夹角余弦法	$r_{ij} = \dfrac{|\sum_{k=1}^{m} x_{ik}x_{jk}|}{\sqrt{(\sum_{k=1}^{m} x_{ik}^2)(\sum_{k=1}^{m} x_{jk}^2)}}$
	相关系数法	$r_{ij} = \dfrac{\sum_{k=1}^{m} |x_{ik} - \bar{x}_i||x_{jk} - \bar{x}_j|}{\sqrt{\sum_{k=1}^{m}(x_{ik} - \bar{x}_i)^2} \cdot \sqrt{\sum_{k=1}^{m}(x_{jk} - \bar{x}_j)^2}}$ 式中 $\bar{x}_i = \frac{1}{m}\sum_{k=1}^{m} x_{ik}, \bar{x}_j = \frac{1}{m}\sum_{k=1}^{m} x_{jk}$
	指数相似系数法	$r_{ij} = \frac{1}{m}\sum_{k=1}^{m} \exp\left[-\frac{3}{4}\left(\frac{x_{ik} - x_{jk}}{s_k}\right)^2\right]$ 式中 $s_k = \sqrt{\frac{1}{n}\sum_{i=1}^{n}(x_{ik} - \bar{x}_k)^2}, \bar{x}_k = \frac{1}{n}\sum_{i=1}^{n} x_{ik}$
	非参数法	令 $x_{ik}^* = x_{ik} - \bar{x}_i, x_{jk}^* = x_{jk} - \bar{x}_j$，式中 $\bar{x}_i = \frac{1}{m}\sum_{k=1}^{m} x_{ik}, \bar{x}_j = \frac{1}{m}\sum_{k=1}^{m} x_{jk}$。规定 n^+ 为 $x_{ik}^* \cdot x_{jk}^* > 0$ 的乘积 $x_{ik}^* \cdot x_{jk}^*$ 的个数，n^- 为 $x_{ik}^* \cdot x_{jk}^* < 0$ 的乘积 $x_{ik}^* \cdot x_{jk}^*$ 的个数，$r_{ij} = \dfrac{|n^+ - n^-|}{n^+ + n^-}$
	主观评定法	在有些应用问题中，被分类对象的特性指标是定性指标，即特性指标难以用定量数值来表达。这时，可请有关的专家和有实际经验的人员用评分的办法，主观评定被分类对象间的相似程度

续表 4.7

标定方法名称		数学表达式
距离法	切比雪夫距离法	$r_{ij} = 1 - c \max\limits_{1 \leq i,j \leq m} \|x_{ik} - x_{jk}\|$，$c$ 为一适当选择的常数
	海明距离法	$r_{ij} = 1 - c \sum\limits_{k=1}^{m} \|x_{ik} - x_{jk}\|$，$c$ 为一适当选择的常数
	欧氏距离法	$r_{ij} = 1 - c \sqrt{\sum\limits_{k=1}^{m}(x_{ik} - x_{jk})^2}$，$c$ 为一适当选择的常数
	闵可夫斯基距离法	$r_{ij} = 1 - c \left(\sum\limits_{k=1}^{m} \|x_{ik} - x_{jk}\|^p \right)^{\frac{1}{p}}$，式中 p，c 为两个适当的常数
	兰氏距离法	$r_{ij} = 1 - c \sum\limits_{k=1}^{m} \dfrac{\|x_{ik} - x_{jk}\|}{\|x_{ik} + x_{jk}\|}$，$c$ 为一适当选择的常数
	绝对值指数法	$r_{ij} = \exp\left(- \sum\limits_{k=1}^{m} \|x_{ik} - x_{jk}\| \right)$
	绝对值倒数法	$r_{ij} = \begin{cases} 1 & (i = j) \\ \dfrac{C}{\sum\limits_{k=1}^{m} \|x_{ik} - x_{jk}\|} & (i \neq j,\text{其中 } C \text{ 需适当选取}) \end{cases}$
贴近度法	最大最小法	$r_{ij} = \dfrac{\sum\limits_{k=1}^{m}(x_{ik} \wedge x_{jk})}{\sum\limits_{k=1}^{m}(x_{ik} \vee x_{jk})}$
	算术平均最小法	$r_{ij} = \dfrac{\sum\limits_{k=1}^{m}(x_{ik} \wedge x_{jk})}{\dfrac{1}{2}\sum\limits_{k=1}^{m}\sqrt{x_{ik} + x_{jk}}}$
	几何平均最小法	$r_{ij} = \dfrac{\sum\limits_{k=1}^{m}(x_{ik} \wedge x_{jk})}{\sum\limits_{k=1}^{m}\sqrt{x_{ik} x_{jk}}}$

第三步：聚类（求动态聚类图）

利用模型相似关系矩阵即可进行设备故障的模糊聚类分析，将故障和征兆区分为彼此间具有足够类间距离的若干类，然后建立起相应的诊断规则。模糊聚类采用的方法如表 4.8 所示。更详细的分析可参见文献[96]。

表 4.8　模糊聚类采用的方法

基于模糊等价的矩阵聚类方法	传递闭包法
	布尔(Boole)矩阵法
直接聚类法	
模糊聚类最大树法	
模糊聚类编网法	

复习思考题

4-1　模糊概念为什么不能用经典集合加以描述？

4-2　模糊集合的隶属函数，为什么无法找到统一的模式？

4-3　隶属函数构造的基本准则是什么？常用的隶属函数有哪些？

4-4　模糊集的表示方法有哪几种？

4-5　模糊综合评判的五种具体模型是什么？适用范围如何确定？

4-6　模糊聚类分析的一般步骤是什么？

第5章 故障树分析诊断方法

故障树分析(Fault Tree Analysis,FTA)是用于大型复杂系统可靠性、安全性分析和风险评价的一种重要方法,它是通过对造成产品故障的硬件、软件、环境、人为因素进行分析,建立故障树模型,从而确定产品故障原因的各种可能组合方式和(或)其发生概率的一种分析技术。作为一个分析工具,它最初在航天、核能等领域广泛应用。随着理论体系的形成及动态故障树的发展,现在的故障树技术已经用于容错计算机和控制系统的可靠性分析,包括航空电子设备、任务航空电子设备系统、FTPP(容错并行处理器)配置、容错超立方体结构、空间站以及空中交通控制系统等等。故障树分析是可靠性设计的一种有效方法,已成为故障诊断技术中的一种有效方法。

5.1 故障树分析概述

5.1.1 故障树分析及其特点

故障树分析是一种图形演绎方法,它针对某个特定的不希望事件进行演绎推理分析,把系统故障与组成系统各部件的故障有机地联系在一起,找出导致系统故障的全部原因。基于故障的层次特性,其故障成因和后果的关系往往具有很多层次,并形成一连串的因果链,加之一因多果或一果多因的情况就构成了"树"或"网",这就是故障树提出的背景。

故障树分析在工程上的应用主要是:系统的可靠性分析;系统的安全性分析与事故分析;改进系统设计,对系统可靠性进行评价;概率风险评价;故障诊断与检修流程的制定;运行、管理人员的培训等。

在故障树分析中,一般是把所研究系统最不希望发生的故障状态作为辨识和估计的目标,这个最不希望发生的系统故障事件称为顶事件,它位于故障树的顶端;随后在一定的环境与工作条件下,找出导致顶事件发生的必要和/或充分的直接原因,这些原因可能是部件中硬件失效、人为差错、环境因素以及其他有关事件等,把它们作为第二级;依次再找出导致第二级故障事件发生的直接因素作为第三级,如此逐级展开,一直追溯到那些不能再展开或毋需再深究的最基本的故障事件为止。这些不能再展开或毋需再深究的最基本的故障事件称为底事件;介于顶事件和底事件之间的其他故障事件称为中间事件。把顶事件、中间事件和底事件用适当的逻辑门自上而下逐级联结起来所构成的逻辑结构图就是故障树,下面较低一级的事件是门的输入,上面较高一级的事件是门的输出;通常把仅含有故障事件及与门、或门的故障树称为正规故障树。

故障树分析具有直观、形象、灵活、方便、通用、可算等优点;但它也有建树工作量大、数据收集困难、要求分析人员充分了解被分析对象等缺点。

5.1.2 故障树分析使用的符号

故障树分析所用的符号主要可分为两类,即代表故障事件的符号,以及联系事件的逻辑门符号(参见 GB4888—1985)。此外,为了避免在故障树中出现重复,减轻建树工作量,使图形简明,还设置了转移符号,用以指明子树的位置等,表 5.1 对故障树分析中的常用符号加以说明,其他符号说明可查阅有关的参考文献。

表 5.1 故障树中常用符号及说明

序号	名称	符号	说明
1	基本事件	○	无需进一步展开的基本初始故障
2	未展开事件	◇	由于推论不详或是没有可以利用的信息而没有进一步展开的事件
3	中间事件	▭	因逻辑门一个或多个输入事件发生而发生的输出事件
4	与门	⌒	所有故障事件发生时,输出故障事件才发生
5	或门	⋀	如果至少有一个输入故障事件发生,则输出故障事件发生
6	转入	△	指出故障树接着相应"转出"(在另一页)而进一步发展
7	转出	△	指出故障树的这部分必须与相应的"转入"相连接
8	异或门	⋀	如果只有一个输入故障事件发生,则输出故障事件发生
9	顺序门	⋀	当所有输入故障事件按特定顺序发生时,输出故障事件发生(顺序由画在门右边的条件事件表示)
10	禁门	⬡	在有起作用的条件时,若单个输入故障发生,则输出故障发生(起作用的条件由画在门右边的条件事件表示)

5.2 故障树分析的一般步骤及表述

故障树分析方法经过 40 多年的发展，无论从定性分析、定量分析，还是图形化、计算机化等方面都取得了很大发展，现已由技巧化走向科学化，建树手段也由人工演绎建树走向计算机辅助建树。下面介绍分析、建造故障树的步骤和表达故障树的数学方法。

5.2.1 故障树分析的步骤

可根据分析的要求和人力、物力情况，选取其中几步进行。

1．确定所要分析的系统

首先确定要分析的系统所包含的内容及其边界条件。例如一个核电站，首先要确定分析的对象是反应堆系统还是汽轮发电机，反应堆系统中是反应堆本体还是主冷却剂系统或辅助系统，只有明确了系统，才能有明确的对象，做出易于理解的正确分析。在顶事件确定之后要定义故障树的边界条件（分解极限与外边界），即要对系统的某些组成部分（部件、子系统）的状态、环境条件等做出合理的假设。

2．熟悉系统

只有在熟悉系统的基础上，故障树分析才能反映系统的客观实际。熟悉系统是正确建立故障树进而能做出正确分析的关键。要求确切了解系统的构成、功能、工艺（或生产）过程、操作运行情况、保护设备、各种重要参数和越限指标等，必要时还需要了解工艺流程图及结构布置图，以作为建造故障树的依据。

3．调查系统发生的故障

尽量广泛地调查所分析系统的所有故障，既包括过去和现在已发生的故障，也包括估计将来可能发生的故障；既要了解所研究的本系统发生的故障，也要了解同类系统发生的故障。

4．确定故障树的顶事件

顶事件是系统不希望发生的事件。根据事故调查和统计分析的结果，将容易发生且后果严重或偶尔会发生但损失很大的事故作为不希望发生的事件，即顶事件。

5．调查引起顶事件发生的基本事件

在熟悉系统、分析事故的基础上，找出引起顶事件发生的各种因素，这些因素包括：人、机、管理、环境,即机械设备故障、操作失误;维修质量和维护不良、管理指挥错误,影响顶事件发生的环境不良等。在全面分析的基础上确定它们的因果关系和逻辑关系,最下面的原因事件即为基本事件。

6. 建造故障树

在完成以上工作的基础上,可以着手建造故障树。按照演绎分析的方法,从顶事件开始,一级一级往下分析找出直接原因事件,直到基本事件为止。根据相互间的逻辑关系,用规定的逻辑门连接上下层事件,形成一个事故逻辑关系图,即为故障树。对所建的故障树要反复推敲、检查看其是否符合逻辑分析原则,即,上一层事件应是下层事件的必然结果;下一层事件应是上层事件的充分条件。同时还应反复核实直接原因事件是否全部找齐,这具有定量意义。

7. 定性分析

故障树的定性分析是根据建造的故障树,利用布尔代数进行化简,然后求取故障树的最小割集和最小路集。最小割集是导致顶事件发生的基本事件的最小集合,最小路集是顶事件不发生时的最小集合,由此做出基本事件的结构重要度分析,得出定性分析的结论。

8. 定量分析

若已知故障树的结构函数和底事件,即系统基本故障事件的发生概率,从原则上说,应用容斥原理对"事件和"与"事件积"的概率计算,可以定量地评定故障树顶事件出现的概率。

9. 比较分析

由定量分析中求得的故障事件发生概率与通过统计分析得到的故障发生概率进行比较,如果两者相差很大,则应考虑故障树图是否正确,基本事件是否找齐,上下层事件间的逻辑关系是否正确,各基本事件的故障率是否合适等。若有问题,应返回重新对故障树进行修改。

10. 安全性评价

经过定性和定量分析后得到的顶事件发生概率如果超过预定的目标,则要研究降低事故发生概率的各种可能,由故障发生频度与事故损失严重度得到的损失超过元件的安全指标必须予以调整。由定性分析的结论得到多种降低事故发生频率的方案,根据人力、财力条件,选取最佳方案,确定设备改造和加强人为控制。

5.2.2 故障树建造的一般方法

在故障树分析法发展应用的过程中,逐渐总结出一些科学的建树规则,遵循这些规则可以有效地避免建树过程中产生错误或遗漏。概括起来有以下几个原则：

(1)准确地描述故障事件。从顶事件开始，对每一个中间事件、底事件等都要准确地说明它是一种怎样的故障，何时、何条件下发生。这也许需要一个冗长的描述，但绝不能因为麻烦而进行简化。否则会使故障的界限和概念不清，致使故障分析混乱、遗漏或重复。

(2)判明结果事件是属于部件故障状态还是系统故障状态。如果对问题"这个故障能否由部件失效组成"的回答是"能"，则将这个事件归为部件故障状态，那么就在这个事件下面加一个或门，并寻找初级故障、次级故障和指令故障；如果回答是"否"，则将此事件归为系统故障状态，需要寻找最充分必要的直接原因。系统故障状态可能需要一个或门、一个禁门或什么门也不需要。一般来说，如果能量来源于部件外的一点，那么这个事件就归为"系统故障状态"。

(3)对于某个门，在进一步分析这个门的输入事件之前，要寻找到这个门的所有输入事件，并完整、准确地定义所有的输入事件。这一规则表明，故障树应该逐级建造，逐级找出必要而充分的直接原因。对一级作任何考虑之前，必须完成上一级。这样能使建树有条理地一级一级地进行下去，避免遗漏和重复。

(4)门的所有输入都应当是正确定义了的故障事件，门不能与门直接相连，以免造成建树混乱。

现以图5.1所示的简单电气系统为例，说明顶事件和边界条件的关系。

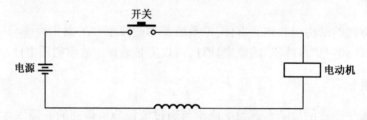

图 5.1　简单电气系统

该电气系统的故障状态有两种可能：一种是电动机不转动；另一种是电动机虽转动，但温升过高，不能按要求长时间工作。对应于这两种故障状态的顶事件和边界条件如表5.2所列。

表 5.2　简单电气系统的顶事件和边界条件

顶事件	电动机不转	电动机过热
初始状态	开关闭合	开关闭合
不容许事件	由于外来因素使系统失效(不包括人为因素)	由于外来因素使系统失效
必然事件	无	开关闭合

在确定边界条件时，一般允许把小概率事件当作不容许事件，在建树时可不予考虑，例如，在图5.1的例子中，就对导线和接头的故障忽略不计。由于小概率事件与小部件的故障或小故障事件是不同的概念，因此，允许忽略小概率事件故障，不等于允许忽略小部件的故障事件。有些小部件故障或多发性的小故障事件的出现，所造成的危害可能远大于一些大部件或重要

设备的故障后果。挑战者号航天飞机的爆炸就是由一个密封圈失效的"小故障"引起的。有的故障发生概率虽小,可是一旦发生则后果严重,因此,这种事件就不能忽略。

(5)建立故障树

顶事件和边界条件确定之后,就可以从顶事件出发建故障树了。要有层次地逐级进行分析,依照原则(2),判断每一级是部件故障状态还是系统故障状态。如果这个故障事件是部件故障状态,那么就在这个事件后面加一个或门,并寻找初级失效、次级失效和指令失效模式;如果这个故障事件是系统故障状态,则寻找最充分必要的直接原因。然后逐级向下发展,直到找出引起系统失效的全部原因。对各级事件的定义要简明、确切,当所有中间事件被分解为底事件时,则故障树初步建成。

下面举一个核电站安全注入系统电动阀故障树建立的例子。

在核电站安全注入系统中使用最多的是担任着隔离作用的电动阀,下面分析具有以下两种性能的电动阀:①只有接到安全注入信号之后才开启的阀门,而不是在备用状态常开的阀门;②在管线上唯一存在的阀门。阀门的故障为部件故障状态,对于部件故障状态,可能由初级故障、次级故障或指令故障引发。通过分析电动阀的工作原理及过程,确定初级故障为"接到开启信号,阀门未打开",次级故障为"开启后不能正常工作",指令故障为"未接到开启信号",用"或门"和上一级事件相连。

对三个事件逐一分析,"接到开启信号,阀门未打开"表现在阀门上,原因为"机械卡死"和"供电失效",用"或门"连接。"机械卡死"已经是系统部件的故障,不再进行更深入的分析,作为基本事件。"供电失效"在本故障树分析范围之外,在此将这一事件处理成未展开事件,表明是未探明原因的事件。"开启后不能正常工作"是系统故障,非部件本身失效引起。寻找其最充分必要的直接原因为"阀门关闭"或"人因致使阀门关闭",对于人因故障,作未展开事件。第三级事件"阀门关闭"的初级故障是"机械原因使阀门关闭",次级故障是"供电失效。"这部分的故障树如图 5.2 所示,详细的分析可参考文献[98]。

(6)对故障树进行整理与优化

为进行故障树的定性和定量分析,需要对所建故障树进行整理和优化,可以在优化的过程中适当去掉一些基本不可能发生的事件,使分析出的结果更有价值、可靠,并且一目了然。对于一般的故障树,可利用逻辑函数构造故障树的结构函数,然后再应用逻辑代数运算规则来简化故障树,获得其等效的故障树。以下是利用布尔函数中的吸收律进行化简的例子,其故障树的逻辑关系如图 5.3 所示。

$$G433 = G435 \cdot G436 \cdot G437 = (G438 + E598)(G438 + E599)(G438 + E600)$$

根据吸收律化简后,计算 $G433 = G438 + E598 \cdot E599 \cdot E600$,不仅逻辑结构简单化,同时可将计算最小割集时的计算步骤减少。

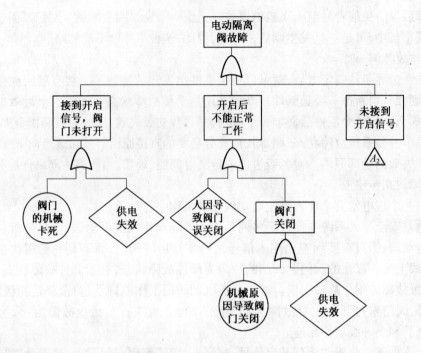

图 5.2 电动阀故障树结构图

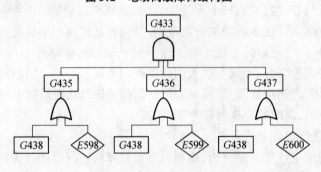

图 5.3 故障树逻辑结构

5.2.3 故障树的结构函数

为了对故障树进行定性和定量分析,需要对故障树的逻辑关系用数学语言进行描述,故障树的结构函数就是故障树的数学表达式。

由 N 个独立底事件构成的故障树,其化简后的顶事件的状态 φ 完全由底事件的状态 $x_i(i=1,2,\cdots,n)$ 的取值所决定(若每个底事件的状态取"0"或"1"两种状态,则共有 2^n 个状态),即

$$\varphi = \varphi(X) = \varphi(x_1, x_2, \cdots, x_n) \tag{5.1}$$

称逻辑函数 φ 为故障树的结构函数。

例如,图 5.4 所示与门结构故障树的结构函数为

$$\varphi(X) = \prod_{i=1}^{n} x_i = \min(x_1, x_2, \cdots, x_n) \tag{5.2}$$

式(5.2)的工程意义在于:当全部底事件都发生,即全部 $x_i(i = 1, 2, \cdots, n)$ 都取值为 1 时,则顶事件才发生,即 $\varphi(X) = 1$。

同理,对图 5.5 所示或门结构故障树,其结构函数为

$$\varphi(X) = 1 - \prod_{i=1}^{n} x_i = \max(x_1, x_2, \cdots, x_n) \tag{5.3}$$

(5.3)式的工程意义在于:当系统中任一个底事件发生时,则顶事件就发生。

图 5.4 与门结构故障树　　　　　　图 5.5 或门结构故障树

对于一般的故障树,可先写出其结构函数,然后利用逻辑代数运算规则和逻辑门等效变换规则,获得对应的简化后的故障树。

因此,对于图 5.6 所示的故障树,其状态向量 $X = (x_1, x_2, x_3, x_4, x_5)$,结构函数为 $\varphi(X)$,其真值表见表 5.3。

$$\begin{aligned}\varphi(X) &= A + B = x_4 \cdot C + x_1 D = x_4 \cdot (x_3 + E) + x_1 \cdot (x_3 + x_5) = \\ &\quad x_4 \cdot (x_3 + x_2 \cdot x_5) + x_1 \cdot (x_3 + x_5) = \\ &\quad x_3 \cdot x_4 + x_2 \cdot x_4 \cdot x_5 + x_1 \cdot x_3 + x_1 \cdot x_5\end{aligned} \tag{5.4}$$

表 5.3 底事件的状态值与顶事件的状态值表

x_1	x_2	x_3	x_4	x_5	$\varphi(X)$	x_1	x_2	x_3	x_4	x_5	$\varphi(X)$
0	0	0	0	0	0	1	0	0	0	0	0
0	0	0	0	1	0	1	0	0	0	1	1
0	0	0	1	0	0	1	0	0	1	0	0
0	0	0	1	1	0	1	0	0	1	1	1
0	0	1	0	0	0	1	0	1	0	0	1
0	0	1	0	1	0	1	0	1	0	1	1

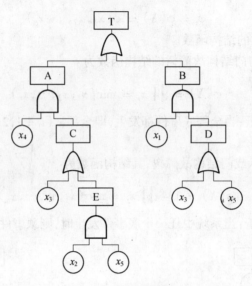

图 5.6 故障树举例

续表 5.3

x_1	x_2	x_3	x_4	x_5	$\varphi(X)$	x_1	x_2	x_3	x_4	x_5	$\varphi(X)$
0	0	1	1	0	1	1	0	1	1	0	1
0	0	1	1	1	1	1	0	1	1	1	1
0	1	0	0	0	0	1	1	0	0	0	0
0	1	0	0	1	0	1	1	0	0	1	1
0	1	0	1	0	0	1	1	0	1	0	0
0	1	0	1	1	1	1	1	0	1	1	1
0	1	1	0	0	0	1	1	1	0	0	1
0	1	1	0	1	1	1	1	1	0	1	1
0	1	1	1	0	1	1	1	1	1	0	1
0	1	1	1	1	1	1	1	1	1	1	1

5.3 故障树的分析

对故障树的分析可分为定性分析和定量分析,下面分别加以介绍。

5.3.1 故障树的定性分析

为了弄清系统(或设备)出现某种最不希望的故障事件有多少种可能性,需要找出导致顶事件发生的所有可能的故障模式,通过对故障树的定性分析可以解决这个问题。

1. 基本概念

根据各底事件 $X = (x_1, x_2, \cdots, x_n)$ 的一组取值分为两个集合:$C_0(X)$ 为取值0的底事件的集合;$C_1(X)$ 为取值1的底事件的集合。

(1) 割集和最小割集

如果某一组 X 的取值能使 $\varphi(X) = 1$,则 X 中的 $C_1(X)$ 称为一个割集。如果某一割集中任一个底事件删除后不是一个割集,则这个割集称为最小割集。

从表 5.3 可以看出,图 5.6 所示的故障树有 17 个割集,而最小割集只有 4 个,即 $\{x_3, x_4\}$,$\{x_2, x_4, x_5\}$,$\{x_1, x_5\}$,$\{x_1, x_3\}$,该结论与式(5.4)所表达的结构函数是一致的。

(2) 路集和最小路集

如果某一组 X 的取值能使 $\varphi(X) = 0$,则该组 X 中的 $C_0(X)$ 称为一个路集。

最小路集是导致故障树顶事件不发生的数目最少,而又最必要的底事件的路集。即如果某一个路集中任一个底事件删除后就不是一个路集,则这个路集就称为最小路集。

仍以图 5.6 所示的故障树为例,从表 5.3 可以看出,它有 15 个路集,而最小路集只有 3 个,即 (x_1, x_2, x_3),(x_1, x_4),(x_3, x_5)。

2. 最小割集算法

求故障树最小割集的方法有多种,例如对于简单的故障树,只需将故障树的结构函数展开,使之成为具有最小项数的积之和表达式,每一项乘积就是一个最小割集,如式(5.4)。对于复杂系统的故障树,与顶事件发生有关的底事件数可能有几十个,甚至更多。要从这么多的底事件中先找到割集,再从中剔除一般割集求出最小割集,工作量很大,且容易出错。下面介绍 2 种基本的方法。

(1) 上行法

上行法的基本原理是,对每一个输出事件而言,如果它是或门的输出,则用该或门的诸输入事件的布尔和表示此输出事件;如果它是与门的输出,则用该与门的诸输入事件的布尔积表示此输出事件。其基本步骤是,从底事件开始,由下而上逐级进行处理,直到所有的结果事件都已被处理为止,这样得到一个顶事件的布尔表达式。根据布尔代数运算法则,将顶事件化成诸底事件的积的和的最简式,此最简式的每一项所包括的底事件集即一个最小割集,从而得出故障树的所有最小割集。

(2) 下行法

下行法的基本原理是,对每一个输出事件而言,如果它是或门的输出,则将该或门的输入事件各排成一行;如果它是与门的输出,则将该与门的所有输入事件排在同一行。其基本步骤是,从顶事件开始,由上而下逐个进行处理,处理的基本方法如前所述,直到所有的结构事件已被处理为止。最后所得每一行的底事件集合都是故障树的一个割集。将这些割集进行比较,即得出所有的最小割集。

仍以图 5.6 所示的故障树为例,用下行法求最小割集的步骤见表 5.4。由于图 5.6 所示的故障树已经化简,故本例所得到的割集就是最小割集。

表 5.4 下行法

分析步骤序号							最小割集
1	2	3	4	5	6	7(割集)	
T	A	$x_4 C$	$x_4 x_3$	$x_4 x_3$	$x_4 x_3$	$x_4 x_3$	$\{x_3, x_4\}$
	B	B	$x_4 E$	$x_4 x_2 x_5$	$x_4 x_2 x_5$	$x_4 x_2 x_5$	$\{x_4 x_2 x_5\}$
			B	B	$x_1 D$	$x_1 x_3$	$\{x_1 x_3\}$
						$x_1 x_5$	$\{x_1 x_5\}$

3. 最小路集算法

故障树 T 的对偶树 T_D(Dual Fault Tree) 简称对偶树,表达了故障树 T 中的全部事件(包括顶事件) 都不发生时,这些事件的逻辑关系,因此,它实际上是系统的成功树(功能树)。对偶树的画法是把故障树中的每一事件都变成其对立事件,并且将全部或门换成与门,全部与门换成或门,这样便构成 T 的对偶树 T_D。

对偶树 T_D 与故障树 T 的关系为:

(1) T_D 的全部最小割集就是 T 的全部最小路集,而且是一一对应的;反之亦然。

(2) T_D 的结构函数 $\varphi_D(X)$ 与 T 的结构函数 $\varphi(X)$ 满足下列关系,即

$$\varphi_D(\bar{X}) = 1 - \varphi(I - \bar{X})$$
$$\varphi(X) = 1 - \varphi_D(I - X) \tag{5.5}$$

式中 $\bar{X} = I - X = \{1 - x_1, 1 - x_2, \cdots, 1 - x_n\} = \{\bar{x}_1, \bar{x}_2, \cdots, \bar{x}_n\}$。

利用上述的对偶性,只要首先构造故障树的对偶树,然后利用前面所介绍的最小割集算法求出对偶树的最小割集,即得到原故障树的最小路集。

5.3.2 故障树的定量分析

对故障树进行定量分析的主要目的是计算或估算顶事件发生的概率及系统的一些可靠性

指标(如可靠度、重要度、故障率、累积故障概率、首次故障时间等)和底事件的重要度。

1. 由最小割集结构函数求顶事件发生概率

需要注意,计算顶事件发生概率时,必须已知各底事件发生的概率,并且要先将故障树进行化简,使其结构函数用最小割集(或最小路集)来表达,然后才能进行计算。

求系统顶事件发生的概率,就是求 $\varphi(X) = 1$ 的概率。由于 $\varphi(X)$ 只是取 0 和 1 的二值函数,所以结构函数中 $\varphi(X)$ 的数学期望也就是顶事件的发生概率 q,于是有

$$q = P[\varphi(X) = 1] = E[\varphi(X)] \tag{5.6}$$

令 X_j 为属于最小割集的全部底事件均发生的事件,则顶事件发生的事件即 k 个 x_j 中至少有一个发生的事件,因此

$$q = P\left\{\sum_{j=1}^{k} x_j\right\} \tag{5.7}$$

由于各割集间一般并非独立事件,因而式(5.7)按照概率求和公式展开为

$$q = \sum_{j=1}^{k} P(x_i) - \sum_{1 \leq i < j \leq k} P(x_i x_j) + \sum_{1 \leq i < j < l \leq k} P(x_i x_j x_l) - \cdots + (-1)^{(k+1)} P(x_i x_j \cdots x_k) \tag{5.8}$$

当求得的各最小割集的全部底事件为均发生的事件 $x_j(j = 1,2,\cdots,k)$,并已知各底事件发生的概率 $p_i = P(x_j = 1)$ 后,即可利用式(5.8)求得顶事件发生的概率 $q(p),p = (p_1,p_2,\cdots,p_n)$。当每一个最小割集内的底事件统计独立时,则可根据独立事件积的概率公式去计算式(5.8)。

现以图5.6所示的故障树为例,计算顶事件发生的概率。该故障树共有4个最小割集,当最小割集中的全部底事件都发生时,利用式(5.8)可得顶事件发生概率为

$$q(p) = (p_1 p_5 + p_1 p_3 + p_3 p_4 + p_2 p_4 p_5) - (p_1 p_3 p_5 + p_1 p_3 p_4 p_5 + p_1 p_2 p_4 p_5 + p_1 p_3 p_4 + p_1 p_2 p_3 p_4 p_5 + p_2 p_3 p_4 p_5) + (p_1 p_3 p_4 p_5 + p_1 p_2 p_3 p_4 p_5 + p_1 p_2 p_3 p_4 p_5 + p_1 p_2 p_3 p_4 p_5) - p_1 p_2 p_3 p_4 p_5 =$$

$$p_1 p_5 + p_1 p_3 - p_1 p_3 p_4 - p_1 p_3 p_5 + p_2 p_4 p_5 - p_1 p_2 p_4 p_5 - p_2 p_3 p_4 p_5 + p_1 p_2 p_3 p_4 p_5$$

若取 $p_1 = p_2 = p_3 = 1 \times 10^{-3}, p_4 = p_5 = 1 \times 10^{-4}$,则 $q(p) = 1.19981 \times 10^{-6}$。

2. 底事件重要度计算

故障树的各个底事件(或各最小割集)对顶事件发生的影响,称作底事件的重要度。研究底事件重要度对改善系统设计,提高系统的可靠度,或者确定故障监测的部位,制定系统故障诊断方案,减少排除故障的时间,有效地提高整个系统的可用度等都有重要的作用。

工程中估算重要度可以采用各种不同的公式,以下仅就结构重要度、概率重要度和关键重要度作简要介绍。

(1) 结构重要度

某个底事件的结构重要度,是在不考虑其发生概率值的情况下,考察故障树的结构,以决定该事件的位置重要程度。

由于底事件 $x_i(i=1,2,\cdots,n)$ 的状态取值为0或1,故当 x_i 处于某一状态后,其余 $(n-1)$ 个底事件组合的系统状态数应为 2^{n-1}。因此,可定义底事件 x_i 的结构重要度 $I_{\phi(x_i)}$ 为

$$I_{\phi(x_i)} = \frac{1}{2^{n-1}} \sum_{(x/x_i=1)} [\phi(1_i,X) - \phi(0_i,X)] \tag{5.9}$$

式中

$$(0_i,X) = (x_1,x_2,\cdots,x_{i-1},0,x_{i+1},\cdots,x_n)$$
$$(1_i,X) = (x_1,x_2,\cdots,x_{i-1},1,x_{i+1},\cdots,x_n)$$

(2) 概率重要度

当底事件 x_i 发生的概率值 p_i 变化时,引起顶事件发生概率值 $q(p)$ 变化的程度,称为概率重要度 $I_{q(x_i)}$,其数学定义为

$$I_{q(x_i)} = \frac{\partial q(p)}{\partial p_i} \tag{5.10}$$

在故障树为与门、或门结合的一般情况下,设 $q(1_i,p)$ 和 $q(0_i,p)$ 分别表示底事件 x_i 发生 $(x_i=1)$ 和不发生 $(x_i=0)$ 时,顶事件发生的概率则为

$$q(p) = p_i q(1_i,p) + (1-p_i) q(0_i,p) \tag{5.11}$$

将式(5.11)代入式(5.10),可得概率重要度

$$I_{q(x_i)} = q(1_i,p) - q(0_i,p) \tag{5.12}$$

即底事件 x_i 的概率重要度等于该底事件发生时顶事件发生的概率与它不发生时而顶事件依然发生的概率之差,所以 $0 < I_{q(x_i)} < 1$。顶事件发生的概率 $q(p)$ 是底事件发生概率的非减函数。

(3) 关键重要度

底事件 x_i 的关键重要度定义为

$$I_{c(x_i)} = \frac{\partial \ln q(p)}{\partial \ln p_i} = \frac{\partial q/q}{\partial p_i/p_i} \tag{5.13}$$

它与概率重要度 $I_{q(x_i)}$ 的关系为

$$I_{c(x_i)} = \frac{p_i}{q} I_{q(x_i)} \tag{5.14}$$

由此可见,底事件 x_i 的关键重要度是底事件失效概率变化率所引起的顶事件失效概率的变化率。

设图5.6所示故障树的各底事件发生概率分别为:$q_1=0.01,q_2=0.02,q_3=0.03,q_4=$

0.04，$q_5 = 0.05$ 则利用式(5.9),(5.12)和(5.13)可计算得几种重要度,见表5.5。

表5.5　图5.6所示故障树底事件的重要度

	1	2	3	4	5
结构重要度 $I_{\varphi(x_i)}$	0.44	0.06	0.44	0.31	0.31
概率重要度 $I_{q(x_i)}$	0.076	0.002	0.049	0.031	0.010
关键重要度 $I_{c(x_i)}$	0.38	0.02	0.73	0.62	0.25

由式(5.13)可见,关键重要度反映了元、部件触发系统故障可能性的大小,因此一旦系统发生故障,理应首先怀疑那些关键重要度大的元、部件。据此安排系统故障监测和诊断的最佳顺序,指导系统的维修。特别当要求迅速排除系统故障时,按关键重要度寻找故障,往往会收到快速而又有效的效果。

上述三种重要度从不同角度反映了部件对系统的影响程度,因而,它们使用的场合各不相同。在进行系统可靠度分配时,通常使用结构重要度。当进行系统可靠性参数设计以及排列诊断检查顺序时,通常使用关键重要度,而在计算部件结构重要度和关键重要度时,往往又少不了概率重要度这么一个有效的工具。

5.4　诊断实例

故障发生时各底事件为系统可测可控的最低分析单元,也是造成系统故障(顶事件)的基本原因,因而,最小割集就是这些能够导致系统故障发生的基本原因的最小组合。它囊括了系统的全部故障原因分析,描绘了系统最薄弱的环节,是故障诊断需要把握的重点和关键,而顶事件的发生概率则定量刻画了系统发生故障的可能性。从概率上说,要最快确定系统故障原因,可通过求解各功能单元(底事件)的关键重要度,加以排序来实现。

1. 故障结构分析

断路器是电力系统重要元件之一,是电力系统重要的保护元件,对断路器的故障处理不及时将造成断路器爆炸伤人,甚至系统大面积停电的严重后果,所以对断路器的诊断是非常重要的,图5.7为油断路器故障树的模型。

2. 底事件重要度和顶事件概率计算

由于电力设备一般都是串联网络,其每一个底事件都为最小割集,但并不是每一个底事件对系统故障的影响地位都相同,为此可通过比较重要度,来找出对系统故障影响大的底事件重点进行检修,这样可大大提高检修的效率和可靠性。本例中利用式(5.12)计算了底事件的概率重要度,见表5.6。

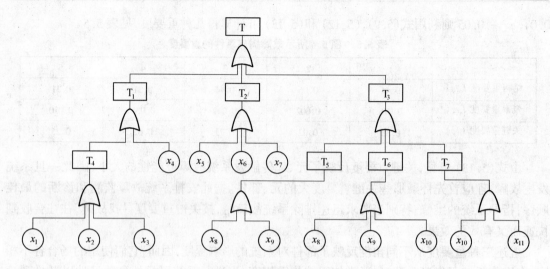

图 5.7 油断路器故障树模型

对于一个重要度高而故障率很小的底事件,单纯从底事件重要度来考察还不能准确地表示其对整个系统可靠性的影响大小,所以引入了故障系数的概念,用 F_{x_i} 来表示,$F_{x_i} = I \cdot p_i$,计算各底事件故障系数(表中为近似值),见表 5.6。

表 5.6 各底事件故障率与重要度

底事件	x_1	x_2	x_3	x_4	x_5	x_6	x_7	x_8	x_9	x_{10}	x_{11}
故障概率 p_i	0.02	0.01	0.03	0.05	0.015	0.01	0.03	0.02	0.01	0.02	0.02
重要度 I	1	1	1	1	1	1	1	2	2	2	1
故障系数 F_{x_i}	0.02	0.01	0.03	0.05	0.015	0.01	0.03	0.04	0.02	0.02	0.02

如本例中的底事件 x_8,虽然故障概率只有 0.02,但是它的重要度达到了 2,进而它的故障系数也就相应的变为其故障率的 2 倍,所以在实际的工程中对油断路器的故障预测应参考故障系数的大小来计划各个元件的检修顺序。

图 5.8 是一个或门结构,根据式(5.2)和表 5.6 给出的各底事件故障率,计算油路器故障概率为

$$q = 1 - \prod_{i=1}^{11} (1 - p_i) = 0.204$$

3. 结果分析

根据计算结果发现油断路器的故障原因很多,但是各个底事件在故障树中的重要性则因为它们所代表的元件自身的故障率和在系统中的位置和作用的不同而有所不同。本例是一个典型的串联系统,当任何一个底事件出现故障时,顶事件都表现为故障状态,所以要想提高油

断路器的可靠性,就必须降低每一个底事件的故障率。

复习思考题

5-1 故障树分析方法的原理是什么？如何确定故障树的顶事件？中间事件、底事件与顶事件的关系是什么？

5-2 根据你的研究课题选定一个研究对象,利用故障树分析方法对其进行故障分析。

第6章 专家系统故障诊断方法

随着人工智能(Artificial Intelligence,AI)技术的不断发展,以知识处理为核心的智能诊断技术已成为设备故障诊断技术的一个主要发展方向。智能诊断技术是在自动测试技术和信号处理技术的基础上,将人工智能的理论和方法应用到故障诊断领域,实现诊断过程的智能化。

专家系统(Expert System,ES)产生于20世纪60年代中期,是人工智能研究的一个分支。故障诊断是专家系统最成功的一个应用领域,早期的专家系统很多都是关于医疗诊断方面的,如用于诊断细菌感染病的专家咨询系统MYCIN等。随后诊断专家系统被应用到工程领域,出现了许多设备故障诊断专家系统,如汽轮发电机组故障诊断专家系统DIVA等。目前,故障诊断专家系统已在航天、电力、冶金和石化等领域得到了广泛应用,受到工程界的普遍重视。

专家系统是在产生式系统的基础上发展起来的。

6.1 专家系统概述

专家系统是人工智能应用研究最活跃和最广泛的课题之一。自从1965年第一个专家系统DENDRAL在美国斯坦福大学问世后,经过20年的研究开发,到20世纪80年代中期,各种专家系统已遍布各个专业领域,取得很大的成功。现在,专家系统已得到更为广泛的应用,并在应用开发中得到进一步发展。

专家系统是一个智能计算机程序系统,其内部含有大量的某个领域专家水平的知识与经验,能够利用人类专家的知识和解决问题的方法来处理该领域问题。也就是说,专家系统是一个具有大量的专门知识与经验的程序系统,它应用人工智能技术和计算机技术,根据某领域一个或多个专家提供的知识和经验,进行推理和判断,模拟人类专家的决策过程,以便解决那些需要人类专家处理的复杂问题。简而言之,专家系统是一种模拟人类专家解决领域问题的计算机程序系统。

6.1.1 专家系统的基本概念

要说明什么是专家系统,首先应该明确"专家"的含义。专家通常是指某一特定领域的行家,他们掌握了大量的专业技能,能够解决大多数人所不能解决的复杂问题。一个人要想成为专家,必须具备如下两个基本条件:

(1)拥有丰富的专业知识。
(2)具有独特的分析问题和解决问题的方法。

领域专家在解决实际问题时使用的专业知识一般可分为两类：即理论知识和经验知识。理论知识包括领域内相关的定义、事实、理论和方法，这类知识已为领域内专业人员一致认同，可以在公开发表的文献和教科书中得到，因此也称为公共知识。经验知识是帮助人类专家解决问题、做出决定的经验规则或策略，是领域专家通过长期实践积累起来的私有知识，在公开发表的文献中难以找到。

经验知识也称为启发性知识(Heuristic Knowledge)，这类知识通常没有严谨的理论依据，不能保证在所有情况下都是正确的，但它们在解决实际问题时，往往十分简洁、有效。使用启发性知识处理问题是人类推理的特征之一，例如，当发现某人食指发黄时，就会根据经验猜测此人经常吸烟。这种判断通常是正确的，但在个别情况下也会出现误判，如食指涂碘酒消炎的情况。对于人类专家而言，经验知识比理论知识更为重要，人类专家正是由于掌握了大量的经验知识，在遇到复杂问题时才能够做出高水平的分析和判断。例如，虽然年轻医生和老医生相比，所学的理论知识更新，但是人们还是愿意找老医生看病，就是因为老医生的临床经验更丰富。

可以设想，如果将领域专家解决问题使用的专业知识以适当的形式存入计算机，让计算机模拟领域专家分析问题和解决问题的方法进行推理、判断和决策，那么计算机系统也能像人类专家那样具有很高的问题求解能力，这就是建立专家系统的基本思想。目前关于什么是专家系统还没有一个全面、公认的定义，不同领域的研究人员对专家系统有不同的理解。专家系统先驱，美国斯坦福大学的费根鲍姆(E. A. Feigenbaum)教授给出了如下定义：

"专家系统是一个智能计算机程序，它利用知识和推理过程来解决那些需要大量的人类专家知识才能解决的复杂问题，所用的知识和推理过程，可认为是最好的领域专家应用专门知识的模型"。

通过上面的定义可以看出，专家系统是人工智能研究的一个分支，是一个拥有大量专业知识的计算机程序系统。它应用人工智能技术，根据专家提供的领域知识进行推理和判断，模拟人类专家的决策过程，解决那些只有人类专家才能解决的复杂问题。

6.1.2 专家系统的结构

既然专家系统是一种智能计算机程序，它与常规的应用程序区别是：常规应用程序是以数据处理为对象，以算法为基础的数据处理系统，主要用于数值计算和信息检索；而专家系统是以符号推理为基础的知识处理系统，主要依据知识进行推理、判断和决策。因此，专家系统有许多不同于传统程序的特点(表6.1)，例如：采用启发式推理，能处理信息的不确定性和不完全性，能提供解释信息等。因此，专家系统注重知识表示和推理方法，而常规应用程序则强调数据结构和算法。常规应用程序的结构可表示为

$$数据结构 + 算法 = 程序$$

专家系统的结构则可表示为

知识 + 推理 = 专家系统

表 6.1 专家系统与传统程序的区别

专家系统	传统程序
知识的表示和使用	数据的表示和使用
作出决定	计算结果
基于启发式	基于算法
符号推理	数值计算
能处理信息的不确定性	能处理信息的不确定性
能处理信息的不完全性	需要全部信息
能提供解释	不能提供解释
控制和知识分离	控制和知识混合

专家系统的应用领域十分广泛,不同的应用领域和应用目标往往需要采用不同的系统结构。但是无论哪种类型的专家系统都不能缺少知识库、推理机和人机接口,这三个部分构成了专家系统的基本结构,如图 6.1 所示。

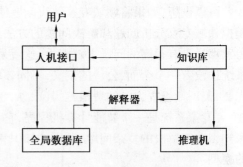

图 6.1 专家系统的基本结构

1. 知识库(Knowledge Base, KB)

知识库以某种存储结构存储领域专家的知识,包括基本事实、规则和其他有关信息。领域知识是决定专家系统能力的关键,所以知识库是专家系统的核心组成部分。为了建立知识库,首先要解决知识获取与知识表示的问题。知识获取是指知识工程师如何从领域专家那里获得将要纳入知识库的知识。知识表示要解决的问题是如何使用计算机能够理解的形式来表示和存储知识的问题。

2. 全局数据库(Global Database)

全局数据库亦称为总数据库,它用于存储求解问题的初始数据和推理过程中得到的中间数据。

3. 推理机(Reasoning Machine)

推理机根据全局数据库的当前内容,从知识库中选择可匹配的规则,并通过执行规则来修改数据库中的内容,再通过不断的推理导出问题的结论。推理机中包含如何从知识库中选择规则的策略和当有多个可用规则时如何消解规则冲突的策略。

4. 解释器(Expositor)

解释器用于向用户解释专家系统的行为,包括解释"系统是怎样得出这一结论的"、"系统为什么要提出这样的问题来询问用户"等用户需要解释的问题。

5. 人机接口(Man-machine Interface)

人机接口是系统与用户进行对话的界面。用户通过人机接口输入必要的数据、提出问题和获得推理结果及系统作出的解释;系统通过人机接口要求用户回答系统的询问,回答用户的问题和解释。

通过上述分析可以看出,知识库和推理机是专家系统的核心。两者在结构上是完全分离的,即解决问题所需的知识和使用知识进行推理的程序相分离,这是专家系统区别于传统程序的一个基本特点,这种结构便于知识库的修改和扩充。

故障诊断领域的问题非常复杂,往往需要人类专家的经验知识才能解决,因此专家系统在故障诊断领域得到了广泛应用。但是也应该看到,目前专家系统的能力是有限的,与人类专家相比还有很大差距,不可能完全代替人类专家。随着专家系统技术的不断完善和发展,相信其解决问题的能力会越来越强。

6.1.3 专家系统的特点

总体上看,专家系统具有一些共同的特点和优点。

1. 专家系统的三个特点

(1)启发性。专家系统能运用专家的知识与经验进行推理、判断和决策。世界上的大部分工作和知识都是非数学性的,只有一小部分人类活动是以数学公式或数字计算为核心(约占8%)。即使是化学和物理学科,大部分也是靠推理进行思考的;对于生物学、大部分医学和全部法律,情况也是如此。企业管理的思考几乎全靠符号推理,而不是数值计算。

(2)透明性。专家系统能够解释本身的推理过程并回答用户提出的问题,以使用户能够了解推理过程,提高对专家系统的信赖感。例如,一个医疗诊断专家系统诊断某个病人患有肺炎,而且必须用某种抗生素治疗,那么,这一专家系统将会向病人解释为什么他患有肺炎,而且必须用某种抗生素治疗,就像一位医疗专家对病人详细解释病情和治疗方案一样。

(3)灵活性。专家系统能不断增长知识,修改原有知识,不断更新。由于这一特点,使得专家系统具有十分广泛的应用领域。

2. 专家系统的优点

近 20 年来,专家系统获得迅速发展,应用领域越来越广,解决实际问题的能力也越来越强,这是专家系统的优良性能以及对国民经济所起的重大作用所决定的。具体地说,专家系统的优点包括下列几个方面:

(1)专家系统能够高效率、准确、周到、迅速和不知疲倦地进行工作。

(2)专家系统解决实际问题时不受周围环境的影响,也不可能忘记或遗漏。

(3)可以使专家的专长不受时间和空间的限制,以便推广珍贵和稀缺的专家知识与经验。

(4)专家系统能够促进各领域的发展,它使各领域专家的专业知识、经验得到总结和精炼,能够广泛而有力地传播专家的知识、经验和能力。

(5)专家系统能够汇集和集成多领域专家的知识和经验以及他们协作解决重大问题的能力,拥有更渊博的知识、更丰富的经验和更强的工作能力。

(6)军事专家系统的水平是一个国家的国防现代化和国防能力的重要标志之一。

(7)专家系统的研制和应用,具有巨大的经济效益和社会效益。

(8)研究专家系统能够促进整个科学技术的发展。专家系统对人工智能的各个领域的发展起了很大的促进作用,并将对科技、经济、国防、教育、社会和人民生活产生极其深远的影响。

6.2 专家系统的知识表示

知识是专家系统的核心。专家系统的性能取决于它所拥有的知识的数量和质量。专家系统的工作过程是一个获得知识并应用知识的过程,所以说专家系统是一个知识处理系统。为了对知识进行处理,首先遇到的就是如何表示知识的问题。它研究在计算机中如何用最合适的形式对系统中所需的各种知识进行组织,它与问题的性质和推理控制策略有着密切的关系。知识的获取、表示和利用是专家系统的三个基本问题,其中知识表示处于中心地位,是专家系统中最基本的一个问题。因为,一方面获取的知识必须表示成某种形式,才能把知识记录下来;另一方面只有将知识表示成合理的形式,才能利用知识进行问题求解。而且知识表示方法的优劣直接影响到系统的知识获取能力和知识利用效率。所以,知识表示是专家系统研究中的核心问题,同时也是人工智能和知识工程所共同关心的一个热门课题。

知识是人类在长期的实践中所积累的认识和经验的总和。关于知识的严格定义,不同的人有不同的理解。Hayes – Roth 的定义是:知识 = 事实 + 信念 + 启发式。知识可按照 Hayes – Roth 提出的知识的三维空间来描述(图 6.2),即知识的范围、目的和有效性,知识的范围从专门的且应用很窄的知识到一般的且应用很广的知识;知识的目的从描述性目的到指示性目的;知识的有效性从确定性知识到不确定性知识。目前专家系统所使用的知识几乎都是专门的不确定性知识。

所谓知识表示(Knowledge Representation)是为了描述世界所作的一组约定,是知识的符号化和形式化过程。知识表示方法就是研究如何设计各种数据结构,以便将已获得的某个问题领域的各种知识以计算机内部代码的形式加以合理地描述和存储。知识表示的目的在于通过知识的有效表示,使专家系统能够利用这些知识进行推理和作出决策。正如我们可以用不同的方式描述同一事物一样,对于同一种知识,也可以采用不同的知识表示方法,但在解决某一问题时,不同的表示方法

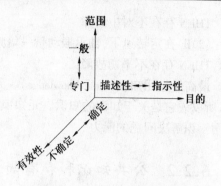

图 6.2 知识的三维空间描述

可能会产生完全不同的效果。因此,对于不同领域的求解问题,选择合适的知识表示方法是非常重要的。

下面简要介绍与知识和知识表示有关的几个问题。

6.2.1 知识的层次结构

故障诊断专家系统在进行问题求解时所用到的知识可以表示成图 6.3 所示的层次结构。

最底层是数据,数据可以定义为"客观事物的属性、数量、位置及其相互关系的抽象表示"。数据的上一层是信息,信息可以定义为"数据所表示的含义"。因此也可以说信息是对数据的解释。例如,在一个旋转机械故障诊断专家系统中,通过安装在机组上的某个传感器获得一个测量数值 60,它就是一个数据,没有具体的含义。若已知该测点是用来测量机组轴瓦温度的,则可知机组轴

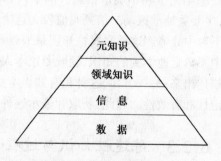

图 6.3 知识的层次结构

瓦温度为 60℃,这就成为一条信息。若该测点是用来测量机组轴承振动的,则可获得机组轴承振动的幅值为 60 μm 这条信息。这说明同一个数据可以有完全不同的解释。数据和信息一般被称为事实(Fact)性知识,它们是有关特定问题领域的部分专业知识,故障诊断专家系统就是以事实作为推理的直接依据。

领域知识是指故障诊断专家系统在进行故障识别时所用的知识,主要是领域专家的启发性经验知识,它表示有关诊断对象的故障和故障征兆之间的对应关系。例如,在旋转机械故障诊断专家系统中,下列诊断规则就属于领域知识。

(1) IF 轴承振动量的二倍频幅值较大

THEN 存在不对中故障

(2)IF 在定转速下,轴承振动量一倍频幅值较大,而且相位稳定

THEN 存在不平衡故障

最高层是元知识(Meta-knowledge)。元知识是关于如何有效地选择和使用领域知识的知识,所以说它是关于知识的知识。元知识主要用于控制故障诊断过程,它相当于人的智力,即运用知识解决问题的能力。

6.2.2 公共知识和私有知识

一个故障诊断专家系统所拥有的知识主要是与某一诊断对象有关的领域知识。领域知识按其使用范围一般可分为两大类:公共知识(Public Knowledge)和私有知识(Private Knowledge)。公共知识是指进行故障诊断时所需要的一般知识和方法,包括教科书和文献中的定义、事实和各种理论、方法等,这种知识一般已为领域内专业人员普遍接受。私有知识是指领域专家在长期的实践中积累起来的大量经验知识,即启发性知识。这种知识是领域专家私有的,在公开发表的文献中找不到。领域专家正是由于具备了这种启发性知识,在遇到复杂问题时才能迅速抓住问题的关键,作出高水平的分析、判断,找到解决问题的方法。依据启发性知识还能有效地处理不完全和不确定信息。例如,在旋转机械故障诊断中,在大量的多种多样的复杂信息中,主要凭轴承振动二倍频幅值较大这个信息,领域专家就可利用经验知识迅速判断出机组存在不对中故障。这种启发性知识是最难获取的。一方面,启发性知识是领域专家在长期的实践中不自觉地学到的知识,领域专家本人对这种知识也缺乏本质的认识,所以很难将它们清楚地描述出来;另一方面,这种私有知识本身也缺乏严格的理论依据,它们不具备算法的通用性、确定性和有效性。因此,获取和表示这种私有知识是建造故障诊断专家系统的中心任务。

6.2.3 陈述性知识与过程性知识

上面所介绍的各种知识必须表示成计算机所能操作的内部形式才能为专家系统所利用。专家系统中所使用的知识表示方法可分为两大类,即陈述性知识表示和过程性知识表示。

1.陈述性知识表示

用于描述事实性知识,知识表示与知识处理是分开的,知识是静态描述的。这种表示的主要优点是:形式简单,易于知识的修改和扩充。

2.过程性知识表示

用于描述控制策略,说明知识的使用过程,知识表示形式就是含有一系列操作的计算机程

序,知识的表示与推理相结合,是动态描述。这种表示的主要优点是:形式灵活,易于表达启发性知识及比较复杂的问题求解知识。

虽然所有知识都可以用上述两种知识表示方法中的任何一种来表示,但由于这两种知识表示方法各有优点,所以在建造实用故障诊断专家系统时,常常把这两种知识表示方法结合起来使用,以便同时满足易于理解和高效推理两方面的要求。

6.2.4 对知识表示的要求

知识表示是建造专家系统的一个重要环节,知识表示方法的好坏将直接影响系统的推理效率和知识库的扩充能力。一个好的知识表示方法应满足以下几点要求。

1. 可扩充性

系统的数据结构和存取程序必须足够的灵活,以便不必进行大量的修改就能扩充知识库。建立知识库最有效的方法是不断地对知识库进行改进和扩充。知识库主要存储从专家经验中得来的启发性知识,领域专家不可能很快就对有关问题领域定义一个完整的知识库,而是先定义出一个子集,然后,通过一段时间来考核它的推论,从而进行修改和完善。这就要求把专家系统的知识库处理成关于一些事实和关系的一个不封顶的集合,并尽可能使这些知识条目模块化,便于知识库的扩充。

2. 简洁性

知识表示方法应当比较简洁,以便为知识库的访问和修改提供更灵活的操作。这种灵活性要求知识库在概念上简单、一致,这样才能设计和编写存取程序。一旦知识库的语法格式定义下来,则存取程序也就基本上固定了。有两种方法可以维护概念的简单性:尽可能保持知识表示形式的单一性;或者对不一致的表示形式写出特殊的存取函数。

3. 清晰性

要使一个专家系统具有较高的性能,关键是建立一个充分丰富的知识库,这就要求不断向知识库加入新知识,因此,必须提供一些方法,以便于对知识库进行检查和修改。如果能用相当简单的术语把各项知识清楚地表达出来,那么,建立知识库的专家就能确定哪些项是存在的,哪些项是不存在的。

目前,人工智能研究者们已提出了多种知识表示方法,主要有产生式表示、逻辑表示、语义网络表示、对象—属性—值(Object Attribute Value,OAV)三元组表示、框架表示、过程表示及面向对象的表示等。这些表示方法各自适合于表示某种类型的知识,从而被用于不同的应用领域。对于像故障诊断这样比较复杂的问题领域,由于知识的类型较多,数量较大,采用单一的知识表示方法很难满足实际需要,于是人们又提出了混合知识表示。例如,将框架和产生式相结合,或将框架、产生式和过程相结合等等。混合知识表示可以取长补短,充分利用各种表示方法的优点,因而大大提高了专家系统的知识表达能力和推理效率,使专家系统应用于更广泛的领域。

下面对知识的产生式表示和知识的框架表示进行详细介绍,知识的其他表示方法请参阅文献[103]。

6.3 知识的产生式表示

在诸多知识表示方法中,产生式规则(Production Rule)已成为当前专家系统中最常用的一种知识表示方法,很适合于故障诊断专家系统的知识组织。它结构简单、自然,易于表达人类的经验知识。许多在实际应用中获得成功的专家系统都是采用产生式规则来表达领域知识。例如,早期的化学质谱分析系统 DENDRAL,著名的医疗诊断专家系统 MYCIN 及计算机配置设计系统 XCON(R1)等。这类系统也称为基于规则的专家系统(Rule-based Expert System)。

产生式系统(Production System)最早是由 Post 作为一种计算模型提出的。该模型主要是利用符号交换规则,对符号串进行替换运算,其中每条规则就称为一个产生式。后来产生式系统被应用到人工智能领域,主要用于研究人类的认知模型。但是人工智能研究中的产生式系统无论是在理论上还是应用上都有了很大的发展,与 Post 早期提出的产生式系统已大不相同。即使在人工智能领域,不同的产生式系统也是有差异的,但这些系统都有一个共同点,即它们都是基于产生式规则的系统。

6.3.1 产生式规则的形式

产生式规则有时也简称为产生式,或简称为规则,其一般形式为

  IF <条件> THEN <动作>

它表示当条件满足时,可执行相应的动作。规则的条件部分也称为规则的前提或左部,它可以是多个子句的逻辑组合。规则的动作部分也称为规则的结论部分或右部。它可以是一个或一组结论或动作。产生式的左部和右部可以采用多种形式来表达,如谓词逻辑、OAV(Object-Attribute - Value)三元组、符号串及复杂的过程语句等。

例如,在旋转机械故障诊断中有如下规则:

如果:①转速不变时,振幅变化较大,

   且

  ②转速不变时,1 倍频相位有较大变化。

那么:存在碰摩故障。

由于基于规则的专家系统是由产生式系统发展起来的,所以下面先介绍产生式系统。

6.3.2 产生式系统

产生式系统并不把计算看作是预定顺序的操作,而是看作以某顺序使用产生式规则的过程,这种顺序是由数据决定的。虽然基于规则的系统中并不都是严格地以产生式系统的形式描述,但产生式系统结构本身提供的一些概念对理解所有基于规则的系统是非常有用的。一个典型的产生式系统由三部分组成:规则库(Set of Rules);综合数据库(Global Database);控制策略(Control Strategies),如图6.4所示。

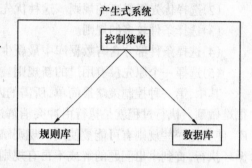

图 6.4 产生式系统的基本结构

1．规则库

规则库是产生式规则的集合,它包含关于问题领域的一般性知识。使用产生式规则的一个基本思想就是从已知事实出发,将综合数据库中的事实与规则库中规则的前提相匹配,一旦匹配成功,则执行该规则右部,一般是产生一些新的事实并加到综合数据库中,或者修改数据库中的旧事实。规则库中的规则之间是相互独立的,它们之间只有通过数据库才能发生相互作用。

2．综合数据库

综合数据库又称事实库,它包含解决特定问题的事实或断言。一条规则在被激活之前,规则的条件部分必须出现在事实库中。事实可用任何方便的形式进行表示,如数组、符号串和表结构等,但无论采用哪种表示形式,都应便于和规则的条件部分相匹配。

3．控制策略

控制策略是执行问题求解过程的规则解释程序。它的任务就是确定下一步哪些规则是可用的。它确定所选定的规则的条件部分如何与数据库中事实匹配并监控问题求解过程。当数据库中没有所需的事实时,它还能向用户提问以获取相应的事实信息。

产生式系统的规则解释程序以循环方式进行操作,这种循环称为"识别–作用"循环。每次"识别–作用"循环可分为三步:匹配、冲突消解和执行。

在进行匹配时,若规则的条件部分和数据库中的事实是用符号串来表示的,则匹配就是简单的符号串比较。若规则的条件部分是一个含有变量的数学表达式,如$(X+Y>5)$,这时匹配就是从数据库中找到表达式中各变量的值,并经过数学运算后判断该表达式是否为真,若为真,则匹配成功,这种匹配是一种广义匹配。当一条规则的条件部分与数据库匹配成功时,称该规则被激活,规则解释程序即执行该规则。

在一个实际的产生式系统中,对于某一问题求解状态,被激活的规则可能不止一条,这时,规则解释程序就需按着一定的控制策略,确定启用哪条被激活的规则,这一过程称为冲突消解。冲突消解的策略通常有以下几种:

(1)将所有规则合理排序,选择最先匹配成功的一条规则。
(2)选择优先级最高的规则。这种优先级是由程序员根据具体任务事先定义的。
(3)选择条件较多的规则。
(4)选择条件部分含有数据库中最新生成事实的规则。
(5)选择一个原先没有用过的新规则。

其中,第一种控制策略最简单,所需的匹配时间最少。但当规则较多时,规则的合理排序很难做到。执行过程就是执行由冲突消解过程选出的规则。执行的结果就是改变了当前数据库,使其他一些规则有可能被使用。规则解释程序就是按着"匹配—冲突消解—执行"的方式循环执行,直到求出问题的解或不再有规则被激活为止。

产生式系统有多种控制策略,不同的产生式系统可以采用不同的控制策略,产生式系统之间的区别主要就体现在控制策略方面。对于一般问题求解的产生式系统,若不加限制,它就必须采用非常复杂的控制策略来解决模式匹配,冲突消解及回溯等问题。目前,多数基于规则的专家系统都是通过对所用产生式系统作了一些限制来降低控制策略的复杂性,但这种限制往往对系统的问题求解能力没有太大影响。许多高效能的专家系统,如 MYCIN,都被视为一个简化的演绎系统,在这类系统中,一旦一个事实被加到综合数据库中(不论是用户输入的还是执行规则时得到的),以后就永远不会被删除。它们的动作一般限于把新的事实加到综合数据库中。

6.3.3 产生式表示的优缺点

通过上面对产生式系统的介绍可以看出,知识的产生式表示具有以下优点和特点。

(1)模块化。在产生式系统中可以将产生式规则视为模块,这些规则是相互独立的,它们只对数据库进行操作,规则之间并不直接调用,这就使得系统具有高度模块化性能。这样,对规则的增加、修改和删除都可独立地进行,使系统具有较强的可扩充性。

(2)表示形式的一致性。所有知识都严格按产生式规则的形式来表示,而且用规则左部与数据库进行模式匹配,用规则右部更新数据库,各自功能明确,这就使得产生式规则的控制及操作都比较容易实现。

(3)自然性。产生式规则的"IF – THEN"结构接近人类思维和会话的自然形式,人类专家也常常用这种结构来说明他们的行为知识,因此,产生式系统易于被人们理解,易于实现人 –

机对话。

当然,产生式表示也存在一些缺点:

(1)推理效率低。因为产生式系统的推理是靠一系列的"匹配—冲突消解—执行"过程循环实现的。而且在每一个推理周期,都要不断地对全部规则的条件部分进行模式匹配,从原理上讲,这种做法必然会降低推理效率,而且随着规则数量的增加,效率问题会越来越突出。

(2)非透明性。虽然个别规则容易理解和定义,但由于规则间是相互独立的,当规则数量达到数百条以上时,规则间的关系便模糊起来,系统的功能和行为都难以理解了。

(3)依赖于已有的经验。如果缺少经验,则产生式系统将遇到困难。例如,航天系统和核电站的故障诊断,由于出现过的故障为数终究不多,对尚未出现过的故障,由于缺少专家的经验,产生式系统就不能适用。

通过上面的分析可以看出,产生式系统适合于具有经验知识的诊断领域,而且对于小规模的问题其优点较明显,当规则数目较大时,其缺点就突出了。因此,必须对知识库和数据库的结构做些改进,使之结构化,这样才能改善系统的性能,使之适应较复杂的问题求解。

6.4 知识的框架表示

框架(Frame)是近年来人工智能研究中应用较为广泛的一种知识表示模式。1975年,著名的人工智能学者 Minsky 提出了框架理论。框架理论的基本思想是:框架是人脑中存储的记忆的结构模式,人在面临新的场面(或对某一问题的现有观点发生了根本变化)时,一般会从他的记忆中选择一个称为框架的基本知识结构。这个框架是他以前记忆的一个知识空框,而其具体内容可根据实际情况作相应的修改。

框架理论将框架视为知识表示的单位,把一组有关的框架结合在一起就形成框架系统。系统中不同的框架可以共享一个子框架,系统的行为可通过系统内框架间的变化来表示,系统的推理过程是由框架间的协调来完成的。

下面介绍框架的表示形式和推理。

6.4.1 框架表示的形式

框架是一种用于描述具有固定格式的事物或事件的数据结构。例如,一台汽轮发电机组的结构及机组发生的故障等。在框架中可填各种信息,在这些信息中,有的与如何使用框架有关,有的是预测下一步可能发生的事件,以及预测未能实现时应采取什么行动等等。

框架是由若干个节点和关系构成的网络。框架形式没有一个统一的定义,但一般都认为框架是由框架名和一组槽(Slot)组成的,每个槽都有对应的值。其一般形式如图 6.5 所示。

框架名	名字
槽名 1	槽值 1
槽名 2	槽值 2
⋮	⋮
槽名 n	槽值 n

图 6.5 框架构成的形式

其中,框架名用于标识该框架;槽名表示框架所描述的事物或事件所具有的各种属性;槽值则表示各属性的当前值。框架的结构与高级程序设计语言(如 PASCAL)中的记录很相似,一个记录包括若干个域和域值,相当于框架中的槽名和槽值。

框架非常适合于描述机械设备。例如汽轮机,通过汽轮机的各个组成部分,如转子、轴承、联轴器等就可以反映汽轮机的整体结构。有关各组成部分的详细内容可通过检查框架的结构来获得。虽然不同厂家生产的汽轮机有很大区别,但大多数汽轮机都有一些共同的特性,如转子、轴承及联轴器等。图 6.6 就是一个描述汽轮机的简单框架示例。

框架名	汽轮机
生产厂家	哈尔滨汽轮机厂
生产日期	2006 年
功 率	200 MW
临界转速	1 480 rpm
轴承数目	5
轴承类型	滑动轴承

图 6.6 汽轮机框架

大多数框架并不象图 6.6 所表示的那么简单。框架系统的功能在于它的层次性和继承性。通过利用框架的槽和继承性可以建立起强大的知识表示系统。尤其是基于框架的专家系统对于表示因果知识是非常有用的,因框架中的信息是按因果关系组织的。

一些专家系统开发工具系统,如 KEE 等,允许框架槽中存放各种类型的内容。框架槽可以存放规则、图形、注释、监视信息、向用户提出的问题等。

框架既可以表示抽象概念,也可以表示具体概念。图 6.7 表示的是一个有关汽轮发电机组故障的通用框架。从图中可以看出槽值可以是单个值,也可以是一组值,例如故障类型。另外,槽值还允许包含一些附加过程,一般是一个过程名,通过过程名实现过程调用。这样,就可以将一些过程知识加入到框架表示中,从而使陈述性知识和过程性知识结合起来,大大提高了框架的知识表示能力。通常附加

框架名	机组故障
故障类型	(不平衡,不对中) if-added: call ADD - FAULT
故障部位	if - need: call FIND - POSITION
运行状态	default: 启机过程
振动幅值	if - need: call FIND - AMP

图 6.7 机组故障通用框架

过程包括三种,即 if - need,if - added 和 if - removal,它们主要是用来进行推理。当需要填充某一槽值时,如果该槽值未知或其缺省值(Defaults)不适合时,就需调用 if - need 来获得该槽值。缺省值是框架表示的一个重要特点,因为它模仿了人脑的某些方面。缺省值是指该槽在无确定值的情况下,按惯例和经验选取的可能值。例如在上述框架中,当不知道故障发生时机组的

运行状态时,可选取"启机过程"作为缺省值,因为机组故障多发生在启机过程。缺省值常常用于表示常识性知识。常识性知识可被认为是当没有合适的特殊知识可用时,我们通常采用的知识。

当要将某一值加入到一个框架槽中时,就需要激活 if-added 过程。在上例的"故障类型"槽中,如果需要,可通过 if-added 过程调用一个名为 ADD-FAULT 的过程,将一些新的故障,如碰摩等,加入到"故障类型"槽中。

if-removal 过程用于删除某一槽值。

框架表示系统中还定义了一些标准槽,例如 AKO,ISA 及 Instance 等,这些槽的值是框架名,通常 AKO(A Kind Of)的值是其父框架名,ISA 的值也是其父框架名,而 Instance 的值是其子框架名。通过在这些槽中填入框架名即可建立起框架之间的相互关系,从而形成一个框架系统。例如,图 6.7、6.8 和图 6.9 就反映了框架之间的层次关系,图 6.7 和图 6.8 所表示的框架是抽象框架,而图 6.9 所示的框架是一个具体框架,它是不平衡框架的一个实例。

框架名	不平衡故障
AKO	机组故障
1 倍频幅值	大于 60 μm
时域波形	单一谐波
轴心轨迹形状	(圆形,椭圆形)
频谱图	枞树形

图 6.8 不平衡故障框架

框架名	低压转子不平衡故障
ISA	不平衡故障
1 倍频幅值	80 μm
时域波形	单一谐波
轴心轨迹识别	椭圆形
频谱图	枞树形

图 6.9 不平衡故障框架实例

框架系统的一个重要特性是其继承性。为此,常把框架系统表示成一种树形层次结构,如图 6.10 所示。抽象框架一般位于框架系统的上层,框架间的父子关系通过 AKO 等槽连接。当子框架的某些槽值没有具体给出时,可从其父框架中继承这些值,这就是框架的继承性。

6.4.2 框架表示下的推理

框架表示方法没有固定的推理形式,但一般来说,框架系统的推理遵循匹配和继承的原则。而且框架的槽值还允许是一些附加过程,这些过程性知识用来驱动系统的推理行为。在有些

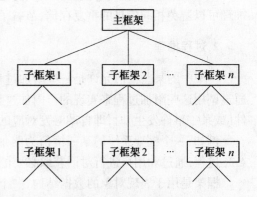

图 6.10 框架系统结构

系统中,这种过程性知识成为引导系统进行推理的主要机制。在给定的条件下,框架的推理主要包括两个方面:

(1)选择适合于当前情况的框架。

(2)依据框架从当前给定的条件推出新的事实或结论。

运用框架进行推理时,首先应利用一些已知的数据去匹配框架系统中层次较高的那些框架,初步确定候选框架。确定候选框架后,推理过程就根据当前已知的数据依次填写候选框架中各个槽的槽值。如果候选框架的各个槽可以通过继承和附加过程等填槽方式找到满足要求的属性值,就把这些值加到候选框架中,使候选框架具体化,从而得到一个描述当前情况的实例。例如,在旋转机械故障诊断系统中,可以用框架系统来表示知识,每个故障建立一个框架,故障框架中包含若干个槽,它们是与该故障对应的各种特征,如波形特征,频谱特征,轴心轨迹特征等。在进行故障诊断时,先依据一些已知信息,确定候选故障框架,如不平衡框架,然后对当前数据进行分析,提取各种特征。若不平衡框架中所有特征槽都能找到满足要求的特征,则可使不平衡框架具体化,同时可以确定当前存在不平衡故障。如果在推理过程中找出的属性值同候选框架中相应槽的要求不能匹配,则当前的候选框架匹配失败,需要选择其他的候选框架。

从上面的分析知道,填写槽值是框架推理的重要组成部分。框架推理中填写槽值的方法主要有两种,即继承推理和过程推理。

1. 继承推理

继承推理是利用框架中的 AKO 槽或 ISA 槽搜索父辈框架来实现的。在框架系统中,低层框架(子框架)可以继承高层框架(父辈框架)中的某些信息。继承又可分为值继承和缺省继承两种。继承推理相对来说比较简单,因为它只需作简单的搜索而不需要作复杂的推理。继承推理可以避免相同信息的重复存储,节省了存储空间,但同时也增加了搜索时间。

2. 过程推理

框架中的某些槽值允许是一些附加过程,这是框架表示的一个重要特点。过程推理就是通过调用这些附加过程来实现的。附加过程监视着整个系统对框架的操作,一旦满足某一条件(或某一事件发生)时,即自动触发对应的附加过程,执行一组预定的动作,获得所需的槽值。

例如,一个框架系统的某一槽值为附加过程 if－need:ASK,当需要填写该槽值时,即激活 ASK 过程,通过和用户进行对话获取必要的信息。

框架是用于表现对象的数据结构,一个框架系统可以反映实体内和实体间固有的因果关系,因此,它非常适合于描述比较复杂的对象。框架表示为概念、结构和功能模型等描述性知识的表达提供了一种结构化的方法。在一些大型系统中,常把框架表示与其他表示方法,如产生式表示,结合起来使用。表 6.2 给出了框架系统和产生式系统的一个简单比较。

表 6.2 产生式系统与框架系统的比较

项　目	产生式系统	框架系统
知识表示的单位	规则	框架
推理机	固定	可变(用户设计)
推理机	与知识库独立	与知识库一体
知识库的设计	容易	困难
通用性	低	高
用户	面向初学者	面向专家
应用	简单的问题	复杂的问题

6.5 故障诊断专家系统的推理方式与控制策略

故障诊断专家系统不但要拥有大量的领域知识,而且还要具有选择和运用诊断知识解决实际问题的能力。把这种选择知识和运用知识的过程称为基于知识的推理。利用计算机程序实现基于知识的推理过程就构成了推理机。推理机作为专家系统的核心部分,其主要任务就是在问题求解过程中适时地决定知识的选择和运用。推理机包括推理方式和控制策略两部分,推理方式确定知识的运用,控制策略确定知识的选择。

基于知识的推理以知识表示为基础,知识表示方法不同,决定了选择知识和运用知识的方法不同。因此,专家系统可以将基于知识的推理方式,分为基于规则的诊断推理、基于模型的诊断推理和基于案例的诊断推理等。

6.5.1 基于规则的诊断推理

诊断推理是指依据一定的原则从已有的征兆事实推断出故障原因的过程。基于规则的推理是演绎推理。所谓演绎推理是指由一组前提必然地推导出某个结论的过程,是从一般到个别的推理。由于结论的正确性蕴含在前提中,所以只要前提为真,结论也必然为真。

对于一个复杂的故障诊断系统,诊断推理效率是非常重要的。系统的诊断效率取决于诊断过程的控制策略。所谓"控制策略",主要是指推理方向的控制和推理规则的选择策略。根据控制策略的不同,可以将基于规则的诊断推理分为三种类型,即正向推理、反向推理和混合推理。

1. 正向推理

正向推理(Forward Chaining)是由已知征兆事实到故障结论的推理,因此又称为数据(事实)驱动的控制策略。正向推理的基本思想是:将诊断对象已知的征兆事实存入事实库中,从这些征兆事实出发,正向使用规则,即将规则的条件与事实库中已知的征兆事实相匹配。若匹配成功,则激活该规则,将规则的结论部分作为新的事实添加到事实库中。重复上述过程,直到没有可匹配的新规则为止。例如,知识库中有如下规则,其中 H 和 H1 为推理的最终目标。

rule1: if A then B　　　　rule2: if B then C
rule3: if C then H　　　　rule4: if D then E
rule5: if E then F　　　　rule6: if $F\&G$ then $H1$

设已知事实 A 和 D,则应用上述规则进行正向推理,可以由 A 出发推导出结论 H,其过程如图 6.11 所示。

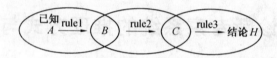

图 6.11　正向推理链接过程示意

正向推理的主要优点是:用户可以主动提供与诊断对象有关的已知征兆事实,而不必等到诊断系统需要时才提供,系统可以很快地对用户所输入的征兆事实做出反应;而且这种推理控制简单,容易实现。正向推理的缺点是:规则的执行似乎漫无目标,可能执行许多与目标无关的操作,从而导致推理存在低效性。例如,上述推理过程中,系统也会执行 rule4 和 rule5,得到事实 E 和 F,但是由于事实 G 不存在,不能推出结论 $H1$,这两条规则的执行就属于无效操作。另外,由于正向推理目标不明确,其解释功能也较难实现。因此,正向推理比较适合于已知初始数据,而且目标空间较大的问题,如设备的在线监测和控制。

2. 反向推理

反向推理(Backward Chaining)是由目标到支持目标的证据推理过程,因此又称为目标驱动的推理。其基本思想是:先假设一个目标成立,然后在知识库中查找结论与假设目标匹配的规则,验证该规则的条件是否存在。若该条件能与事实库中的已知事实相匹配,或是通过与用户对话得到满足,则假设成立;否则把规则的条件部分作为一个新的子目标,重复上述过程,直到所有子目标被证明成立为止。若子目标不能被验证,则假设目标不成立,推理失败,需重新提出假设目标。

例如,对于上述正向推理实例中的知识库,采用反向推理得到结论 H 的推理过程如图 6.12 所示。

首先假设目标 H 成立,在知识库中找到结论与 H 匹配的规则 rule3: $C\rightarrow H$。由该规则可知,为了证明 H 成立,须先验证 C 是否成立;但事实库中没有事实 C;所以,假设子目标 C 成立;找到结论为 C 的规则 rule2: $B\rightarrow C$;由该规则可知,为了证明 C 成立,须先验证 B 是否成

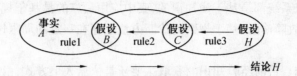

图 6.12 反向推理链接过程示意

立;但事实库中没有事实 B,因此,再假设子目标 B 成立;找到结论为 B 的规则 rule1: $A \rightarrow B$,可知为验证 B 成立,须先验证 A 是否成立。因为事实库中存在事实 A,所以假设的目标 B 成立,因而 C 也成立,最终推导出结论 H 成立。

反向推理是一种递归的过程,采用的是自动回溯(Backtracking)策略,即深度优先搜索策略。在反向推理中,初始目标的选择非常重要,它直接影响到系统的推理效率。如果初始目标选择不对,就会引起一系列无用操作。例如,在上述实例中,若首先假设目标 $H1$ 成立,则会引起一系列无效操作。

反向推理的优点是:推理过程的方向性强,不必使用那些与假设目标无关的规则。而且这种推理方式能对其推理过程提供明确的解释信息,告诉用户它所要达到的目标及为此所使用的规则。反向推理的主要缺点是:初始目标的选择较为盲目,用户不能主动提供有用信息来控制推理。当可能的结论数目很多,即目标空间很大时,推理效率不高。因此,它适合于目标空间较小的问题。

3. 混合推理

正向推理和反向推理是控制策略中两种极端的方法,各有其优缺点。正向推理的主要缺点是推理盲目;反向推理的主要缺点是初始目标的选择盲目。解决这些问题的有效办法是将正向推理和反向推理结合起来使用,即混合推理。混合推理控制策略有多种模式,其中最常用的是双向推理,其推理过程为:

(1)根据已知事实,采用正向推理初步确定候选目标集。
(2)采用反向推理,进一步验证候选目标集中的目标是否成立。

6.5.2 基于模型的诊断推理

领域专家在进行故障诊断时,对于简单而熟悉的情况,专家可以仅凭其经验知识直接解决。当遇到复杂或是没有经历过的情况时,就需要运用有关诊断对象的基本原理进行分析,找出故障原因。领域专家的经验知识一般称为浅知识(Shallow Knowledge);有关诊断对象的结构和基本原理的知识称为深知识(Deep Knowledge)。深知识主要包括诊断对象的结构模型、功能模型及行为模型等。由于深知识多以模型来描述,因而也称为模型知识。

使用浅知识(经验知识)处理问题是人类推理的特征之一,也是人类专家技能的主要来源。

因此，传统的诊断专家系统都是基于浅知识的，其中应用最广的是基于规则的诊断方法。但是对于大型复杂设备的故障诊断，基于规则的诊断方法还存在一定的局限性，主要表现在以下两个方面。

(1)知识获取困难。目前经验知识的获取主要还是依靠人工方式，由知识工程师和领域专家进行交谈，将领域专家的经验知识归纳整理成诊断规则。这种知识获取方式效率很低，而且有些经验知识只能意会不能言传，领域专家自己也很难描述清楚，根本无法总结成规则。

(2)推理脆弱性。基于规则的诊断系统是以经验知识为主，因而系统的知识库是不完备的。例如，飞行器的故障诊断，经验知识非常少，利用浅知识只能诊断少量故障，这就使得系统的诊断能力有很大局限性。系统的性能表现为脉冲形状，对于知识库范围内的问题，系统的性能很高，能够给出高水平的解答。但是当问题超出知识库的覆盖范围时，系统的性能急剧降为零，得不出任何结论，使系统的诊断推理能力变得很脆弱。

为了克服上述缺点，人们开始研究基于深知识(模型知识)的第二代诊断专家系统，提出了基于模型的诊断推理方法。基于模型的诊断方法是使用诊断对象的结构、行为和功能模型等深知识来进行诊断推理。其基本思想是：根据系统的组成元件和元件之间的连接，建立起系统的结构、行为或功能模型。通过系统的模型以及系统的输入，可推导出系统在正常情况下的预期行为，如果观测到的实际行为与系统的预期行为有差异，就说明系统存在故障。根据这些差异征兆，利用逻辑推理就能够确定引发故障的元件集合。其工作流程如图 6.13 所示。

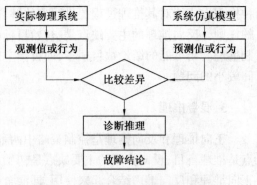

图 6.13 基于模型的诊断方法原理图

基于深知识的诊断方法虽然克服了基于规则诊断方法的某些缺点，但它自身也存在推理效率低、系统模型难以建立等缺点。因此，为了充分发挥两者的优势，提高诊断专家系统的诊断能力，一个诊断专家系统最好是既有浅知识又有深知识，当然，推理控制机构也就更加复杂了。

基于模型的诊断方法解决了基于规则的诊断方法存在的知识不完备问题，只要系统模型建立正确，就能诊断出所有可能的故障。它的主要缺点是必须建立复杂、庞大的系统仿真模型，因而诊断推理的速度较慢。另外，对于电子设备及一些控制系统而言，建立仿真模型是可行的；但是对于大型旋转机械这类复杂系统，要建立反映系统本质的完整仿真模型还存在一定困难。

6.5.3 基于案例的诊断推理

基于案例的推理(Case-Based Reasoning, CBR)，又称基于事例的推理，是人工智能领域中新兴的一种问题求解方法,它克服了基于规则的专家系统存在的知识获取瓶颈和推理的脆弱性等缺点。CBR 的思想最早是由美国学者 Schank 于 1982 年在其专著《Dynamic Memory》中提出的,它是通过访问知识库中过去相似案例的处理经验,获得当前问题解决方案的一种新的推理模式。在 CBR 系统中,知识是以案例的形式存储的,不存在知识获取困难的问题,而且通过调整案例,对于没有完全相似案例的问题也能给出相应的解决方案。因而在故障诊断、设计、规划和法律等方面,虽然经验知识丰富,但知识却难以形式化描述,在这种领域内可得到应用。

CBR 系统与基于规则的推理(Rule-Based Reasoning,RBR)系统相比,虽然都是利用经验知识解决问题,但是解决问题的方式却完全不同。RBR 系统通过基于因果规则链的推理方式进行问题求解,而 CBR 系统求解问题是通过查找案例库中与当前问题相似的案例,并根据当前问题的需要对案例做适当修改来实现的。CBR 系统使用的知识主要是相关领域以前解决问题的具体记录,例如,医院中患者的病例档案;而 RBR 系统使用的知识则是由领域专家通过对实际案例进行分析提取出来的经验规则。因此,CBR 系统的知识获取工作相对容易。将 CBR 技术应用到故障诊断领域,对于提高故障诊断系统的问题求解能力,推动设备故障诊断技术的发展具有重要的意义。

1. 基于案例的诊断系统结构

基于案例的诊断系统把过去处理的故障描述成故障特征集和处理措施组成的故障案例,存储在案例库中。当出现新故障时,通过检索案例库查找与当前故障相似的案例,并对其处理措施作适当调整,使之适应于处理新故障,形成一个新的故障案例,并获得解决当前故障的措施。基于案例的故障诊断专家系统主要由故障特征分析、案例检索、案例调整、案例存储等模块组成,系统结构如图 6.14 所示。其中,各模块的功能描述如下。

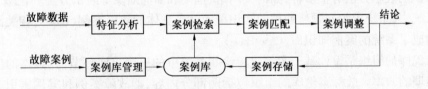

图 6.14 基于案例的故障诊断系统结构框图

(1)特征分析。通过建立分析模型,对故障数据进行分析,提取相应的故障特征。

(2)案例检索。根据提取的故障特征和案例索引信息,在案例库中检索与当前故障相似的故障案例。

(3)案例匹配。根据系统设定的匹配算法,从相似案例中选出最接近的故障案例。

(4)案例调整。当没有检索到相同的故障案例时,系统即调用该模块对找到的相似案例进行调整,以满足当前问题的需要。

(5)案例存储。对故障案例进行调整后即得到一个新的故障案例,该模块按存储策略将新案例添加到案例库中。

(6)案例库管理。提供友好的人机交互界面,帮助开发人员输入初始故障案例索引信息。

2. 案例的表示和组织

在基于案例的推理系统中要表示一个案例,首先应明确什么是案例？它包含哪些内容？案例的描述是一个与领域密切相关的问题。对于不同应用领域的问题,案例所包含的内容是不同的。例如,工程设计领域的案例和设备故障诊断领域的案例所包含的内容就有很大差别。

大型设备的结构非常复杂,发生的故障形式多种多样,根据设备运行维护管理和故障诊断的需要,对于每次发生的故障,专业技术人员都要建立相应的故障档案,详细记录故障发生的经过、故障原因、特征、处理措施和处理后设备运行效果等信息。这些档案资料为故障案例库的建立提供了丰富的资源。人类专家也经常根据记录故障发生过程的原始文献资料,对实际发生的故障案例进行整理、归纳和分析,提取出故障诊断的特征和规律,积累诊断知识和经验,用于指导日后的故障诊断工作。通常一个合理的故障案例应包括如下信息。

(1)基本信息。包括故障案例名称、故障模式、设备型号、制造厂、生产日期、性能参数以及故障造成的损失等。

(2)故障背景。故障发生的时间、地点和经过。

(3)故障征兆。故障发生前和发生时,观测或测量到的主要故障现象,包括定性征兆和定量征兆。

(4)故障原因。引发故障的根本原因,包括设计、安装、维护和运行等各方面产生的原因。

(5)故障对策。处理故障采取的具体措施。

(6)效果评价。采取相应的故障处理措施后,设备的运行效果。

案例知识的表示方法有很多种,如语义网络、框架和面向对象等表示方法。在基于案例的故障诊断系统中,系统求解问题所使用的知识单元就是具体的故障案例(Case),相关故障案例的集合就构成了系统的案例知识库(Case Base)。

案例知识库的组织是设计基于案例故障诊断系统中的一个重要环节,其策略的优劣直接影响案例推理的效率。故障案例库的组织包括两部分内容,即故障案例和案例索引。不同的案例组织形式对应不同的索引机制。索引是一个可计算的数据结构,它存储在内存中帮助快速搜索。建立案例索引的主要目的是提供一个案例库的搜索机制。当给定一个新的案例时,能够根据索引快速找出相关的案例或案例集。当案例库的规模较大时,建立案例索引就更为重要。

3. 案例的检索

案例检索是利用案例库的索引机制,根据案例相似性度量方法,从案例库中找到与当前求解问题最相似的一个案例(或案例集)。检索出的相似案例,其质量好坏直接关系到问题求解的效果。当案例库的规模较大时,检索效率的高低也将直接影响整个系统的推理效率。因此,建立高效、合理的检索模型是 CBR 系统的一个关键环节。

案例的检索方法与案例的组织和索引方法密切相关,对于不同的索引机制,应采用相对应的检索方法。目前,CBR 领域的研究人员已提出了多种案例检索方法,如最近邻法、归纳检索法、知识引导策略和模板检索法等。其中最常用的方法是最近邻法(Nearest Neighbor,简称 NN)。这是一种基于相似性的关联检索方法,它通过计算案例库中的旧案例与新案例相匹配的特征权重之和来评估案例之间的相似性,从中选出最相似的案例。

故障特征是检索故障案例的主要信息。假设每个故障案例都包含 m 个故障特征,故障案例 $C_i(i=1,2,\cdots,n)$ 可以用一个 m 维向量来表示,即

$$C_i = (a_{i1}, a_{i2}, \cdots, a_{im}) \tag{6.1}$$

其中,$a_{ij}(j=1,2,\cdots,m)$ 是故障案例 C_i 的第 j 个故障特征的取值。

这样就构成了一个 m 维特征向量空间,一个故障案例可以视为 m 维特征向量空间中的一个点;反之,特征向量空间中的一个点就对应一个故障案例。故障案例之间的相似性可以通过相对应的特征向量之间的相似性来度量,两个故障案例 C_i 和 C_j 之间的相似度 $\text{Sim}(C_i, C_j)$ 应满足如下要求:

(1) 相似度的值域为 $[0,1]$,即 $0 \leqslant \text{Sim}(C_i, C_j) \leqslant 1$。
(2) 故障案例本身之间的相似度应为最大,即 $\text{Sim}(C_i, C_j) = 1$。
(3) 相似度应满足对称性,即 $\text{Sim}(C_i, C_j) = \text{Sim}(C_j, C_i)$。

最近邻法是 CBR 系统中定义相似性的一类重要且基本的方法。该方法认为在案例识别过程中,不同案例特征所起的作用是有差别的,应赋予不同的权值。它采用如下公式定义案例间的相似度,即

$$\text{Sim}(C_i, C_j) = \frac{\sum_{k=1}^{m} w_k \times \text{sim}(a_{ik}, a_{jk})}{\sum_{k=1}^{m} w_k} \tag{6.2}$$

其中,w_k 是案例特征向量中第 k 个特征的权值,通常权值的分配符合归一化条件 $\sum_{k=1}^{m} w_k = 1$。a_{ik} 和 a_{jk} 分别表示案例 C_i 和 C_j 的第 k 个特征的取值,$\text{sim}(a_{ik}, a_{jk})$ 是案例 C_i 和 C_j 的第 k 个特征的相似度。上述公式没有明确定义 $\text{sim}(a_{ik}, a_{jk})$ 的计算方法,使用时需要根据案例特征的数据类型确定。最简单的方法是当 $a_{ik} = a_{jk}$ 时,$\text{sim}(a_{ik}, a_{jk}) = 1$;否则,$\text{sim}(a_{ik}, a_{jk}) = 0$。

例如:故障案例 $C_1 = (e, f, p, r)$,$C_2 = (e, g, t, r)$,案例特征的权值分别为 0.5,0.2,0.2 和 0.1。根据式(6.2)可计算出故障案例 C_1 和 C_2 之间的相似度为

$$\text{sim}(C_1, C_2) = 0.5 \times 1 + 0.2 \times 0 + 0.2 \times 0 + 0.1 \times 1 = 0.6$$

最近邻法的优点是方法简单,不需要索引信息,能对相似案例进行排序,选择出最佳案例。

缺点是案例特征的权重难以确定,计算量大,检索时间随案例库中案例数量的增多呈线性增长。

基于案例的诊断方法的优点是:
(1) 知识获取容易。
(2) 具有学习功能,能够不断丰富自己的知识库。
(3) 自适应能力强,对于不熟悉的故障问题,也能给出近似的解决方案。
(4) 通过实际案例进行解释,更易于让用户接受。

它的缺点是:
(1) 当案例库的容量庞大时,案例的检索非常困难。
(2) 案例库很难覆盖全部问题,且不能保证一定得到最佳的解决方案。

目前,国内外学者在基于案例的诊断方法研究和诊断系统的开发方面取得了一些研究成果,但是实际应用的系统还很少。总的来说,基于案例的诊断方法的研究和应用系统的开发还处在初级阶段,还有许多理论问题和应用技术问题需要解决。单独使用基于案例的诊断方法解决实际问题还存在一些困难,通常将该方法与基于规则的诊断方法结合使用。

6.5.4 不精确推理

在演绎推理中,前提和结论之间存在确定的因果关系,并且事实总是确定或精确的,这种推理称为精确推理。精确推理所使用的知识和已知事实都是完整的、精确的,推理所得到的结论同样也是正确的、可靠的。但是在专家知识中,有相当一部分属于主观判断,是不精确的。另外,为了推理而收集的事实和信息也往往是不完全和不精确的。基于这种不精确的知识和事实进行推理,形成结论,称为不精确推理。故障诊断领域的问题非常复杂,诊断过程所需的专家经验知识和征兆事实常常是不确定的、不完备的,因此在故障诊断专家系统中,通常采用不精确的推理。

在现实世界中,引起不确定性的原因主要有随机性和模糊性两种。概率论是处理随机不确定性的一种古老数学理论,最初,人们就是采用 Bayes 公式处理不确定性问题。但由于这种纯概率方法需要有大量统计数据做基础,而且要求各事件相互独立,这在许多应用领域是难以满足的,因而其应用范围受到了很大的限制。为了克服概率模型的不足,人工智能学者提出了许多新的不精确推理模型,比较有代表性的是:确定性理论、主观 Bayes 方法、Dempster-shafer 证据理论及可能性理论等。其中,确定性理论具有简单、直观,使用方便的优点,因而在故障诊断专家系统中得到了广泛应用。

确定性理论是由 Shorfliffe 等人于 1975 年提出来的,并在著名的医疗诊断专家系统 MYCIN 中得到了成功应用。它是不精确推理中最早应用、最为简单的方法之一。确定性理论采用确定性因子 CF(Certainty Factor) 或称可信度来度量知识、证据和结论的不确定性,因而也称为 CF

模型。该模型中的某些算法并不是严格推导出来的,而是一些经验公式。但是,从 MYCIN 系统和其他一些系统的使用情况来看,CF 模型是比较合理、有效的。

任何一种不精确推理模型都包括以下三个基本组成部分:

(1) 知识不确定性的描述。

(2) 证据不确定性的描述。

(3) 不确定性的更新算法。

下面就按上述这三个部分来描述 CF 模型。

1. 知识不确定性的描述

知识不确定性的描述是指前提(证据)和结论之间因果关系的不确定性程度,即要给出当前提为真时,结论为真或为假的程度。在 CF 模型中,知识是用产生式规则来表示的,其一般形式为

$$\text{if } E \text{ then } H \text{ with } CF(H,E)$$

其中,E 表示规则的前提条件,即证据;H 表示规则的结论。确定性因子 $CF(H,E)$ 称为规则强度,用来描述规则的不确定性。它表示当证据 E 为真时,结论 H 为真的程度。由条件概率 $P(H/E)$ 和先验概率 $P(H)$ 可将 $CF(H,E)$ 定义为

$$CF(H,E) = \begin{cases} \dfrac{P(H\mid E) - P(H)}{1 - P(H)} & (P(H\mid E) > P(H)) \\ \dfrac{P(H\mid E) - P(H)}{P(H)} & (P(H\mid E) < P(H)) \end{cases} \tag{6.3}$$

其中,先验概率 $P(H)$ 是指在已经发生的故障事件中,H 发生的概率;条件概率 $P(H\mid E)$ 是指当 E 已经发生的条件下,H 发生的概率。上面的公式保证了 $CF(H,E)$ 的取值范围为 $[-1,1]$,同时可以看出 $CF(H,E)$ 的几个特殊值:

(1) 若 $P(H\mid E) = 1$,即证据 E 为真时,结论 H 必为真,这时 $CF(H,E) = 1$。

(2) 若 $P(H\mid E) = 0$,即证据 E 为真时,结论 H 必为假,这时 $CF(H,E) = -1$;

(3) 若 $P(H\mid E) = P(H)$,即证据 E 与结论 H 无关,这时,$CF(H,E) = 0$。

显然,若证据 E 为真,部分支持结论 H 为真,则 $0 < CF(H,E) < 1$;反之,$-1 < CF(H,E) < 0$。在实际建造专家系统时,$CF(H,E)$ 值通常是由领域专家主观给出的,而不是由概率值 $P(H\mid E)$ 和 $P(H)$ 计算出来的。

例如,在旋转机械故障诊断专家系统中,有如下诊断规则:

  if 轴振动二倍频幅值较大,

  且

    轴心轨迹形状为香蕉形。

  then 存在不对中故障(CF = 0.75)

这条规则说明:如果前提中的两个征兆事实都成立,则不对中故障存在的可信度为0.75。该规则给出了一个不确定性的因果关系。

2. 证据不确定性的描述

在 CF 模型中,证据的不确定性也是用可信度来描述的,且规定 $-1 \leq CF(E) \leq 1$。
$CF(E)$ 的几个特殊值规定为:
(1) 当证据 E 肯定为真时,$CF(E) = 1$。
(2) 当证据 E 肯定为假时,$CF(E) = -1$。
(3) 当证据 E 未知时,$CF(E) = 0$。
当证据 E 部分为真时,$0 < CF(E) < 1$;当证据 E 部分为假时,$-1 < CF(E) < 0$。

在故障诊断专家系统中,很多征兆事实本身就是一个模糊的概念。例如,在旋转机械故障诊断中,轴心轨迹为香蕉形、2 倍频幅值较大等征兆就是模糊的。

在实际系统中,初始证据的可信度值由用户在系统运行时提供,非初始证据的可信度值由不确定性更新算法推导出来。

3. 不确定性的更新算法

不确定性的更新算法是不精确推理模型的核心部分,它利用初始证据和知识的可信度,推出结论的可信度。CF 模型中的不确定性更新算法是一组计算公式,定义如下。

(1) 规则的前提为单个证据

对于规则 if E then H with $CF(H,E)$

若 E 为单个证据,且已知证据的可信度 $CF(E)$ 和规则强度 $CF(H,E)$,则由计算式(6.4),可以计算出结论 H 的可信度 $CF(H)$:

$$CF(H) = CF(H,E) \times \max\{0, CF(E)\} \tag{6.4}$$

其中,$\max\{a,b\}$ 表示取 a 和 b 的最大值。从这个公式可以看出,当证据 E 为假,即 $CF(E) < 0$ 时,$\max\{0, CF(E)\} = 0$,表明它对结论 H 没有影响。当 $0 < CF(E) < 1$ 时,结论 H 存在的可信度为 $CF(H,E)$ 和 $CF(E)$ 乘积。

(2) 规则的前提为多个证据的逻辑组合

设规则的前提 E 为多个证据的逻辑组合,如 $E = E1 \wedge E2$ 或 $E = E1 \vee E2$。若已知证据 $E1$ 和 $E2$ 的可信度 $CF(E1)$ 和 $CF(E2)$,则可以由下列公式计算出组合证据 E 的可信度 $CF(E)$,其中 $\min\{a,b\}$ 表示取 a 和 b 的最小值,$\max\{a,b\}$ 表示取 a 和 b 的最大值。

$$CF(E) = CF(E1 \wedge E2) = \min\{CF(E1), CF(E2)\} \tag{6.5}$$

$$CF(E) = CF(E1 \vee E2) = \max\{CF(E1), CF(E2)\} \tag{6.6}$$

再利用式(6.4),即可计算出结论 H 的可信度。

(3) 若两条规则具有相同结论,求在两条规则的综合作用下结论的可信度

设系统中有两条以 H 为结论的规则:

Rule1: if $E1$ then H with $CF(H, E1)$

Rule2: if $E2$ then H with $CF(H, E2)$

可先由式(6.4)计算出由规则 Rule1 推出的结论的可信度和由规则 Rule2 推出的结论的可信度。在这两条规则的综合作用下,结论的可信度可用式(6.7)计算:

$$CF12(H) = \begin{cases} CF1(H) + CF2(H) - CF1(H) \times CF2(H) & (CF1(H) \geq 0, CF2(H) \geq 0) \\ CF1(H) + CF2(H) + CF1(H) \times CF2(H) & (CF1(H) < 0, CF2(H) < 0) \\ \dfrac{CF1(H) + CF2(H)}{1 - \min\{|CF1(H)|, |CF2(H)|\}} & (其他情况时) \end{cases}$$

(6.7)

当有多条规则具有相同结论 H 时,可以反复使用式(6.7),依次计算出 $CF12(H)$, $CF123(H), \cdots, CF12\cdots n(H)$。

利用上述计算公式,就可以由初始证据的可信度和规则强度,计算出结论的可信度。

4. 计算实例

下面通过一个具体实例来说明 CF 模型的推理过程及上述计算公式的用法。假设系统知识库中有如下 5 条规则:

Rule 1 if $E1$ then H (0.5)

Rule 2 if $E2$ then H (0.8)

Rule 3 if $E3$ then H (-0.6)

Rule 4 if $(E4 \wedge (E7 \vee E8))$ then $E1$ (1.0)

Rule 5 if $(E5 \vee E6)$ then $E3$ (0.8)

若已知初始证据的可信度 $CF(E2) = 0.5$, $CF(E4) = 0.9, CF(E5) = -0.4, CF(E6) = 0.7$, $CF(E7) = 0.8, CF(E8) = 0.4$。求在这 5 条规则的综合作用下,结论 H 的可信度。

解 上述规则在推理过程中,形成了如图 6.15 所示的动态推理网络。

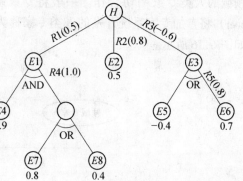

图 6.15 规则形成的动态推理网络

$CF(E1) = 1.0 \times \max\{0, CF(E4 \wedge (E7 \vee E8))\} =$
$\quad \max\{0, \min\{CF(E4), \max\{CF(E7), CF(E8)\}\}\} =$
$\quad \max\{0, \min\{0.9, \max\{0.8, 0.4\}\}\} = 0.8$

$CF(E2) = 0.5$

$CF(E3) = 0.8 \times \max\{0, CF(E5 \vee E6)\} =$
$\quad 0.8 \times \max\{0, \max\{CF(E5), CF(E6)\}\} =$

$$0.8 \times \max\{0, \max\{-0.4, 0.7\}\} = 0.56$$
$$CF1(H) = 0.5 \times \max\{0, CF(E1)\} = 0.5 \times \max\{0, 0.8\} = 0.4$$
$$CF2(H) = 0.8 \times \max\{0, CF(E2)\} = 0.8 \times \max\{0, 0.5\} = 0.4$$
$$CF3(H) = -0.6 \times \max\{0, CF(E3)\} = -0.6 \times \max\{0, 0.56\} = -0.336$$
$$CF12(H) = CF1(H) + CF2(H) - CF1(H) \times CF2(H) = 0.4 + 0.4 - 0.4 \times 0.4 = 0.64$$
$$CF123(H) = (CF12(H) + CF3(H))/(1 - \min\{|CF12(H)|, |CF3(H)|\}) =$$
$$(0.64 - 0.336)/(1 - \min\{0.64, 0.336\}) = 0.458$$

由此可得,结论 H 的可信度 $CF(H)$ 为 0.458。

6.6 故障诊断专家系统知识的获取

专家系统的应用是一个获取知识并应用知识解决实际问题的过程。影响专家系统性能的因素有多种,如系统结构和推理控制策略等,但是关键因素还是知识,知识是专家系统的核心。专家系统的性能主要取决于它所拥有知识的数量和质量。所以开发一个专家系统的主要任务就是将相关问题的领域知识,从专家头脑中或教科书和文献资料等其他知识源中提取出来,并以某种知识表示形式(如产生式规则)将这些知识存入计算机中,这个过程称为知识获取。

专家系统的开发与传统软件系统的开发不同,不仅需要系统设计人员,而且还需要与应用领域的人类专家密切合作。一般将专家系统的设计人员称为知识工程师(Knowledge Engineer),将参加专家系统开发的人类专家称为领域专家(Domain Expert)。专家系统的开发过程如图 6.16 所示。

图 6.16 专家系统的开发过程

从图 6.16 中可以看出,专家系统开发的主要任务是获取知识,尤其是领域专家的经验知识。知识获取的方式有很多种,根据知识获取的途径可将其分为两类:即间接获取方式和直接获取方式。

6.6.1 间接获取方式

知识的间接获取过程分两步:第一步,知识工程师通过与领域专家进行交谈,查阅各种文献资料,获取相关的领域知识,并将这些知识以书面文字的形式整理出来;然后将这些知识形式化,即对知识进行分析、提取和简化,形成易于被计算机理解的产生式规则等知识表示形式;第二步,借助于知识编辑器将这些知识输入专家系统知识库。知识间接获取的工作过程如图 6.17 所示。

其中,知识编辑器是一种用于知识的输入、修改和维护的软件工具。它能提供丰富的人机交互界面,用户可以很方便地按指定格式输入所获取的知识。系统还能自动对用户输入的知识进行语法错误检查,若发现问题立即提示用户修改,确认无误后才将其存入知识库。

图 6.17　知识间接获取的工作过程

这种知识获取方法实际上就是由知识工程师代替机器去获取知识,然后再"传授"给机器,是故障诊断专家系统开发中主要的知识获取途径。这种方法要求知识工程师不仅要掌握专家系统的结构、工作原理和开发过程,而且还要了解相关领域的基本概念和背景知识。只有这样才能与领域专家进行交流,充分理解所获取的领域知识。实践表明,这种人工获取领域知识的方法需要消耗大量的时间,延长了专家系统的研制周期,成为专家系统开发中的突出问题。

6.6.2　直接获取方式

间接知识获取主要依靠知识工程师人工操作完成,是一个艰苦而漫长的过程。如果能利用计算机直接从数据或案例中自动获取诊断知识,就能有效地解决这个问题。为此,这种自动知识获取方法的研究日益受到重视,其工作过程如图 6.18 所示。其中,机器学习系统是一个软件系统,是自动型知识获取的核心。它负责对相关的数据及案例资料进行分析、归纳,整理成一定格式的知识,存入知识库中。因此,这种知识获取方法也称为机器学习。

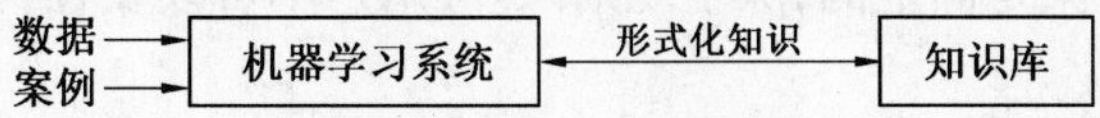

图 6.18　直接知识获取

机器学习也是从简单到复杂的发展过程,机器学习的方法有很多种。用于专家系统知识获取的方法主要有示例学习、神经网络和粗糙集等,这些方法能够从大量故障案例或数据中提取出诊断规则。机器学习方法的研究为知识获取问题的解决带来了希望,但是这方面的研究还处在初级阶段,需要一个发展过程才能达到实际应用。目前,还没有一种机器学习方法能够代替知识工程师自动完成知识获取任务。

6.7 故障诊断专家系统的开发工具

由于专家系统具有十分广泛的应用领域,而每个系统一般只具有某个领域专家的知识,如果在建造每个具体的专家系统时,一切都从头开始,就必然会降低工作效率。人们已经研制出一些比较通用的工具,作为设计和开发专家系统的辅助手段和环境,以求提高专家系统的开发效率、质量和自动化水平。这种开发工具或环境,就称为专家系统开发工具。

专家系统开发工具是在20世纪70年代中期开始发展的,它比一般的计算机高级语言,如FORTRAN,PASCAL,C,LISP和PROLOG等具有更强的功能。也就是说,专家系统工具是一种更高级的计算机程序设计语言。

现有的专家系统工具,主要分为骨架型工具(又称外壳)、语言型工具、构造辅助工具和支撑环境4类。

6.7.1 骨架型开发工具

专家系统一般都包括推理机和知识库两部分,而规则集存于知识库内。在一个理想的专家系统中,推理机完全独立于求解问题领域。系统功能上的完善或改变,只依赖于规则集的完善或改变。由此,借用以前开发好的专家系统,将描述领域知识的规则从原系统中"挖掉",只保留其独立于问题领域知识的推理机部分,这样形成的工具称为骨架型工具,如EMYCIN,KAS以及EXPERT等。这类工具因其控制策略是预先给定的,使用起来很方便,用户只需将具体领域的知识明确地表示成为一些规则就可以了。这样,可以把主要精力放在具体概念和规则的整理上,而不是像使用传统的程序设计语言建立专家系统那样,将大部分时间花费在开发系统的过程结构上,从而大大提高了专家系统的开发效率。这类工具往往交互性很好,用户可以方便地与之对话,并能提供很强的对结果进行解释的功能。

因其程序的主要骨架是固定的,除了规则以外,用户不可改变任何东西,因而骨架型工具存在以下几个问题:

(1)原有骨架可能不适合于所求解的问题。
(2)推理机中的控制结构可能不符合专家新的求解问题的方法。
(3)原有的规则语言,可能不能完全表示所求解领域的知识。
(4)求解问题的专门领域知识可能不可识别地隐藏在原有系统中。

基于这些原因,使得骨架型工具的应用范围很窄,只能用来解决与原系统相类似的问题。

EMYCIN是一个典型的骨架型工具,它是由著名的用于对细菌感染病进行诊断的MYCIN系统发展而来的,因而它所适应的对象是那些需要提供基本情况数据,并能提供解释和分析的咨询系统,尤其适合于诊断这一类演绎问题。这类问题有一个共同特点,即具有大量的不可靠的输入数据,并且其可能的解空间是事先可列举出来的。

6.7.2 语言型开发工具

语言型工具与骨架型工具不同,它们并不与具体的体系和范例有紧密的联系,也不偏于具体问题的求解策略和表示方法,所提供给用户的是建立专家系统所需要的基本机制,其控制策略也不固定于一种或几种形式,用户可以通过一定的手段来影响其控制策略。因此,语言型工具的结构变化范围广泛,表示灵活,所适应的范围要比骨架型工具广泛得多。像 OPS5,CLIPS,OPS83,RLL 及 ROSIE 等,均属于这一类工具。

然而,功能上的通用性与使用上的方便性是一对矛盾,语言型工具为维护其广泛的应用范围,不得不考虑众多的在开发专家系统中可能会遇到的各种问题,因而使用起来比较困难,用户不易掌握,对于具体领域知识的表示也比骨架型工具困难一些,而且在与用户的对话方面和对结果的解释方面也往往不如骨架型工具方便。

语言型工具中一个较典型的例子是 OPS5,它以产生式系统为基础,综合了通用的控制和表示机制,向用户提供建立专家系统所需要的基本功能。在 OPS5 中,预先没有规定任何符号的具体含义和符号之间的任何关系,所有符号的含义和它们之间的关系均由用户所写的产生式规则所决定,并且将控制策略作为一种知识对待,与其他领域知识一样被用来表示推理,用户可以通过规则的形式来影响系统所选用的控制策略。

CLIPS(C Language Integrated Production System)是美国航空航天局于 1985 年推出的一种通用产生式语言型专家系统开发工具,具有产生式系统的使用特征和 C 语言的基本语言成分,已获广泛应用。

6.7.3 构造辅助工具

系统构造辅助工具由一些程序模块组成,有些程序能够帮助获得和表达领域专家的知识,有些程序能够帮助设计正在构造的专家系统的结构。它主要分成两类:一类是设计辅助工具,另一类是知识获取辅助工具。AGE 系统是一个设计辅助工具的典型例子,而 TEIRESIAS 则是知识获取辅助工具的一个范例。其他系统构造辅助工具有 ROGET,TIMM,EXPERTEASE,SEEK,MORE,ETS 等。

6.7.4 支撑环境

支撑设施是指帮助进行程序设计的工具,它常被作为知识工程语言的一部分。工具支撑环境仅是一个附带的软件包,以使用户界面更友好。它包括 4 个典型组件:调试辅助工具、输入输出设施、解释设施和知识库编辑器。

1. 调试辅助工具

大多数程序设计语言和知识工程语言都包含有跟踪设施和断点程序包。跟踪设施使用户能够跟踪或显示系统的操作,这通常是列出已激发的所有规则的名字或序号,或显示所有已调用的子程序。断点程序包使用户能够预先告知程序在什么位置停止,这样,用户就能够在一些重复发生的错误出现之前中断程序,并检查数据库中的数据。所有的专家系统工具都应具有这些基本功能。

2. 输入输出设施

不同的工具用不同的方法处理输入输出,有些工具提供运行时实现知识获取的功能,此时的工具机制本身使用户能够与运行的系统对话。另外,在系统运行中,它们也允许用户主动输入一些信息。良好的输入输出能力将带给用户一个方便、友善的界面。

3. 解释设施

虽然所有的专家系统都具有向用户解释结论和推理过程的能力,但它们并非都能提供同一水平的解释软件支撑。一些专家系统工具,如 EMYCIN 内部具有一个完整的解释机制,因而用 EMYCIN 写的专家系统能够自动地使用这个机制。而一些没有提供内部解释机制的工具,知识工程师在使用它们来构造专家系统时就得另外编写解释程序。

4. 知识库编辑器

通常的专家系统工具都具有编辑知识库的机制,在最简单的情况下,这是一个为手工修改规则和数据而提供的标准文本编辑器。但大部分的工具在它们的支撑环境中还包括语法检查、一致性检查、自动记录和知识录取等功能。

专家系统的迅速发展,使得知识工程技术渗透到了更多的领域,单一的推理机制和知识表示方法,已不能胜任众多的应用领域,因而对专家系统工具提出了更高的要求。因此,又推出了具有多种推理机制和多种知识表示的工具系统。ART 就属于这一类系统。ART 把基于规则的程序设计、符号数据的多种表示、基本对象的程序设计、逻辑程序设计及黑板模型,有效地结合在一起提供给用户,使得它具有更广泛的应用范围。

6.8 故障诊断专家系统应用实例

随着核电事业的不断发展,核电安全问题倍受瞩目,在不断优化设计以提高自身安全性的同时,人们也一直致力于电站运行安全性的提高。借助计算机化的操作员辅助系统(COSS)是提高运行安全性的手段之一。目前,已投入使用的操作员辅助系统基本分为以下几类:堆芯监督系统;警报分析系统;安全参数显示系统;技术规格书监督系统以及计算机化的应急操作规程系统。这些系统都是以信息提供为中心,而诊断过程故障的任务仍然落到操作人员的头上。三哩岛事故后,人们认识到一个完善的故障诊断专家系统一方面可以提高诊断的速度,使故障尽快排除,避免事故扩展,降低电站风险;另一方面可以降低操作员诊断失误率,防止因操作员失误而导致的风险提高。许多国家纷纷投入实时在线故障诊断专家系统的研究。

6.8.1 核电站常见的故障模式

分析核电站的常见故障十分有益于我们建立诊断型专家系统。

根据对核电站运行工况所作的分析,1970 年美国标准学会按反应堆事故出现的预计几率和对广大居民可能带来的放射性后果,把核电站运行工况分为 4 类,现分别叙述如下。

1. 工况 1:正常运行和瞬态变化

(1)核电站的正常启动,停闭和稳态运行。

(2)带有允许偏差的极限运行,如发生燃料包壳泄漏,一回路冷却剂放射性水平升高,蒸汽发生器管道泄漏等,但未超出规定的最大允许值。

(3)运行的瞬态变化,如核电站的升温、升压或冷却卸压以及在允许范围内的负荷变化等等。

这类工况在核电站运行中出现比较频繁,所以要求整个过程中无需停堆,只要依靠控制系统在反应堆设计裕量范围内进行调节,即可把反应堆调整至所要求的状态,重新稳定运行,但需进行调整性维修。

2. 工况 2:常见故障

属于这类工况的,是那些不会导致燃料棒损坏,或反应堆冷却系统超压,但会使一回路系统压力边界破坏的常见性故障,它可能迫使反应堆停闭;如处理不当,也可能造成严重的事故。主要包括以下一些:

(1)反应堆启动时,控制棒组件不可控地抽出。

(2)反应堆额定功率运行时,控制棒组件不可控地抽出。

(3)控制棒组件落棒。

(4)硼失控稀释。

(5)部分冷却剂流失。

(6)失去正常给水。

(7)给水温度降低。

(8)负荷过分增加。
(9)隔离环路的启动。
(10)甩负荷事故。
(11)失去外电源。
(12)一回路卸压事故。
(13)主蒸汽系统卸压事故。
(14)额定功率运行时,安全注射系统误动作。

3. 工况 3:不常见故障

在核电站寿命期限内(一般为 40 年),这类事故一般极少出现。处理这类事故时,为了防止或限制辐射对周围环境的污染,需要安全系统投入工作。这类事故有:
(1)一回路系统管道小破裂。
(2)二回路系统蒸汽管道小破裂。
(3)燃料组件误装载。
(4)满功率运行时一根控制棒组件失控抽出。
(5)全厂断电事故——反应堆失去全部强迫流量。
(6)放射性废气、废液释放的事故。

4. 工况 4:极限事故

这类事故预期不会发生,但一旦发生,就会释放出大量的放射性物质,从而发生致命性的事故。属于这类事故的有:
(1)一回路系统冷却剂大量流失(失水事故)。
(2)二回路系统蒸汽管道大破裂。
(3)蒸汽发生器管子断裂。
(4)一台冷却剂泵转子卡死。
(5)燃料操作事故。
(6)弹棒事故。

事故分析与故障诊断是保证反应堆安全和可靠运行的重要组成部分,计算机化的辅助运行诊断专家系统如果在设计时能有效地包容了以上的基本事件作为知识库中的知识,则可以帮助操作人员正常监视反应堆工况,减少误诊断和误操作;可以对故障进行实时诊断,及早采取故障处理对策,防止事故的发生、传播和恶化,大大提高电站运行的可靠性与安全性。

6.8.2 核电站故障诊断专家系统

下面的示例介绍了压水堆核电站运行故障诊断及处理专家系统——ESPWR，ESPWR 是微机化的人工智能系统。该系统可以帮助运行人员对压水堆核电站的事故工况进行诊断，并指导运行人员采取正确的措施，将核电站引导到安全状态。该系统既可以用于运行人员的脱机培训，也可以用于管理部门对运行人员的技术考核。

1. ESPWR 系统概况

ESPWR 是以国家核安全局北京模拟机培训中心模拟的西农·哈里斯一号压水堆核电站为依据进行研制和开发的。以规则的形式表示核电站的运行规程来建立知识库，并模拟专家们的推理方法来诊断核电站的异常及事故工况的类型，并提出运行方式建议，如图 6.19 所示。

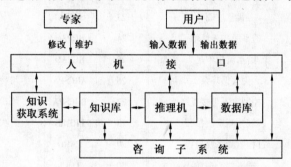

图 6.19 ESPWR 基本结构

ESPWR 系统由知识库、推理机、咨询子系统、数据库、人机接口和知识获取子系统等 6 个模块组成。知识获取有两种方式：一种是在系统开发时由开发者将专家知识直接输入知识库；另一种是在使用和维护过程中通过知识获取系统将新知识输入知识库。ESPWR 有以下两大功能：

以故障为基础的异常事件的诊断及处理子系统(AOP)；

以征兆为基础的事故应急诊断及处理。

下面分别介绍这两个功能。

(1)异常工况诊断及处理子系统(AOP)

诊断核电站异常工况的过程如图 6.20 所示。

AOP 子系统目前可以诊断和处理表 6.3 所列的 31 个压水堆核电站异常运行工况。

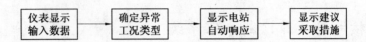

图 6.20 AOP 诊断过程框图

表 6.3 AOP 诊断及处理的事故工况

序号	代码	名称	序号	代码	名称
1	FCBTM	一组控制棒不能移动	17	PLOCV	部分失去冷凝器真空
2	CICB	一组控制棒连续下插	18	FHA	燃料操作事故
3	CWCB	一组控制棒连续抽出	19	LCCW	失去部件冷却水
4	DCR	控制棒掉棒	20	SLR	二次侧甩负荷
5	MCR	控制棒错位	21	LOIA	失去仪表气体
6	MRPI	棒位指示器故障	22	RCPAA	失去主泵部件冷却水
7	EB	紧急注硼	23	RCPA	失去主泵轴封水
8	TTWRT	透平脱扣未停堆	24	RCPAC	主泵密封失效
9	IFF	给水流量不足	25	RCPAD	主泵强振动
10	LCP	失去循环泵	26	ARCSPA	堆冷却剂系统异常高压
11	CRI	控制室不可接近	27	BRCSPA	堆冷却剂系统异常低压
12	AMS	区域监测系统报警	28	LRHRS	失去余热去除系统
13	PMS	过程监测系统报警	29	EARQ	地震
14	HTVE	透平偏心振动	30	LOCI	失去安全壳完整性
15	HTVV	强透平偏心振动	31	LOIPU	失去仪表电
16	AROWG	废气释放事故			

AOP 子系统采用逆向推理,系统在一个目标指导下,搜索规则中可实现该目标的规则,在规则调用过程中生成推理树。作为一个例子,图 6.21 给出了透平脱扣未停堆的异常工况部分推理树。

(2)应急工况诊断及处理子系统

对于压水堆核电站,与异常运行规程(AOP)相比,应急运行规程(EOP)要复杂得多。应急运行规程是面向征兆的,边处置边诊断,边诊断边处置。为了反映该规程的特点,ESPWR 将最佳恢复和功能恢复设计成最佳恢复子系统(EPP)和关键安全功能恢复子系统(FRP)。EPP 和 FRP 是两个独立的子系统,在 FRP 运行过程中,根据诊断结果可能进入 EPP 有关规程,进入是自动的,在 EPP 结束后,返回 FRP,继续诊断。

①最佳恢复子系统 EPP。最佳恢复规程是指在应急运行状态中执行以征兆为基础的与事件相关的对策,来达到核电站的最佳终止状态。

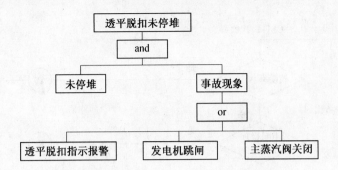

图 6.21　AOP 透平脱扣未停堆的部分推理树

ESPWR 最佳恢复子系统 EPP 主要针对以下 4 类事故：

a. 冷却剂丧失(LOCA)。
b. 主蒸汽管道破裂(MSLB)。
c. 蒸汽发生器传热管破裂(SGTR)。
d. 全厂断电(BO)。

目前，ESPWR 仅能处理冷却剂丧失(LOCA)事故，其他 3 类事故正在开发中。图 6.22 为最佳恢复子系统 EPP 结构图。

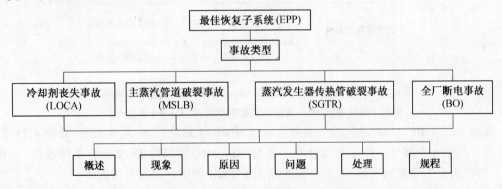

图 6.22　最佳恢复子系统 EPP 结构框图

②关键安全功能恢复子系统 FRP。关键安全功能恢复规程是一种以征兆为基础的，与安全功能相关的策略。关键安全功能恢复子系统 FRP 由关键安全功能状态树和功能恢复规程两部分组成。

关键安全功能恢复子系统 FRP 是根据关键安全功能状态树和关键安全功能恢复规程的关系设计的。FRP 子系统启动安全状态树后，对 6 个安全状态树依次进行安全状态诊断，然后启动对应的功能恢复规程或转入下一个状态树。

作为例子，图 6.23 给出了一个关键安全功能状态树。

(3)解释子系统 README

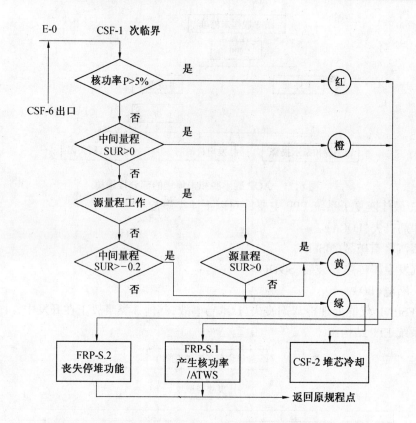

图 6.23 关键安全功能状态树 CSF－1 及其有关规程关系示意图
SUR—起动率；CSF—关键安全功能状态树；E－0—规程入口

解释子系统 README 说明的主要内容有：ESPWR 子系统概述；系统安装；系统运行；知识库管理和其他 5 个部分。通过阅读解释子系统 README 可以对 ESPWR 的工作原理、工作过程、工作方法有个全面的了解，这对于初次使用 ESPWR 的用户是很有帮助的。

2. 诊断实例

对于上文所述透平脱扣未停堆的异常工况，操作员由屏幕菜单中选择了主蒸汽阀关闭和未停堆，敲计算机回车键，屏幕将显示：

"异常工况可能是：透平脱扣未停堆。"

再敲计算机回车键，屏幕将显示：

"IMMEDIATE ACTIONS(核电站自动响应)"

"(1) If power level was above 10 percent prior to the turbine trip, verify the reactor is tripped.
…………

(6) Verify plant auxiliaries shift to start-up transformer and generator lockout occurs approximately one minute after generator trip."

再敲计算机回车健,屏幕将显示:

"SUBSEQUENT ACTIONS(后继措施)"

"(1) Maintain steam generator lever at the no-load reference level(52percent) using the bypass feedwater control valves.

....

(9) After appropriate corrective actions have been completed, return the turbine to service."。

复习思考题

6-1 什么是专家?什么是专家系统?
6-2 专家系统有哪些特点?专家系统包括哪些基本结构?
6-3 什么是知识表示?知识表示的要求有哪些?
6-4 专家系统是如何进行知识表示的?专家系统的知识是如何获取的?
6-5 故障诊断专家系统的主要推理方式有哪些?

第7章 神经网络故障诊断方法

神经网络在故障诊断中的应用始于20世纪80年代。由于神经网络具有容错、联想、推测、记忆、自学习、自适应和并行运算处理等独特优势，因此在故障诊断中得到了广泛的关注。本章主要介绍神经网络故障诊断基本原理和方法。

7.1 概 述

人工神经网络ANN(Artificial Neural Network)简称为神经网络NN(Neural Network)，它是最近10多年来人们十分关注的热门交叉学科，涉及生物、电子、数学、物理、计算机、人工智能等多种学科和技术，有着十分广阔的应用前景。

简单地说，神经网络就是使用物理上可实现的器件、系统和计算机，来模拟人脑结构和功能的人工系统。它由大量简单的神经元广泛互联，构成一个计算结构来模拟人脑的信息处理方式，并应用这种模拟来解决工程实际问题。

神经网络的研究已有近40年的历史。早在20世纪40年代，心理学家Mcculloch和Pitts就提出了神经元的形式模型，Hebb提出了改变神经元连接强度的规则，它们至今仍在各种神经网络模型中起着重要作用。随后，Rosenblatt，Widrow等人对它们进行了改进，并提出了感知器(Perceptron)和自适应线性元件(Adaptive Linear Element)。后来，Hopfield，Rumelhart，Mcclelland，Anderson，Feldman，Grossberg和Kohonen等人所做的工作又掀起了神经网络研究的热潮。这一热潮的出现，除了神经生物学本身的突破和进展以外，更主要的是由于计算机科学与人工智能发展的需要，以及VLSI技术、生物技术、光电技术等的迅速发展为其提供了技术上的可能性。同时，由于人们认识到类似于人脑特性行为的语音和图像等复杂模式的识别，现有的数字计算机难以实现这些大量的运算处理，而神经网络应用大量的并行简单运算处理单元为此提供了新的技术手段，特别是在故障诊断领域，更显示出其独特的优势。

7.1.1 神经网络故障诊断的优越性及其存在的问题

一般来说，专家系统是在宏观功能上模拟人的知识推理能力，它是以逻辑推理为基础，通过知识获取、知识表示、推理机设计等来解决实际问题，其知识处理所模拟的是人的逻辑思维机制。神经网络是在微观结构上模拟人的认识能力，它是以连接结构为基础，通过模拟人类大脑结构的形象思维来解决实际问题，其知识处理所模拟的是人的经验思维机制，决策时它依据的是经验，而不是一组规划，特别是在缺乏清楚表达规则或精确数据时，神经网络可产生合理的输出结果。

1. 神经网络故障诊断的优点

(1) 并行结构与并行处理方式。神经网络具有类似人脑的功能,它不仅在结构上是并行的,而且其处理问题方式也是并行的,诊断信息输入之后可以很快地传递到神经元进行同时处理,克服了传统智能诊断系统出现的无穷递归、组合爆炸及匹配冲突等问题,使计算速度大大提高,特别适合处理大量的并行信息。

(2) 具有高度的自适应性。系统在知识表示和组织、诊断求解策略与实施等方面可根据生存环境自适应、自组织地达到自我完善。

(3) 具有很强的自学习能力。神经网络是一种变结构系统,神经元连接形式的多样性和连接强度的可塑性,使其对环境的适应能力和对外界事物的学习能力非常强。系统可根据环境提供的大量信息,自动进行联想、记忆及聚类等方面的自组织学习,也可在导师指导下学习特定的任务。

(4) 具有很强的容错性。神经网络的诊断信息分布式地存储于整个网络中相互连接的权值上,且每个神经元存储多种信息的部分内容,因此即使部分神经元丢失或外界输入到神经网络中的信息存在某些局部错误,也不会影响整个系统的输出性能。

(5) 实现了将知识表示、存储、推理三者融为一体。它们都由一个神经网络来实现。

2. 神经网络故障诊断存在的问题

神经网络故障诊断也有许多局限性。如训练样本获取困难,网络学习没有一个确定的模式,学习算法收敛速度慢,不能解释推理过程和推理结果,在脱机训练过程中训练时间长,为了得到理想的效果,要经过多次实验,才能确定一个理想的网络拓扑结构。

7.1.2 神经网络故障诊断研究现状及其发展

神经网络用于设备故障诊断是近十几年来迅速发展起来的一个新的研究领域。由于神经网络具有并行分布式处理、联想记忆、自组织及自学习能力和极强的非线性映射特性,能对复杂的信息进行识别处理并给予准确的分类,因此可以用来对系统设备由于故障而引起的状态变化进行识别和判断,从而为故障诊断与状态监控提供了新的技术手段。人工神经网络作为一种新的模式识别技术或新的知识处理方法,在设备故障诊断领域显示出了极大的应用潜力。目前,神经网络在设备故障诊断领域的应用研究主要集中在三个方面:

(1) 从模式识别的角度,应用神经网络作为分类器进行故障诊断。

(2) 从预测的角度,应用神经网络作为动态预测模型进行故障预测。

(3) 从知识处理的角度,建立基于神经网络的故障诊断专家系统。

在众多的神经网络中,基于 BP 算法的多层感知器 MLP(Multi-Level Perceptron)神经网络应用最广泛且最成功。

随着人工智能和计算机技术的迅速发展,特别是知识工程、专家系统的进一步应用,为神经网络故障诊断技术的研究提供了新的理论和方法。为了提高神经网络故障诊断的实用性能,目前主要应从神经网络模型本身的改进和模块化神经网络诊断策略两个方面开展研究。神经网络故障诊断技术具有广阔的发展前景。

7.2 神经网络基础

7.2.1 神经元模型

神经网络(Neural Networks,NN)是对人脑或自然神经网络若干基本特性的抽象和模拟,是一种基于连接学说构造的智能仿真模型,是由大量神经元组成的非线性动力系统,反映了人脑功能的若干特性。神经网络具有非线性、非局域性、非定常性和非凸性等特点,具有良好的容错性与联想记忆功能,以及较强的自学习与自适应能力,因此引起许多国内外人士对其进行研究。

神经网络的基本单元称为"神经元",它是对生物神经元的简化和模拟。生物神经元由细胞体、树突和轴突三部分组成,如图 7.1 所示。树突是细胞的输入端,通过细胞体之间连接的节点"突触"接受周围细胞传出的神经冲动;轴突相当于细胞的输出端,其端部的众多神经末梢为信号的输出端子,用于传出神经冲动。生物神经元具有"兴奋"和"抑制"两种工作状态。当传入的神经冲动使细胞膜电位升至高于其阈值时,细胞进入兴奋状态,产生神经冲动,由轴突输出。反之,若传入的神经冲动使细胞膜电位下降至低于阈值时,细胞进入抑制状态,就没有神经冲动输出。

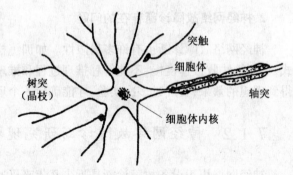

图 7.1 生物神经元结构示意图

基于生物神经元的上述结构及工作特性,为了模拟生物神经元,可以将其简化为图 7.2 的人工神经元结构(以下简称为神经元)。其中各变量的下标 i 表示神经网络的第 i 个神经元,该神经元是一个多输入(设为 n 个)、单输出的非线性元件,其输入输出关系可描述为

$$s_i = \sum_{j=1}^{n} w_{ij} x_j - \theta_i \tag{7.1}$$

$$y_i = f(s_i) \tag{7.2}$$

其中 $x_j(j = 1,2,\cdots,n)$ 为来自其他神经元的输入信号;θ_i 为该神经元的阈值;w_{ij} 表示从神经元 j 到神经元 i 的连接权值;s_i 表示神经元的状态。$f(\cdot)$ 为某种非线性函数,它将神经元的状态 s_i 变换成神经元的输出 y_i,所以称为神经元的输出函数或者激活函数。

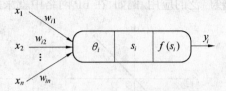

图 7.2　人工神经元模型示意图

激活函数是神经网络的核心之一。神经网络解决问题的能力与功效除了与网络结构有关外,在很大程度上取决于网络所采取的激活函数。激活函数的基本作用是:

(1) 控制输入对输出的激活作用。
(2) 对输入、输出进行函数转移。
(3) 将可能无限域的输入变换成指定的有限范围内的输出。

激活函数 $f(\cdot)$ 可为线性函数,或 S 状的非线性函数,或具有任意阶导数的非线性函数。常见的激活函数形式如下:

(1) 线性函数

$$f(x) = k \cdot x \tag{7.3}$$

(2) 符号型函数

$$f(x) = \begin{cases} 1 & (x > 0) \\ -1 & (x \leq 0) \end{cases} \tag{7.4}$$

(3) 斜坡型函数

$$f(x) = \begin{cases} r & (x > a) \\ x & (|x| \leq a) \\ -r & (x < -a, r, a > 0) \end{cases} \tag{7.5}$$

(4) Sigmoid 型函数

$$f(x) = \frac{1}{1 + \exp(-x)} \tag{7.6}$$

(5) 双曲正切函数

$$f(x) = \tan h(x) \tag{7.7}$$

(6) 高斯型函数

$$f(x) = \exp\left(-\frac{(x-c)^2}{2\sigma^2}\right) \tag{7.8}$$

若式(7.2)中的激活函数,分别采用式(7.3)~(7.8),即可得到相应的神经元模型。这6种激活函数如图 7.3 所示。目前理论上已证明,具有 Sigmoid 型激活函数隐层的多层前馈神经网络具有逼近任意函数及其各阶导数的能力,Sigmoid 型激活函数由于其连续、可微的性质,得到了较广泛的应用。例如，在 BP 网络中就采用了这种类型的传递函数。

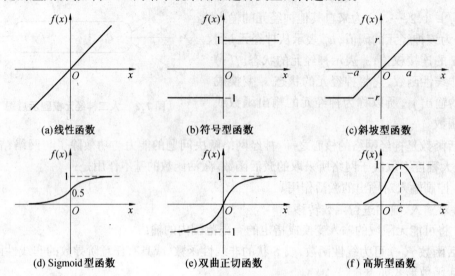

图 7.3 六种常见激活函数

大量神经元广泛互连就构成了人工神经网络。根据人工神经网络对生物神经系统的不同组织层次和抽象层次的模拟，可以组成各种层次的神经网络模型。

7.2.2 神经网络的拓扑结构

神经网络是由大量神经元相互连接而构成的网络。根据连接方式的不同，神经网络的拓扑结构通常可分成两大类：层状结构和网状结构。

层状结构的神经网络由若干层组成，其中一层为网络的输入层，另一层为网络的输出层，其余介于输入层与输出层之间的则为网络的隐层。每一层都包括一定数量的神经元。在相邻层中神经元单向连接，而同层内的神经元相互之间无连接关系。根据层与层之间有无反馈连接，层状结构的神经网络可进一步分为"前馈网络"与"反馈网络"两种类型。

前馈网络又称为前向网络，其特点是在前后相邻的两层之间神经元相互连接，在各神经元之间没有反馈。每个神经元可以从前一层接收多个输入，并产生一个输出传递给下一层的各个神经元，信息只能从输入层开始逐层向前依次传递。前馈网络可以包括许多层，但已经证明三层前馈网络就足以满足实际应用的要求。图 7.4 为三层前馈网络的结构图，它包括输入层、隐层(中间层)和输出层。神经网络中有计算功能的节点称为计算单元，因此前馈网络的隐层和输出层节点属于计算单元。

反馈网络在输出层与隐层、或者隐层与隐层之间具有反馈连接，即相应的节点同时接收来自前面一层单元的输入和来自后面节点的反馈输入。Hopfield 网络就是一种最典型的反馈神经网络。此外,递归神经网络(Recurrent Neural Network,RNN)也是目前一种常用的反馈网络,它利用网络内部的状态反馈来描述系统的非线性动力学行为。构成递归神经网络模型的方法很多,总的思路是通过对前馈神经网络中引入一些附加的内部反馈通道来增强网络的信息处理能力。根据状态信息的反馈途径,可以构成两种基本的 RNN 结构模型:Jordan 型和 Elman 型,如图 7.5 所示。

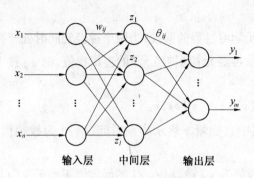

图 7.4 三层前馈网络

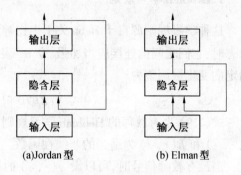

图 7.5 基本 RNN 结构

网状结构的神经网络又称为互联网络,其特点是任何两个神经元之间都可能存在双向的连接关系,所有的神经元既作为输入节点,同时也作为输出节点,如图 7.6 所示。因此,输入信号要在所有神经元之间反复传递,从某一初始状态开始,经过若干次的变化,直到收敛于某一稳定状态或进入周期振荡等状态为止。随着神经元数目的增加,互联网络结构会迅速复杂化,从而大大增加网络的计算量。

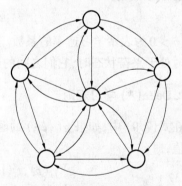

图 7.6 网状结构神经网络

7.2.3 神经网络的学习规则

人类高度发达的智能主要是通过学习获得的。所谓"学习",也就是人们获得新知识的过程,而学习的结果则通过记忆在一段时间内得到保持。

神经网络卓越的信息处理能力来自于网络中各神经元之间的连接权值。要模拟人脑的信息处理能力,必须使神经网络具有学习功能。学习的本质就是调整各神经元之间的连接权值,而如何调整连接权值就构成了不同的学习算法。

神经网络的学习方法有两大类:有教师学习和无教师学习。在有教师学习方法中,神经网络的输出与期望的输出(即教师值)相比较,然后根据两者之间的误差函数(又称为目标函数)

来调整网络的权值,最终使误差函数达到最小值。对于无教师学习,当输入的样本模式进入神经网络后,网络按照预先设定的规则(如竞争规则)自动调整权值,使网络最终具有模式分类等功能。

针对不同的网络用途,人们已经提出了许多神经网络学习规则,基本的有以下4种。

1. Hebbian 学习规则

这种学习规则源自于 Hebb 关于生物神经元学习过程的假设:当两个神经元同时处于兴奋状态时,它们之间的连接应当加强。令 w_{ij} 表示从神经元 j 到神经元 i 的连接权值,则 w_{ij} 按下式确定的变化量调整为

$$\Delta w_{ij} = g[y_i(t), t_i(t)] \cdot h[y_j(t), w_{ij}] \tag{7.9}$$

式(7.9)为有教师的 Hebbian 学习规则,其中自变量 t 表示当前时间,$t_i(t)$ 为教师信号,$g(\cdot,\cdot)$ 和 $h(\cdot,\cdot)$ 为适当的非线性函数。

当没有教师信号时,可以设 $g(\cdot,\cdot)$ 的函数值为 $y_i(t)$,$h(\cdot,\cdot)$ 的函数值正比于 $y_j(t)$,因此,式(7.9)成为

$$\Delta w_{ij} = \eta y_i(t) \cdot y_j(t) \tag{7.10}$$

其中 $\eta > 0$ 为表示学习速率的系数。上式为无教师的 Hebbian 学习规则,它反映了"当两个神经元同时处于兴奋状态时,它们之间的连接应当加强"的性质。

2. Delta(δ) 学习规则

在式(7.9)中,如果 $g(\cdot,\cdot)$ 的函数值正比于教师信号 $t_i(t)$ 与神经元 i 的输出 $y_i(t)$ 之间的差值,即

$$g[y_i(t), t_i(t)] = \eta_1[t_i(t) - y_i(t)] = \eta_1 \cdot \delta \tag{7.11}$$

其中 $\eta_1 > 0$ 为系数;并且 $h(\cdot,\cdot)$ 的函数值与神经元 j 的输出 $y_j(t)$ 成正比,即

$$h[y_j(t), w_{ij}] = \eta_2 \cdot y_j(t) \tag{7.12}$$

其中 $\eta_2 > 0$ 为系数,则由 Hebbian 学习规则可得

$$\Delta w_{ij} = \eta \cdot \delta \cdot y_j(t) \tag{7.13}$$

式(7.13)即为 δ 学习规则,其中 $\eta > 0$ 为表示学习速率的系数。

在 δ 学习规则中,教师信号可视为期望的输出,因此,式(7.11)中的 δ 反映了神经网络期望输出与实际输出之间的差异。这种学习规则的实质就是通过迭代计算逐步调整网络权值 w_{ij},直到使误差 δ 达到最小。具体过程可以采用梯度法等最优化算法来实现。δ 学习规则又称为"误差修正规则",其中 η 一般为与计算步长有关的参数。在很多神经网络中都采用了这种 δ 学习规则。

3. 概率式学习规则

概率式学习的典型代表是 Boltzmann 网络学习规则,它是基于模拟退火的统计优化算法,因此又称为模拟退火算法。

Boltzmann 网络模型是包括输入层、隐层和输出层的多层网络,在隐层间存在互联结构且层次不明显。网络的学习训练过程是根据下述规则对神经元 i 与神经元 j 之间的连接权值进行调整,即

$$\Delta w_{ij} = \eta(p_{ij}^+ - p_{ij}^-) \tag{7.14}$$

式中 η 为学习率,p_{ij}^+, p_{ij}^- 分别是两个神经元在系统处于 α 状态和自由状态时实现连接的概率。当 $p_{ij}^+ > p_{ij}^-$ 时,权值 w_{ij} 增加,否则 w_{ij} 减小。

4. 竞争式学习规则

在生物神经网络中存在一种侧抑制现象,即一个神经细胞兴奋后,通过它的分支会对周围其他神经细胞产生抑制。这种侧抑制使神经细胞之间出现竞争,一个兴奋最强的神经细胞对周围神经细胞的抑制作用也最强,虽然一开始各个神经细胞都处于兴奋状态,但最后兴奋最强、输出最大的一个神经细胞竞争获胜,而其周围的其他神经细胞则竞争失败。另一方面,在人类及动物的认知过程中,除了通过教师学习获得知识之外,还普遍存在一种不需要教师指导、直接依靠外界刺激获取知识的方式,即"自组织、自学习"的方式。"自组织竞争人工神经网络"就是一种用以模拟这类生物神经网络结构和现象的人工神经网络模型。这种神经网络模型可以采用多种学习规则,如信号 Hebbian 规则、竞争规则、微分 Hebbian 规则、微分竞争规则等,其中"竞争式学习规则"是自组织竞争神经网络中的一种基本学习规则。

竞争式学习规则属于无教师学习方式。它认为,神经网络是由许多"区域"组成的,各个区域包含一定数量的神经元,当有外界刺激输入时,在同一个区域里的各个神经元发生竞争性响应,其结果是只有一个神经元获胜从而达到兴奋状态,其余的则被抑制。在竞争式学习规则中,网络的权值仍然基于 Hebbian 规则或类似的规则调整。

设 j 为三层前向网络输入层中的某个神经元($j = 1,2,\cdots,n$),i 为隐层神经元($i = 1,2,\cdots,h$),且隐层神经元采用 Sigmoid 型传递函数。为便于讨论,假设整个隐层属于同一个竞争区域,则竞争式学习规则为

$$\dot{w}_{ij} = y'_i(s'_i)[y_j(s_j) - w_{ij}] \tag{7.15}$$

式中 s'_i 表示隐层神经元 i 的状态,y'_i 表示该神经元的输出;s_j 表示输入层神经元 j 的状态,y_j 表示该神经元的输出。

如果在隐层中竞争的结果神经元 k 获胜,则其输出达到最大,即

$$y'_k(s'_k) = 1 \tag{7.16}$$

则根据式(7.15),输入层所有与该神经元相连接的权值 w_{kj} 都将发生变化,其结果将使 $w_{kj} \approx y_j(s_j)$,即 $\dot{w}_{ij} \approx 0$,从而使权值的调整达到稳态。而此时其他竞争失败的神经元受抑制,其输出为最小。

$$y'_i(s'_i) = 0 \quad (i \neq k) \tag{7.17}$$

根据式(7.15),因 $\dot{w}_{ij} = 0$,即权值 $\dot{w}_{ij}(j \neq k)$ 将不发生变化。

若输入层神经元的作用仅仅为简单地接受网络的输入信号,即

$$y_j(s_j) = x_j \quad (j = 1,2,\cdots,n) \tag{7.18}$$

则式(7.15)的竞争学习规则成为

$$\dot{w}_{ij} = y'_i(s'_i)[x_j - w_{ij}] \tag{7.19}$$

以上学习规则中涉及竞争算法的问题。设输入层 $y_j(s_j) = x_j$ 则通常可采用如下的竞争算法,即

$$y'_k(s'_k) = \begin{cases} 1 & (\|\boldsymbol{x} - \boldsymbol{W}'_k\| = \min_i \|\boldsymbol{x} - \boldsymbol{W}'_i\|) \\ 0 & (\|\boldsymbol{x} - \boldsymbol{W}'_k\| > \min_i \|\boldsymbol{x} - \boldsymbol{W}'_i\|) \end{cases} \tag{7.20}$$

式中 $\boldsymbol{x}$ 为网络输入向量,$\boldsymbol{W}'_i$ 为由隐层神经元 i 与所有输入层神经元的连接权值构成的向量。$\|\cdot\|$ 表示向量的长度,由 Euclidean 范数确定。

以上介绍了神经网络中一些基本的学习规则,具体的学习算法将在下一节结合几种典型结构的神经网络作相应的介绍,这里先对梯度下降法作一专门讨论。梯度下降法源于最优化计算方法,它是各类有教师学习算法中最为基本的一种方法。其基本思想是以神经网络期望的输出和网络实际输出之间的误差平方作为学习的目标函数,根据使其最小化的原则来调整网络的权值。为此,定义误差函数

$$E(\boldsymbol{W}) = \frac{1}{2}\|\boldsymbol{Y}(k) - \hat{\boldsymbol{Y}}(\boldsymbol{W},k)\|^2 \tag{7.21}$$

式中 k 为离散时间变量,$\boldsymbol{W}$ 为网络所有权值组成的向量,$\boldsymbol{Y}(k)$ 为期望的网络输出向量,$\hat{\boldsymbol{Y}}(\boldsymbol{W},k)$ 为网络的实际输出向量,$\|\cdot\|$ 表示向量的 Euclidean 范数。梯度下降法就是沿着 $E(\boldsymbol{W})$ 的负梯度方向不断修正 $\boldsymbol{W}$ 的值,直至使 $E(\boldsymbol{W})$ 达到最小值。用数学公式可表示为

$$\boldsymbol{W}(k+1) = \boldsymbol{W}(k) + \eta(k)\left.\frac{\partial E(\boldsymbol{W})}{\partial \boldsymbol{W}}\right|_{\boldsymbol{W} = \boldsymbol{W}(k)} \tag{7.22}$$

其中 $\eta(k)$ 是控制权值调整速度的变量,通常与计算的步长有关。

7.3 典型结构的神经网络及故障诊断方法

7.2 节介绍了神经网络的一些基础知识,包括神经元的模型、网络的拓扑结构以及网络学习的基本规则等。本节将介绍几种典型结构的神经网络。相对而言,这些典型的神经网络研究

已较透彻,算法较成熟,应用也较广泛。

7.3.1 反向传播(BP)网络

BP(Back Propagation)网络是一种最为常用的前馈网络,其结构如图7.7所示。它有一个输入层,一个输出层,一个或多个隐层。每一层上包含了若干个节点,每个节点代表一个神经元。同一层上的各节点之间为无耦合连接关系,信息从输入层开始在各层之间单向传播,依次经过各隐层节点,最后到达输出层节点。设BP网络接受的输入数据为 n 个,以向量 $\boldsymbol{x}$ 表示为

$$\boldsymbol{x} = (x_1, x_2, \cdots, x_n)^{\mathrm{T}} \tag{7.23}$$

网络产生 m 个输出数据,用向量 $\boldsymbol{y}$ 表示为

$$\boldsymbol{y} = (y_1, y_2, \cdots, y_m)^{\mathrm{T}} \tag{7.24}$$

则网络将对应地有 n 个输入节点, m 个输出节点。这样,BP网络可视为从 n 维输入空间到 m 维输出空间的非线性映射,即

$$f:\mathbf{R}^n \to \mathbf{R}^m \quad f(x) = y \tag{7.25}$$

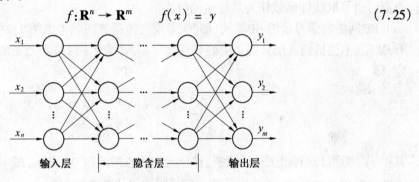

图 7.7 BP网络

对于一组给定的样本输入和样本输出 $\{x^i, y^i\}, (i = 1, 2, \cdots, M)$, M 为样本数,假若存在一个连续函数 g,使

$$g(x^i) = y^i \quad (i = 1, 2, \cdots, M) \tag{7.26}$$

则以下定理表明,BP网络确定的映射关系 f 可以任意逼近该函数。

【定理 7.1】 给定任一连续函数 $f:[0,1]^n \to \mathbf{R}^m$, f 可以精确地用一个三层BP网络实现:该网络的第一层,即输入层有 n 个神经元;中间层有 $(2n+1)$ 个神经元;第三层,即输出层有 m 个神经元。

该定理又称为 Kolmogorov 定理,它表述了映射网络的存在性。

【定理 7.2】 给定任意 $\varepsilon > 0$,对于任意的 L_2 型连续函数 $f:[0,1]^n \to \mathbf{R}^m$,存在一个三层BP网络,它可在任意 ε 平方误差精度内逼近 f。

该定理的证明参见文献[119]。

以上两个定理表明，只要用三层的 BP 网络就可实现 L_2 型连续函数。基于这一结论，三层 BP 网络已成为应用最为广泛的 BP 网络。然而，对于一些具体的实际问题，有时仍然需要使用多层的 BP 网络。如何选取 BP 网络的隐层数及其节点数，目前尚无准确的理论和方法，针对特定的问题，通常需要作反复多次研究后确定。例如，以下是几个确定三层 BP 网络隐层节点数 h 的经验参考公式：

(1)
$$h \geq \sqrt{n+m} + a \qquad (7.27)$$

其中 n 为输入神经元数；m 为输出神经元数；a 为 1~10 之间的常数。

(2)
$$\sum_{i=0}^{n} C\binom{h}{i} > M \qquad (7.28)$$

其中 M 为样本数，当 $i > h$ 时规定 $C\binom{h}{i} = 0$。

(3)
$$h \geq \log_2 n \qquad (7.29)$$

BP 网络中计算单元(隐层、输出层的神经元)的传递函数通常取 Sigmoid 型函数。输出层节点有时也可取线性函数作为其传递函数。

BP 网络的学习采用 BP 算法，即"误差反向传播算法"。考虑图 7.7 的 BP 网络，设 BP 网络共有 M 层(不包括输入层)，第 l 层的节点数为 n_l，y_k^l 表示第 l 层节点 k 的输出，则 y_k^l 由下两式确定，即

$$s_k^{(l)} = \sum_{j=0}^{n_{l-1}} w_{kj}^{(l)} \cdot y_j^{(l-1)} = \mathbf{W}_k^{(l)} \cdot \mathbf{y}^{(l-1)} \qquad (7.30)$$

$$y_k^{(l)} = f(s_k^{(l)}) \qquad (7.31)$$

其中 $s_k^{(l)}$ 为第 l 层神经元 k 的状态，神经元的状态按式(7.1)表示，即 $y_0^{(l-1)} = 1$，$w_{k0}^{(l)} = -\theta_k^{(l)}$。上两式采用了向量表示法，$\mathbf{W}_k^{(l)}$ 为由网络权值组成的系数行向量，$\mathbf{y}^{(l-1)}$ 为第 $l-1$ 层的输出列向量。输入层作为第 0 层处理，因此 $\mathbf{y}^{(0)} = x$，x 为网络输入量。

给定样本模式 $\{X, Y\}$ 后，BP 网络的权值将被调整，使如下的误差目标函数达到最小，即

$$E(W) = \frac{1}{2} \| Y - \hat{Y} \|^2 = \frac{1}{2} \sum_{k=1}^{n_M} (Y_k - \hat{Y}_k)^2 \qquad (7.32)$$

式中 $\hat{Y}$ 为网络的输出，W 表示 BP 网络中所有的权值。n_M 为最后一层(输出层)的节点数，因此 $n_M = m$，且 $\hat{Y}_k = y_k^{(M)}$。

根据梯度下降最优化方法，可以通过 $E(W)$ 的梯度来修正权值。连至第 l 层第 i 个神经元的权值向量 $\mathbf{W}_i^{(l)}$ 的修正量由下式确定，即

$$\Delta \mathbf{W}_i^{(l)} = -\eta \frac{\partial E(W)}{\partial \mathbf{W}_i^{(l)}} = \eta \delta_i^{(l)} \mathbf{y}^{(l-1)} \qquad (7.33)$$

对于输出层(第 M 层)，上式中的 $\delta_i^{(l)}$ 为

$$\delta_i^{(M)} = (Y_i - \hat{Y}_i)f'(s_i^{(M)}) \tag{7.34}$$

对于隐层,则

$$\delta_i^{(l)} = \sum_{j=1}^{n_{l+1}} w_{ij}^{(l+1)} \delta_j^{(l+1)} f'(s_i^{(l)}) \tag{7.35}$$

以上的学习方法就是著名的 BP 算法。对于给定的输入输出样本,按照上述过程反复调整权值,最终使网络的输出接近期望的输出。

由于权值的修正是在输入所有样本并计算总体误差后进行的,所以 BP 算法属于批处理的方法。整个处理过程分为两个阶段:第一个阶段是从 BP 网络的输入层开始逐层向前计算,根据输入样本计算出各层的输出,最终求出网络输出层的输出,这是前向传播过程;第二个阶段是对权值的修正,从网络的输出层开始逐层向后进行计算和修正,这是反向传播过程。两个过程反复交替,直到收敛为止。

BP 算法的实质是梯度下降法,因而可能存在陷入局部极小以及收敛速度慢等问题。为了解决这些问题,通常采用全局最优化算法与 BP 算法相结合的方法,例如,模拟退火算法、遗传算法等,同时还可以采取以下措施:

(1) 选择合适的初始权值。

(2) 给权值加以扰动。在学习的过程中给权值加以扰动,有可能使网络脱离当前局部最小点的陷阱。

(3) 在网络的学习样本中适当加些噪声,可避免网络依靠死记的办法来学习。

(4) 当网络的输出与样本之间的差小于给定的允许误差范围时,则对此样本神经网络不再修正其权值,以此来加快网络的学习速度。

(5) 适当选择网络的大小,尽可能使用三层网络,这样可以避免因层数多、节点数多、计算复杂化而可能导致反向误差发散的情况。

基本的 BP 算法是定步长的,有时候这不利于计算的快速收敛。一种改进的方案是采用变步长的方法。在式(7.33)中,η 为与步长有关的参数,则变步长 BP 算法的主要思想如下:

当 $\Delta E < 0$ 时:$\eta = \varphi\eta(\varphi > 1)$;

当 $\Delta E > 0$ 时:$\eta = \beta\eta(0 < \beta < 1)$,其中 φ,β 为步长增大、缩小的因子。

7.3.2 径向基函数(RBF)网络

径向基函数(Radial Basis Function,RBF)网络也是一种常用的前馈网络,其结构如图 7.8 所示。从结构上看,它属于三层前馈网络,包括一个输入层、一个输出层和一个隐层。输入层节点的作用是将输入数据 $x_1, x_2, \cdots, x_n$ 传递到隐层节点。隐层节点称为 RBF 节点,由以高斯型传递函数为典型代表的辐射状函数神经元构成,而输出层节点的传递函数通常为简单的线性函数。

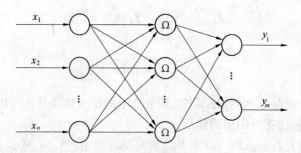

图7.8 RBF 网络

隐层节点的高斯核函数对输入数据将在局部产生响应,即当输入数据靠近高斯核函数的中心时,隐层节点将产生较大的输出;反之,则产生较小的输出。高斯核函数的表达式为

$$u_j = \exp\left(-\frac{(\boldsymbol{x} - C_j)^{\mathrm{T}}(\boldsymbol{x} - C_j)}{2\sigma_j^2}\right) \quad (j = 1,2,\cdots,h) \tag{7.36}$$

式中 $\boldsymbol{x} = (x_1, x_2, \cdots, x_n)^{\mathrm{T}}$ 是 RBF 网络的输入数据向量;u_j 是第 j 个隐层节点的输出,且 $u_j \in [0,1]$;C_j 是高斯核函数的中心值;h 为 RBF 隐层节点数;σ_j 为标准化常数。

RBF 网络的输出是隐层节点输出的线性组合,即

$$y_i = \sum_{j=1}^{h} w_{ij} \cdot u_j - \theta_i = \boldsymbol{W}_i^{\mathrm{T}} \cdot \boldsymbol{U} \quad (i = 1,2,\cdots,m) \tag{7.37}$$

其中

$$\boldsymbol{W}_i = (w_{i1}, w_{i2}, \cdots, w_{ih}, -\theta_i)^{\mathrm{T}} \tag{7.38}$$

$$\boldsymbol{U} = (u_1, u_2, \cdots, u_h, 1)^{\mathrm{T}} \tag{7.39}$$

RBF 网络的学习过程可分为两个阶段。首先根据所有输入样本决定隐层各节点的高斯核函数的中心值 C_j 和标准化常数 σ_j。当决定了隐层的参数后,再根据样本,利用最小二乘原则,求出输出层的权值向量 $\boldsymbol{W}_i$。下面的定理说明了 RBF 网络对非线性映射的逼近能力。

【定理7.3】 给定任意 $\varepsilon > 0$,对任意的 L_2 型函数 $f:[0,1]^n \to \boldsymbol{R}^m$,存在一个 RBF 网络,它可在任意 ε 平方误差精度内逼近 f。

该定理表明 RBF 网络和 BP 网络一样可近似任意的连续非线性函数,两者的主要区别在于:BP 网络中的隐层节点使用的是 Sigmoid 型函数,它在输入空间无限大的范围内取非零值,而 RBF 网络中的隐层节点使用的是高斯核型函数,其取值范围具有局部性的特征。

7.3.3 Hopfield 网络

Hopfield 网络是典型的反馈型神经网络(Feedback Neural Network)。在反馈型神经网络中,输入数据决定了反馈系统的初始状态,经过一系列状态转移后,系统逐渐收敛至平衡状态。这个平衡状态就是反馈神经网络经计算后的输出结果。因此,稳定性是反馈神经网络最重要的

问题之一。若能找到网络的 Lyapunov 函数,则可以根据 Lyapunov 稳定性定理来分析、设计反馈型神经网络,进而保证网络对任意的初始状态都具有稳定收敛的性质。

Hopfield 网络分连续型和离散型两种。连续型 Hopfield 网络可用如下的非线性微分方程描述为

$$C_i \frac{\mathrm{d}s_i}{\mathrm{d}t} = -\frac{s_i}{R_i} + x_i + \sum_{j=1}^{n} t_{ij} \cdot y_j \quad (7.40)$$

$$y_i = g_i(s_i) \quad (7.41)$$

上述方程相应的电路模拟如图 7.9 所示。图中电阻 R_i 与电容 C_i 并联,以模拟生物神经元输出的时间常数;跨导 t_{ij} 模拟生物神经元之间互连的突触特性;运算放大器 A_i 用来模拟生物神经元的非线性特性 $y_i = g_i(s_i)$;神经元的状态(s_i)和输出(y_i)取电压量纲,而输入(x_i)取电流量纲。

定义连续型 Hopfield 神经网络的 Lyapunov 能量函数为

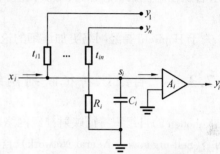

图 7.9 连续型 Hopfield 网络电路模拟(神经元 i)

$$E = \sum_{i=1}^{n} \frac{1}{R_i} \int_0^{y_i} g_i^{-1}(y) \mathrm{d}y - \sum_{i=1}^{n} x_i y_i - \frac{1}{2} \sum_{j=1}^{n} \sum_{k=1}^{n} t_{jk} y_j y_k \quad (7.42)$$

【定理7.4】 对于连续型 Hopfield 神经网络,若 $t_{ij} = t_{ji}$,且 $g_i(s_i)$ 为单调上升函数,则此网络解的轨迹在状态空间中总是朝着使能量 E 减小的方向运动,并且网络的稳定平衡点就是 E 的极小点。

该定理的证明可参见文献[121],它保证了对于给定的一组权值 t_{ij},连续型 Hopfield 网络从任意的初始状态开始都能收敛于稳定点。如果将系统的每一个稳定点视为一个记忆,则从初始状态出发向对应的稳定点运动的过程就是寻找该记忆的过程。初始状态代表了该记忆的部分信息或带有噪声的信息,寻找记忆的过程就是从部分信息出发找出全部信息,或者从噪声中恢复原有信息的过程。

对于离散型 Hopfield 神经网络,考虑由 n 个神经元构成的单层全反馈型网络,网络结构如图 7.10 所示,其中 θ_i, s_i, y_i 分别表示神经元 i 的阈值、状态和输出,x_i 为网络的第 i 个输入信号。对于神经元 i,其模型方程为

$$s_i(k) = \sum_{j=1}^{n} w_{ij} \cdot y_j(k) - \theta_i + x_i \quad (7.43)$$

$$y_i(k+1) = \mathrm{sgn}[s_i(k)] \quad (7.44)$$

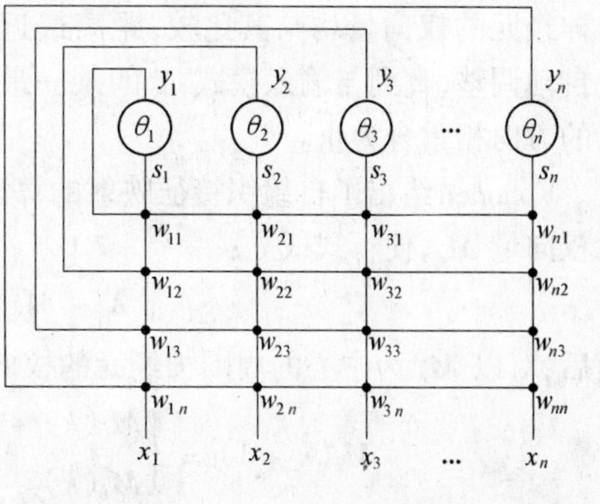

图 7.10 离散型 Hopfield 神经网络(单层全反馈型)

其中 sgn 为符号函数。对于该神经网络,可定义能量函数为

$$E = -\frac{1}{2}\sum_{i=1}^{n}\sum_{j=1}^{n}w_{ij}y_{i}y_{j} - \sum_{i=1}^{n}x_{i}y_{i} \tag{7.45}$$

则由于各神经元的输出 y_i 或 y_j 为 ±1 的二值信号,x_i 和 w_{ij} 有界,故能量 E 有界,且满足

$$|E| \leq \frac{1}{2}\sum_{i,j}|w_{ij}| + \sum_{i}|x_{i}| \tag{7.46}$$

因此,若从任意初始状态开始,每次权值调整都能满足 $\Delta E \leq 0$,则网络最终将趋于稳定点 $\Delta E = 0$。

关于 Hopfield 神经网络更加详细的论述可参见文献[117]。

7.3.4 自组织特征映射网络

Kohonen 的自组织特征映射神经网络(Self-organizing Feature Map)是一种典型的自组织神经网络(Self-organizing Neural Network)。自组织神经网络是一种无教师学习的神经网络,它能够模拟人类应用过去的经验来自动适应无法预测的环境变化的能力。由于没有教师信号,自组织神经网络通常利用竞争学习规则来进行网络的学习。

在自组织特征映射神经网络中,对于某个输入模式,神经网络的不同区域有着不同的响应特征,通常只有一个神经元或局部区域的神经元对输入模式有积极响应。图 7.11 是一个两维阵列分布的自组织特征映射网络。在该网络中,输入模式 $X = (x_1, x_2, \cdots, x_n)^T$ 并行连接至网络的每一个神经元,而每个神经元对应一个权向量 M,权向量 M 为网络的可调参数。对于某个输入模式 X,每个神经元的权向量均与其比较,距离最近的权向量自动调整,直到与输入模式 X 的某一最大主分量的方向相重合为止。

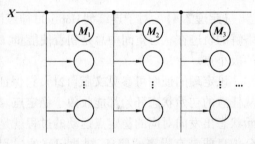

图 7.11 两维阵列分布自组织特征映射神经网络

Kohonen 给出了自组织特征映射的算法。在其算法中,对于输入模式 X,首先确定中心神经元权向量 M_c,使下式成立:

$$\|X - M_c\| = \min_{i}\|X - M_i\| \tag{7.47}$$

然后,对以 M_c 为中心的周围神经元的权向量按下式进行调整,即

$$M_i(k+1) = \begin{cases} M_i(k) + \alpha(k)[X - M_i(k)] & (i \in N_c(k)) \\ M_i(k) & (i \notin N_c(k)) \end{cases} \tag{7.48}$$

其中 $N_c(k)$ 表示在 k 时刻由以 M_c 为中心的周围神经元组成的领域,$\alpha(k)$ 为学习系数。在学习

过程的初始,$N_c(k)$可取得大一些,然后逐步收缩;$\alpha(k)$初始时可取接近于1的常数,然后逐步收缩。

自组织特征神经网络可以有多种改进形式,应用较为广泛。

7.3.5 递归神经网络

递归神经网络(Recurrent Neural Network,RNN)有完全递归和部分递归两种类型。完全递归网络具有任意的前馈和反馈连接,其所有连接权值都可修正调整,而部分递归网络的主体结构仍为前馈型,反馈连接则由一组结构(Context)单元实现,其连接权值固定。基本递归神经网络的结构如图7.12所示,在该网络中,输入单元仅起输入信号传输作用,输出单元起线性加权求和作用,结构单元则记忆前一时刻的网络输出值,亦即起延时算子的作用。W_i、W_o、W_c分别表示输入层至隐层、隐层至输出层以及结构单元至隐层的权值矩阵。W_c为固定的权值矩阵,而W_i和W_o可以学习修改。

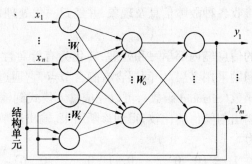

图7.12 递归神经网络(RNN)

设递归神经网络的输入向量为

$$X = (x_1, x_2, \cdots, x_n)^T \tag{7.49}$$

网络输出向量为

$$Y = (y_1, y_2, \cdots, y_m)^T \tag{7.50}$$

反馈向量为

$$F = (f_1, f_2, \cdots, f_r)^T \tag{7.51}$$

隐层节点的输出向量为

$$V = (v_1, v_2, \cdots, v_h)^T \tag{7.52}$$

则递归神经网络(图7.12)的模型可以用下述方程描述,即

$$Y(k) = \Phi(W_o V(k) + \theta_o) \tag{7.53}$$

$$V(k) = \psi(W_i X(k) + W_c F(k) + \theta_h) \tag{7.54}$$

$$F(k) = \Gamma(X(k), F(k-1), W) \tag{7.55}$$

以上诸式中，k 为离散时间变量，θ_o，θ_h 分别为输出层和隐层神经元的阈值向量，W 为由 $(W_o, \theta_o, W_i, W_c, \theta_h)$ 组成的整个网络的参数矩阵。

在式(7.55)中，不同的反馈规则将导致不同的递归神经网络结构。例如：

(1) 若 $F(k) = 0$，则递归神经网络将退化为普通的前馈网络。

(2) 若 $F(k) = Y(k-1)$，则为图 7.5(a) 所示的 Jordan 型递归网络。

(3) 若 $F(k) = V(k-1)$，则为图 7.5(b) 所示的 Elman 型递归网络。

由于在递归神经网络中引入了递归结构，所以能够实现对先验输入数据的记忆，即通过递归变量 F，依据网络输出层和隐层的状态信息保留系统中过去的信息。递归神经网络目前在故障诊断、故障预测中已经得到了一定程度的应用。

从以上介绍的典型神经网络结构可以看出，神经网络是由多个神经元按一定的拓扑结构相互连接而成。神经元之间的连接强度体现了信息的存储和相互关联程度，且连接强度可通过学习而加以调节。三层前向神经网络如图 7.4 所示。

输入层：从监控对象接收各种故障信息及现象，并经归一化处理，计算出故障特征值为

$$X = (x_1, x_2, \cdots, x_n) \tag{7.56}$$

中间层：从输入得到的信息经内部学习和处理，转化为有针对性的解决办法。中间层可以是一层，也可以根据不同问题采用多层。中间层含有隐含节点，它通过数值连接输入层，通过阈值连接输出层。选用 S 型函数(Sigmoid 函数)，可以完成输入模式到输出模式的非线性映射。

输出层：通过神经元输出与阈值的比较，得到诊断结果。输出层节点数 m 为故障模式的总数。若第 j 个模式的输出为

$$Y_j = (0 \; 0 \; \cdots \; 0 \; 1 \; 0 \; \cdots \; 0 \; 0) \tag{7.57}$$

即第 j 个节点输出为 1，其余输出均为 0，它表示第 j 个故障存在(输出 0 表示无故障模式)。

利用神经网络进行故障诊断，可将诊断方法分为模式识别和知识处理两大类。

7.3.6 模式识别故障诊断方法

模式(Pattern)一般指某种事物的标准形式或使人可以照着做的标准样式。模式识别(Pattern Recognition, PR)是研究模式的自动处理和判读的数学技术问题，它既包含简单模式的分类，也包含复杂模式的分析。模式识别故障诊断神经网络就是从模式识别的角度，应用神经网络作为分类器进行故障诊断。

我们知道，状态监测的任务是使设备系统不偏离正常功能，并预防功能失败，而当系统一旦偏离正常功能，则必须进一步分析故障产生的原因，这时的工作就是故障诊断。如果事先已对设备可能发生的故障模式进行了分类，那么诊断问题就转换为把设备的现行工作状态归入哪一类的问题。从这个意义上讲，故障诊断就是模式的分类和识别。

在传统的模式识别技术中,模式分类的基本方法是利用判别函数来划分每一个类别。如果模式样本特征空间为 M 维欧氏空间,模式分类属于 M 类,则在数学上模式分类问题就归结为如何定义诸超平面方程把 M 维欧氏空间最佳分割为 M 个决策区域的问题。对线性不可分的复杂决策区域,则要求较为复杂的判别函数,并且在许多情况下,由于不容易得到全面的典型参考模式样本,因此常采用概率模型,在具有输入模式先验概率知识的前提下,先选取适合的判别函数形式,以提高识别分类的性能。如何选择判别函数形式以及在识别过程中如何对判别函数的有关参数进行修正,对于传统的模式识别技术来说,并不是一件容易的事。

人工神经网络作为一种自适应模式识别技术,不需要预先给出关于模式的先验知识和判别函数,它可以通过自身的学习机制自动形成所要求的决策区域。网络的特性由其拓扑结构、节点特性、学习和训练规则所决定,神经网络能充分利用状态信息,并对来自不同状态的信息逐一训练以获得某种映射关系,同时网络还可连续学习。当环境改变时,这种映射关系还可以自动适应环境变化,以求对对象的进一步逼近。

例如,使用来自设备不同状态的振动信号,通过特征选择,找出对于故障反应最敏感的特征信号作为神经网络的输入向量,建立故障模式训练样本集,对网络进行训练。当网络训练完毕时,对于每一个新输入的状态信息,网络将迅速给出分类结果。

7.3.7 知识处理故障诊断方法

知识处理故障诊断神经网络就是从知识处理的角度,建立基于神经网络的故障诊断系统。知识处理通常包括知识获取、知识存储及推理三个步骤。

在神经网络的知识处理系统中,知识是通过系统的权系矩阵加以存储,即知识是表示在系统的权系矩阵之中。知识获取的过程就是按一定的学习规则,通过学习逐步改变其权系矩阵的过程。由于神经网络能进行联想和记忆推理,因而具有很强的容错性。对于不精确、矛盾和错误的数据,它都能进行推理,并能得出很好的结果。

在神经网络知识处理系统中,知识获取、知识存储及推理之间的联系非常密切,即具有很强的交融性。同时,神经网络知识处理系统不存在知识获取的"瓶颈"和推理的"组合爆炸"等问题,因而使其应用范围更加宽广。

可应用于故障诊断知识处理的神经网络有 Anderson 提出的知识处理网络,Kosko 提出的模糊认知映射系统及 Carpenter Grossberg 提出的自适应共振网络。知识处理网络、模糊认知映射系统及自适应共振网络分别与传统人工智能中的确定性理论、Bayes 方法及逻辑推理运算相类似。

1. 知识处理网络

知识处理网络是通过把知识编码为属性向量来处理的一种网络,它可以有效地处理矛盾与丢失的信息。在矛盾的情况下，可基于"证据权"做出决策；对丢失信息的情况，可在现有属性之间已知联系的基础上进行猜测。因而，知识处理网络可以很好地对设备或工程系统中的突发性故障或其他意想不到的异常现象进行检测和诊断。知识处理网络的缺点是要求有一个"硬"的知识库，换句话说，就是用来构造系统的数据必须是精确的。

2. 模糊认知映射系统

模糊认知映射系统是以神经网络形式实现的结构，它能够存储作为变元概念客体之间的因果关系。模糊认知映射可以处理不精确、矛盾和错误数据，非常适合于涉及个体交互知识基础上的复杂系统，特别是对突发性故障及其他意想不到的异常现象进行检测和诊断。它与知识处理网络相比有其独特的优越性，即不需要"硬"的知识库。

3. 自适应共振网络

自适应共振网络（Adaptive Resonance Network，ARN）是一类无监督学习网络。它可以对二维模式进行自组织和大规模并行处理，也可以进行假说检验和逻辑推理运算，还可以用现有的知识来判断给定假设的合理性。因此，它可应用于对某些难以判断的故障进行进一步的推理运算，以真正达到故障检测与诊断的目的。

神经网络故障诊断专家系统是一种典型的基于知识处理的故障诊断神经网络。建立开发神经网络故障诊断专家系统，就是要求将神经网络与专家系统相结合，用神经网络的学习训练过程代替建立传统专家系统的知识库。

由于神经网络具有很强的并行性、容错性和自学习能力，因此可建立一个神经网络推理机系统，通过对典型样本（实际生产过程中采集的数据）的学习，完成知识的获取，并将知识分布存储在神经网络的拓扑结构和连接权值中，进而避免了传统专家系统知识获取过程中的概念化、形式化和知识库求精三个阶段的不断反复。

神经网络训练完成后，输入数学模式进行网络向前计算（非线性映射），就可得到输出模式；再对输出模式进行解释，将输出模式的数学表示转换为认识逻辑概念，即完成了传统专家系统的推理过程，就可得到诊断结果。

在这里，专家系统主要用来存储神经网络的连接权矩阵元素值、训练样本、诊断结果和解释神经网络输出，并做出诊断报告。

总之，基于神经网络的故障诊断专家系统是一类新的知识表达体系，与传统的专家系统的高层逻辑模型不同，它是一种低层数值模型，信息处理是通过大量称之为节点的简单处理单元之间的相互作用而进行的。由于它的分布式信息保持方式，为专家知识的获取和表达以及推理提供了全新的方式。通过对经验样本的学习，将专家知识以权值和阈值的形式存储在网络中，并且利用网络的信息保持性来完成不精确的诊断推理，较好地模拟了专家凭经验、直觉而不是复杂计算的推理过程。

7.4 神经网络故障诊断的方式和结构

7.4.1 神经网络用于故障诊断的方式

用神经网络进行机械系统故障诊断,可有以下两种方式:

第一种是离线诊断。它的学习过程和使用过程是分开的。当控制系统出现故障时,把故障信息或现象输入神经网络,神经网络经过自组织、自学习,输出合理的诊断结果和处理办法,然后去维修控制系统。传统的故障诊断专家系统,因为是以启发式规则为基础的,所以当遇上未见过的新故障或现象时,就不能正确处理。而神经网络是利用它的相似性、联想能力进行诊断的。给神经网络存入大量的样本,神经网络即对这些样本进行学习,通过调整网络的权值系数,使网络实际输出逼近网络的期望输出,从而使网络"记住"这些样本。当第 $n+1$ 个样本输入网络时,网络通过前向计算,得出一个实际输出矢量,这个实际输出矢量中哪一个分量的值大于故障发生的最小值(阈值),即诊断是相应的故障发生。这种学习过程称为"有导师学习",其学习过程可用图 7.13 表示。

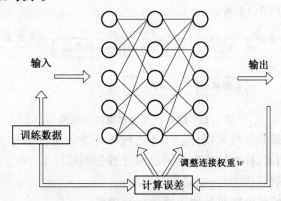

图 7.13　神经网络学习过程示意图

第二种是在线诊断。将神经网络和控制系统直接相连,让网络自动获得故障信息或现象,然后由神经网络内部自组织、自学习,这就使学习过程和诊断过程合二为一。这种学习过程是"无导师学习"。图 7.14 给出五种常用于故障诊断的神经网络模型种类。

7.4.2 神经网络用于故障诊断的结构

故障诊断就是要根据控制系统的运行状态,根据系统提供的特征参数和信息,判定故障发

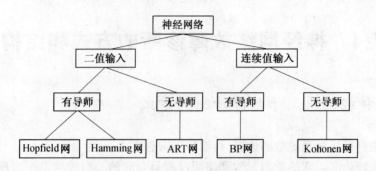

图 7.14 五种常用于故障诊断的神经网络模型

生的种类,这从本质上讲属于模式识别的范畴。神经网络故障诊断系统作为一个模式识别系统,主要包括学习(训练)与识别(匹配)两个过程。其中根据模式识别理论,每个过程都包含预处理、特征选择与提取两部分。通常,学习是在系统提供一定的标准学习样本的基础上,依据某一分类规则来设计分类器。在神经网络中,学习的过程就是不断调整网络节点间权值系数,是学习样本网络实际输出不断逼近样本期望输出的过程。而识别就是将未知模式与已知训练好的分类器进行匹配来识别未知模式的类别。在神经网络中就是将测试样本输入网络,通过网络的前向计算,根据网络的输出矢量来判定究竟是哪一类或哪几类故障发生的过程。整个模式识别系统的流程如图 7.15 所示。

图 7.15 模式识别过程原理示意图

对于神经网络故障诊断系统来说,图 7.15 的模板样本就是测试样本,分类器就是神经网络,类别输出就是诊断结果,标准模板就是未经预处理的训练样本。

一个神经网络用于故障诊断时,主要包括三层:

(1)输入层,即从机械系统接收各种故障信息及现象。

(2)中间层,是把从输入层得到的故障信息,经内部学习和处理,转化为针对性的解决办法。中间层含有隐节点,它通过权值系数 w_{ij} 连接着输入层节点和输出层节点。当然中间层可以根据不同的需要是一层或多层,也可以没有中间层,由输入层节点直接和输出层节点相连。

(3)输出层,是针对输入的故障形式,经过调整权值系数 w_{ij} 后,得到的诊断结果和处理方法。当网络训练完毕,对于每一个输入的状态信息(即测试样本),网络将迅速给出故障分类结果。

7.4.3 神经网络用于机械设备故障诊断的一般方法

目前,用神经网络进行机械故障诊断有很多方法,本节将简单介绍用于旋转机械故障诊断领域的几种常用神经网络。

在故障诊断领域常用的神经网络主要有三种:BP 网络,Hopfield 网络,模糊神经网络(Fuzzy Neural Network,FNN)。

1. BP 网络

BP 网络诊断机械故障的原理,在于通过网络的自身学习来实现样本与输出之间的高度复杂的非线性映射。通过训练学习,BP 网络将模式样本和期望输出的映射关系存储在网络的连接权值和阈值中。在实际测试(又称回忆)中,网络接受一个输入信号,在输出端给出一个响应状态(即测试结果)。作为前馈网络的 BP 网,它在某一时刻的输出状态是由该时刻的输入和网络连接权值决定的,而与前面时刻的输入和输出无关。因此,BP 网络用于故障诊断,是一种静态系统。它用于设备故障诊断的局限在于忽略了设备运行历史。

2. Hopfield 网络

Hopfield 网络是一个动态的动力学系统,具有良好的动力学行为。它用于设备故障诊断时,不仅能够考虑到当前设备运行状态,而且也能考虑到设备运行历史对当前运行状态的影响,以及以前发生的故障与当前故障的关联。但是 Hopfield 网络用于故障诊断时,不能自动根据输入样本判定该样本是属于哪一种已经存储的故障类型,只能表示出该输入样本与哪个已经存储的样本模式最相似。因此,往往要在网络输出端构造一个后处理器(如一个不含隐层的 BP 网络),使得网络的输出能够按已经存储的故障类别被判别出来,这就加大了网络的规模和训练难度。

3. 模糊神经网络

在故障诊断领域中,许多概念是模糊概念,需要用模糊理论进行描述,但是神经网络只能做到故障特征征兆空间与故障类型的非线性映射,而忽略了故障诊断的技术内容和内在实质。因此,目前许多研究人员都在探索将神经网络和模糊诊断结合起来,既给神经网络赋予内容,又让模糊诊断利用神经网络实现快速简单的计算。领域专家的经验是故障诊断的知识宝库,这些知识在专家头脑中都是模糊值,但是这些模糊值与精确值相差不会太远。因此,可以在神经网络中充分利用专家知识,将专家对故障征兆的打分值作为网络训练的初始值,这样学习效率高且可以避免陷入局部极小值的困境。这种利用模糊诊断知识的神经网络诊断技术是目前研究的一个重点。

7.5 神经网络故障诊断实例

旋转机械是工程中广泛应用的一类机械。旋转机械转子的主要故障有：转子不平衡、转子不对中、油膜振荡、转子裂纹等，通过对转子故障机理的研究，在很多文献中给出了旋转机械常见故障的标准特征谱，见表7.1。

下面给出应用BP神经网络实现旋转机械转子故障的诊断方法。

第一步：给出BP神经网络训练的特征频率，见表7.1。

第二步：确定BP神经网络的层数。因为一个三层的BP网络可以完成任意维数的映射，所以选用三层BP神经网络系统——输入层、隐层、输出层。

第三步：确定输入层和输出层节点数。BP神经网络的输入层节点数目选用转子的故障特征频率项数，在本例中输入层为9个节点数（对应表7.1中9种特征频率）。输出层神经元数目的确定可以采用两种方法：一种是根据输出故障种类而定；另一种是根据故障种类采用二进制编码法。在本例中采用的输出故障种类为10类（表7.1中10种故障类型），对应的输出层神经元数为10。输出层采用的激励函数为线性函数 $f(x) = x$。

表7.1 旋转机械常见故障的标准特征谱

故障特征 故障类型	振动频率（f 代表工频）								
	$0.01\sim0.39f$	$0.40\sim0.49f$	$0.50f$	$0.51\sim0.99f$	$1f$	$2f$	$3\sim5f$	奇数倍 f	$>5f$
1.不平衡					0.90	0.05	0.05		
2.不对中					0.40	0.50	0.10		
3.转子轴向碰磨	0.10	0.05	0.05	0.10	0.30	0.10	0.10	0.10	0.10
4.亚谐共振			1.00						
5.推力轴承损坏			0.10	0.90					
6.轴承座松动	0.90							0.10	
7.不等轴承刚度						0.80	0.20		
8.基础共振		0.20			0.60	0.10			
9.联轴节损坏	0.10	0.20			0.20	0.30			
10.机壳变形					0.90	0.05	0.05		

注：表中数字表示在指定频率范围内故障出现的概率。

第四步：确定隐层节点数。采用前面介绍的方法，选用不同隐层节点数，采用图7.16所示的训练方法及匹配程序，给出的神经网络的学习误差曲线如图7.17所示。

下面以风机诊断为例加以说明，本例共收集了10类故障，各类故障含9个特征参数，分别由振动频谱结构特征组成。该风机一次待诊断故障特征参数见表7.2；经网络诊断后输出诊

第 7 章 神经网络故障诊断方法

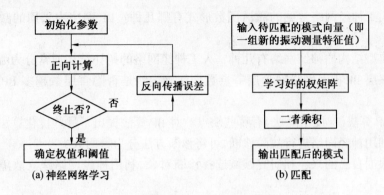

图 7.16 神经网络学习和匹配程序框图

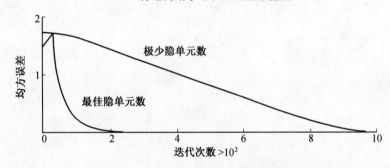

图 7.17 神经网络的学习误差曲线

断结果见表 7.3，第 8 个节点的输出值超过 0.5，相应的故障原因为基础共振，实际故障如此。

表 7.2 待诊断故障特征参数（表中数字是指出现的概率）

待诊断特征数据	振动频率（f 代表工频）							
类型	$0.01 \sim 0.39f$	$0.40 \sim 0.49f$	$0.50f$	$0.51 \sim 0.99f$	$1f$	$2f$	$3 \sim 5f$	奇数倍 f	$>5f$
待诊断故障数据	0.05	0.02	0.02	0.03	0.82	0.02	0.02	0.00	0.02

表 7.3 网络诊断结果

输出节点号	1	2	3	4	5	6	7	8	9	10
节点输出值	0.32	0.03	0.10	0.11	0.01	0.20	0.08	0.64	0.08	0.09

复习思考题

7-1 什么是人工神经网络？人工神经网络主要应用在哪些领域？

7-2 人工神经网络在故障诊断领域的应用研究有哪些优缺点？主要研究集中在哪三个方面？

7-3 人工神经网络常见的激活函数形式有哪几种？BP网络中采用的激活函数是哪种形式？

7-4 典型结构的神经网络有几种？人工神经网络的拓扑结构通常分为哪两大类？

7-5 三层BP神经网络隐含层节点数如何确定？是否隐含层数越多BP神经网络性能越好？

7-6 BP算法(梯度下降法)有哪些缺点？对BP算法提出了哪些优化算法？

7-7 利用神经网络进行故障诊断,可将诊断方法分为哪两大类？

7-8 根据自己的兴趣和研究领域选择诊断对象,利用神经网络建立故障诊断模型并进行故障诊断。

第8章 数据融合故障诊断方法

多传感器数据融合是指协调使用多个传感器,把分布在不同位置的多个同质或异质传感器所提供的局部不完整观测量及相关联数据库中的相关信息加以综合,消除多传感器信息之间可能存在的冗余和矛盾,并加以互补,降低其不确定性,获得对物体或环境的一致性描述的过程。由于系统复杂性的不断加大,尤其是集散监测诊断系统的出现,使故障诊断领域的应用面临着复杂环境下多源信息的处理和融合的问题,因此数据融合技术以其独有的优势被应用于复杂系统的故障诊断。多源数据融合诊断过程实质上是一个将多个传感器信息融合的过程,通过对故障征兆检测传感器的信息进行融合,从而得到对系统故障的准确判断,降低故障诊断中的不确定性。

8.1 数据融合的原理

多传感器数据融合是人类和其他生物系统中普遍存在的一种基本功能。人类能非常自然地运用人体的各个感觉器官,如眼、口、耳、鼻、肢体等,将外部世界的信息包括图像、味道、声音、气味、触觉组合起来,并使用先验知识去分析、理解、推测和判定周围环境和正在发生的事件。由于人类感官具有不同的度量特征,因而可测出不同空间范围内的各种物理现象,这一过程说起来简单,其实是极为复杂的。人类对事物的综合认识、判断与处理过程具有自适应性,但人类把各种信息或数据转换成对环境有价值的准确解释,不仅需要大量不同的高智能化处理,而且需要足够丰富的适用于解释组合信息含义的知识库,也称先验知识。因此,人的先验知识越丰富,综合信息处理能力越强。

多传感器数据融合实际上是对人脑综合处理复杂问题的一种功能模拟。在多传感器系统中,各种传感器提供的信息可能具有不同的特征:时变的或者非时变的;实时的或者非实时的;快变的或者缓变的;模糊的或者确定的;精确的或者不完整的;可靠的或者非可靠的;相互支持的或互补的;相互矛盾的或冲突的。多传感器数据融合的基本原理就像人脑综合处理信息的过程一样,它充分利用多个传感器资源,通过对这些传感器及其观测信息的合理支配和使用,把多个传感器在时间或空间上的冗余或互补信息依据某种准则来进行组合,以获得被测对象的一致性解释或描述,使该信息系统由此而获得比它的各组成部分的子集所构成的系统更优越的性能。

8.1.1 数据融合的定义

数据融合是针对一个系统中使用多个或多种传感器这一特定问题而进行的信息处理方法,因此,数据融合又称作多传感器信息融合(Multi-sensor Information Fusion),本文将不加区分地使用数据融合和信息融合这两个术语。目前,由于多传感器数据融合是一门新兴的学科,并且涉及的内容非常广泛,因此很难给出多传感器数据融合的一般概念。目前数据融合比较通用的定义为:数据融合是充分利用不同时间与空间的多传感器信息资源,采用计算机技术对按时序获得的多传感器观测信息在一定准则下加以自动分析、综合、支配和使用,获得对被测对象的一致解释与描述。

8.1.2 数据融合的过程

数据融合过程主要包括多传感器信号获取、数据预处理、数据融合中心(特征提取、数据融合计算)和结果输出等环节,其过程如图 8.1 所示。由于被测对象多半为具有不同特征的非电量,如压力、温度、流量等,因此首先要将它们转换成电信号,然后经过 A/D 转换将它们转换为能由计算机处理的数字量。数字化后的电信号由于环境等随机因素的影响,不可避免地存在一些干扰和噪音信号,通过预处理滤除数据采集过程中的干扰和噪音,以便得到有用信号。预处理后的有用信号经过特征提取,并对某一特征量进行数据融合计算,最后输出融合结果。

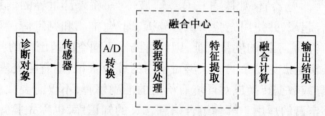

图 8.1 数据融合过程

8.1.3 数据融合的时间性与空间性

当使用多个分布在不同位置上的传感器对运动目标进行观测时,各传感器在不同时间和不同空间的观测值将不同,从而形成一个观测值集合。如有 s 个传感器在 n 个时刻观测同一个目标可以有 $s \times n$ 个观测值,用集合 Z 表示为

$$Z = \{Z_j\} \quad (j = 1, 2, \cdots, s)$$

$$Z_j = \{Z_j(k)\} \quad (k = 1, 2, \cdots, n)$$

其中 Z_j 代表第 j 号传感器的观测值的集合,$Z_j(k)$ 表示第 j 号传感器在 k 时刻的观测值。

将这些观测值在时间和空间上排列,见表 8.1。

表 8.1 多传感器单一目标的观测数据集

时间 传感器	1	…	n
1	$Z_1(1)$	…	$Z_1(n)$
2	$Z_2(1)$	…	$Z_2(n)$
⋮	⋮		⋮
s	$Z_s(1)$	…	$Z_s(n)$

为了得出对目标运动状态的综合估计,这里存在时间融合和空间融合问题。

时间融合:按时间先后对目标在不同时间的观测值进行融合,主要用于单传感器的数据融合。

空间融合:对同一时刻不同位置传感器观测值进行融合,适用于多传感器信息的一次融合处理。

但在实际应用中,为获得目标运动状态的综合估计,往往是将这两种融合联合使用。

时间/空间融合:先对每个传感器的观测值集进行时间融合,得出每个传感器对目标状态的估计,然后将各个传感器的估计进行空间融合,从而得到目标状态的最终估计。融合顺序如图 8.2 所示。

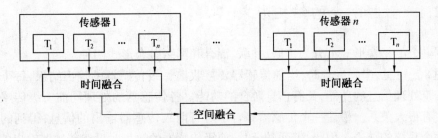

图 8.2 时间/空间融合

空间/时间融合:先在同一时间对各传感器的观测值进行融合,得出各个不同时间的目标位置估计,然后进行时间融合,得出最终状态。融合顺序如图 8.3 所示。

时间空间混合融合:时间融合和空间融合同时进行,此法效果好,不损失信息,但难度最大,适合于大型数据融合系统。融合顺序如图 8.4 所示。

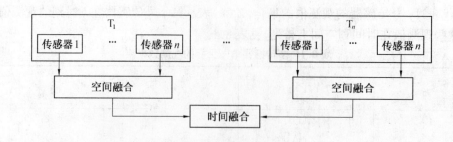

图 8.3 空间/时间融合

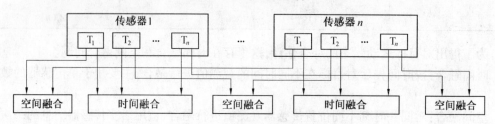

图 8.4 时间空间混合融合

8.2 数据融合的结构

8.2.1 数据融合的结构形式

数据融合的结构形式可分为串联、并联、混合和网络融合形式四种。

由图 8.5 可见,串联融合时,当前传感器要接收前一级传感器的输出结果,每个传感器既有接收信息处理信息的功能,又有信息融合的功能。各传感器的处理同前一级传感器输出的信息形式有很大关系。最后一个传感器综合了所有前级传感器输出的信息,得到的输出将作为串联融合系统的结论。因此,串联融合时,前级传感器的输出对后级传感器输出的影响大。

并联融合时,各个传感器直接将各自的输出信息传输到传感器融合中心,传感器之间没有影响,融合中心对各信息按适当方法综合处理后,输出最终结果。因此,并联融合时,各传感器的输出之间不存在影响。

混合融合方式是串联融合和并联融合两种融合方式的结合,或总体串行,局部并行;或总体并行,局部串行。

网络型多传感器数据融合的结构比较复杂,各子数据融合中心作为网络的一个节点,其输入既有其他节点的输出信息,又可能有传感器的数据流,最终的输出可以是一个数据融合中心的输出,也可以是几个数据融合中心的输出,最后的结论是所有输出的组合。

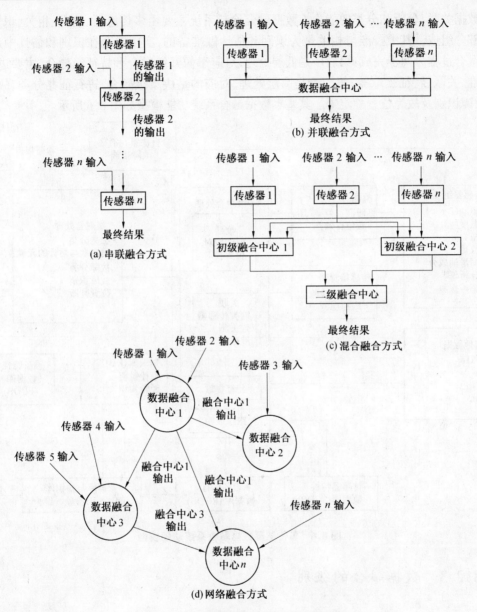

图 8.5 多传感器数据融合的结构形式

8.2.2 数据融合的功能模型

数据融合能通过分析、估计等处理排除干扰获得准确的信息,此外,数据融合还具有很强的对数据关联、分析和分类的能力。数据融合诊断系统主要由多传感器、校准、相关、识别、估计等部分组成。其中校准与相关是为识别和估计做准备的,实际融合在识别和估计中进行。数据融合过程分两步完成:第一步是低层处理,对应于像素级融合和特征级融合,主要进行的是校准、关联、特征提取等;第二步是高层处理,对应的是决策级融合,进行征兆分类、故障分类、故障识别及故障位置确定等。其基本数据融合系统功能模型如图 8.6 所示。

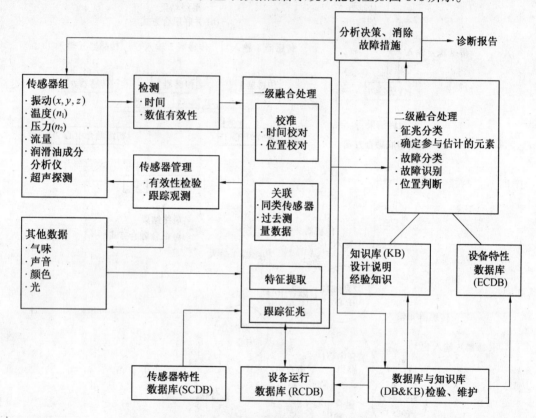

图 8.6 多传感器数据融合系统功能模型

8.2.3 数据融合的级别

1. 数据级融合

数据级融合是直接在采集到的原始数据层上进行的融合,是最低层次上的融合。数据级融合处理是对大量的测量数据、人工观测数据并结合传感器自身信息,进行校准、关联、跟踪等局部融合处理过程,以达到对测量范围内的物理现象及性质进行估计的目的。数据层融合的作用是消除测量数据中大量的冗余,提取出有关现象(征兆)的信息或分析出可能出现的征兆信息,形成数据层处理的输出,供在特征层的进一步融合处理使用。在数据层融合方法中,匹配的传感器数据直接融合,而后对融合数据进行特征提取和状态(属性)说明。实现数据层融合的传感器必须是相同的或匹配的,在原始数据上实现关联,且保证同一目标或状态的数据进行融合,传感器的原始数据融合后,识别的处理等价于对单传感器信息的处理。数据级融合所达到的精度依赖于可得到的物理模型的精度。最简单、最直观的数据级融合方法是算术平均法和加权平均法。

数据级融合的优点是能保持尽可能多的现场数据,提供其他融合层次所不能提供的细微信息;缺点是所要处理的传感器数据量大,处理时间长,导致实时性差,同时在原始信息不精确、不完整和不稳定时,要求在数据融合时有较高的纠错能力。

2. 特征级融合

特征级状态属性融合就是特征层联合识别,它实际上是模式识别问题,属于中间层次融合。多传感器系统为识别提供了比单传感器更多的有关目标(状态)的特征信息,增大了特征空间维数。具体的融合方法仍是模式识别的相应技术,只是在融合前,融合系统首先对传感器数据进行预处理以完成特征提取及数据配准,即通过传感器信息变换,把各传感器输入数据变换成统一的数据表达形式(即具有相同的数据结构),在数据配准后,还必须对特征进行关联处理,对目标(状态)进行的融合识别,就是基于关联后的联合特征矢量。具体实现技术包括参量模板法、特征压缩和聚类分析、人工神经网络及基于知识的技术等。

特征级融合的优点是实现了信息压缩,有利于实时处理,并且由于所提取的特征直接与决策有关,因而融合结果能最大限度地给出决策分析所需要的特征信息。目前大多数 C^3I 系统的数据融合研究都是在该层次上展开的。

3. 决策级融合

决策级融合的基本概念是:不同类型的传感器监测同一个目标或状态,每个传感器各自完成变换和处理,其中包括预处理、特征提取、识别或判决,以建立对所监测目标或状态的初步结论。而后通过关联处理、决策层融合判决,最终获得联合推断结果,是一种高层次融合。决策层融合输出是一个联合决策结果,所采用的主要方法有 Bayesian 推断、Dempster – Shafer 证据理论、模糊集理论、专家系统等。

决策级融合主要优点是数据量小,所以融合中心处理代价低,同时系统对信息传输带宽要求也降低了;另外,对传感器的依赖性小,当一个或几个传感器出现错误时,通过适当的融合,系统还能获得正确的结果,所以具有容错性。决策级融合的缺点是要对原传感器信息进行预处理以获得各自的判定结果,所以预处理代价高。

8.3 数据融合在故障诊断中的优势

8.3.1 数据融合在故障诊断中应用的实际背景

传统的故障诊断过程只是对机器状态信息中的一种或几种信息进行多层次、多角度的分析和观察,从中提取可以代表系统目前状况的征兆,再对这些征兆进行单一的处理。这样由于信号类型单一,能够提供的信息较少,对故障的有效诊断就带来了局限性,很难做出准确的诊断结果。在实践中有时可以根据一种征兆就可以判断机器的故障。但是,随着计算机技术和设备复杂程度的增加,仅利用一种信息得出的诊断结果其可靠性就非常低。而且对设备状态监测可以从多个方面进行,要得到系统状态的补充,就要对这些补充信息进行处理和融合,得到更准确的系统状态。具体来说,在故障诊断中引入数据融合有以下几个实际背景。

1. 多传感器的应用可能形成不同通道的信号

随着故障诊断系统的庞大化和复杂化,传感器的类型和数目急剧增多,众多的传感器形成了传感器群,由于传感器的组合不同,可提供设备的不同类型、不同部位的信息。传统的故障诊断方法只是对机器状态信息中的一种或几种信息进行分析,从中提取有关机器行为的特征信息。虽然利用一种信息有时可以判断机器的故障,但在许多情况下得出的诊断结果并不可靠。只有从多方面获得关于同一对象的多维信息,并加以综合利用,才能对设备进行更可靠更准确的诊断。

2. 同一信号形成了不同的特征信息

在机器故障诊断中,故障形成的原因非常复杂,不同的故障可能以同一征兆的形式表现出来。例如,不平衡、不对中、轴承座松动、转子径向碰撞等都会引起旋转机械转子的异常振动,因此,转子的振动信号包含了大量反映转子状态的特征信息,只有综合利用这些特征信息,才能诊断出转子的故障。

3. 相同故障可能表现为多个故障特征

在故障诊断中,一个故障模式可能会表现出多个故障征兆,这样故障模式与故障征兆之间的非线性关系就决定了对同一种故障模式要对多种故障征兆进行综合分析才能得出准确的结论。比如对于高速涡轮,联轴器不精确或损坏的故障就有可能由转子或定子共振频率、油膜涡动频率、1倍工频、2倍工频、极高工频和高阶工频等故障征兆来显示,所以要对各故障特征进行融合,从而得出准确的结论。

4. 故障诊断过程中存在大量的不确定性

在故障诊断系统中，由于机械故障诊断问题主要是利用设备的外在征兆来识别设备内部的异常，而征兆信息通过各种传感器采集，并经由许多传输途径和信号处理，最终体现为反映设备实际性能的一些特征或指标，即征兆。所以说，征兆是机械故障诊断中一个至关重要的诊断要素，也是引起机械故障诊断不确定性的主要原因，这一不确定性原因进一步展开为以下几点。

(1)机械设备本身的不确定性。现代工业的特点是生产设备大型化、复杂化、连续化、高速化和自动化等，用单一传感器测得的都只是该机械设备的一个局部、片面的信息，就像盲人摸象。也就是说，同一故障状态的特征信息是同时分布在机械设备的多个不同部位，需要同时对机械设备的多个不同部位综合考虑才能做出准确有效的诊断。例如，转子角度不对中将会明显产生径向和轴向振动，如果只采集径向信息进行分析就有可能会误诊为其他类型故障。

消除措施：安装多个传感器同时采集机械设备多个不同部位、不同性质的信息进行综合分析处理诊断，可以消除由于信息不全面、不完整所引入的不确定性。

(2)传感器信号的不确定性。传感器信号的不确定性一方面反映传感器本身的可靠性，另一方面反映传感器的灵敏度、精度和测量范围。在一个复杂的传感器环境中，提高传感器的可靠性一方面依赖传感器本身的质量，另一方面依靠传感器的有效性检验。而提高传感器的灵敏度、精度和测量范围则需依赖现有电子技术和信号处理技术的发展。但是不管怎么说，单个传感器总有失效的时候，一旦失效系统将无法正常准确工作；而且传感器的灵敏度、精度和测量范围也不可能无限度提高，即单个传感器信号是不可能完全包纳所有真实信息的，所以传统基于单传感器的故障诊断系统必然存在不确定性，这种不确定性是单传感器系统固有的。

消除措施：利用多个传感器的冗余互补信息进行综合分析，可以大大削减单传感器系统的这种固有不确定性。

(3)信号采集处理的不确定性。信号采集和信号处理在很大程度上是一个很难分离的过程，很多信号的预处理都已经体现集成在信号采集的过程中，但是先进的信号处理技术需要单独的过程。信号采集过程中的不确定性主要是噪声污染和信号失真。随机噪声可能淹没真实的信号，而采集过程本来就是一个信息损失的过程，滤波等预处理环节本身对于信号也是一种有损变换。尽管我们可以通过满足采样定理来避免信息损失，但是因为机械设备所处环境恶劣，故障特征频率分布广泛，所以故障特征信号受到污染而失真，受到滤波而损失也在所难免，诊断的不确定性必然会增加。

消除措施：采用多个传感器同时采集机械设备的故障特征信息，因为故障特征信息在多个传感器之间是相关的，而噪声信息在多个传感器之间则没有相关性，所以可以将多个传感器的信号进行相关互补分析，噪声干扰更易排除，损失的信息也可以得到弥补。

(4)特征提取的不确定性。提取故障状态的特征参数是机械设备故障诊断过程中至关重要必不可少的一个步骤。当机械设备处于故障状态时,它的故障征兆必定同时反映在多个特征域上,如时域、频域和幅值域等。就象人感冒了一样,生病的迹象也一定会同时反映在体温、呼吸和气色等征兆上。所以要想对机械设备进行故障诊断就必须进行特征提取。但是在实际的故障诊断过程中,人们往往只是提取了设备单一方面的故障特征信息进行故障诊断(如频域特征),就像医生看病只量了体温一样,这样得出来的结论必定会存在很大的不准确性。

消除措施:同时提取机械设备多个方面的特征参数,可能这一方面的特征参数对这几类故障具有很强的诊断能力,而另一方面的特征参数对另几类故障具有很强的诊断能力,将这几方面的特征参数综合分析进行诊断,就能大大提高故障诊断的精确性。

(5)诊断推理的不确定性。将特征参数提取之后,接下来就是要依据这些特征参数分析推理,判断出机械设备出了什么故障。这样一个分析推理过程的理论基础是数学原理,每一种数学原理都有其自身的优势,但也必定有其自身的固有缺陷。所以每一种故障诊断推理机制都会因其固有缺陷而引入不确定性。

消除措施:同时采用多种推理机制进行融合故障诊断,每一种诊断推理机制都有着其独特的优势,将多种推理机制融合到一起就可以进行优势互补,大大降低由于诊断推理机制固有缺陷引入的不确定性。

8.3.2 数据融合在故障诊断中应用的理论基础

数据融合故障诊断方法就是对多个证据源获取的系统故障信息进行融合,得到不同角度的故障状态信息,通过融合从而得到比单一信息源更准确、更全面的系统状态。下面以信息论中有关"熵"、"条件熵"、"平均条件熵"和"互信息"为基础,给出故障诊断领域中的相关定义,从信息论的角度证明数据融合在故障诊断中的有效性和实用性。这里将诊断信息统一作为随机变量处理,而不区分其具体来源和内容。

【定义8.1】 用 $\Theta = \{\theta_1, \theta_2, \cdots, \theta_n\}$ 表示设备运行状态有限集,用随机变量 $\theta \in \Theta$ 表示设备的运行状态,其概率为 $p_i = p\{\theta = \theta_i\}$,则设备的运行状态 θ 的"熵"为

$$H(\theta) = -\sum_{i=1}^{n} p_i \cdot \lg p_i \tag{8.1}$$

由熵的定义可知,定义8.1描述的是设备运行状态 θ 的不确定性。

【定义8.2】 假设某个诊断信息用 X 表示,且设 X 是取有限个离散值的随机变量,即 $X \in \{x_1, x_2, \cdots, x_M\}$,则已知 $X = x_j$ 时,设备运行状态的条件熵为

$$H(\theta \mid X = x_j) = -\sum_{i=1}^{M} p(\theta_i \mid x_j) \cdot \lg p(\theta_i \mid x_j) \tag{8.2}$$

【定义8.3】 已知诊断信息为 X 时,设备运行状态 θ 的平均条件熵为

$$H(\theta \mid X) = \sum_{j=1}^{M} p(x_j) \cdot H(\theta \mid X = x_j) \tag{8.3}$$

【定理 8.1】 设备运行状态 θ 的条件熵必定不大于无条件熵,即
$$H(\theta \mid X) \leqslant H(\theta) \tag{8.4}$$
该定理说明,在具有诊断信息 X 的条件下,设备状态 θ 的不确定性有所减少,那么诊断的准确性有所增加。

【定义 8.4】 诊断信息 X 与设备状态 θ 的互信息关系为
$$I(\theta;X) = H(\theta) - H(\theta \mid X) = \sum_{\theta,x} p(\theta,x) \cdot \lg \frac{p(\theta,x)}{p(\theta) \cdot p(x)} \tag{8.5}$$
定义 8.4 描述了诊断信息 X 所包含设备运行状态 θ 的信息量的大小。X 与 θ 的互信息 $I(\theta;X)$ 越大,则已知诊断信息 X 时,确定设备运行状态 θ 的不确定性越小,因此诊断信息 X 的诊断效果越好;反之,则诊断信息 X 的诊断效果越差。

为了进一步减小设备运行状态 θ 的不确定性,假设再增加一种诊断信息 Y,由定义 8.4 可知,θ 与 (X,Y) 的互信息为
$$I(\theta;X,Y) = H(\theta) - H(\theta \mid X,Y) = \sum_{\theta,x,y} p(\theta,x,y) \cdot \lg \frac{p(\theta,x,y)}{p(\theta) \cdot p(x,y)} \tag{8.6}$$
按照定理 8.1 可以证明
$$H(\theta \mid X,Y) \leqslant H(\theta \mid X) \tag{8.7}$$
由式(8.4)和式(8.7)可知 $I(\theta;X,Y) \geqslant I(\theta;X)$。这说明了增加诊断信息 Y 后,设备运行状态 θ 的不确定性有所减小,因此,诊断的可靠性有所提高。

用 $I_0(Y)$ 表示信息 Y 对 θ 提供的附加信息,即
$$I_0(Y) = I(\theta;X,Y) - I(\theta;X) \geqslant 0 \tag{8.8}$$
上式中取"="时,说明 Y 对 θ 提供的附加信息为 0,增加的信息 Y 对诊断来说是没有意义的。可以证明,"="成立的充分必要条件是:对所有 $p(\theta,x,y) > 0$ 的 θ,X 和 Y 有
$$p(\theta \mid x,y) = p(\theta \mid x) \tag{8.9}$$
从物理意义上看,至少有两种情况增加的信息 Y 对诊断是没有意义的:Y 与 θ 相互独立;Y 与 X 线性相关。

将参数 θ、信息 X、Y 推广到多维情形,上述所有结论仍然成立。

从以上讨论可以看出,在故障诊断的过程中,随着参与融合诊断信息的增加,诊断的不确定性随之减少,诊断的准确性和可靠性随之提高。因此说明采用信息融合技术后,能够有效地提高故障诊断的准确性和可靠性。

8.4 数据融合故障诊断模型

众所周知,设备或系统是一个有机的整体,设备或系统某一部位的故障将通过传播表现为其整体的某一症状。因此通过对不同部位信号的融合,或同一部位多传感器信号的融合,可以

更合理地利用设备或系统的信息,使故障诊断更准确、更可靠。

数据融合故障诊断就是根据系统的某些检测量得到故障表征(故障模式),经过融合分析处理,判断是否存在故障,并对故障进行识别和定位。基于层次结构的数据融合故障诊断模型如图 8.7 所示。

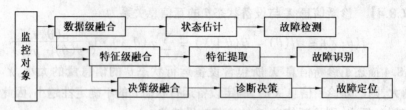

图 8.7 数据融合故障诊断模型

8.4.1 数据融合诊断级别

1. 数据级融合故障检测

从传感器网络得到的信息一方面要存入数据库,另一方面要首先进行数据级的信息融合,以实现故障的监测、报警等初级诊断功能。数据级融合也称像素级融合,它是直接在采集到的原始数据层上进行融合,即在各种传感器的原始数据未进行预处理之前进行数据的分析与综合。数据级融合保持了尽可能多的现场数据,提供了很多细微信息,主要用来进行故障检测和为特征级提供故障信息。

2. 特征级融合故障识别

特征级融合是利用从各个传感器原始信息中提取的特征信息进行综合分析和处理的中间层次融合。它既需要数据级的融合结果,同时也需要有关诊断对象描述的诊断知识的融合结果。诊断知识既包括先验的各种知识,如基于规则的知识,基于动态模型的知识,基于故障树的知识,基于神经网络的知识等,也包括数据采掘系统得到的有关对象运行的新知识,如规则、分类、序列匹配等。根据已建立的假设(已知的故障模式),对观测量进行检验,以确定哪一个假设与观测量相匹配来进行故障识别。由于实际的传感器系统总是不可避免地存在测量误差,诊断系统也不同程度地缺乏有关诊断对象的先验知识,这样当故障发生时,有时往往不能确定故障发生的个数,也无法判定观测数据是由真实故障引起,还是由噪声、干扰等引起。这些不确定因素破坏了观测数据与故障之间的关系,因此需要特征级数据融合进行故障识别。特征级数据融合将诊断知识的融合结果和检测量数据级的融合结果结合起来,实现了故障诊断系统中的诊断功能。

3. 决策级融合故障定位

决策级融合是一种高层次的融合,其信息既有来自特征级的融合结果,又有对决策知识融合的结果。决策级融合为系统的控制决策提供依据。决策级信息融合前,多传感器系统中的每一个传感器的数据先在本地完成预处理、特征提取、识别或判断等处理,再针对具体决策问题的需求,采用适当的融合技术,充分利用特征级融合所得出的各种特征信息,对目标给出简明而直观的结果。决策级融合是三级融合的最终结果,是直接针对具体的决策目标,融合结果的质量将直接影响决策水平。系统根据决策级数据融合的结果,针对不同故障源和故障特征,采取相应的容错控制策略,对故障进行隔离、补偿或消除。

8.4.2 数据融合故障诊断过程

1. 故障源与故障表征

设备或系统故障诊断过程,也是一个多源数据的融合识别过程。故障诊断的数据不但有来自传感器的测量信息,还包括某些知识和中间结果等。这些信息可能相同、相近或不同,分别称它们为冗余信息、交叉信息和互补信息。另一方面,故障诊断中来自传感器的信息是最原始信息,利用它们可以从中提取一些有关设备或系统故障的特征信息(故障表征),然后由故障表征及系统的知识进行更详细的诊断,判断系统是否有故障及故障源的性质。另外,系统的某一故障源可能有多个故障表征,故障诊断并不一定要获得系统故障的所有表征,这也是不大可能的。为了正确地诊断故障,必须要有足够的最典型的故障表征来反映故障源。如果代表故障表征的检测量数目受到限制,就需要很详细的系统模型、故障源及故障表征的知识,才能利用较少的检测量甚至单个检测量来完成对众多故障的检测及诊断。

2. 故障源与故障表征的映射关系

为了通过故障表征找到故障源,必须清楚故障表征与故障源之间的映射关系。

设故障源集合为 $F = \{f_i\}$ $i = 1,2,\cdots,n$
故障表征集合为 $S = \{s_j\}$ $j = 1,2,\cdots,m$
故障表征纯集(某一故障源特有的故障表征)为
$SP_k = \{s_j\}; k = 1,2,\cdots; j = 1,2,\cdots$。

并将系统无故障的表征记为 S。故障源与故障表征之间的映射关系如图 8.8 所示。

图中 s_1, s_2 是故障源 f_1 的故障表征纯集。

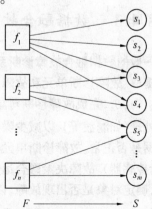

图 8.8 故障源与故障表征之间的映射关系

从上述分析可以看出,故障诊断实际上就是根据检测所得到的某些故障表征,以及故障源与故障表征之间的映射关系 F→S(即根据知识库已有的信息进行数据融合),找出系统故障源的过程。为此,可将故障表征与故障源之间的映射关系存入知识库,由传感器获得的数据经过预处理和提取故障表征信息后,再根据知识库中的知识进行数据融合,就可以找到故障源。

3. 局部融合与全局融合

为了充分利用检测量所提供的信息,在可能的情况下,可以对每个检测量采用多种诊断方法进行诊断,并将各诊断结果进行融合,得出局部诊断结果,这一过程称为局部融合;再将各局部诊断结果进一步融合,得出系统故障诊断的最后结果,这一过程称为全局融合。数据融合故障诊断过程如图 8.9 所示。

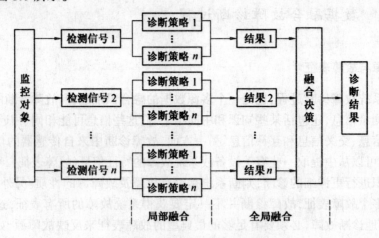

图 8.9 数据融合故障诊断过程

8.4.3 数据融合故障诊断系统

一般的数据融合故障诊断系统主要由 6 大部分组成:被测对象、多传感器、信号处理单元、特征提取、故障诊断单元和故障决策融合。其结构如图 8.10 所示,故障诊断系统有 n 个传感器 $S_1, S_2, \cdots, S_n$,完成故障诊断对象数据的采集工作。信号处理单元完成 n 个传感器所采集数据的预处理(如滤波等),以减少噪声的干扰。特征提取是从传感器所采集到的经预处理数据判断此数据是否正常。故障诊断单元是当其对应的数据不正常时,确定对象可能出现的故障单元(包括传感器)。故障决策融合运用数据融合技术,对各个传感器的故障诊断单元输出进行融合推断,确定对象是否出现故障,以及最有可能出现的故障单元。

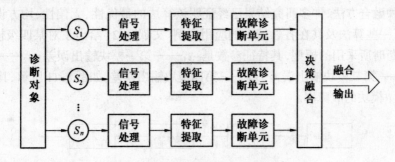

图 8.10　数据融合故障诊断系统

8.5　数据融合故障诊断方法

设备故障诊断技术由于现代大生产的迫切需要正在迅猛发展,已成为当今科技研究的热点之一。将数据融合技术应用于故障诊断是近十几年发展起来的。实际上,故障诊断的过程就是根据检测量得到故障特征,经过分析处理,判断是否存在故障及查找故障源的过程。数据融合的过程实际上是信息提纯的过程,也就是一个故障诊断的过程,是按最大从属原则进行融合的,即以因果关系程度最高者定为融合结论(诊断结论)中的成因。数据融合技术应用于故障诊断,在提高故障的确诊率方面有其独特的优势。数据融合技术也为解决故障诊断中的"瓶颈"问题——漏报、虚警、误报等,带来了一线希望。建造一个数据融合故障诊断系统,首先必须考虑以下几个问题:

(1) 如何组合传感器,保证数据融合故障诊断系统在有限资源的情况下能够获得更多的有效信息,并使系统的输入/输出能满足用户使用要求。

(2) 如何合理地选择数据处理结构,以保证数据融合的有效性和更有利于得到表征故障特性的特征信息。

(3) 大量的输入数据,一方面有助于提高数据融合故障诊断的速度,另一方面也会使融合计算量成倍增加。因此,如何控制计算量和提高处理速度,也是数据融合故障诊断必须考虑的一个重要问题。

8.5.1　基于统计的融合诊断方法

基于统计的融合诊断方法有:权系数融合及模糊贴近度融合诊断方法、贝叶斯融合诊断方法等。

1. 权系数融合与模糊贴近度融合诊断方法

对于信息群进行融合的最原始方法当属采用所谓"权系数"的办法。权系数融合算法是较为成熟的一种融合方法,许多研究结果已经证明该算法的最优性、无偏性、均方误差最小等特性,并给出了一些算法及其在各领域中的应用实例。文献[142]给出了对某四级模块串联网络故障进行诊断时所采用的模型,其特征参数是:x_1——第一模块输出误差;x_2——第二模块输出误差;x_3——第三模块输出误差;x_4——第四模块输出误差。如图 8.11 所示,其中 $\lambda_i (i = 1, 2, 3, 4)$ 为第 i 模块的故障率。

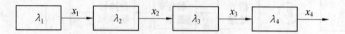

图 8.11 四级模块串联网络故障诊断

当 $\lambda_1 = \lambda_2 = \lambda_3 = \lambda_4$ 时,$r_1 > r_2 > r_3 > r_4$。当 $\lambda_1 \neq \lambda_2 \neq \lambda_3 \neq \lambda_4$ 时,依据 λ_i 的大小顺序取之大小顺序,然后实施加权平均后可以得到一个综合的诊断参数 Y,即

$$Y = \sum_{k=1}^{4} r_k x_k \leqslant Y_0 \quad (0 \leqslant r_k \leqslant 1) \tag{8.10}$$

其中 Y_0 为诊断阈值。应注意使用该方法时,调整和设定权系数 r_k 的工作量很大,并具有一定的主观性。为解决这些问题,又提出了自适应加权融合方法,并将这些算法应用于实际中。

作为对权系数法的改进和提高,可以采用模糊贴近度方法进行信息融合。常用的表示贴近度的方法有:两模糊子集的内积(外积)、两模糊子集的距离(如加权海明距离)、最大最小法、集函数法等。采用模糊贴近度法的最大特点是不用为众多的特征参数人为地设定权系数,从而避免了融合过程中可能产生的盲目性,对于模糊信息亦有识别作用。

应当注意的是,权系数法与模糊贴近度法的共同缺点是离不开对被诊断对象的先验且完整的认识。如果事先得不到完备的标准信息样本群,这两种方法都会搁浅。另外,当后者的融合结果在 0.5 左右时也难以得出肯定的结论。

2. 贝叶斯融合诊断方法

贝叶斯融合诊断方法是基于概率统计的推理方法。它以概率密度函数为基础,综合设备的各种信息,来描述设备的运行状态,进行故障分类。具体步骤如下:

(1) 先验概率假设。设备运行过程是一个随机过程,各类故障出现的概率一般是可以估计的。这种根据经验知识对故障所做出的概率估计称为先验概率。记 $P(w_i), i = 1, 2, \cdots, n$,$P(w_0)$ 表示正常工作的概率。对一故障样本 X(由多传感器对被诊断对象测试而得),$P(X/w_i)$ 表示输入模式为 i 类故障的条件概率密度函数,其中 $i = 1, 2, \cdots, n$。

(2) 后验概率计算。根据贝叶斯公式,则

$$P(w_i/X) = \frac{P(X/w_i)P(w_i)}{\sum_{j=0}^{n} P(X/w_j)P(w_j)} \tag{8.11}$$

式中 $X = [X_1, X_2, \cdots, X_n]$ 为输入模式样本;$P(w_i/X)$ 为已知样本条件下 w_i(某故障模式)出现的概率,称为后验概率。

(3) 故障判定。根据极大后验概率判定逻辑,当 $P(w_i/X) = \max\{P(w_i/X)\}$ 时,$X \in w_i$,即 X 属于故障模式 w_i。

Bayes 方法是最早用于不确定推理的方法,具有公理基础和易于理解的数学性质,因此作为一种融合规则的方法被应用于诊断系统。Bayes 方法要求给出先验概率和条件概率,并要求所有的概率都是独立的,这给实际系统带来很大困难,有时甚至是不可能的。Bayes 方法要求有统一的识别框架,不能在不同层次上组合证据,当对不同层次的证据强行进行组合时,由于强行分配先验概率等,有可能引起直观不合意的结论。Bayes 方法不能区分不确定和不知道。这些缺点使 Bayes 方法的应用受到了一定的限制。

8.5.2 D-S 证据理论的融合诊断方法

D-S 证据理论产生于 20 世纪 60 年代。首先 A. P. Dempster 提出了构造不确定推理模型的一般框架,即建立了命题和集合之间的一一对应,把命题的不确定问题转化为集合的不确定问题。20 世纪 70 年代中期,他的学生 G. Shafer 对该理论进行了扩充,并在《论据的数学理论》一书中,用信任函数和似真度重新解释了该理论,从而形成了处理不确定信息的证据理论。D-S 证据方法为不确定信息的表达和合成提供了强有力的方法,特别适应于决策级的数据融合。

(1) 识别框架。设有一判决问题,对于该问题我们所能认识到的所有可能结果的集合用 U 表示,那么,我们所关心的任一命题都对应于 U 的一个子集。将命题和子集对应起来可以把比较抽象的逻辑概念转化为比较直观的集合概念。事实上,任何两个命题的析取、合取和蕴含分别对应于这两个命题对应集合的并、交和包含,任何一个命题的否定对应于该命题对应集合的补。Shafer 称集合 U 为识别框架。概括起来为:设 U 表示 X 的所有可能取值的一个论域集合,且所有在 U 内的元素间是互不相容的,则称 U 为 X 的识别框架。

(2) 基本可信度分配与信任函数。有了识别框架的概念之后,就可以建立证据处理的数学模型:

① 首先确立识别框架 Θ。只有确立了框架 Θ,才能使我们对于命题的研究转化为对集合的研究。

② 根据证据建立一个信度的初始分配,即证据处理人员对证据加以分析,确定出证据对每一集合(命题)本身的支持程度。

③ 分析前因后果,算出我们对于所有命题的信度。

1. 证据理论的一些基本定义

【定义 8.5】 设 U 为一识别框架,则函数 $m:2^U \to [0,1]$ 在满足下列条件:$m(\phi) = 0$;

$\sum_{A \subset U} m(A) = 1$ 时,称 $m(A)$ 为 A 的基本概率赋值。

其中,$m(A)$ 表示对命题 A 的精确信任程度,表示对 A 的直接支持。

【定义 8.6】 设 U 为一识别框架,$m:2^U \to [0,1]$ 是 U 上的基本概率赋值,定义函数
$$BEL:2^U \to [0,1]$$
$$BEL(A) = \sum_{B \subset A} m(B) \quad (\forall A \subset U)$$
称该函数是 U 上的信任函数(Belief Function)。其中,$BEL(A) = \sum_{B \subset A} m(B)$ 表示 A 的所有子集的可能性度量之和,即表示对 A 的总信任,从而可知 $BEL(\phi) = 0$,$BEL(U) = 1$。

【定义 8.7】 若识别框架 U 的一子集为 A,且有 $m(A) > 0$,则称 A 为信任函数 BEL 的焦元(Focal Element),所有焦元的并称为核(Core)。

对于 A 的不知道信息可用 $\bar{A}$ 的信任程度来度量。

【定义 8.8】 设 U 是一识别框架,定义 $PL:2^U \to [0,1]$ 为
$$PL(A) = 1 - BEL(\bar{A}) = \sum_{B \cap A \neq \phi} m(B)$$
式中,$PL(A)$ 称为似真度函数(Plausibility Function)。

$PL(A)$ 表示不否定 A 的信任度,是所有与 A 相交的集合的基本概率赋值之和,且有 $BEL(A) \leq PL(A)$,并以 $PL(A) - BEL(A)$ 表示对 A 不知道的信息。规定的信任区间 $(BEL(A), PL(A))$ 描述 A 的不确定性。

【定义 8.9】 $[BEL(A), PL(A)]$ 称为焦元 A 的信任区间。

$PL(A) - BEL(A)$ 描述了 A 的不确定性,称为焦元 A 的不确定度(Uncertainty)。$PL(A)$ 对应于 Dempster 定义的上概率度量,$BEL(A)$ 对应于下概率度量。

在证据理论中,下列几个信任度区间值有特别的含义:①(1,1)表示为真(因 $BEL(A) = 1$,$BEL(\bar{A}) = 0$);②(0,0)表示 A 为假(因 $BEL(A) = 0$,$BEL(\bar{A}) = 1$);③(0,1)表示对 A 一无所知(因 $BEL(A) = 0$,$BEL(\bar{A}) = 0$)。

对于 D-S 证据理论所具有的一些性质这里不再详细介绍,D-S 证据理论中各种概率关系如图 8.12 所示。

2. D-S 证据理论的合成规则

D-S 合成法则是一个反映证据联合作用的法则。给定几个同一识别框架上的基于不同证据的信度函数,如果这几个证据不是完全冲突的,那么就可以利用该合成法则计算出一个信度函数,而这个信度函数就可以作为那几个证据联合作用下产生的信度函数。

【定义 8.10】 设 BEL_1 和 BEL_2 是同一识别框架 U 上的两个信任函数,m_1 和 m_2 分别是其对应的基本概率赋值,焦元分别为 $A_1, \cdots, A_k$ 和 $B_1, \cdots, B_r$,又设

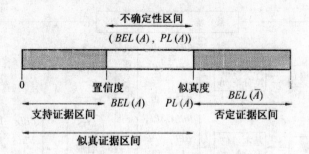

图 8.12　D-S 证据理论不确定关系

$$K = \sum_{A_i \cap B_j = \phi} m_1(A_i) m_2(B_j) < 1 \tag{8.12}$$

则
$$m(C) = \begin{cases} \dfrac{\sum_{A_i \cap B_j = C} m_1(A_i) m_2(B_j)}{1 - K} & (\forall C \subset U, C \neq \phi) \\ 0 & (C = \phi) \end{cases} \tag{8.13}$$

在式中 K 为各证据的不一致因子,若 $K \neq 1$,则 m 确定一个基本概率赋值;若 $K = 1$,则认为 m_1、m_2 矛盾,不能对基本概率赋值进行组合。由定义 8.10 所给出的证据组合规则称为 Dempster 组合规则。对于多个证据的组合,可采用定义 8.10 的 Dempster 组合规则对证据进行两两综合。

3. D-S 证据理论融合决策的基本过程

D-S 证据理论融合决策的基本过程如图 8.13,主要分以下几个步骤。

(1) 在深入分析决策问题的基础上,构造系统的命题集,即系统识别框架 $U = \{A_1, A_2, \cdots, A_k\}$。

(2) 针对目标信息系统,构造基于识别框架的证据体 $E_i, i = 1, 2, \cdots, N$。

(3) 根据所收集各证据体的资料,结合识别框架中各命题集合的特点,确定出各证据体的基本可信度分配 $m_i(A_j), j = 1, 2, \cdots, K$。

(4) 由基本可信度分配 $m_i(A_j)$ 分别计算单证据体作用下识别框架中各命题的信度区间 $[BEL_i, PL_i]$。

(5) 利用 D-S 合成规则计算所有证据体联合作用下的基本可信度分配 $m(A_j)$ 和信度区间 $[BEL_i, PL_i]$。

(6) 根据具体问题构造相应的决策规则。

(7) 根据该决策规则得出决策结论。

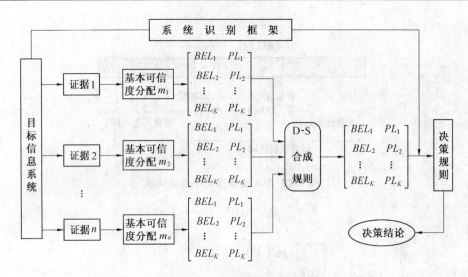

图 8.13　D-S 证据理论融合决策的基本过程

8.5.3　基于认识模型的融合诊断方法

　　基于认识模型的多传感器数据融合方法(MSF)是模仿人类从自身多传感器(眼、耳、鼻、手)数据辨别实体的识别过程的结果。主要有模糊集合理论 MSF 方法、逻辑模板法的 MSF 方法等。模糊集理论对于融合的实际价值在于它外延到模糊逻辑,通过模糊命题的表示,用综合规则建立起演绎推理,并在推理中使用模糊概率,从而方便地建立起模糊逻辑。模糊集合理论的中心思想是隶属度函数,类似于对 1 和 0 之间的值进行概率分布,可以用来解决证据不确定或决策中的不确定等问题;逻辑模板法实际上是一种匹配的方法,即将一个预先确定的模式(或模板)与多传感器的观测数据进行匹配,确定条件是否满足,从而进行推理。逻辑模板法根据物理模型直接计算实体的某些特征(时域、频域或小波域的数据或图像),与预先存储的目标特征(目标特征文件)或根据观测数据进行预测的物理模型的特征进行比较。比较过程涉及计算预测数据和实测数据的关联,如果相关系数超过了一个预先规定的阈值,则认为两者存在着匹配关系。物理模型法由于计算量大,在非实时环境中有很好的效果,但是在实时环境中可能无法满足要求。

8.5.4　基于参数估计的融合诊断方法

　　若检测信号是符合正态分布的随机信号,则采用参数估计的方法比较合适。目前基于参数估计的数据融合方法很多,如 Bayes 公式,最小二乘法,极大似然估计法等。基于参数估计的数据融合方法的一般步骤是先在理论上建立基于参数估计的多传感器数据融合算法,一般参数估计的方法是先把连续时间域的微分方程转换成离散时间域的差分方程,然后再利用参数估计的算法,如最小二乘法来估计离散时间系统的参数,最后再把离散时间系统的参数反变换到连续时间系统的参数。得出数据融合公式,然后剔除疏失误差的一致性观测数据进行融合计算。

8.5.5 基于滤波技术的融合诊断方法

在融合诊断中最常用的滤波融合方法是卡尔曼滤波。卡尔曼滤波是于 1960 年由 R.E.Katman 提出的,它一般分为两个步骤:预估和纠正。从它对信息处理的两步上看,与很多系统的处理方法很相似,因此卡尔曼滤波在信息融合领域的应用既是系统结构上的,也是具体方法上的。正是卡尔曼滤波处理信息的这两个步骤,使得它在信息融合领域大展身手。在数据融合中一般采用集中卡尔曼滤波和分散卡尔曼滤波两种。由于分布融合大大降低了融合集中式的计算负担以及网间通信需求,具有较快的实时处理能力,因而受到了广泛的重视。集中式融合算法已被证实是最优的融合算法,由分布融合算法重构集中式融合算法是近年来研究较多的问题。文献[139]中给出了转换测量值卡尔曼滤波算法以及基于转换测量值卡尔曼滤波的集中式融合算法和基于转换测量值卡尔曼滤波的分布式融合算法,并进行了仿真实验将分布式与集中式融合算法进行比较。文献[161]则给出了联合卡尔曼滤波的融合算法。

8.5.6 基于人工智能的融合诊断方法

人工智能是近 20 年来获得飞速发展的学科,主要研究如何利用计算机来模拟人类思维活动,其核心是对大脑的模拟,包括功能模拟和结构模拟。在其功能模拟领域出现了专家系统,在其结构模拟领域出现了神经网络。目前,人工智能技术被越来越多的领域所采用,它与数据融合一起应用于故障诊断领域,产生了人工智能的融合诊断方法。

1. 基于专家系统的融合诊断方法

专家系统(Expert System)是人工智能技术的一个重要组成部分。它将人类专家的知识、经验输入计算机中,使计算机能够以"思维"、"推理"的方式利用这些知识、经验,从而解决特定的问题。专家系统一般包括知识库、推理机、综合数据库、知识获取机、解释部分和人机对话接口六部分,其中知识库是专家系统的核心,一个专家系统性能的高低,取决于知识库中知识的完善程度和良好的组织结构。专家系统具有较强的逻辑推理和字符处理能力。专家系统的人工智能型传感器数据融合技术,可借助于一系列数据时空相关技术和元知识匹配来实现。其主要步骤是:从数据模拟器中读入数据⇒数据格式与坐标变换⇒数据真实性判定⇒时间相关

⇒空间相关⇒时空统一协调相关⇒形成威胁目标数据单元体系⇒评估。

故障诊断数据融合系统中使用专家系统方法的关键是知识的工程化处理。知识库的开发需要知识工程师和故障诊断系统工程专家共同努力。系统工程专家把知识提供给知识工程师,然后由知识工程师解释,并以计算机可读的形式表示知识和基于知识的推理方法。知识和推理方法存放在计算机的知识库与推理机中。

采用专家系统的方法也存在一些问题:

(1)知识"瓶颈"问题。专家系统知识获取途径是知识工程师与专家交流获得专业知识,进而由知识工程师解释成计算机可表示的知识和基于知识的推理方法。这样,知识工程师很难全面获得并整理所需知识,另外有时专家们的经验和知识也非完全理性,有时仅仅是模糊感觉,就很难用语言描述。

(2)实时性差。

(3)性能的"窄台阶效应"。系统只可在本知识领域内进行决策,一旦有新的未涵盖的情况发生,推理结果会出现矛盾,系统性能会急剧下降。

(4)知识难以维护。

2.基于神经网络的融合诊断方法

人工神经网络是由大量处理单元组成的非线性大规模自适应动力系统,具有学习能力、容错能力、记忆能力、计算能力以及智能处理能力,并在不同程度和层次上具有模仿人脑神经系统的信息处理、存储及检索功能。神经网络把算法和结构统一为一体,具有非线性、非局域性、非定常性等特点。神经网络良好的容错性、层次性、可塑性、自适应性、自组织性、联想记忆和并行处理能力,使它对于不同来源的复杂信息具有良好的融合作用。目前在数据融合中大多采用 Hopfield 网和 BP 网,其中以 BP 网用得更多一些。BP 网是单向传播的多层前向网络,输入信号从输入层节点,依次传过各隐层节点,然后传到输出节点,每一层节点的输出只影响下一层节点的输出。用神经网络对多传感器信息进行融合,融合系统首先对传感器数据进行预处理以完成特征提取及数据配准,即通过传感器信息变换,把各传感器输入数据变换成统一的数据表达形式(即具有相同的数据结构),在数据配准后,对特征进行关联处理,把特征矢量分成有意义的组合、对目标(状态)进行的融合识别,就是基于关联后的联合特征矢量。

对于故障诊断而言,其核心技术是模式识别,而人工神经网络能够出色地解决那些传统模式识别方法难以圆满解决的问题,所以故障诊断是人工神经网络的重要应用领域之一。有人通过诊断任务的分解,把一个诊断多故障的神经网络用多个子神经网络来实现,每个子神经网络诊断一类故障。这种组合神经网络,在整个诊断过程中,对任一类故障诊断仅用一次,即仅通过一个子网络实现。显然,对众多的信号及特征向量仅一次或一部分就给出最终的诊断结论,信息没有充分利用。另一方面,由于每一子网络分管一类故障,各子网络之间形成不了会诊功能。设备诊断的目标是要给出一个最佳的诊断结论,采集各类信号的目的也在于此。

因此，采用神经网络数据融合的诊断方法，即可提高确诊率，又利用了子神经网络对故障诊断的良好性能，是一种性能很好、值得研究的故障诊断方法。

为获得更好的融合诊断结果，人们把各种理论与神经网络技术相结合，产生了模糊聚类神经网络、概率神经网络、模糊神经网络及小波神经网络等。小波神经网络是近年来在小波分析研究获得突破的基础上提出的一种前向网络。相比于传统的前向网络，它有明显的优点。首先，小波网络的基元和整个结构是依据小波分析理论确定的，可以避免 BP 网络等结构设计上的盲目性；其次，小波网络有更强的学习能力，精度更高；最后，对同样的学习任务，小波网络结构更简单，收敛速度更快。小波分析与人工神经网络的结合方式可分为松散型结合和紧致型结合。松散型结合是以小波分析作为故障特征信号提取手段，为神经网络提供输入特征向量，对设备故障进行诊断分析；紧致型结合是用小波函数和尺度函数形成神经元，将小波和神经网络直接融合，它是基于小波分析而建立的一类新型前馈网络，也可以看作是以小波函数为基底的一种新型函数连接神经网络。由于紧致型小波神经网络结合了小波变换良好的时频局部化性质和传统神经网络的自学习功能，因而具有较强的逼近和容错能力。

8.5.7 基于模糊逻辑的融合诊断方法

模糊理论最初是由 Zadeh 在 1965 年提出的，其目的是为描述与处理广泛存在的不精确、模糊的事件和概念提供相应的理论工具。该理论经过不断发展，目前已经形成了有关纯粹数学和应用数学的众多分支，包括拓扑学、图论、系统决策、自动控制、模式识别等等，并且应用成果不断出现。模糊逻辑与各种融合诊断方法相结合，产生了模糊神经网络融合诊断方法、模糊聚类融合诊断方法、模糊 D-S 证据理论的融合诊断方法等等。

8.5.8 神经网络与 D-S 证据理论相结合的融合诊断方法

通过前面的介绍，我们对 D-S 证据理论及神经网络技术有了初步的了解。这两种方法都有各自的优缺点，如 D-S 证据理论中证据的基本概率赋值难以获得；而 BP 神经网络虽然比较成熟，但当节点较多时学习训练的速度较慢，有时甚至达到局部极小而导致网络不收敛。为克服这些缺点，采用神经网络与 D-S 证据理论相结合的融合诊断方法。将特征级上并行的 BP 网的输出做归一化处理，作为 D-S 证据理论各证据的基本概率赋值，最后利用 D-S 证据理论的合成公式对网络的结果进行两两融合，得到最终的诊断结果。这样即充分利用了诊断对象各征兆域的信息，有利于得出全面而准确的诊断结果，又使神经网络的结构简单，节点数相对较少，易于网络的收敛，同时加快了网络的学习训练速度。而且此处神经网络最重要的作用是获得 D-S 证据理论的基本概率赋值，因此对其精度要求较低，网络误差的要求相对较大，这也促使网络很快收敛。该方法的诊断结构如图 8.14 所示。

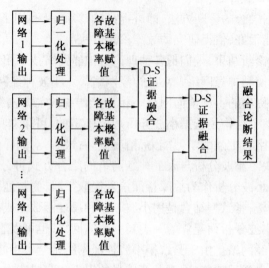

图 8.14 神经网络与 D-S 证据理论相结合的融合诊断方法

从图中可以看出神经网络与 D-S 证据理论相结合的融合诊断方法的计算步骤如下。

(1) 对各神经网络的实际输出做归一化处理得到各证据(故障)的基本概率赋值为

$$m(A_i) = \frac{y(A_i)}{S} \tag{8.14}$$

式中,$m(A_i)$ 为各故障基本概率赋值;$y(A_i)$ 为神经网络各节点的实际输出。其中

$$S = \sum_{i=1}^{n} y(A_i) + err \tag{8.15}$$

式中,err 为神经网络训练误差,n 为网络输出节点个数。

(2) 利用式(8.13)的合成公式对神经网络的实际输出作归一化处理,然后进行两两证据融合,得到融合结果。

(3) 根据基本概率赋值计算各故障的信任函数及似然函数,确定各故障的信度区间。

8.6 数据融合故障诊断实例

8.6.1 数据融合诊断系统结构

数据融合诊断系统是将数据融合技术应用于故障诊断领域,利用数据在不同层次(或级别)上的融合来进行故障诊断。数据融合故障诊断系统的定义可归纳为:用多个传感器从多方面探测系统的多种物理量,对多源的信息和数据进行分级处理,精确、及时地判断出系统的状

态,给出系统故障与否及故障模式的正确判定,并分析出状态(故障)、现象(征兆)和原因之间的关系。这里把数据融合的故障诊断系统简称为融合诊断系统。融合诊断系统相对于信息表征的层次可以分为三级:数据级融合(像素级融合)、特征级融合和决策级融合。

哈尔滨工程大学谢春丽在博士论文《核动力装置数据融合智能诊断系统应用研究》中,将融合诊断系统分为三大模块:数据级融合模块、特征级局部诊断模块、决策级融合诊断模块。融合诊断系统的结构如图 8.15 所示。

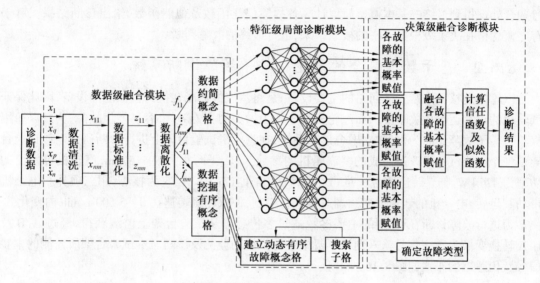

图 8.15 融合诊断系统结构

1. 数据级融合模块

数据级融合模块主要是对数据进行处理,采用数据挖掘的方法,首先对数据进行清洗,然后进行数据的标准化及离散化处理,利用概念格的挖掘方法对属性进行约简,得出用于故障诊断的核心属性和相对必要属性及不必要属性,并分别送入特征级,经处理的数据还要进行有序概念格的数据挖掘送入特征级建立故障的有序概念格。

2. 特征级局部诊断模块

该模块相应于数据级模块的处理分为并行的两部分。其中一部分采用三个并行 BP 神经网络进行局部诊断,将数据级融合模块处理后的三类不同的特征属性作为神经网络的输入,利用神经网络在特征级上进行局部诊断,得到局部诊断结果作为决策级 D-S 证据理论的基本概率赋值;另一部分处理有序概念格,根据数据级有序概念格挖掘的结果建立故障的有序概念格,并根据诊断数据实时搜索故障的子概念格,将结果送到决策级。

3. 决策级融合诊断模块

决策级融合诊断模块采用 D-S 证据理论,建立 D-S 证据理论的识别框架为待诊断的故障,将三组神经网络的输出作为基本概率赋值,假设各证据不相关。计算的步骤为:将神经网络的实际输出作归一化处理;根据核心属性诊断网络、相对必要属性诊断网络和不必要属性诊断网络给出对于故障诊断的不同敏感系数作为各故障的基本概率赋值;将三个神经网络的证据进行融合处理得到最终的基本概率赋值计算各故障信任函数及似然函数,给出诊断结果。对于有序概念格在决策级根据子格的搜索结果,进行最终的故障判断。

8.6.2 基于数据融合的汽轮机转子故障诊断系统

汽轮机是核动力装置二回路的主要设备,是将蒸汽的热能转换为机械能的设备,因此保证汽轮机的正常运行至关重要。而汽轮机转子作为做功的主要部件,容易发生故障,为此以船用汽轮机转子故障诊断为例,建立融合诊断系统,在汽轮机试验台架上进行诊断研究。该试验台架是一个舰船汽轮机改造而成的。汽轮机的参数为:转子跨距为 894.5 mm,汽轮机可发出的功率为 476 kW,临界转速约为 9 743 r/min,转子自重 177 kg。以它为核心,用三项异步电动机带动其运转,电动机的转速由变频调速器进行控制,使汽轮机转速在 0~5 500 r/min 内变化。

为进行故障诊断,所需要的主要参数通过多传感器从试验台架上监测获得,经过 A/D 及 D/A 转换变换为数字信号输入到计算机中进行系统的监测及诊断。本试验台架所监测的主要信号及传感器的布置如图 8.16 所示。

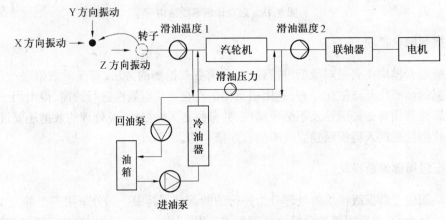

图 8.16 试验台架测位图

1. 信号采集系统

对于振动信号和热工信号(如温度、压力等)其变化的速度不同,前者较快,而后者相对较慢。根据两类信号的不同,在试验台架上采用了两个相对应的采集子系统分别对其进行数据的采集。采集系统结构如图8.17所示。

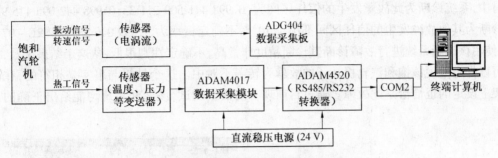

图8.17 采集系统结构图

振动信号和转速信号通过电涡流传感器将其位移信号转换为电信号,由于转换的电信号是模拟信号,需要通过ADG404高速信号采集板(A/D板)进一步转换为数字信号,输入计算机。温度、压力等热工信号通过变送器将其转换为模拟的电信号,再通过ADAM4017数据采集模拟块转换为RS485标准信号。由于RS485信号无法直接输入计算机,因此还需要一个ADAM4520转换器将RS485标准信号转换为RS232标准信号,通过计算机的COM2串行口输入计算机。

2. 程序设计

本例以Windows XP为开发平台,以VB 6.0为工具进行程序设计,对汽轮机转子的常见故障进行诊断,诊断程序的总体流程如图8.18所示。本文采用数据融合的诊断方法对汽轮机的转子质量不平衡、转子不对中、转子碰磨、油膜涡动等故障进行诊断。在数据级融合的层次上,主要完成对信号的采集、处理的工作,对信号进行特征提取获得神经网络局部诊断所需的特征量;在特征级上采用三个结构相同的并行神经网络,其作用主要有两方面:进行局部诊断并获得决策级D-S证据理论所需的基本概率赋值;决策级采用D-S证据理论对特征级获得的结果进行融合得出最终的诊断结果。

3. 诊断结果分析

在试验台架上用该诊断系统进行故障诊断,运行该程序进入诊断系统,界面如图8.19所示。首先进行特征提取,由于试验台架及其他原因所限,目前一些特征需运行人员给出,这些

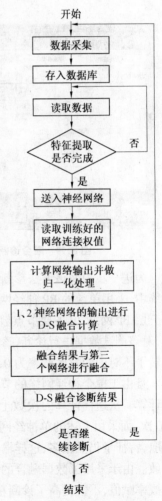

图8.18 诊断程序流程图

特征如图 8.20 所示。然后进行故障诊断,得到的诊断结果如图 8.21 所示。诊断结果为转子不对中,系统诊断为此故障发生的信任区间为(0.998 441 509 211 33,0.998 442 095 115 989),而诊断为其他故障发生的信任区间都小于 10^{-3},不确定概率为 5.859 046 580 412 2E − 07。可见,使用该诊断系统进行故障诊断其诊断精度非常高,不确定性则很低,从这个结果来看,基本上可以肯定地说该饱和汽轮机转子的故障为转子不对中。这个结果与事实是相符的,在试验台架上设定的也恰恰是此故障。通过目前现有的数据测试,该诊断系统均能给出正确的诊断结果。

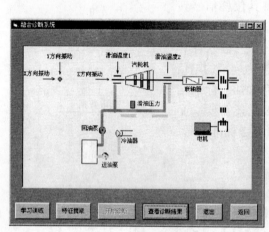

图 8.19 融合诊断系统

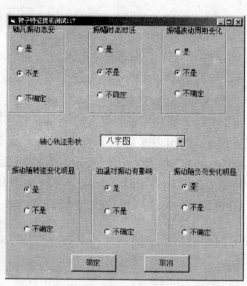

图 8.20 特征提取

为进一步说明该方法诊断的精确性,我们来进行一下对比试验。在饱和汽轮机故障诊断系统中,采用单纯的 BP 神经网络的诊断方法对同样一组测试数据进行诊断。该网络同样采用三层 BP 网络,其各层节点数分别为 16 − 33 − 5,设定的网络误差为 0.000 05,经过学习训练后,对该测试数据进行诊断,诊断结果如图 8.22 所示。虽然也能给出正确的诊断结果,但其诊断转子不对中的发生概率为 0.976 194 995 088 745,诊断精度与融合诊断的方法相差一个数量级。且由于单个神经网络的节点数相对较多,学习训练速度较慢,需长时间学习训练、多次迭代计算。从迭代计算的次数上,融合诊断方法特征级三个神经网络的平均计算迭代次数为 350 次,而采用上述的单神经网络计算迭代次数为 5 500 次。如系统较复杂时,即使经过特征提取,特征量仍然很多,这样输入层节点数还要增多,使网络的计算更加复杂,甚至造成网络不收敛。由于采用了数据融合的诊断思想,利用并行多神经网络来获取 D-S 证据理论所需的基本概率赋值,不但提高了诊断精度,降低了诊断的不确定性,还能够在短时间内给出正确的诊断结果,这可满足对安全性要求较高的复杂系统在线实时故障诊断。

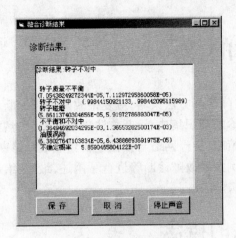 

图 8.21　融合诊断结果图　　　　　图 8.22　单个神经网络的诊断结果

复习思考题

8-1　什么是数据融合故障诊断方法？数据融合理论在故障诊断中应用的优势有哪些？
8-2　数据融合可分为哪些级别？各级别处理的信息有何区别？
8-3　试比较各种数据融合诊断方法的优缺点及适用范围。
8-4　请查阅资料，举例说明数据融合诊断方法在设备故障诊断中的应用。
8-5　根据自己的兴趣和研究领域选择诊断对象，利用数据融合理论建立故障诊断模型并进行故障诊断。

第9章 集成技术的故障诊断方法

集成技术的故障诊断方法是一种集成多种故障诊断方法策略,对复杂故障进行诊断和监控的有效方法。本章首先介绍了诊断信息集成、诊断知识集成、诊断方法集成的概念,然后对集成化故障诊断的体系结构、集成化推理和诊断策略、神经网络与模糊逻辑集成故障诊断、专家系统与神经网络集成故障诊断、神经网络与案例集成故障诊断等进行了阐述,最后,给出集成技术的故障诊断应用实例。

9.1 集成的概念

随着生产自动化水平的不断提高,工程设备日趋复杂。尽管基于传统结构框架和组织策略下的智能故障诊断系统能够对设备某些特定部位发生的故障进行有效诊断,但面对故障征兆多样、诱发原因复杂的诊断问题,有时用单一方法很难做出全面正确的判断,这就需要将多种诊断信息、诊断知识、诊断方法等进行集成,才能获得可靠的诊断结果,这就是集成化故障诊断。

9.1.1 诊断信息集成

诊断信息集成是指把不同信息源所提供的用于协同诊断所使用的信息集成为一个信息,以便采用最简便、最直接的办法得到所需要的故障诊断信息。诊断信息集成主要包括以下几个方面。

1. 感性信息和测量信息的集成

一个系统的工作状态信息往往就包含在系统所产生的各种信号中,系统中某个元器件的损坏或功能的下降,都或多或少地把这种影响通过电压、电流、温度、振动等信号形式表现出来。例如,压缩机振动增大,就可以推断系统工作不正常。所以,测量结果和观察结果是统一的。在推理中,我们将两种信息进行等价或相互导出,如"+200 V 表头指示偏低"可以等价于"+200 V 电源输出为+150 V"的测量结果;根据"+200 V 电源输出为0"的测量结果也可以导出"+200 V 电源指示灯不亮"的结果。

2. 诊断推理结果和观测信息的集成

诊断结果包括中间结果和最终结果,它们均可作为新的诊断结果,并完全等同于所观测到的信息,同时要在下一步的诊断推理中加以运用,也就是说诊断的同时为下一步诊断提供新的信息。这些信息由专家推理得出,而不是通过观测得到。例如,当观测到"电源指示正常"时,专家推理可以得到"电源系统工作正常"的结论;那么,在下一步的诊断中,专家就可以将"电源系统工作正常"作为一个新的诊断信息加以运用。

3. 与外界有关诊断信息的集成

它包括背景信息和环境信息。例如,电子设备发生故障,除了自身的因素外,还有外界其他环境因素的相互影响。这些影响因素在故障诊断时也加以考虑,并将其作为诊断信息。集成诊断信息库的组成如图9.1所示。

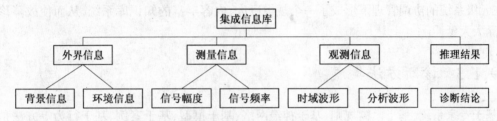

图9.1 集成信息库组成

9.1.2 诊断知识集成

集成的特点是"共享",集成不仅包括诊断信息集成、诊断结论集成,还包括诊断知识集成。各种知识之间相互取长补短,共同完成推理任务。可供使用的诊断知识有规则知识、神经网络知识、案例知识等。

1. 规则知识

由根据诊断对象领域知识和专家诊断经验归纳出的诊断规则组成主要为模型知识。运行模型可用来描述设备正常工作时的形态,故障模型用来描述设备故障时的形态,它们可用于基于规则的诊断。

2. 神经网络知识

由根据相似诊断事例经训练构造而成的人工神经网络权值组成。它描述了类似于这些诊断事例的特殊诊断知识,可用于基于神经网络模型的诊断。

3. 案例知识

由案例和子案例组成,它描述了过去的诊断案例,可用于基于案例的诊断。

以上知识的表达实际上为各自独立的表达,诊断知识集成就是要将不同方面的知识组合到一起。为此,首先要建立一个元级系统,用来对各推理策略进行协调、管理与控制,并对用户的需求进行解释与形式化,然后再调用不同的模块进行处理。如从外部输入中获取信息,融合各种诊断征兆,交换并集成各推理策略产生的结论等。在诊断问题求解过程中,元级系统要把诊断任务划分为不同的诊断子任务,并把子任务分配到不同的诊断子系统,得出结果后再在这些结果的基础上进行综合。每个推理策略模块的责任是用来完成元级系统分配的诊断任务,并把结果返回给元级系统。元级系统在分配任务时,先要对各种推理方式的知识进行转化与集成,才能实现知识的完全融合。

集成诊断系统与一般诊断系统的主要区别在于它集成有数种信号分析程序和诊断子系统,在元级系统的协调管理下形成了一个规模巨大、内容丰富的知识库系统,从而使故障诊断的内涵大大延伸。

9.1.3 诊断方法集成

基于专家系统、基于模糊规则、基于神经网络、基于模型、基于案例、基于行为等方法是人工智能在故障诊断中应用比较成熟的一些主要方法。这些方法各有特点和优势,也存在各自的缺点和不足,若将多种方法进行集成,可以综合各种方法的优点,克服其局限性,更有利于提高故障诊断的可靠性和诊断效率。

9.2 集成化故障诊断体系结构

集成化故障诊断(Integrated Intelligent Fault Diagnosis, IIFD)体系结构根据不同对象的不同要求,可以采取不同的结构形式。由于层次诊断模型具有结构清晰、诊断搜索工作量少、便于实施等特点,因此得到了人们的重视。本节主要介绍基于分解策略和层次模型的集成化故障诊断体系结构及其功能实现方法。

9.2.1 集成化故障诊断模型

基于层次结构的集成化故障诊断模型和诊断策略,是按照系统的工作原理和层次结构先逐级进行分解,并将整个系统的诊断问题划分为不同层次、不同规模的子诊断问题;再针对各子诊断问题的特点,分别选择与其最为适用的故障诊断方法,逐层深入地进行诊断,直到得到满意的结果。层次诊断模型和诊断策略如图9.2与图9.3所示。

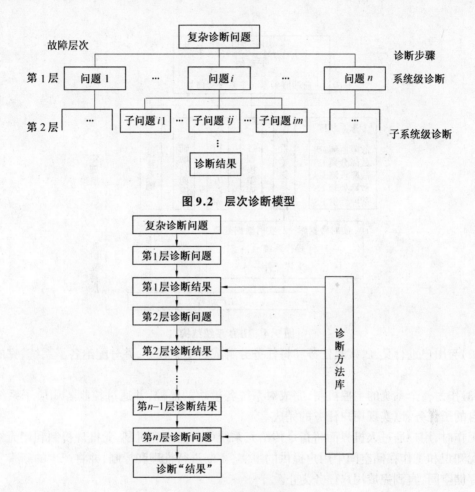

图 9.2　层次诊断模型

图 9.3　层次诊断策略

9.2.2　集成化故障诊断系统结构

集成化故障诊断系统结构可以采用并行分层开放式结构,如图 9.4 所示。该结构形式将整个系统分为管理层、实施层和实时支持层 3 个层次。

1. 管理层

管理层负责整个系统的调度运行。管理层可以设计成称之为元系统的管理型专家系统,其主要完成以下功能:

(1) 对子系统进行协调、管理、决策和通信。

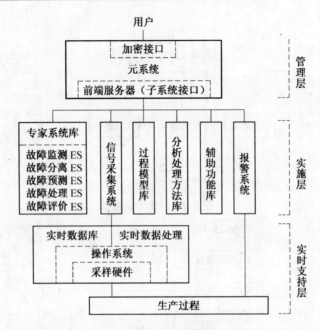

图 9.4 IIFD 系统结构

(2) 与用户进行交互,接收任务和将任务分解成若干子任务,并分配给各子系统,完成任务调度。

(3) 作为整个系统的主控机制,完成对系统各模块的监控,并通过控制各相应子系统来完成各自的子任务,以实现用户任务的完成。

工作时,用户通过人机界面将指令传给元系统中的元推理机制,元推理机制利用元知识库中的元知识和工作存储空间中用户提供的事实,不断进行推理和控制,并将产生的新事实存入工作存储空间,直到完成用户任务为止。

2. 实施层

实施层由专家系统库、过程模型库、信号分析处理子系统等多个可悬挂的模块组成。各模块之间彼此独立,可通过元系统发生联系。主要模块功能如下:

(1) 专家系统库。包括若干个子专家系统,分别用来处理不同层次和不同性质的任务。

(2) 过程模型库。模型来源于生产过程,是关于过程工艺的深层知识,各子专家系统均可以调用。

(3) 诊断信息分析处理子系统。用来完成模型求解、信号分析等任务。此子系统包含多种用于完成信号分析与处理的数值计算程序,可根据不同诊断方法对采样子系统的采样数据进行分析和处理。

3. 实时支持层

完成实时数据采集、通信和数据库的维护工作。采用前后台技术实现常驻内存模块的运行,主要包括实时数据预处理模块、实时数据库管理模块等。

9.2.3 集成化故障诊断系统功能及其实现

集成化故障诊断系统的功能包括故障巡回检测、故障分离、故障评价和故障处理。

故障巡回检测就是根据检测的故障信息,实时在线判断设备有无故障,并进行报警和故障预测;故障分离就是通过对故障信号分析,利用集成化诊断方法,找出故障源和故障发生部位;故障评价就是对故障的原因、严重程度及产生的后果进行评估;故障处理就是根据故障特征和故障性质,采取相应的处理措施,对故障进行隔离、补偿、抑制、修复和排除。

实现上述功能,诊断知识库构造是其重要环节。IIFD 系统将诊断知识划分为诊断领域知识和元知识。诊断领域知识是关于某一领域子系统由故障征兆来判断故障原因及位置的知识,与某一特定领域子系统相关;诊断元知识是关于领域诊断知识的知识,即关于如何使用、组织和管理领域诊断知识的知识。元知识主要包括对领域子系统诊断知识进行管理和控制的知识,判断故障属于哪个领域子系统的知识,关于领域子系统间相互关系及每个子系统领域知识的特征和功能信息描述的知识,对领域子系统诊断结果进行分析和评价的知识等。元知识不涉及如何具体诊断某个领域子系统的故障,而是从更高层次对各领域子系统进行协调、管理和控制,使各子系统完成其子诊断任务,并对诊断结果加以分析、综合与评价,以完成对整个复杂过程系统的诊断,因此元知识的作用相对来说更重要。

在元知识表达上,IIFD 系统采用面向对象的知识表达方法,即按照面向对象的思想,采用多种知识表达方法(规则、框架、语义网络和过程)相结合的混合知识表达形式。该方法具有继承、封装、动态联编、代理机制等面向对象的基本特性,同时还具有集成性、模糊性和开放性;适于表达元知识,便于实现多领域、多形式、多功能、多任务和不确定性知识的集成。

该系统集成软、硬件和信号分析、特征识别、故障诊断与决策于一体,采用以元系统为核心和并行分层的诊断策略,集成多种形式的领域知识和诊断方法,能够实现信号的采集、分析、诊断、评价和数据库、知识库的检索维护及故障监控与隔离等功能,从而大大提高了故障诊断的快速性、准确性和智能化水平。

9.3 集成化推理和诊断策略

推理机制和诊断策略是集成化故障诊断的核心。为了进行有效的诊断,必须将多种推理机制和诊断策略相结合,才能获得最佳诊断结果。

9.3.1 集成化推理机制

推理机制是指依据一定的原则，从已有的征兆事实推出诊断对象存在故障的过程。在这里，诊断信息和诊断知识是诊断推理的基础。与诊断信息和诊断知识集成相适应，可以利用基于案例、基于神经网络、基于模型等方法进行集成化诊断推理，以获得最佳诊断结果。

诊断推理通常由高层向低层进行，即先从系统级开始，然后是部件级、功能模块级和元器件级。推理时，诊断系统经过征兆获取模块，先对采集的数据或得到的征兆信息进行分析（如对波形数据进行幅度和频率分析，对漂移信号进行漂移量计算等），经过分析将其转换成具有可信度的征兆事实，再提供给系统进行诊断推理时使用。

根据征兆分析结果，可以先进行基于案例的推理；然后通过搜索案例库，如对诊断结果不满意或没有结果，再进行神经网络模型推理；若仍对诊断结果不满意或没有结果，再搜索规则库，转到模型诊断，以便得到更精确的诊断结果。

9.3.2 集成化诊断策略

诊断策略是对诊断过程和诊断方法的宏观研究，它包括诊断问题的知识策略和诊断问题的求解策略两个方面。诊断问题的知识策略是从知识角度，研究求解诊断问题所用的知识及其组织、表达与获取等问题；诊断问题的求解策略是从推理角度，研究故障诊断方法和问题求解方法。集成化故障诊断系统一般可采用如下诊断策略：

(1) 对于同一层次的诊断，先考虑基于案例的诊断方法。
(2) 若没有案例或诊断失败，再根据不同层次及信息获取方式的难易，决定下一步诊断策略。
(3) 当在该层次信息获取难，但症状描述相对容易时，则采用基于规则的方法。
(4) 若无规则可用或诊断失败，则考虑基于模型或基于神经网络的方法进行诊断。
(5) 当信息获取容易时，则应先考虑基于模型或基于神经网络的方法进行诊断。
(6) 当所有方法均告失败时，则将诊断结果作为一个新的案例。

由于集成化故障诊断系统可以采用不同的知识表示方法来表达诊断领域知识，因此也可以针对不同诊断对象，运用不同的集成化推理方法进行故障诊断。

(1) 对于一般诊断对象。采用由特殊到一般的集成诊断方法。首先运用基于案例的推理进行故障诊断（根据该对象的症状在案例库中检索最相似的案例）；若失败，尝试用基于神经网络模型的方法进行诊断（根据该对象及其症状，选择与其相应的神经网络模型）；若失败，再用基于规则的方法进行诊断（根据该对象及其症状，选择与其相应的经验规则）。当三种方法均失败，只要拥有诊断对象的模型（运行模型、故障模型），尽管诊断过程费时和计算量大，但基于模型的推理总能诊断出故障,这是一种常用的推理方法。

(2)对于大型和复杂诊断对象。按照"大系统→小系统→分系统"的顺序进行。根据对象各组成部分的功能,将对象划分成几个小系统,把大系统的模型作为诊断对象的高层模型,用来描述该系统的外部形态和高层诊断知识。诊断时,首先运用该诊断对象的高层模型和基于模型的推理,来诊断该诊断对象中故障所在的小系统;如果诊断对象中某小系统 G 被诊断为故障,并经检测得到证实,则再运用该诊断对象的低一层模型(即更小的分系统)来进一步推理。在该比较小的层次上可以采用基于规则、基于神经网络模型、基于案例等推理手段,通过集成的方法进一步诊断该小系统 G 中某个子分系统或子模块的故障。

由于基于对象模型、神经网络模型和案例的诊断方法无法对诊断结果进行验证,因而不能确保诊断结果的正确性和为其提供解释。而基于模型的方法能对基于对象模型、神经网络模型和案例的诊断结果提供一致性检验,并能对诊断结果做出解释,因此可以运用基于模型的方法对以上结果进行一致性检验。

9.4 神经网络与模糊逻辑集成故障诊断

9.4.1 模糊逻辑系统与神经网络

通过前面各章节的介绍,知道了神经网络的基本概念、常用的网络模型及网络学习算法。神经网络实质上是对人类大脑神经细胞的简单、近似的功能模拟。由于人脑对信息的加工处理过程本质上具有模糊的性质,所以用神经网络进行功能模拟,本质上也具有模糊性。

基于模糊理论的模糊逻辑系统与人工神经网络相比,既有共同之处,也有各自不同的特点。首先,它们都是用于解决复杂非线性系统的信息处理、控制、决策等问题所使用的方法,两者都采用数值方法建立输入与输出之间的非线性映射关系,因此,都不需要建立系统的数学模型。其次,它们都可以用硬件实现。模糊芯片和人工神经网络芯片近年来发展很快,两者不仅已应用于工业控制系统、通信控制器、飞机导弹等系统中,而且在一般家用电器,如洗衣机、空调机、电视机等产品中也开始得到广泛的应用。再次,神经网络和模糊逻辑系统都能从各自不同的角度增强计算机系统信息处理的"智商",因而在广泛的人工智能领域都发挥了重要的作用。最后,人们已经证明,一个适当设计的模糊逻辑系统能与神经网络一样以任意精度逼近紧致集上的实连续函数,因此,模糊逻辑系统与神经网络都已成为严格有效的非线性系统信息处理、控制、决策的方法和工具。但是,在如何建立输入输出的映射关系、如何存储和表达知识以及在系统的结构等方面,神经网络和模糊逻辑系统是有着显著差别的。由于各自不同的结构特点,它们在应用中也有各自的优缺点,参见表 9.1。

表 9.1 模糊逻辑系统与神经网络的比较

名　称	结　构	优　点	缺　点
模糊逻辑系统	模糊规则、模糊推理	能处理不确定的信息，可利用专家经验知识	无学习能力，推理过程中模糊性增加
神经网络	多个神经元相互连接而成网络	并行处理，容错性强，有自学习能力	知识解释困难，初始权值设置任意性强

在映射关系方面，神经网络采用点对点映射的方法建立输入与输出的映射关系，其训练集为确定量，因此，它所代表的映射关系也是一一对应的；而模糊逻辑系统的输入、输出变量都是经过模糊化的量，它反映的映射关系是模糊集之间的关系，所以属于区域与区域之间的映射。

在知识存储的方式上，神经网络是基于学习的网络模型，它以神经元作为基本单元，知识分布地存储在各神经元之间的连接权值中；而模糊逻辑系统则以规则的方式来存储知识。因此，在神经网络系统中，一旦有了新的样本知识，通过学习后，理论上所有神经元之间的连接权值都将发生新的变化，而在模糊逻辑系统中则可能只需要增加或修改少数几条与新知识有关的规则。

神经网络的一个关键特性是其中所包含的知识为隐含的，它们分布储存在各神经元连接的权值之中。无论对系统的设计者还是使用者来说，这些连接权值的物理意义是不明确的，也就是说，神经网络所用的"语言"对于我们来说是难以理解的。而模糊逻辑系统以规则的方式来存储知识，这些规则与专家的经验相对应。因此，在知识的解释方面，模糊逻辑系统比神经网络更加直观。

从以上分析可以看出，模糊逻辑系统和神经网络在概念与内涵上是有着明显不同之处的。虽然两者都通过对人脑思维的模拟来处理现实世界中的不确定性、不精确性问题，但模糊逻辑系统偏重于模拟人脑的逻辑思维，而神经网络则偏重于对人脑结构的模拟。由于各自不同的特点，它们在应用中也有各自的优点和缺点。对于一些较为简单的问题，如果专家能够提供相应的知识，则模糊逻辑系统更为适用，因为其计算量小、系统易于实现，而且易于追踪和解释系统的推理过程与结论。然而对于复杂系统的问题，由于模糊逻辑规则是依靠人的经验制定的，系统本身并不具备学习能力，且模糊规则越多，系统结构就越复杂，规则建立以及规则推理的时间随规则数增加将以指数形式增长，因此，将大大限制模糊逻辑系统的应用。神经网络的自学习功能可以弥补先验知识不足所带来的困难，因而具有更大的优势。

近年来一个值得重视的现象是基于模糊理论的模糊逻辑系统与神经网络的相互结合，其结果导致了"模糊神经网络(Fuzzy Neural Network, FNN)技术"的出现。模糊神经网络技术实质上是对人脑结构和思维功能的双重模拟，即大脑神经网络的"硬件"拓扑结构和模糊信息处理的"软件"功能的同时模拟。其显著特点体现在它充分吸收了模糊理论与神经网络各自的优点，并由此来弥补各自的不足。比如，对于不少实际问题，模糊逻辑系统中的模糊规则、隶属函数以及模糊决策算法的最佳方案选择,并不是人们事先可以明确决定的,而神经网络的介入则为通过实际输入、输出数据的学习优化地确定这些规则、函数和决策算法提供了可能性;另一方面,虽然神经网络本身所存储的知识难以理解,但在模糊神经网络中可以将神经网络的学习结果转化为模糊逻辑系统的规则知识,从而更加便于知识的解释和利用。

模糊逻辑系统与神经网络可以以多种方式结合,基本的结合方式包括:以模糊算子代替神经网络中神经元的传递函数、采用模糊参数作为神经网络的权值、采用模糊变量作为神经网络的输入信号等,并且这些基本方式还可以组合应用。

近年来关于模糊神经网络技术的研究得到了高度的重视,其成果也已得到了广泛的应用。目前的研究主要集中在:研究模糊逻辑系统和神经网络的对应关系,将模糊逻辑系统的调整和更新转化为对应的神经网络学习问题,以及利用模糊逻辑系统对神经网络进行初始化;模糊神经网络的快速学习算法;利用模糊理论加快神经网络的学习速度,并应用神经网络构造高性能的模糊逻辑系统。

在故障诊断领域,模糊神经网络技术也代表了一个新的方向。

9.4.2 神经网络-模糊推理协作系统

参考文献[172]提出的神经网络-模糊推理协作系统为模糊逻辑系统与神经网络的结合提供了一种有效的思路,系统的结构如图9.5所示。该系统包括一个模糊模型和一个神经网络,并且将应用的对象(即目标系统)也作为整个系统的一部分。它既具有神经网络对非线性映射的准确拟合能力和学习能力,也具有模糊逻辑系统知识易于理解的优点。

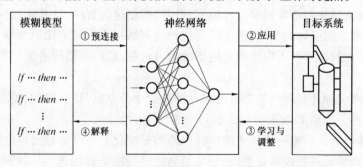

图9.5 神经网络-模糊推理协作系统结构

在神经网络-模糊推理协作系统中,神经网络的结构是与模糊模型相对应的。模糊模型体现了原始的专家知识,它按"If…then…"型模糊规则组织。根据模糊模型,可以确定神经网络的结构、连接方式以及初始权值,从而构造出相应的神经网络。这一步称为"预连接"(Pre-wiring),其作用是将以模糊规则形式表达的专家知识存储到神经网络之中。然后,可将该神经网络应用于目标系统,并且根据目标系统的运行数据对神经网络进行学习训练,通过调整神经网络的权值来修正原始的模型,提高其准确性。经过学习训练后的神经网络模型又被转换成模糊模型,转换的依据是将神经网络连接权值的变化解释成模糊模型中有关隶属函数和模糊规则的变化,从而使分布存储在神经网络中的知识得到清晰的解释。尽管基于模糊规则构造的目标系统模型一开始可能比较粗糙,但经过神经网络–模糊推理协作系统的"预连接—应用—学习与调整—解释"过程后,目标系统的模型可以逐步得到完善。

9.4.3 神经网络与模糊逻辑系统结合的基本方式

模糊神经网络(Fuzzy Neural Networks,FNN)是模糊逻辑系统和神经网络相结合的产物,由于它不仅具有神经网络数值计算的优势,而且具有模糊系统处理专家知识的能力,因此受到了广大研究者的重视。模糊系统和神经网络相结合根据其侧重点不同大致可以分为以下几种方法:

(1)利用神经网络的自学习和函数逼近功能,提高模糊逻辑系统的自适应能力,改善模糊模型的精度,如可以通过一个附加单调性限制的 BP 网络获取模糊逻辑系统的隶属函数,利用前向网络实现模糊推理,应用 BP 算法进行模糊逻辑系统的参数学习,应用神经网络来逼近模糊逻辑系统等。

(2)利用模糊逻辑系统来增强神经网络的信息处理能力,如将传统的神经网络模糊化使之具备处理语义知识的能力。

(3)神经网络和模糊逻辑系统协同工作,如模糊–神经协作系统,先通过模糊模型构造一粗略的神经网络,然后根据目标系统实际的输入输出对神经网络进行学习,提高原模糊模型的精度,而神经网络的学习结果则可通过原来的模糊模型进行解释,将其连接权与阈值的变化理解为模糊规则和隶属函数的变化,消除了传统神经网络权重存储的知识不易为人理解的缺陷。

(4)将模糊控制技术引入传统神经网络的学习过程,动态调整网络学习参数以提高学习速度。

模糊逻辑系统和神经网络的结合所包含的内容十分丰富,尽管如此,模糊神经网络是其中研究的重心所在。构造 FNN 的方法大致可分为如下两类:

(1)传统神经网络的模糊化。传统神经网络的模糊化是指保留原来神经网络的结构,而将神经网络的处理单元进行模糊化处理,使之具备处理模糊信息的能力。这种构造 FNN 的方法又可分为两种:一种是将原神经网络的所有神经元都进行模糊化处理,使之成为模糊神经元,再由模糊神经元根据原神经网络的结构构成网络;另一种是仅对原神经网络的输入和输出进行模糊化处理,即将原始的输入通过模糊化接口变换为模糊隶属数值输入原神经网络,而原神经网络的输出则被视为输出的隶属度,如模糊 MLP 和模糊自组织网络等。

(2)基于模糊模型的 FNN。这种 FNN 的结构与一个模糊逻辑系统相对应,它也可分为两种构造方法:一种是直接与模糊逻辑系统结构相对应,网络由模糊化输入层、规则推理层和非模糊化层组成,事实上可以认为这种 FNN 是模糊逻辑系统结构的网络表示;另一种是基于模糊基函数(Fuzzy Basis Function,FBF)的概念构造网络,其网络结构和组成虽然与模糊逻辑系统没有明确的对应关系,但是功能上仍然与模糊逻辑系统相一致,它事实上是根据模糊逻辑系统的内在结构来构造网络。

9.4.4 模糊神经网络模型

模糊神经网络的基本单元是模糊神经元(Fuzzy Neuron,FN)。模糊神经元有别于前面章节介绍的普通神经元,其模型如图 9.6 所示,图中下标 i 代表模糊神经网络中的第 i 个模糊神经元。模糊神经元接受的输入信号 $x_1, x_2, \cdots, x_n$ 均为以隶属度表示的模糊量,亦即 $x_j \in [0,1](j = 1,2,\cdots,n)$;模糊神经元按照适当的模糊算子 $\widetilde{\&}$ 对输入数据进行处理,并产生一个模糊输出量,即 $y_i \in [0,1]$。

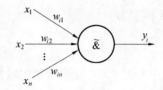

图 9.6 模糊神经元模型

在 FN 模型中,模糊算子 $\widetilde{\&}$ 具有十分重要的意义。不同的模糊算子 $\widetilde{\&}$ 将对应于不同的 FN 模型,并进而导致不同的模糊神经网络模型。典型的模糊神经网络模型有以下几种。

1. min – FN 模型

这是一种基于 Zadeh min 算子定义的模糊神经元模型,其中 FN 的各个输入连接权值限定 $w_{ij} = 1(j = 1,2,\cdots,n)$,且

$$y_i = \wedge (x_1, x_2, \cdots, x_n) \tag{9.1}$$

min – FN 模型反映了模糊集之间的"交"运算规则。

2. max – FN 模型

这种模型基于 Zadeh max 算子定义。FN 的各个输入连接权值限定 $w_{ij} = 1(j = 1,2,\cdots,n)$,且

$$y_i = \vee (x_1, x_2, \cdots, x_n) \tag{9.2}$$

max – FN 模型反映了模糊集之间的"并"运算规则。

max – min FN 模型的优点是模型简单、计算方便,由此建立的模糊神经网络学习速度快。但由于采用了简单化的 max – min 运算规则,所以可能会造成过多的信息损失。

3. 广义模糊平均 FN 模型

在这种 FN 模型中,模糊神经元的各个输入连接权值 w_{ij} 归一化,即 $\sum_{j=1}^{n} w_{ij} = 1$ 且 $w_{ij} \geq 0$;

模糊算子 $\widetilde{\&}$ 取为广义模糊平均算子。相应的 FN 模型为

$$y_i = \Big[\sum_{j=1}^{n} w_{ij}x_j^p\Big]^{1/p} \tag{9.3}$$

其中 $p \in (-\infty, \infty)$ 为补偿度参数。

4. 混合联接 FN 模型

在该模型中,权值 $w_{ij} = 1(j = 1,2,\cdots,n)$ 满足 $\sum_{j=1}^{n} w_{ij} = n$,模糊算子 $\widetilde{\&}$ 为混合联接算子。FN 模型为

$$y_i = \Big[\prod_{j=1}^{n} x_j^{w_{ij}}\Big]^{1-\gamma_i}\Big[1 - \prod_{j=1}^{n}(1-x_j)^{w_{ij}}\Big]^{\gamma_i} \tag{9.4}$$

其中 $0 < \gamma_i < 1$。该模型的输出 y_i 随 x_i 和 γ_i 的增大而单调上升,且其变化的范围为

$$(x_{\min})^n \leq y_i \leq 1 - (1 - x_{\max})^n \tag{9.5}$$

式中 $x_{\min} = \min(x_1, x_2, \cdots, x_n)$;$x_{\max} = \max(x_1, x_2, \cdots, x_n)$。由上式可见,当 $\gamma_i = 0$ 时,混合联接算子的输出为 $y_i = \Big[\prod_{j=1}^{n} x_j^{w_{ij}}\Big]$,这相当于某种"交"运算;当 $\gamma_i = 1$ 时,该算子的输出为 $y_i = 1 - \prod_{j=1}^{n}(1 - x_j)^{w_{ij}}$,此时相当于某种"并"运算;当 $0 < \gamma_i < 1$ 时则意味着介于"交"与"并"之间,且其程度可有参数 γ_i 调节。

此外,以下几种 FN 模型在模糊神经网络中也具有重要的作用。

5. 概率和、积 FN 模型

这两种 FN 模型均取 $w_{ij} = 1(j = 1, 2, \cdots, n)$。概率和 FN 模型为

$$y_i = 1 - \prod_{j=1}^{n}(1 - x_j) \tag{9.6}$$

概率积 FN 模型为

$$y_i = \prod_{j=1}^{n} x_j \tag{9.7}$$

它们分别相当于概率论中"在 n 个事件 x_j 中至少有一个发生"以及"n 个事件 x_j 同时发生"的概率模型。

6. 广义概率和、积 FN 模型

这两个模型分别由上述概率和、积 FN 模型推广而来。广义概率和 FN 模型为

$$y_i = 1 - \prod_{j=1}^{n}\big[(1 - x_j)^{w_{ij}}\big]^{q_i} \tag{9.8}$$

广义概率积 FN 模型为

$$y_i = \Big[\prod_{j=1}^n (x_j)^{w_{ij}}\Big]^{p_i} \tag{9.9}$$

式(9.8)和式(9.9)中 $\sum_{j=1}^n w_{ij} = 1, w_{ij} \geqslant 0, q_i \in [0,1], p_i \in [0,1]$。

在模糊神经网络中 FN 模型的选择,一方面要考虑网络对它所要解决的非线性映射问题的逼近能力,同时还要考虑网络的学习训练问题。一般来说,包含多个可调参数的 FN 模型经过学习训练后具有更强的映射能力。

9.4.5 模糊神经网络(FNN)学习方法

从网络的拓扑结构上看,模糊神经网络与普通的神经网络并无多大的区别,它也可以按照前馈式、反馈式或者互联式结构建立。目前最为常用的模糊神经网络是前馈网络,它包括一个输入层、一个输出层、一个或多个隐含层。为了与模糊逻辑系统相对应,模糊神经网络中的隐含层通常称为"规则层"。三层前馈模糊神经网络的结构如图 9.7 所示,该系统输入层有 n 个模糊神经元,接受网络的 n 个输入信号 $X_1, X_2, \cdots, X_n$;输出层有 m 个模糊神经元,产生 m 个输出信号;规则层有 M 个模糊神经元 $R_1, R_2, \cdots, R_M$,分别与该系统中存储的 M 条模糊规则相对应;从输入节点 X_i 到规则节点 R_k 的权值记为 w_{ki};从规则节点 R_k 到输出节点 F_j 的权值记为 C_{jk}。该系统中输入层模糊节点仅接受并传递输入信号,无计算功能,而规则层和输出层模糊节点则根据适当的模糊算子对模糊变量进行处理,它们属于计算单元。这种结构的模糊神经网络代表了基于 FNN 的故障诊断系统的基本结构。

FNN 模型代表了由多条模糊规则组成的一个模糊规则库。与模糊逻辑系统不同的是,在 FNN 系统中同时隐含了模糊规则库和规则的模糊推理机制。针对故障诊断问题,规则层模糊神经元采用"交"类型的 FN 模型,而输出层模糊神经元则采用"并"类型的 FN 模型。

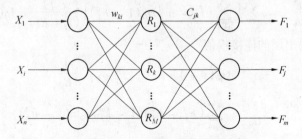

图 9.7 三层前馈模糊神经网络的结构

与普通神经网络不同的是,模糊神经网络的学习既包括网络权值的修正,也包括模糊神经元模型中有关参数的调整,例如,模糊集论域的大小、模糊化与反模糊化的算法以及隶属函数参数等等。网络学习通常采用有教师的方法，δ 规则是基本的学习规则，权值和模型参数的修正通常可采用梯度法实现。

对于图 9.7 的模糊神经网络，如果规则层模糊神经元采用广义概率积 FN 模型，而输出层采用广义概率和 FN 模型，并且已有了如下的一组样本数据，即

$$\{\hat{F}_j^a, F_j^a\} \quad (j = 1, 2, \cdots, m; a = 1, 2, \cdots, S) \tag{9.10}$$

其中下标 j 表示网络输出变量的序号；上标 a 表示样本序号；$\hat{F}_j^a$ 为样本输出；F_j^a 为实际输出，则模糊神经网络的学习可通过求解如下的最优化问题实现，即

$$\min_{w,C,p,q} E = \frac{1}{2} \sum_{a=1}^{S} \sum_{j=1}^{m} (\hat{F}_j^a - F_j^a)^2 \tag{9.11}$$

其中 w 表示所有输入层节点到规则层节点的权值，C 表示所有规则层节点到输出层节点的权值，q 表示输出层各个广义概率和 FN 模型中的可调参数，p 表示规则层各个广义概率积 FN 模型中的可调参数。以 t 表示迭代修正的次数，则根据梯度法，模糊神经网络的权值和 FN 模型参数的修正规则如下。

(1) 输入层至规则层的连接权值

$$w_{ki}(t+1) = w_{ki}(t) - \eta \frac{\partial E}{\partial w_{ki}} \tag{9.12}$$

式中 $i = 1, 2, \cdots, n; k = 1, 2, \cdots, M; \eta > 0$ 为学习率；梯度函数 $\frac{\partial E}{\partial w_{ki}}$ 由下式确定：

$$\frac{\partial E}{\partial w_{ki}} = -\sum_{a=1}^{S} \left[\sum_{j=1}^{m} (\hat{F}_j^a - F_j^a) q_j (1 - F_j^a) \right] \frac{p_k R_k^a}{1 - R_k^a} \ln(X_i^a) \tag{9.13}$$

(2) 规则层 FN 模型参数

$$p_k(t+1) = p_k(t) - \eta_p \frac{\partial E}{\partial p_k} \tag{9.14}$$

式中 $k = 1, 2, \cdots, M; \eta_p > 0$ 为学习率；梯度函数由下式确定：

$$\frac{\partial E}{\partial p_k} = -\sum_{a=1}^{S} \left[\sum_{j=1}^{m} (\hat{F}_j^a - F_j^a) q_j (1 - F_j^a) \right] \frac{p_k^a}{(1 - R_k^a) p_k} \ln(R_k^a) \tag{9.15}$$

(3) 规则层至输出层的连接权值

$$C_{jk}(t+1) = C_{jk}(t) - \eta' \frac{\partial E}{\partial C_{jk}} \tag{9.16}$$

$$\frac{\partial E}{\partial C_{jk}} = \sum_{a=1}^{S} (\hat{F}_j^a - F_j^a)(1 - F_j^a) q_j \ln(1 - R_k^a) \tag{9.17}$$

其中 $j = 1, 2, \cdots, m; k = 1, 2, \cdots, M; \eta' > 0$。

(4) 输出层 FN 模型参数

$$q_j(t+1) = q_j(t) - \eta_q \frac{\partial E}{\partial q_j} \tag{9.18}$$

$$\frac{\partial E}{\partial q_j} = \frac{1}{q_j} \sum_{a=1}^{S} (\hat{F}_j^a - F_j^a)(1 - F_j^a)\ln(1 - F_j^a) \tag{9.19}$$

其中 $j = 1,2,\cdots,m$；$\eta_q > 0$。

9.5 基于神经网络的故障诊断专家系统

9.5.1 专家系统与神经网络的特点

专家系统与人工神经网络具有相同的起源，都是对人类智能的模拟，但是它们采用的途径不同，分别被称为符号主义和连接主义。前者基于知识，后者基于数据；前者采用推理，后者通过映射；专家系统犹如抽象思维，神经网络则似形象思维。在第 6 章和第 7 章中分别介绍了专家系统与神经网络的故障诊断方法，并给出它们各自诊断时存在的优点与不足。

下面就它们的特点在知识表示、知识获取和知识推理方面做具体描述。

1. 知识表示

传统专家系统中，知识的表示方法很多，如基于规则的产生式表示法、框架表示法、语义网络表示法和过程表示法等。它们虽然采用不同的结构和组织形式描述知识，但都是将知识变换成计算机可以存储的形式存入知识库，当推理需要时，再依匹配算法到知识库中搜索。这种知识的存储是局域性存储。当知识的数量很多时，这种表示和管理方式存在如下缺点。

(1) 以何种策略组织和管理知识库是一个很难的问题。

(2) 知识搜索过程是串行计算过程，必须解决冲突问题，随之产生推理复杂性、组合爆炸及无穷递归等问题。

传统的知识表示(无论是产生式系统，还是语义网络)都可以看作是知识的一种显式表示，而在 ANN 中知识的表示可看作是一种隐式表示。在神经网络中知识并不像传统方法那样表示为一系列规则等形式，而是将某一问题的若干知识在同一网络中表示，表示为网络的权值分布。图 9.8 中的 3 层阈值型 BP 网络能够表示"异或"逻辑，如以产生式规则来描述，该网络表示了下述 4 条规则。

IF $x_1 = 0$ AND $x_2 = 0$ THEN $y = 0$;
IF $x_1 = 0$ AND $x_2 = 1$ THEN $y = 1$;
IF $x_1 = 1$ AND $x_2 = 0$ THEN $y = 1$;
IF $x_1 = 1$ AND $x_2 = 1$ THEN $y = 0$;

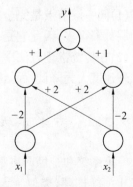

图 9.8 "异或"逻辑的 ANN 表示

与 ES 的知识局域性存储相比，ANN 的知识表示是分布式存储，当部分信息丢失时，不会对整个模式产生太大的影响，系统具有很强的鲁棒性。由于这一特性，ANN 可支持不确定性推理。基于神经网络的知识表示方法具有如下优点：

(1)具有统一的内部知识表示形式,通过训练算法即可获得网络的相关参数,知识库组织和管理方便,通用性强。

(2)便于实现知识的获取。

(3)利于实现并行联想推理和自适应推理。

(4)能够表示事物的复杂关系,如模糊因果关系。

2. 知识获取

专家系统的知识获取主要依靠知识工程师和领域专家通过各种形式的交互后人工移植。它不仅要求专家提供对某问题的解,而且要提供求解的过程(规则)。这种间接的过程不但费时而且效率低,这就是目前专家系统设计、开发中的"瓶颈"问题。ANN 可通过学习算法进行自动知识获取。它只要求专家提供问题实例以及相应的解,通过特定的神经网络学习模型对样本进行学习,经过网络内部自适应算法不断修改权值,直至所需的学习精度。ANN 的学习过程是把专家求解问题的启发式知识与经验分布到网络的各个节点及节点间连接权值上的过程。这种学习方法为传统 AI 方法建立 ES 最感困难的知识获取提供了全新的途径。

3. 知识推理

知识推理就是使问题从初始状态转移到目标状态的方法和途径。传统 ES 的推理机制是搜索、匹配的过程,是基于逻辑的演绎方法。而 ANN 采用的是并行竞争机制,通过 ANN 中隐含的模式对输入矢量并行运算和竞争实现推理,其推理机制是数值计算过程。对于 BP 网络来讲,其推理过程即是对输入矢量的前向计算过程。这种推理具有如下特征：

(1)同一层节点是完全并行的,只是层间信息传递是串行的,而一层中节点的数目要比网络的层数多得多,因此它是一种并行推理。

(2)在传统推理方法中,如果多条规则的前提均与某一事实相匹配,即出现冲突问题,从而使推理速度大为降低,而 ANN 的推理过程不存在冲突问题。

9.5.2 专家系统与神经网络结合的途径和方法

专家系统和神经网络都希望最终完全模仿人类的思维,虽然两者途径根本不同：专家系统依赖于演绎推理,类似于人类的抽象思维；神经网络则采用归纳推理,模仿人类的形象思维。可以看出,它们应该是人工智能的两个方面,每种方法适用于某一类问题。如果能够综合神经网络和专家系统方法,就能发挥出各自的优势。神经网络与专家系统的结合大致有 3 种：基于神经网络的专家系统、神经网络与专家系统的局部结合以及神经网络与专家系统的全面融合。

1. 基于神经网络的专家系统

在基于神经网络的专家系统中,系统的全部或者部分功能部件由神经网络实现。此时知识通过神经网络学习算法获得,知识库变成一个连接机制网络(Connectionist Networks)。这种方法主要是利用了神经网络学习算法的优点,基于这种方法的系统又被称为连接机制专家系统(Connectionist Expert System)。

这种专家系统的最显著优点便是它的学习能力,这也保证了系统对变化环境的自适应性。由于知识库的建立过程实际上变成了网络的训练学习过程,建造系统时不再需要显式的规则信息,从而大大降低了知识获取的困难。基于神经网络的专家系统是采用神经网络来构造专家系统,即把传统的专家系统的基于符号的推理变成基于数值运算的推理,以提高专家系统的执行效率,并解决专家系统的自学习问题。与传统的专家系统相比,基于神经网络的专家系统具有如下主要特点:

(1)具有统一的内部知识表示形式,任何知识规则都可通过对范例的学习存储于同一个神经网络的各连接权重中,便于知识库的组织与管理,通用性强;知识容量大,可把大量的知识规则存储于一个相对小得多的神经网络中。

(2)便于实现知识的自动获取,具有很强的自学习能力,系统可以在学习过程中不断地完善自己,具有创新的特点。

(3)推理过程为并行的数值计算过程,避免了以往的"匹配冲突"、"组合爆炸"和"无穷递归"等问题,推理速度快。

(4)具有容错性和健壮性,具有善于联想、记忆和类比等形象思维能力,克服了传统专家系统中存在的"知识窄台阶"问题,可以工作于所学习过的知识以外的范围。

(5)实现了知识表示、存储和推理三者融为一体,即都由一个神经网络来实现。

(6)它是一个大规模自适应非线性动力系统,能够自适应环境的变化。

基于神经网络的故障诊断专家系统是由知识库、数据库、推理机、解释机制、神经网络结构知识、知识库管理及领域专家、用户和接口等组成。神经网络结构知识模块,实际上也是一个知识库,因此也称其为辅助库,它主要用于定义诊断对象的常用术语或名称。

在避免知识获取瓶颈的同时,基于神经网络的专家系统却存在一个缺陷,即缺乏结论解释能力。由于神经网络像一个黑匣子一样工作,很难提供对结论的解释,这也许会降低用户对系统的信心,进而限制系统的广泛应用。

2. 神经网络与专家系统的局部结合

将 ANN 作为知识表示的一类模型,用它表达那些与形象思维有关的知识,用其他知识表示方法表达与逻辑思维有关的知识。这类模型与其他知识表示模型结合起来,共同表达领域专家的知识。由于 ANN 的算法无法接受基于符号的信息,这里引入一个新的概念,即神经网络块(Neural Net Block,NNB),用它来完成符号与数值之间转换的任务。同时再引入两个概念,导入规则和导出规则。

(1)导入规则。完成输入模式到输入矢量的转换。

(2)导出规则。完成输出矢量到解的转换。

一个 NNB 由 3 部分组成:ANN 的拓扑结构、导入规则及导出规则,如图 9.9 所示。

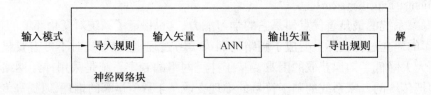

图 9.9　神经网络块的结构

导入规则的确定依赖于描述样本的文法。对于导出规则,从理论上说,可采用与训练集中某个样本输出矢量的距离最小作为判据,但当训练集很大,并且这个 ANN 也较大时,这并不是一个有效的解决办法。因此,有时一些启发式知识是很有用的,启发式规则有时可以避免大量的距离计算,特别是典型实例。但距离计算规则将是对输出矢量导出的重要方法之一。

无论导入规则还是导出规则,对复杂的实例,有时并不是一个简单的规则可以完成的。特别是导出规则,有时它与论域有关,这就导致导出规则集自身将是一个小的知识库。

NNB 的引入在知识的神经网络表示与其他知识表示模型之间架起了联系的桥梁,使得 ANN 与其他知识表示方法组合在一起去完成描述专家知识的任务成为可能,由此大大提高了表达知识的能力。同时,NNB 的引入还有可能在解释机制中实现"基于实例"的解释功能,使得用"举例说明"去解释推理成为可能。

3. 神经网络与专家系统的全面融合

上述两种方式只是 ANN 与 ES 的简单相加,混合系统的能力虽然比单个系统有了很大改进,但它的能力也只是两个系统的简单和。要设计更高智能的系统,就要使系统能够利用"全信息"。"全信息"包括语法信息、语义信息和语用信息。不管是 ANN 或 ES,还是 ANN 与 ES 的松散耦合,都不具有利用全信息的功能,而人类的智能是建筑在人对全信息的理解、获取、传递、处理和再生利用的能力上,因此要模拟人的高层次智能,就要发展能够处理和利用全信息的综合智能系统。它要有一个巨大的全信息知识库以及有效地利用全信息的机制,其结构示意图如图 9.10 所示。输入处理单元执行"任务识别与分配"的功能(可以用神经网络分类器实现),它将输入的问题进行分类,如果属于经验思维处理的类型,就送到神经网络阵列,由某个适当的 ANN 系统执行相应的处理;如果问题属于逻辑思维处理的类型,就送到全信息处理系统处理,可以在神经网络阵列和全信息处理系统之间做多重多次的交互处理。最后,在输出处理单元形成有用的输出,并把发现的新知识反馈给知识库,使全信息知识库不断得到更新。这里神经网络发挥着知识获取和经验思维的作用,全信息知识库和全信息推理系统担负着记忆和逻辑思维的职责。全信息知识库的建立可以采取进化的方式,把最基本的信息人为地存入系统,然后在解决问题的过程中不断进化,这与人的知识积累过程类似。全信息知识库的水平决定着智能系统的水平。

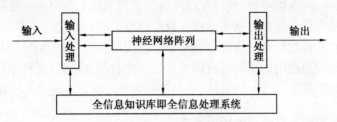

图 9.10　综合智能系统

这种综合智能系统不是简单意义的 ANN 与 ES 的结合,而是高度的融合,它不仅可以模拟人类的经验思维和逻辑思维,当知识积累到一定程度时,还可能产生创造性思维,但它的发展要依赖于 ANN 与 ES 的工作机制的改进和完善,以及全信息理论的进展。

9.5.3　基于神经网络的故障诊断专家系统

基于神经网络的专家系统是人工神经网络理论对人工智能和专家系统的重大发展,它克服了传统专家系统在知识获取和表达方面的薄弱环节。神经网络专家系统的目标就是利用神经网络的学习功能、大规模并行分布式处理功能和强非线性动力学功能实现知识的自动获取。它利用大量神经元的互联及各连接权值的分布来实现特定的概念或知识。专家只需要提供范例和样本,神经网络通过学习算法就能够利用这些样本进行学习。学习过程中,网络内部自适应算法不断修改权值分布以达到要求,从而把专家求解实际问题的启发式知识和经验分布到网络的连接权值上。神经网络专家系统在知识表示、知识获取、并行推理、适应性学习和容错能力等方面显示出很大的优越性,避免了基于符号处理的专家系统中存在的"知识获取瓶颈"、"组合爆炸"、"推理复杂性"和"无穷递归"等困难。本节对基于神经网络的专家系统做简要介绍。

1. 基于神经网络的专家系统的基本结构

基于神经网络的专家系统的结构如图 9.11 所示。

神经网络是一种信息存储和处理统一的系统,在基于神经网络的专家系统中,神经网络专家系统中知识的存储和问题求解过程中的推理过程均在系统神经网络知识库中进行。因此,神经网络知识库是神经网络专家系统的核心,它接收从实际问题中抽象出来的数据输入,该数

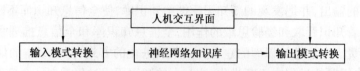

图 9.11　基于神经网络的专家系统结构图

据应能完全反映实际问题的本质,经过神经网络的推理和联想找到解决实际问题的最佳方案。输入模式转换和输出模式转换分别实现输入数据的预处理和输出知识表达方式的转换。人机交互在专家系统的开发过程中负责将领域专家解决实际问题的范例作为样本知识输入,并利用它的实际输出与理想输出的差值进行调整神经元的权值,在运行过程中,把从待解决的实际问题中抽象出来的数据输入,经过神经网络的并行处理而得到相应的科学决策。

2. 基于神经网络的专家系统的知识表示

基于神经网络的专家系统的知识表示与传统专家系统知识表示的思想完全不同。传统专家系统的知识表示是一种"显"形式,用符号表达,而基于神经网络的专家系统中的知识表示是一种"隐"形式,用数值表示。传统专家系统的知识表示技术是采用一系列标准的形式(如规则、框架、语义网络等)对知识进行"显"式表示,而神经网络的专家系统是利用神经网络自身的分布式连接机制对知识进行"隐"式表示。知识表示不再是独立的一条条规则,而是分布于整个网络中的权值和阈值。基于神经网络的专家系统的某神经元知识表示如图 9.12 所示。

图 9.12 中,x_j 表示来自其他神经元的激励信号;w_{ij} 为第 i 个激励信号与神经元 j 的连接权值;θ_j 为阈值;s_j 为激励信息的加权和;y_j 为神经元 j 的输出结果。

3. 基于神经网络的专家系统的知识获取

基于神经网络的专家系统只需要用领域专家解决问题的实例或样本来训练神经网络,使在同

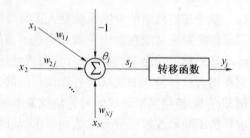

图 9.12　神经元知识表示

样输入情况下神经网络能获得与专家给出的解答尽可能相同的输出,而且解答的精度可用它与专家解答之间的均方差来度量。我们以 BP 网络为例,说明知识的自动获取。

BP 网络的结构图如图 7.7 所示,网络的隐含层和输出层的操作特性为

$$s_j = \sum_{i=1}^{N} x_i w_{ij} - \theta_j \tag{9.20}$$

神经元的作用函数取 S 函数,即

$$y = F(S) = \frac{1}{1+e^{-s}} \tag{9.21}$$

将式(9.20)代入式(9.21)中可得神经元 j 的输出为

$$y_j = \frac{1}{1+e^{-S}} \tag{9.22}$$

设神经元 j 的期望输出为 O_j,则网络层误差函数为

$$E = \frac{1}{2}\sum_j (O_j - y_j)^2 \tag{9.23}$$

采用梯度下降算法调整网络层中神经元的权值(详细请看 7.3.1 节),当误差 E 满足实际要求时,停止训练,专家系统知识获取过程结束,此时领域专家解决实际问题的经验知识就转化成神经网络中各个神经元之间的连接强度,整个网络就构成了专家系统的知识库。

4. 基于神经网络的专家系统的知识推理

神经网络专家系统的推理机制与传统的推理机制有着本质的区别。传统的推理机制是基于逻辑符号的推理,而神经网络的推理过程则是一个数值计算过程,它根据用户提供的事实给神经网络输入层进行赋值,然后按照神经元的输入/输出特性,依据神经网络所含知识之间的关系,在问题求解空间不断进行并行计算(搜索),直至得到一个最满意解。此时对应于一层神经元的输出解集,将解集的内容进行综合,就可得出基于具体输入的推理结果。由于同一层神经元是完全并行的,只是层与层之间的信息是串行传递的,而同一层神经元的数目远远大于层数,因而这是一种并行推理。推理的过程对应着神经网络内部状态演变(活跃)的轨迹,把活跃过的神经节点记录下来,便可对神经网络的推理过程做出解释。由于神经网络的并行数值计算过程取代了传统专家系统中的匹配搜索、回溯等过程,因而具有更高的推理效率。

神经网络为现代复杂系统的状态监测和故障诊断提供了全新的理论方法和技术实现手段。神经网络专家系统是一类新的知识表达体系,与传统专家系统的高层逻辑模型不同,它是一种低层数值模型,信息处理是通过大量的简单处理元件(节点)之间的相互作用而进行的。由于它的分布式信息保持方式,为专家系统知识的获取与表达以及推理提供了全新的方式。它将逻辑推理与数值运算相结合,利用神经网络的学习功能、联想记忆功能、分布式并行信息处理功能,解决诊断系统中的不确定性知识表示、获取和并行推理等问题。通过对经验样本的学习,将专家知识以权值和阈值的形式存储在网络中,并且利用网络的信息保持性来完成不精确诊断推理,较好地模拟了专家凭经验、直觉而不是复杂的计算的推理过程。

9.6 基于小波神经网络的故障诊断

9.6.1 小波分析和神经网络的结合途径

小波分析技术的出现,无疑为故障诊断提供了一个有力的工具。小波技术和诊断领域已

有方法的结合,也是一个吸引人的课题。一方面,各种方法之间可以形成互补;另一方面,不同方法通过结合可能形成另外更新的方法。本节就小波分析和神经网络的结合进行阐述。

神经网络可以有效地实现输入到输出之间的非线性映射,具有自学习和模式识别能力,适合于诊断自动化,因此获得了广泛的应用。小波分析则由于其基函数的自动伸缩和平移特性,而成为信号分析的重要工具。目前,小波分析和神经网络的结合有下述两种途径:

(1)松散型结合,即小波分析作为神经网络的前置处理手段,为神经网络提供输入特征向量。

(2)紧致型结合,小波和神经网络直接融合,即用小波函数和尺度函数形成神经元。

小波和神经网络通过上述两种途径的结合,形成了广义上的两种小波神经网络。而狭义上的小波神经网络,仅指用小波函数或尺度函数作为激励函数,形成神经元。

9.6.2 小波分析和神经网络的松散型结合

从小波分析理论知识知道,利用小波包分析,把信号分解在互相独立的频带之内,各频带内的能量值形成一个向量,该向量中不同的故障对应不同的值,因此可以作为神经网络的输入特征向量。和已经获得成功运用故障信号的 Fourier 频谱向量相比,该方法在统计的能量理论上更为完整,并且适合于各类非平稳信号的处理。只要做好大量的数据统计等工作,小波包分析完全可以成为为神经网络提供有效特征向量的工具。

把小波分析中的多分辨率技术和 Fourier 频谱技术结合起来,也可以为神经网络提供一种输入特征向量。Fourier 变换的频谱谱线非常丰富,但它们谱线值的组合能够反映故障的特征,因此也可以作为神经网络的输入特征向量。但若有 512 条谱线,则需 512 个输入节点,显然使网络的结构过于庞大。而运用小波分析中的多分辨率分析技术,把 Fourier 频谱在一定尺度上分解为一离散逼近部分和若干离散细节部分。该逼近部分谱线数将大为减少,但它仍保留了原频谱的主要特征。

另外,用小波分析得到的信号奇异性指数也可作为神经网络的输入。

1.多分辨率分析和神经网络的结合

柴油机振动信号功率谱经过多分辨率分析处理后,采用三层感知器神经网络作为分类器。神经网络的输出层节点数根据故障状态数来确定,有几种状态就有几个输出节点。实际上,在神经网络的应用过程中,网络的输出层节点数并非一定要固定。当掌握了一种新的故障状态的振动信号样本的特征量时,可以给神经网络增加一个输出单元,然后把新获得的样本加入到总训练样本中继续训练网络,从而使神经网络具有识别这种新故障的能力。

当我们只有关于柴油机正常工作状态下的振动信号功率谱时,可以只用它们作为训练样本训练神经网络,这时网络输出层有两个节点。当输入样本为正常时,网络的输出向量为

[1,0],而当输入样本为异常状态时,网络的输出向量为[0,1]。而当有机会获得关于柴油机在故障情况下的振动信号时,我们可以把它的功率谱特征作为故障样本来训练神经网络。因为神经网络具有自学习功能,通过对新的振动信号特征量的训练,使神经网络掌握越来越多的关于柴油机振动信号与故障之间的映射关系的信息,就能够不断提高神经网络识别柴油机工作状态的能力。这样,使得对柴油机故障诊断极为重要的关于故障状态的振动信号特征量能被加以利用,从而解决了功率谱向量无法解决的问题。

设总模式集合为 X,共有 P 个训练样本,即 $X = \{X(p)\}$,经多分辨率分析前处理,可得到 d 个特征向量的特征空间 Y,P 个训练样本得到 P 个特征空间样本,$Y = \{y_1(p), y_2(p), \cdots, y_d(p) \mid p = 1, 2, \cdots, P\}$,为了加快神经网络的收敛速度,对特征进行归一化处理,即

$$Y(p) = \left\{ \left(\frac{y_1(p)}{\sigma_1}, \frac{y_2(p)}{\sigma_2}, \cdots, \frac{y_d(p)}{\sigma_d} \right) \bigg| p = 1, 2, \cdots, P \right\} \tag{9.24}$$

其中 $\sigma_i^2 = E\{y_i^2\}$,用 $\hat{\sigma}_i^2 = \frac{1}{P} \sum_{j=1}^{P} y_i^2(j)$ 来估计。

以现场实际测试时的大修后投入运行不久的矿用汽车为例,其振动时域波形和 Fourier 谱如图 9.13 所示。

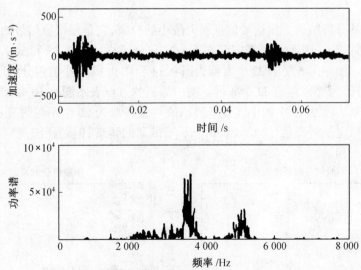

图 9.13 振动时域波形及其 Fourier 谱

其功率谱在 0.5~6 kHz 频带间的数据点数为 360 个,经过多分辨率分析处理后,逼近部分有 45 个数据点,基本上保留了原始功率谱的主要特征,可以用作神经网络的输入样本。为了更进一步提高识别精度,我们把每次分解细节部分的分解结果作平均后作为神经网络的一个输入,这样,我们确定的功率谱特征样本共有 48 个元素,把它们归一化后作为神经网络的输入向量。

取柴油机在正常工作状态下的振动信号的 30 个功率谱特征样本,用其中的 25 个样本训练神经网络,剩下的 5 个作为检测样本,网络结构为 48 – 13 – 2。网络训练好以后,把监测样本输入神经网络,输出值见表 9.1。

表 9.1 检测样本的输出值

0.978 0	0.967 6	0.991 5	0.995 0	0.980 5
0.007 4	0.028 6	0.008 6	0.008 6	0.011 6

当用故障状态下的振动信号功率谱特征样本输入给神经网络时,输出值为 [0.199 9, 0.845 0],与正常状态样本输出值相比已有明显的差别。把已经获得的 4 个故障样本中的 3 个作为训练样本,继续训练已有的神经网络,达到精度要求后,再把剩下的 1 个故障样本输入给神经网络,这时网络的输出值为 [0.030 4, 0.977 8]。可见神经网络可以识别柴油机在不同工作状态下的振动信号的功率谱。

2. 小波包分析和神经网络的结合

应用神经网络实现模式识别的前提是必须找到一个适用于作为神经网络输入样本的特征向量。

小波包最佳基分解结果是原信号信息损失最小的分解,它是根据原信号的时频特点,将其分解到各个不同频带上,因而各频带宽度并不一定完全一样。图 9.18 和图 9.19 分别是小波包最佳基示意图。图中第 5 层的 32 个方框为图 9.14 和图 9.15 中小波包分解所应用的小波包基,它将原信号分解为等带宽的 32 个频带。图中涂黑的方框表示图 9.16 和图 9.17 小波包分解所应用的最佳基。图 9.18 中的小波包基将原信号分解成为 20 个不等带宽的频带,图 9.19 中的小波包基虽然也是将原信号分解成 20 个不等带宽的频带,但是仔细观察可以发现,它们分解的各频带并不相同。

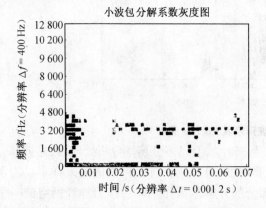

图 9.14 正常状态柴油机振动信号小波包分解结果
图 9.15 过度磨损柴油机振动信号小波包分解结果

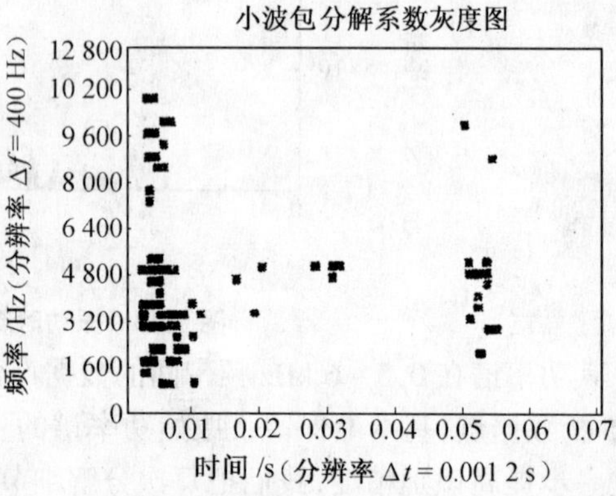

第9章 集成技术的故障诊断方法

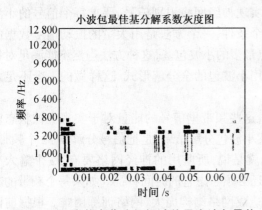

图 9.16　正常状态柴油机振动信号小波包最佳基分解结果

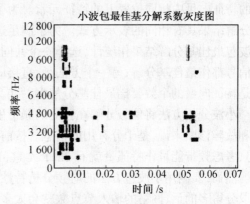

图 9.17　过度磨损柴油机振动信号小波包最佳基分解结果

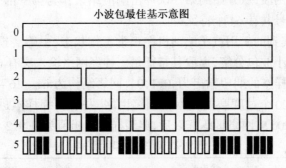

图 9.18　正常状态柴油机振动信号小波包最佳基

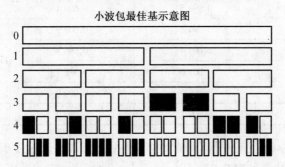

图 9.19　过度磨损状态柴油机振动信号小波包最佳基

对于不同故障情况,小波包分解结果的最佳基表示不完全相同。这一方面说明用小波分析方法来处理柴油机的振动信号确实能够达到区别不同工作状态的目的;但另一方面,这也为故障诊断系统的实现带来了困难。

神经网络也具有一定的局限性。神经网络的输入具有特殊要求,各种工作状态下振声信号的特征向量必须具有相同的维数,即相同的输入节点数;并且每个节点必须对应不同工作状态的特征向量中相同位置上的特征元素。为了实现神经网络识别信号,要求每个信号的小波包分解结果具有相同的表示方式。为了满足这个条件,一个方法是用大量的振动信号数据的小波包最佳基分解结果作统计,选择一个共同点最多的小波包基,这种方法当然不能满足对每个信号都作最佳基分解;另一个方法是,直接应用小波包的全分解形式,这样做的一个不足之处是特征向量的个数要比最佳基分解多一些。

小波分析方法将信号分解在独立的频带里,这些频带里信号的能量对于实现机械状态监测和故障诊断来说,是十分有用的信息。按前述小波包分解结果,是把信号分解成32个频带,如只考虑频带能量作特征量就有32个元素,也就是说,所应用的神经网络要有32个输入节点。然而,要利用小波包方法的时频分析特性,还必须考虑它的时间特征。如果每个频带的时间段分得多的话,网络的输入节点数就会太多,造成网络结构庞大,网络训练困难。根据前面的分析结果,柴油机在其工作循环爆发冲程第一次冲击时刻附近的振动信号包含了大量信息。因此,把每个频带分成两段,从开始到第一次冲击响应结束作为第一部分,其余的作为第二部分。这样,每个振动信号共有64个特征量。

用在矿山现场采集到的矿用汽车柴油机在正常工作状态、中等磨损状态和过度磨损状态下的振动信号,分别作小波包分解,提取其特征量。神经网络输入层有64个节点,网络输出层有3个节点,正常状态样本的期望输出为[0,1,0],网络结构为64－16－3,用30个正常样本、20个中等磨损样本和20个过度磨损样本来训练网络,并对训练样本进行归一化处理。取训练误差精度要求为0.000 5,网络训练好以后,典型样本输出值见表9.2。

表9.2 训练样本输出值

样　　本	输出节点1	输出节点2	输出节点3
正常样本	0.999 5	0.000 4	0.000 9
正常样本	0.996 2	0.003 9	0.007 7
中等磨损	0.003 4	0.996 8	0.006 5
中等磨损	0.001 0	0.998 7	0.002 4
过度磨损	0.000 9	0.000 9	0.998 1
过度磨损	0.000 1	0.000 2	0.999 8

用实际测试得到的10个正常状态、5个中等磨损状态和5个过度磨损状态下的振动信号作检测样本,网络检测结果见表9.3。

表9.3 网络检测结果

样　　本	输出节点1	输出节点2	输出节点3
正常样本1	0.818 7	0.051 3	0.232 6
正常样本2	0.830 3	0.181 7	0.012 0

续表 9.3

样　　本	输出节点 1	输出节点 2	输出节点 3
正常样本 3	0.901 3	0.019 7	0.079 0
正常样本 4	0.840 3	0.232 0	0.072 2
正常样本 5	0.935 2	0.095 0	0.030 2
正常样本 6	0.886 8	0.009 1	0.122 3
正常样本 7	0.951 7	0.053 7	0.005 4
正常样本 8	0.997 9	0.020 3	0.018 2
正常样本 9	0.867 4	0.373 9	0.270 8
正常样本 10	0.948 7	0.003 6	0.055 9
中等磨损 1	0.284 9	0.898 8	0.183 7
中等磨损 2	0.012 1	0.911 8	0.100 4
中等磨损 3	0.210 9	0.804 4	0.005 3
中等磨损 4	0.037 4	0.852 0	0.185 4
中等磨损 5	0.036 2	0.614 4	0.387 9
过度磨损 1	0.009 1	0.190 1	0.819 0
过度磨损 2	0.303 1	0.007 0	0.703 9
过度磨损 3	0.021 2	0.033 6	0.945 0
过度磨损 4	0.162 4	0.000 8	0.836 9
过度磨损 5	0.006 7	0.100 1	0.900 6

由表 9.3 检测结果可以看出,正常检测样本节点 1 的输出值全部在 0.81 以上,而输出节点 2 和 3 的输出值中,除样本 9 的输出值分别为 0.373 9 和 0.270 8 外,其他样本的输出值都很小,可以很明确地判断为正常状态,实际上样本 9 的输出节点 1 的输出值为 0.867 4,已经比较接近于 1,可以判断为正常状态。中等磨损状态检测样本的输出节点 2 的输出值,除样本 5 外,都在 0.8 以上,而另外 2 个输出节点的输出值与之相比差别很明显。过度磨损状态检测样本输出节点 3 的输出值中,除样本 2 的输出值为 0.703 9 以外,其他几个样本的输出值都在 0.81 以上,与输出节点 1 和 2 的值相比可以明确判断为过度磨损状态。

网络检测结果表明,用小波包方法处理柴油机振动信号并提取特征量,用神经网络来做故障模式分类,这种方法是切实可行的。这里只是把柴油机每个工作循环分为两个时间段作特征提取,如果分成多一些时段的话,效果可能会更加理想,不过,那样做也会使特征元素数目加大。

9.6.3 从函数逼近到小波神经网络

小波和神经网络的紧致型结合,即用小波函数或尺度函数作为神经网络的激励函数,形成神经元,称为狭义上的小波神经网络,这也是通常所说的小波神经网络(Wave-net)。小波神经网络的形成可从函数逼近的角度加以说明。

故障诊断的实质是要实现症状空间到故障空间的映射,这种映射也可以用函数逼近来表示。函数逼近问题的数学描述如下:

$f(x)$ 表示定义在集合 X 上的实值连续函数,寻找函数 $F(A,x), x \in X, A$ 为 n 维参数向量,使 $f(x)$ 和 $F(A,x)$ 满足下式,即

$$\Gamma[F(A^*,x),f(x)] \leqslant \Gamma[(A,x),f(x)] \tag{9.25}$$

则称 $F(A,x)$ 为 $f(x)$ 的函数逼近。Γ 称为距离函数,一般定义为 p 模,即

$$\Gamma = L^p[F(A^*,x) - f(x)] = \left[\int_0^1 |F(A^*,x) - f(x)|^p \mathrm{d}x\right]^{1/p} \quad (p \geqslant 1) \tag{9.26}$$

解决这类函数逼近问题,通常有两种方法:一是参数化方法,即通过解析式求得;另一种是非参数化方法。非参数化方法是针对"灰箱"或"黑箱"问题提出的,神经网络是实现非参数化函数逼近的有效方法。以多层感知器神经网络为例,两层线性网络可由下式给出,即

$$F(W,X) = WX \tag{9.27}$$

其中 W 为 $m \times n$ 权矩阵,X 为 n 维输入向量。激励函数为 δ 的单隐层感知器网络表达式为

$$F(W,X) = W\delta(X) \tag{9.28}$$

可见它是基函数 $\delta = [\delta_i(X), i = 1,2,\cdots,m]$ 的线性组合。对多隐层感知器网络,其数学表达式为

$$F(W,X) = \sigma\Big(\sum_n w_n \sigma\Big(\sum_i v_i \sigma\Big(\cdots \sigma\Big(\sum_j \mu_j X_j\Big)\cdots\Big)\Big)\Big) \tag{9.29}$$

其中 σ 为 Sigmoid 函数;$w_n, v_i, \mu_j \cdots\cdots$ 为调整参数。可见任意隐层数的感知器网络也是由简单的激励函数复合而成。

上述神经网络,在给定输入输出对 $[x_i, y_i], i = 1,2,\cdots,N$ 时,可用于逼近相应的输入输出关系。事实上,三层的神经网络就足以逼近任意的函数。Poggio 和 Girosi 在函数逼近的基础上研究了神经网络之后指出,传统的采用 Sigmoid 激励函数的多层感知器并不是函数的最好逼近,激励函数具有局部性特征的径向基函数网络(RBF)对函数具有更好的逼近能力。

神经网络依据激励函数激活域的不同,可分为全局逼近神经网络和局部逼近神经网络。全局逼近神经网络采用全局函数,此类函数在输入域上都有响应,用于感知器的线性阈值单元函数和 Sigmoid 函数属于全局函数。它们的激活域为无穷。Sigmoid 函数的作用曲线如图 9.20 所示。

尽管在 x 轴 0 以左的大部分空间,Sigmoid 函数的响应基本为 0,但毕竟还有响应,因此,

Sigmoid 函数为全局函数,而常用的激励函数为 Sigmoid 函数的多层感知器,也就属于全局逼近神经网络。

局部逼近神经网络采用局部激励函数,此类函数局部非 0,输入只在局部区域有响应。高斯函数是一局部函数,其表达式为

$$g_a(x) = \frac{1}{2\sqrt{\pi a}} e^{-\frac{x^2}{4a^2}} \tag{9.30}$$

其中 $a > 0$,取 $a = \frac{1}{4}$,其曲线形状见图 9.21。

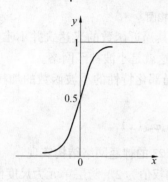

图 9.20 Sigmoid 函数曲线

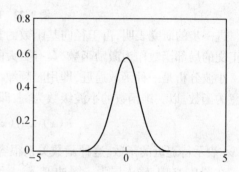

图 9.21 Gauss 函数曲线

采用全局激励函数的神经网络,由于其算法的全局逼近能力,因此具有很强的泛化能力和容错性,这是它的优点。但它也具有下述缺点:

(1) 激励函数的全局性,导致每个输入节点都将影响每个输出节点,使得激励函数在输入空间相互重叠作用,造成网络收敛速度过慢。这在实时要求的场合很不适应。

(2) 采用全局激励函数的多层感知器网络是在整个输入空间上对函数的逼近,调整误差是全部权值的超曲面,易陷入局部最小,收敛问题不能很好地保证。

(3) 没有考虑输入样本分布的非均匀性。对任何输入输出样本对都以同样多的权值反映其信息。

相比之下,局部逼近神经网络避免了上述缺点。在结构上,局部逼近神经网络的输入层到隐层为固定非线性,从隐层到输出层为线性自适应。而全局逼近神经网络各层均为非线性自适应。局部逼近神经网络关于输入到隐层的权值是线性的,因此训练速度很快。

径向基函数神经网络是典型的局部逼近神经网络,它采用 Gauss 函数作为激励函数。一维的径向基函数网络是单输入单输出结构,函数表达式为

$$f(x) = \sum w_i \sigma(A_i^T X + b_i) \tag{9.31}$$

其中 w_i 为隐层到输出层的连接权值,σ 为局部激励函数,$A_i = [a_1, a_2, \cdots, a_N]$ 为输入层到隐层的连接权值,X 为常量,b_i 为隐节点阈值,输出为线性激励函数。它的结构可用图 9.22 表示。

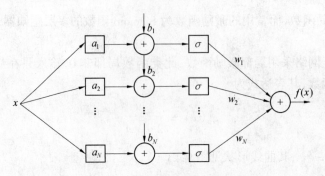

图 9.22　RBF 网络结构图

进一步的研究表明,由于径向基函数的非正交性,其逼近函数的表达式并不唯一。采用完全正交的局部函数作为激励函数,具有更大的优越性,这就是小波神经网络。

小波分析是一种函数逼近,即用时频域都有良好局部化特性的小波函数的加权和来表示任意的函数。以一维函数的小波级数为例,即

$$F(x) \approx f(x) = \sum_{m,k} C_{mk} \varphi_{mk}(x) \tag{9.32}$$

$F(x)$ 表示待逼近的函数。这种函数关系很容易用图 9.23 的神经网络结构实现。

在图 9.23 中,输入层为一缓冲器,输入到隐单元的权值为 2^m,隐层单元为尺度函数 $\varphi(\cdot)$,第 k 个隐单元的阈值为 k,输出为阈值为 0 的线性单元。在整个网络中,只有隐层到输出单元的权值待定。由公式(9.32)可知,随着隐单元的增加,网络的输出将逼近任意的函数 $f(x)$。

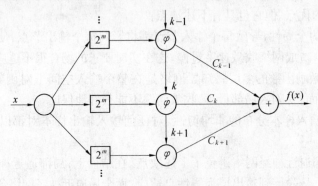

图 9.23　小波神经网络结构图

9.6.4　小波神经网络的训练

对式(9.32)中给定的 m 和 k,用小波神经网络逼近的函数表达式为

$$f(x) = \sum_{k=-K}^{K} C_k \varphi_{m,k}(x) \tag{9.33}$$

该小波神经网络的构造见图9.23。在该网络中,只有权值 C_k 待定,它的确定可通过网络的学习得到。事实上,对给定的训练样本,最佳的权值 C_k 可用最小均方误差得到,即

$$(\hat{C}_{-K}, \cdots, \hat{C}_K) = \min e_N(f, F) \tag{9.34}$$

式中

$$e_N(f, F) = \frac{1}{N} \sum_{i=1}^{N} (f(x_i) - F(x_i))^2 \tag{9.35}$$

很明显,式(9.34)可由式(9.35)的偏导数得到,即

$$\frac{\partial e_N(f, F)}{\partial C_k} = 0 \tag{9.36}$$

而上式的求解可由最小梯度下降法得到,即

$$\hat{C}_k^{(l)} = \hat{C}_k^{(l-1)} - \beta \frac{\partial e_N(f, F)}{\partial C_k} \tag{9.37}$$

因此,如果用 W 替代 C,则小波神经网络的权值调整公式,即其训练算法和多层感知器基本相同,表达式为

$$w_j(l+1) = w_j(l) + \beta [y^d - y(l)] \Lambda_j(x) / \Lambda^T(x) \Lambda(x) \tag{9.38}$$

其中 j 表示第 j 个尺度元;$\Lambda(x) = \begin{bmatrix} \varphi_{m,-k}(x) \\ \varphi_{m,-k+1}(x) \\ \vdots \\ \varphi_{m,k}(x) \end{bmatrix}$ 是作为隐单元的尺度激励函数;y^d 表示输出量的期望值;$y(l)$ 表示输出量第 l 次计算的实际输出值;β 是学习率,一般地 $0 < \beta < 1$。

和多层感知器一样,小波神经网络在应用过程中,最重要的考虑也是隐单元的选取问题。由于小波网络直接把尺度函数作为神经元,这就有选取多少个神经元的问题,即确定 K 的大小。

为简单起见,以一维问题的网络逼近为例,且设待逼近的函数在$[-1/2, 1/2]$上,基小波支撑在$[-1/2^{N-1}, 1/2^{N-1}]$上,N 为样本数,待逼近函数在尺度0上用 N 个尺度函数表示。对给定的 m,尺度函数元的数目大约是 $N/2^m + 1$,其中心都位于$[-1/2, 1/2]$内。图9.24是 $m = 0, 1, 2$ 时尺度函数位置图,圆点表示尺度函数的中心。

在明确了上述问题之后,小波神经网络训练过程及隐单元的选择方法如下:

(1) 选择较大的,则隐单元数目为 $2K + 1 = N/2^m + 1$。
(2) 利用训练算法式(9.38)训练网络,输出结果 $F_{m,N}(x)$。
(3) 利用式(9.35)计算误差 $e_N(f, F)$。
(4) 如果误差小于限值,则训练停止;否则,令 $m = m - 1$,转入第一步重新训练,直至误差

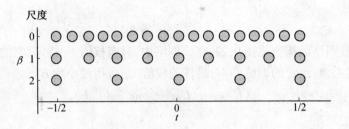

图 9.24 尺度函数位置图

满足要求。

9.6.5 小波神经网络函数逼近特性分析

小波神经网络是以局部函数作为激励函数,其作用机理和采用 Sigmoid 函数的多层感知器基本相同。但由于激励函数的局部化特征,小波神经网络对局部间差异较大的函数逼近能力更强。这种特性尤其适用于非均匀性数据对的逼近。图 9.25 是待逼近的方波和三角波的组合函数,用多层感知器和小波神经网络逼近的结果如图 9.26 所示。

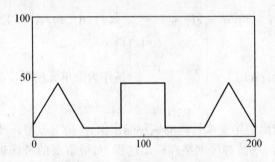

图 9.25 待逼近的组合函数

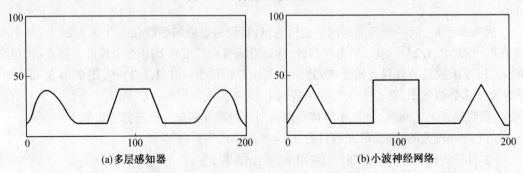

(a) 多层感知器　　　　　　　　　　(b) 小波神经网络

图 9.26 多层感知器和小波神经网络逼近能力比较

图 9.26(a)是多层感知器的逼近结果。多层感知器采用 1-30-1 结构,即单输入单输出单隐层,隐层单元数为 30。图中是其学习 1 000 次时的结果。可见,多层感知器从总体上逼近了原函数,但在局部性上,尤其在函数突变处,对函数的逼近能力较差。增加迭代次数,函数逼近结果无大的改善。图 9.26(b) 是采用小波神经网络逼近的结果,小波神经网络的结构是 1-26-1,即采用 26 个尺度函数,迭代次数为 4 500。可见,小波神经网络对函数的逼近在细节上优于多层感知器。

9.6.6 多维小波神经网络

上面讨论的小波神经网络都是基于一维问题展开的。实际上,对多维问题,小波神经网络同样可以表示。多维问题的小波分解为

$$f(X) = \sum_{m,k} C_{i,k} \varphi_{m,i,k}(X) \tag{9.39}$$

其中 $X = [x_1, x_2, \cdots, x_n]$,$i$ 表示第 i 个输出单元,$C_{i,k}$ 表示 m 尺度上隐层和输出层间的权矩阵。多维小波神经网络可用图 9.27 的结构来表示。

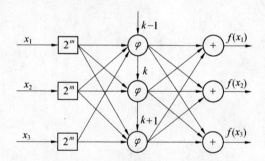

图 9.27 多维小波神经网络结构图

由于小波神经网络结构的特殊性,一维问题的相应公式很容易推广到高维问题。

上面给出的小波神经网络是基于尺度函数的小波分解而提出的,从其训练过程来看,它是先在高尺度上训练,精度不够时,再增加尺度神经元,转向低尺度训练。它以多分辨率分析为基础。实际上,小波神经网络还有其他一些形式,比较有名的是 MIT 的 R. Bakshi 和 Stephanopoulos 提出的小波神经网络,它也以多分辨率为基础。它采用小波函数和尺度函数作为神经元,先在一定尺度上用尺度元逼近函数,精度不够时,增加小波神经元,即增加函数的细节部分,从而使尺度降低,在高分辨率上进一步逼近,如此循环,最终达到要求。这种小波神经网络的优点是训练由高尺度向低尺度的过程中,新增小波神经元节点的训练不影响原来的网络。

复习思考题

9-1 什么是集成？诊断信息的集成主要包括哪几个方面？

9-2 集成化故障诊断系统采用的并行分层开放式结构形式将整个系统分为哪三个层次？各层次功能是什么？

9-3 集成化推理机制和诊断策略是什么？

9-4 模糊逻辑与神经网络有哪些结合方式？

9-5 专家系统与神经网络有哪些结合的途径和方法？

9-6 小波分析和神经网络有哪两种结合途径？为什么要将小波分析和神经网络结合？

9-7 请查阅资料，举例说明其他集成技术的故障诊断方法在故障诊断中是如何应用的？

参 考 文 献

[1] 黄文虎,夏松波,刘瑞岩,等. 设备故障诊断原理、技术及应用[M]. 北京:科学出版社,1996.
[2] 叶银忠,潘日芳. 动态系统故障检测及诊断方法[J]. 信息与检测,1985,14:27-34.
[3] 轩建平,张华. 基于动力学模型的故障检测与诊断理论和方法综述[J]. 振动工程学报(增刊),1998:4-7.
[4] 张萍,周东华. 动态系统的故障诊断方法[J]. 控制理论与应用,2000,17(2):153-157.
[5] 周东华,王桂增. 故障诊断技术综述[J]. 化工自动化及仪表,1998,25(1):58-62.
[6] 蔡自兴,德金,龚涛. 高级专家系统:原理、设计及应用[M]. 北京:科学出版社,2005.
[7] UPADHYAYA B R, YAN W, BEHRAVESH M M. Development of a diagnostic expert system for eddy current data analysis using applied artificial intelligence methods[J]. Nuclear Engineering and Design,1999,193:1-11.
[8] Qin Yu, Li Xiuxi, Jiang Yanrong, et al. An expert system for real-time fault diagnosis of complex chemical processes[J]. Expert Systems with Applications,2003,24(4):425-432.
[9] ZAHEDI F. A method for quantitative evaluation of expert systems[J]. European Journal of Operational Research,1990,48:136-147.
[10] 江玮,张大发,陈登科. 专家系统知识表示及其在舰艇核动力装置故障诊断中的应用[J]. 原子能科学技术,2006,40:19-22.
[11] 杨军,曾隽方. 通用化工过程实时故障诊断专家系统[J]. 化工自动化及仪表,1998,25(2):6-10.
[12] 魏仁杰,申世飞. 压水堆核电站专家系统的研究[J]. 核动力工程,1994,15(5):408-411.
[13] ANGELI C, CHATZIN A. An expert system approach to fault diagnosis in hydraulic systems[J]. Expert System,1995,4:323-328.
[14] 栾轶佳,赵英凯,周燕. 火电厂实时故障诊断专家系统的开发[J]. 机械与电子,2006,11:62-64.
[15] 吕红兵,罗智中. 汽车发动机故障诊断模糊专家系统研究[J]. 内燃机工程,1999,21(3):63-66.
[16] 杨军,冯振声,黄考利,等. 装备智能故障诊断技术[M]. 北京:国防工业出版社,2004.

[17] Liao Shu-Hsin, Wen Chih-Hao. Artificial neural networks classification and clustering of methodologies and applications – literature analysis from 1995 to 2005[J]. Expert Systems with Applications, 2007, 32: 1-11.

[18] 蒋宗礼. 人工神经网络导论[M]. 北京: 高等教育出版社, 2001.

[19] GLORIA A D, FARABOSCHI P, RIDELLA S. A dedicated massively parallel architecture for the Boltzmann machine[J]. Parallel Computing, 1992, 18: 57-73.

[20] 戴葵. 神经网络实现技术[M]. 长沙: 国防科技大学出版社, 1998.

[21] KUO R J, LIAO J L, TU C. Integration of ART2 neural network and genetic K-means algorithm for analyzing Web browsing paths in electronic commerce[J]. Decision Support Systems, 2005, 40(2): 355-374.

[22] CARPENTER G A, GROSSBERG S. A self-organizing neural network for supervised learning, recognition, and prediction[J]. IEEE Communications Magazine, 1992, 30: 38-49.

[23] 刘光远, 邱玉辉. 一种快速BP算法的研究[J]. 电子科技大学学报, 1998, 27(3): 265-268.

[24] ANGELINE P, SAUNDERS G. An evolutionary algorithm that constructs recurrent neural networks[J]. IEEE Trans. on Neural Networks, 1994, 5(1): 54-65.

[25] 田景文, 高美娟. 人工神经网络算法研究及应用[M]. 北京: 北京理工大学出版社, 2006.

[26] 陈岳东, 屈梁生. 神经网络在大型旋转机械故障诊断中的应用[J]. 西安交通大学学报, 1992, 8(26): 53-59.

[27] 颜廷虎, 钟秉林, 黄仁. BP神经网络在旋转机械故障诊断中的应用[M]. 东南大学学报, 1993, 23(5): 16-20.

[28] 虞和济, 陈长征, 张省. 基于神经网络的智能诊断[J]. 振动工程学报, 2000, 6(13): 202-209.

[29] 谢春丽, 夏虹, 刘永阔. 基于神经网络D-S证据理论的汽轮机转子融合诊断系统研究[J]. 应用科技, 2004, 31(5): 56-58.

[30] 彭强. 复杂系统远程智能故障诊断技术研究[D]. 南京理工大学博士学位论文, 2004.

[31] HINES J W, WREST D J, UHRIG R E. Signal validation using an adaptive neural fuzzy inference system[J]. Nucl. Technol, 1997, 119: 181-193.

[32] MARZIO M, ENRICO Z, PIERO B. A fuzzy modeling approach to the identification of transients in nuclear components[J]. Annals of Nuclear Energy, 2004, 31: 2093-2112.

[33] AHMED A, SOLIMAN M S. The application of fuzzy logic to the diagnosis of automotive systems[D]. Ph.D. Dissertation of the Ohio State University, 1997.

[34] LO C H, CHAN P T, WONG Y K. Fuzzy-genetic algorithm for automatic fault detection in HVAC

systems[J]. Applied Soft Computing, 2007, 7:554 – 560.

[35] ASWANI D, BADREDDINE B, MALONE M. Criteria for evaluating protection from single points of failure for partially expanded fault trees[J]. Reliability Engineering and System Safety, 2006: 1 – 11.

[36] DAN M S, JOSEPH T. Condition-based fault tree analysis (CBFTA): A new method for improved fault tree analysis (FTA), reliability and safety calculations[J]. Reliability Engineering and System Safety, 2007, 92:1231 – 1241.

[37] Lim Ho – Gon, Jang Seung – Cheol. An analytic solution for a fault tree with circular logics in which the systems are linearly interrelated[J]. Reliability Engineering and System Safety, 2007, 92(6):804 – 807.

[38] DUGAN J B, BAVUSO S, BOYD M. Dynamic fault-tree models for fault-tolerant computer systems[J]. IEEE Transactions on Reliability, 1992, 41(3):363 – 377.

[39] LIU Q. A case study on multi-sensor data fusion for imbalance diagnosis of rotating machinery [J]. Artificial Intelligence for Engineering Design, Analysis and Manufacturing: AIEDAM, 2001, 15:203 – 210.

[40] 胡文平. 基于智能信息融合的电力设备故障诊断新技术研究[D]. 华中科技大学博士学位论文, 2005.

[41] WHITTINGTON G, SPRACKLEN T. The application of a neural network model to sensor data fusion[J]. Applications of Artificial Neural Networks, 1990, 12:276 – 283.

[42] 靳春梅, 段志善. 灰色理论在旋转机械故障诊断与预报中的应用[J]. 应用力学学报, 2000, 17(3):74 – 79.

[43] PENG Z, KIRK T B. Wear particle classification in a fuzzy grey system[J]. Wear, 1999, 225 – 229:1238 – 1247.

[44] 魏承辉, 覃虹桥. 灰色系统理论在设备故障诊断中的应用[J]. 吉首大学学报（自然科学版）, 2002, 23(2):70 – 74.

[45] 施国洪, 姚冠新. 灰色系统理论在故障诊断决策中的应用[J]. 系统工程理论与实践, 2001, 4:120 – 123.

[46] 王凌. 智能优化算法及其应用[M]. 北京：清华大学出版社, 2001.

[47] Zhou Yangping, Zhao Bingquan, Wu Dongxin. Application of genetic algorithms to fault diagnosis in nuclear power plants[J]. Reliability Engineering and System Safety, 2000, 67:153 – 160.

[48] FUSHUAN W, CHAN C S. New approach to fault diagnosis in electrical distribution networks using a genetic algorithm[J]. Artificial Intelligence, 1998, 12(2):69 – 80.

[49] 林孝工, 姜兴伟, 刘涛. 遗传神经网络在蒸汽发生器故障诊断中的应用[J]. 核动力工程, 2005, 26(2):199 – 202.

[50] FERENTINOS K P, ALBRIGHT L D. Fault Detection and Diagnosis in Deep-trough Hydroponics using Intelligent Computational Tools[J]. Biosystems Engineering, 2003, 84 (1): 13 – 30.

[51] 贾海鹏,杨军,张延生. 基于模糊理论和遗传算法的导弹故障诊断方法研究[J]. 计算机工程与应用, 2004, 9: 212 – 215.

[52] 翟永杰. 基于支持向量机的故障智能诊断方法研究[D]. 华北电力大学工学博士学位论文, 2004.

[53] ACHMAD W, Yang Bo – Suk. Support vector machine in machine condition monitoring and fault diagnosis[J]. Mechanical Systems and Signal Processing, 2006: 1 – 15.

[54] HSU C W, LIN C J. A comparison of methods for multiclass support vector machines[J]. IEEE Trans Neural Networks, 2002, 13: 415 – 425.

[55] 肖建华,吴今培,樊可清,等. 基于支持向量机的故障诊断方法[J]. 中国制造业自动化, 2003, 32(2): 107 – 109.

[56] ROYA J, GERALD M K. A fuzzy neural network approach to machine condition monitoring[J]. Computers & Industrial Engineering, 2003, 45: 323 – 330.

[57] Wang Zhenyuan. Artificial Intelligence Applications in the Diagnosis of Power Transformer Incipient Faults[D]. Ph. D. Dissertation of Virginia Polytechnic Institute and State University, 2000.

[58] Dong Lixin, Xiao Dengming, Liang Yishan. Rough set and fuzzy wavelet neural network integrated with least square weighted fusion algorithm based fault diagnosis research for power transformers[J]. Electric Power Systems Research, 2008, 78(1): 129 – 136.

[59] 侯澍旻. 时序数据挖掘及其在故障诊断中的应用研究[D]. 武汉科技大学博士论文, 2006.

[60] 朱大奇,于盛林. 基于知识的故障诊断方法综述[J]. 安徽工业大学学报, 2002, 19(3): 197 – 204.

[61] 费业泰. 误差理论与数据处理[M]. 4 版. 北京: 机械工业出版社, 2000.

[62] [美]贝达特 J S, 皮尔索 A G. 随机数据分析方法[M]. 北京: 国防工业出版社, 1980.

[63] DONALD B P, ANDREW T W. 时间序列分析的小波方法[M]. 程正兴, 译. 北京: 机械工业出版社, 2006.

[64] 冯俊婷. 小波变换在中国实验快堆钠泵故障诊断中的应用[J], 核科学与工程, 2003, 23(1), P39 – 44.

[65] 崔锦泰. 小波分析导论[M]. 西安: 西安交通大学出版社. 1995.

[66] 宗孔德,胡广书. 数字信号处理[M]. 北京: 清华大学出版社, 1990.

[67] 张贤达. 现代信号处理[M]. 北京: 清华大学出版社, 1996.

[68] 陈志辉. 一体化反应堆冷却剂系统故障诊断方法研究[D]. 哈尔滨工程大学博士论文, 2009.

[69] 边肇祺. 模式识别[M]. 2版. 北京:清华大学出版社,2000.
[70] Hong Ziquan, Yang Jingyu. Optimal discriminant plane for a small number of samples and design method of classifier on the plane[J]. Pattern Recognition,1991(24):317-324.
[71] TIAN Q, FAINMAN Y, LEE S H. Comparision of statistical pattern-recognition algorithms for hybrid processing, II: Eigenvector-based algorithm[J]. J. Opt. Soc. Am. A. 1988, 5:1670-1682.
[72] DUDA R D, HART P E. Pattern classification and scene analysis[M]. John Wiley & Sons, New York,1973.
[73] 杨叔子. 机械故障诊断的时序方法[M]. 西安:西安交通大学出版社,1989.
[74] 吴祖堂,李岳,温熙森. 灰关联分析在机械设备故障诊断中的应用[J]. 系统工程理论与实践,1999,6:126-132.
[75] 李尔国,俞金寿. 基于灰色关联度分析的压缩机故障诊断研究[J]. 上海海运学院学报,2001,9:294-297.
[76] 马建仓,林其傲,张翔. 故障灰色关联识别及其应用[J]. 机械科学与技术,1993,3:21-24.
[77] 吕仲军. 应用灰色系统理论诊断变速箱故障[J]. 石家庄铁道学院学报,1993,9:59-65.
[78] 邓聚龙. 灰预测与灰决策[M]. 武汉:华中科技大学出版社,2002.
[79] 贺跃进,刘玉琳,刘志都. 灰色系统理论在机械故障预报中的应用[J]. 郑州轻工业学院学报,1995,12:54-58.
[80] 张红,龚玉. 磨损趋势预测的GM模型应用[J]. 机械设计与研究,2001,3:69-70.
[81] 靳春梅,樊灵,邱阳,等. 灰色理论在旋转机械故障诊断与预报中的应用[J]. 应用力学学报,2000,9:74-79.
[82] 王华忠,俞金寿. 核函数方法及其模型选择[J]. 江南大学学报(自然科学版),2006,5(4):500-504.
[83] 许建华,张学工,李衍达. 基于最小二乘支持向量机的油气判别技术[J]. 模式识别与人工智能,2002,15(4):508-512.
[84] 蔡自兴. 智能控制[M]. 北京:国防工业出版社,1998.
[85] KUNCHENVA L. Clustering-and-selection model for classifier combination[C]//Proccedings of the 4th International Conference on Knowledge-based Intelligent Engineering Systems (KES' 2000), Volume 3(2000):1275-1280. Brighton, UK.
[86] DIMITRIONS S F, ANDREAS S. A multi-SVM classification system[J]. MCS, LNCS, 2001, 2096:198-207.
[87] 肖健华. 应用于故障诊断的SVM理论研究[J]. 排雷、测试与诊断,2001,21(4):258-

262.
[88] BURGES C J C. A tutorial on support vector machines for pattern recognition[J]. Data Mining and Knowledge Discovery,1998,2(2):121-167.
[89] 罗颖锋,曾进. 基于支持向量机的燃汽轮机故障诊断[J]. 热能动力工程,2004,19:354-357.
[90] 杜兴富. 基于支持向量机的核动力装置故障诊断[D]. 哈尔滨工程大学硕士学位论文,2009.
[91] 王浩,庄钊文. 模糊可靠性分析中的隶属函数确定[J]. 电子产品可靠性与环境试验,2000,8:2-7.
[92] 韩金舫,桑琳. 模糊控制中隶属函数的构造策略[J]. 交通与计算机,2001,19(6):11-13.
[93] 温熙森. 模式识别与状态监控[M]. 长沙:国防科技大学出版社,1997.
[94] 王江萍. 机械设备故障诊断技术及应用[M]. 西安:西北工业大学出版社,2001.
[95] 李应红,凤寿拜. Fuzzy集理论在喷气式发动机自动停车故障诊断中的应用[J]. 模糊数学,1984,3:79-82.
[96] 谢季坚,刘承平. 模糊数学方法及其应用[M]. 武汉:华中科技大学出版社,2000.
[97] 朱继洲. 故障树原理和应用[M]. 西安:西安交通大学出版社,1989.
[98] 刘冰. 基于故障树的安注系统故障诊断专家系统研究[D]. 哈尔滨工程大学硕士学位论文,2009.
[99] 郑丽,杨涛. 故障树分析方法在故障预测中的应用[J]. 电气时代,2005,8:84-85.
[100] 蔡自兴,徐光右. 人工智能及其应用[M]. 北京:清华大学出版社,2004.
[101] 尹朝庆,尹皓. 人工智能与专家系统[M]. 北京:中国水利水电出版社,2002.
[102] 蔡连成,腾健,张牧. 专家系统基础与实现[M]. 天津:天津大学出版社,1990.
[103] 冯培恩,刘谨. 专家系统[M]. 北京:机械工业出版社,1993.
[104] 沈庆根,郑水英. 设备故障诊断[M]. 北京:化学工业出版社,2006.
[105] MCCULLOCH W, PITTS W. A logical calculus of the ideas immanent in nervous activity[J]. Bull. Math. Biophys,1943,5:115-133.
[106] HEBB D. The Organization of behaviour[M]. New York:Wiley,1949.
[107] ROSENBLATT F. Principles of neurodynamics[M]. Washington DC:Spartan,1962.
[108] WIDROW B, HOff M. Adaptive switching circuits[J]. IRE WESCON Convention Record,1960,4:96-104.
[109] HOPHIELD J. Neural networks and physical systems with emergent collective computational abilities[J]. Proceedings of the national academy of sciences of the united states of america. 1982,79:2554-2558.

[110] RUMELHART D,MCCLELLAND J. Parallel distributed processing[M]. Cambridge:MIT Press, 1986.

[111] FELDMAN J,BALLARD D. Connectionist models and their properties[J]. Cognitive Science, 1982,6:205－254.

[112] GROSSBERG S. Neural networks and natural intelligence[M]. Cambridge:MIT Press,1988.

[113] KOIVO H N. Artificial neural networks in fault diagnosis and control[J]. Control Eng. Practice,1994,2(1):89－101.

[114] 吴今培. 智能故障诊断技术的发展和展望[J]. 振动、测试与诊断,1999,19(2):79－86.

[115] 周东华,叶银忠. 现代故障诊断与容错控制[M]. 北京:清华大学出版社,2000.

[116] HORNIL K,STINCHCOMBE M,WHITE H. Universal approximation of an unknow mapping and its derivatives using multilayer feedforward networks[J]. Neural Networks,1990(3):551－560.

[117] 张立明. 人工神经网络的模型及其应用[M]. 上海:复旦大学出版社,1993.

[118] KOLMOGOROV. On the representation of continuous functions of many variables by superposition of continuous function of one variable and condition[J]. Dokl. Akad. Nauk,USSR,1957,114:953－956.

[119] NIELSEN R H. Theory of the back propagation neural network[J]. In:Proc. of IJCNN,1989,1:2593－2605.

[120] JAMES W. Psychology[M]. New York:Holt press,1980.

[121] HOPFIELD J J. Neural network and physical systems with emergent collective computational abilities[J]. In:Proc. Natl. Acad. Sci,1982,79:2554－2558.

[122] 熊敏,汤天浩,王本明. 基于人工神经网络的预测模型及其应用[D]. 上海海运学院研究生学位论文,1999.

[123] 曾昭君,何钺,史维祥. 故障诊断神经网络的发展与前景[J]. 机械工程学报,1992,28(1):1－6.

[124] 李士勇. 模糊控制、神经控制和智能控制论[M]. 哈尔滨:哈尔滨工业大学出版社,2002.

[125] KOSKO B. Bidirectional associative memory[J]. Applied Optics,1987,26(22):4979－4984.

[126] DAVIS J,NEWBURGH R,WEGMAN E. Brain structure,learning and memory[C]. AAAS Symposium Series,1986.

[127] AZUAJE F. Improving clinical decision support through case-based data fusion[J]. Biomedical Engineering,IEEE Transactions on,1999,46(10):1181－1185.

[128] HALL D L,LLINAS J. An introduction to multisensor data fusion[J]. IEEE Digital Object Identifier,1997,85(1):6－23.

[129] 权太范. 信息融合神经网络－模糊推理理论与应用[M]. 北京:国防工业出版社,

2002.

[130] XIONG N, SVENSSON P. Multi-sensor management for information fusion: issues and approaches[J]. Information Fusion, 2002, 3(2): 163 – 186.

[131] 刘同明,夏祖勋,解洪成. 数据融合技术及其应用[M]. 北京:国防工业出版社,1998.

[132] STEVEN N T, MARK E O. A description of competing fusion systems[J]. Information Fusion, 2006, 7: 346 – 360.

[133] 李圣怡,吴学忠,范大鹏. 多传感器融合理论及在智能制造系统中的应用[M]. 长沙:国防科技大学出版社,1998.

[134] 夏虹. 基于数据融合技术的设备故障诊断方法研究[D]. 哈尔滨工程大学博士学位论文,2000.

[135] 杨建平. 证据理论及其在早期故障诊断信息融合中的应用研究[D]. 电子科技大学硕士学位论文,2008.

[136] 向阳辉. 基于信息融合技术的旋转机械故障诊断研究[D]. 中南大学硕士学位论文,2007.

[137] 王志鹏. 基于信息融合技术的故障诊断方法的研究及应用[D]. 大连理工大学工学博士学位论文,2001.

[138] 王仲生. 智能故障诊断与容错控制[M]. 西安:西北工业大学出版社,2005.

[139] GAO J B, HARRIS C J. Some remarks on Kalman filters for the multisensor fusion[J]. Information Fusion, 2002, 3: 191 – 201.

[140] RAVIP R, KEVINR F, ROOPAASHRI R. Speaker recognition-general classifier approaches and data fusion methods[J]. Pattern Recognition, 2002, 35: 2801 – 2821.

[141] 李秋华,李吉成,沈振康. 采用模糊推理自适应加权融合的双色红外成像目标跟踪[J]. 电子与信息学报,2005,12: 1922 – 1926.

[142] 仲崇权,张立勇,杨素英,等. 多传感器分组加权融合算法研究[J]. 大连理工大学学报,2002,2(42): 242 – 246.

[143] 祁建清,姜秋喜,黄建冲. 电子战装备故障检测信息融合技术[J]. 电子对抗技术,2000,4(15): 41 – 44.

[144] Lin Rey – Sern, Hsueh Yung – Cheh. Multichannel filtering by gradient information[J]. Signal Processing, 2000, 80: 279 – 293.

[145] 翟翌立,戴逸松. 多传感器数据自适应加权融合算法的研究[J]. 计量学报,1998, 1(19): 69 – 76.

[146] 胡士强,张天桥. 多传感器在线自适应加权融合跟踪算法[J]. 北京理工大学学报,2002, 1(22): 117 – 121.

[147] 张雨,温熙森. 设备故障信息融合问题的思考[J]. 长沙交通学院学报,1999, 2(15):

22-29.

[148] 虞和济,陈长征,张省,等. 基于神经网络的智能诊断[M]. 北京:冶金工业出版社,2000.

[149] GROS X E, LOWDEN D W. Bayesian approach to NDT data fusion[J]. Non-Destructive Testing and condition monitoring,1995,37(5):462-468.

[150] 何友,王国宏,陆大金,等. 多传感器信息融合及应用[M]. 北京:电子工业出版社,2000.

[151] CHINMAY R P, MICHAEL J P, JONES N B. Application of Dempster Shafer theory in condition monitoring application:a case study[J]. Pattern Recognition Letters,2001,22:777-785.

[152] 袁小宏,屈梁生. 症状推理在诊断信息融合中的应用研究[J]. 模式识别与人工智能,2001,3(14):342-346.

[153] BELL D A, GUAN J W, LEE S K. Geveralized union and project operations for pooling uncertain and imprecise information[J]. Data & Knowledge Engineering,1996,18:89-117.

[154] 曹玉俊. 证据理论中的证据合成方法[J]. 西安交通大学学报,1997,6(31):106-110.

[155] Wu Huizhong, Wang Fang, Zhang Xia, et al. A model of inexact reasoning in mechanical design evaluation[J]. Artificial Intelligence in Engineering,1996,10:357-362.

[156] 滕召胜,罗隆福,童调生. 智能检测系统与数据融合[M]. 北京:机械工业出版社,2000.

[157] 徐毅,金德昆,敬忠良. 数据融合研究的回顾与展望[J]. 信息与控制,2002,3(31):250-256.

[158] 孙皓莹,蒋静坪. 基于参数估计的多传感器数据融合[J]. 传感器技术,1995,6:32-36.

[159] LEELITER Y, WILLIAM A S. Nonlinear parameter estimation via the genetic algorithm[J]. IEEE transactions on signal processing,1994,42(4):927-936.

[160] 张锐,李文秀. 非线性系统中多传感器滤波跟踪型数据融合算法的研究[J]. 系统仿真学报,2002,8(14):1084-1086.

[161] 盛三元,王建华. 联合卡尔曼滤波在多传感器信息融合中的应用[J]. 雷达与对抗,2002,1:27-33.

[162] 梁百川,梁小平. 数据融合黑板型专家系统[J]. 上海航天,1996,2:17-23.

[163] 刘建春,王正欧. 一种小波神经网络的快速学习算法及其应用[J]. 天津大学学报,2001,4(34):454-457.

[164] DELYON B, JUDITSKY A, BENVENISE A. Accuracy analysis for wavelet approximations[J]. IEEE Trans on Neural Network,1995,6(2):332-348.

[165] RUMELHART D E, HINTON G G, WILLIAMS R J. Learning representations by back propagating errors[J]. Nature 323,1986:533-536.

[166] 谢春丽. 船用核动力装置数据融合的故障诊断方法研究[D]. 哈尔滨工程大学硕士学位论文, 2004.

[167] 罗锦, 孟晨, 苏振中. 基于融合策略的集成化智能诊断系统研究[J]. 计算机测量与控制, 2003, 11(2): 87 – 89.

[168] 史铁林, 王雪, 何涛, 等. 层次分类诊断模型[J]. 华中理工大学学报, 1993. 21(1): 6 – 11.

[169] 焦建新, 查建中, 赵振英, 等. 面向复杂过程系统的集成化智能故障诊断系统[J]. 天津大学学报, 1995, 28(1): 26 – 32.

[170] GOOD P V, CHOW M. Using a neural/fuzzy system to extract heuristic knowledge of incipient faults in induction motors[J]. IEEE Trans. Ind. Electron, 1995, 42: 131 – 145.

[171] KAWAMURA A, WATANABE N. A prototype of neuron – fuzzy cooperation system[J]. IEEE Fuzzy'92, 1992: 1275 – 1282.

[172] 钟秉林, 黄仁. 机械故障诊断学[M]. 北京: 机械工业出版社, 2005.

[173] TANG T H, LIN X, LI J R, et al. A new fuzzy neural network approach for intelligent monitoring system[J]. IFAC Transportation Systems, Chania, Greece, 1997: 691 – 696.